Schlicht | Geschichte der arabischen Welt

Alfred Schlicht

Geschichte der arabischen Welt

Reclam

Satz und Druck: Reclam, Ditzingen
Buchbinderische Verarbeitung: Kösel, Krugzell
Printed in Germany 2013
RECLAM ist eine eingetragene Marke
der Philipp Reclam jun. GmbH & Co. KG, Stuttgart
ISBN 978-3-15-010916-8
www.reclam.de

Inhalt

Meiner Tochter, meiner Frau
und dem Gedenken meiner Mutter

Vorwort

Dieses Buch erzählt die arabische Geschichte von der vorislamischen Zeit bis in die Gegenwart. Sie möchte dem interessierten Leser ein Gesamtbild vermitteln, das ihm zwar die unübersehbare Fülle von Daten, Namen und Fakten dieses Zeitraums nicht zumutet, jedoch ein Mindestmaß an konkreten Details zusammenstellt. Da es sich um eine Materie handelt, die selbst dem (Allgemein-)Historiker großenteils nicht vertraut ist, sollte man bei der Lektüre dieses Buches einen Atlas und ein Nachschlagewerk neben sich liegen haben. Gegenstand des Buches ist ›Geschichte‹ im engeren Sinn, Kulturhistorisches blieb zwar nicht unberücksichtigt, konnte aber nur am Rande behandelt werden.

Die arabische Geschichte ist nicht identisch mit der Geschichte des Islam, wenn auch für viele außenstehende Betrachter ›Araber‹ und ›Islam‹ untrennbare Begriffe sind. Die Geschichte der Araber beginnt lange vor dem Islam zur Zeit der altorientalischen Reiche. Der geographische Raum, in dem sich die arabische Geschichte abspielt, ist nicht einheitlich oder unverändert. Wir können uns in der vorislamischen Frühphase der arabischen Geschichte auf das ›klassische Arabien‹, die arabische Halbinsel und ihre unmittelbaren Nachbarregionen im ›fruchtbaren Halbmond‹ (Randgebiete Syriens und des heutigen Irak) beschränken. In der frühislamischen Phase, spätestens nach dem Tode des Propheten Muhammad, weitet sich unser Bezugsrahmen dramatisch: Alle Regionen Asiens, Europas und Afrikas, welche die Araber im Namen des Islam erobern, werden nun Gegenstand unseres Interesses. Später verändern wir erneut unsere Perspektive: Die Regionen, in denen die arabische Sprache dominiert und sich schließlich durchsetzt, rücken in den Fokus. Als ›die arabische Welt‹ verstehen wir die Regionen arabischer Sprache, die auch in ihrem Selbstverständnis dieser arabischen Welt angehören. In der Gegenwart ist sie weitgehend (wenn auch nicht vollständig) identisch mit den Ländern, die der arabischen Liga angehören.

Die islamische Welt allerdings reicht weit über diesen Raum hinaus – bis nach Ostasien, Schwarzafrika und Südosteuropa. All diese Länder sind nicht arabischsprachig, wenn auch – unterschiedlich stark – von arabischer Kultur beeinflusst; sie finden nur dort Berücksichtigung, wo sie die Geschichte der arabischen Welt berühren. Eine besondere Rolle kommt in diesem Zusammenhang dem Osmanischen Reich zu. Es ist bei seiner Gründung und seinem Wesen nach ein türkischer Staat, der in einer Region (Anatolien) entsteht, die nie Teil der arabischen Welt war. Es expandiert bald zum Vielvölkerstaat und seit dem 16. Jahrhundert wird der größte Teil der arabischen Welt für mehrere Jahrhunderte Bestandteil des Osmanenreichs. Somit muss eine Geschichte der arabischen Welt auch die Geschichte des Osmanischen Reiches berücksichtigen. Durch den Islam ergibt sich ein tiefgreifender Wandel des arabischen Selbstverständnisses. War im vorislamischen Arabien die Stammeszugehörigkeit und die genealogische Abstammung von den ›Südarabern‹ oder ›Nordarabern‹ ausschlaggebend – beim Bewusstsein, einem übergeordneten Volk der Araber anzugehören –, tritt als Identifikationsrahmen nun die islamische *umma* – die Gemeinschaft der (muslimischen) Gläubigen – in den Vordergrund. Diese ist, rein theoretisch, nicht identisch mit den Arabern als Volk. Am Anfang jedoch ist sie es praktisch: Im Frühislam sind – fast zwangsläufig – alle Araber Muslime. Mit der schnellen Expansion des Islam ändert sich das grundlegend: Mehr und mehr Bewohner der dem Islam unterworfenen Länder möchten den Islam annehmen und werden so von den Arabern – weil das Konzept eines islamischen übernationalen Staates (noch) ihr Vorstellungsvermögen übersteigt – in ihr herkömmliches Stammessystem eingegliedert.

So ist das frühislamische Reich im Zuge seiner Expansion ein ausgeweitetes Arabien der Stämme. Erst im Laufe der Jahrhunderte wächst die islamische Gesellschaft zu einer einheitlicheren *umma* zusammen. Stets spielt der arabische Stolz auf die eigene Herkunft dabei eine Rolle – die Genealogie ist wesentlich für die Stellung eines Menschen in der Gesellschaft. Dagegen wenden sich die nichtarabischen Muslime – zum Teil ist die abbasidische Revolution auch ein Ergebnis dieses Konflikts und des Bemühens der Nichtaraber um einen angemessenen Platz in der islamischen Gesellschaft. Von politischem ›Nationalismus‹ im modernen europäischen Sinn kann dabei aber noch keine Rede sein – dieser entwickelt sich in der arabischen Welt erst im 19. Jahrhundert. Er richtet sich gegen den osmanischen Imperialismus – unter dem Einfluss einströmender europäischer Ideen entwickeln die Araber das Bewusstsein einer eigenen nationalen und politischen Identität. Die Idee eines umfassenden Nationalstaates für die gesamte arabische Nation entsteht. Dieser Panarabismus steht im Gegensatz zum Osmanismus, der bestrebt ist, den osmanischen Vielvölkerstaat zu erhalten und für ihn zumindest die mehrheitlich muslimischen Länder außerhalb Europas zu bewahren. Es ist aber gerade die aggressive Türkifizierungspolitik der spätosmanischen Phase, die dieses Konzept zum Scheitern verurteilt. Die große Mehrheit der Araber will ein nationalarabisches Reich – zunächst versteht man darunter den sog. Maschrek, die östliche Hälfte des arabischen Raums vom Irak bis Ägypten (*maschrek* ›Sonnenaufgang, ‘Levante’‹), denn in Ägypten hat sich bereits ein genuin ägyptischer Nationalismus entwickelt. Der Maghreb, also der Westen, gen Sonnenuntergang, ist zunächst noch kaum im Blick der arabischen Nationalisten.

Es ist der europäische Imperialismus, der nach dem Ersten Weltkrieg und der Auflösung des Osmanischen Reiches die Entstehung des erhofften arabischen Nationalstaates verhindert. Die Aufteilung der arabischen Länder führt dazu, dass Nationalismen der Einzelstaaten sich entwickelten. Nach wie vor war man sich bewusst, der einen arabischen Nation anzugehören, aber es waren mehr oder weniger künstliche arabische Regionalstaaten, die jetzt Gestalt annahmen. Dabei trat der gesamtarabische Nationalismus in den Hintergrund, verschwand aber nicht gänzlich. Die gesamtarabische Nation war weiterhin ein angestrebtes – aber immer mehr ins Abstrakte rückendes – Ziel.

Zunächst huldigten die verschiedenen arabischen Staaten dem gesamtarabischen Ideal durch das Verfolgen einzelner gemeinsamer arabischer Projekte und Ziele. Der politische Zionismus war das Feindbild par excellence, auf das sich der gesamtarabische Nationalismus konzentrieren konnte. Letztendlich waren der Zionismus und das Projekt der Staatsgründung Israels auch ein Katalysator für die starke und dynamische Entwicklung eines palästinensischen Nationalismus.

Je weniger gesamtarabische Ziele gemeinsam verwirklicht wurden, je weniger praktische Relevanz der (gesamt)arabische Nationalismus hatte, desto größere Bedeutung kam den einzelstaatlichen Nationalismen zu, die nach dem Zweiten Weltkrieg begannen, mit neuen, an europäischen Modellen orientierten Ideologien zu verschmelzen. Der ›arabische Sozialismus‹ ist diejenige Doktrin, die am meisten Aufsehen erregt hat, während die Bewegung der (arabischen) Wiedergeburt (Ba'th) bis heute die Staatsideologie in Syrien (bis 2003 auch im Irak) bildet. Im Zeichen des arabischen Sozialismus wurden noch einmal Zusammenschlüsse arabischer Staaten versucht (Ägypten, Syrien und Jemen zur ›Vereinigten Arabischen Republik‹), die aber ebenso scheiterten wie andere entsprechende Versuche. Diese Ideologien strebten laizistische, säkulare Staaten an, in denen die Religion nicht den nationalen Zusammenhalt gefährdete – hatten doch die arabischen Staaten zwischen

Ägypten und dem Irak teilweise starke christliche Minderheiten. Der Islam schien seine politische Bedeutung weitgehend verloren zu haben und erlebte eine Renaissance erst in den 1970er Jahren, als er in praktisch allen arabischen Staaten wieder zu einem entscheidenden politischen Faktor wurde und zur Grundlage politischer Parteien, die in den Jahrzehnten zuvor vielfach verboten gewesen waren. Die Radikalisierung islamischer Strömungen und Bewegungen wurde zunehmend ein Störfaktor im Nahen Osten, der nicht nur den Westen beunruhigte, sondern noch viel gefährlicher für die Regierungen der arabischen Staaten selbst wurde, für die er eine existenzielle Bedrohung darstellt. Heute existieren arabische Staaten, die noch den Ideologien der 1950er Jahre anhängen (z. B. Syrien) neben solchen, die äußerst konservativ-islamisch sind (z. B. Saudi-Arabien) und anderen, die vorsichtige Reformen im westlichen Sinn versuchen (z. B. Jordanien). Welches die Langzeitwirkungen der verschiedenen Blüten des ›arabischen Frühlings‹ sind, ist noch nicht abzusehen – es zeigt sich, dass mehr Demokratie teilweise zu mehr Einfluss für islamistische Bewegungen führt (z. B. in Ägypten).

In einer Geschichte der arabischen Welt erscheinen notwendigerweise zahlreiche arabische Orts- und Personennamen sowie Fachtermini für historische und kulturgeschichtliche Phänomene. In diesem Rahmen wurde versucht, derartiges Vokabular in einer für den Leser möglichst verständlichen Form wiederzugeben unter Verzicht auf (in Fachkreisen) gängige, aber nicht unbedingt benutzerfreundliche Transskriptionsregeln (auf die Kennzeichnung langer Vokale wurde etwa verzichtet und q durchwegs als k umschrieben); Fachleute werden so möglicherweise irritiert, aber dem des Arabischen unkundigen Leser wird die Lektüre erleichtert. Eingedeutschte Formen wurden, sofern sie sich eingebürgert haben, bevorzugt.

Das Literaturverzeichnis beschränkt sich auf übergreifende

Darstellungen, reine Ländermonographien wurden nicht aufgenommen. Fast alle genannten Werke geben weitere bibliographische Hinweise – die Literatur zur arabischen Geschichte ist kaum mehr überschaubar. Eine Anzahl von Quellentexten wurde neben der Sekundärliteratur genannt – hier wurden vor allem solche Editionen aufgeführt, die auch Nichtfachleuten zugänglich sind; abgewichen wurde von diesem Prinzip bei Quelleneditionen, die mir besonders wichtig erscheinen.

Für ihre Hilfe bei der Erstellung des Manuskripts danke ich Isabelle Brams und Marion Müller sowie Michael Böhme und Maximilian Georg.

Kapitel 1

Vorislamisches Arabien

Zeittafel

853 v. Chr.	erste Erwähnung der Araber in einer assyrischen Inschrift
um 312 v. Chr.	Antigonos, ein Diadoche Alexanders des Großen, unternimmt einen Feldzug gegen die Nabatäer
115 v. Chr.	Ende der sabäischen, Beginn der himyaritischen Periode in Südarabien
24 v. Chr.	römische Arabien-Expedition unter Aelius Gallus scheitert
70	Römer erobern und zerstören Jerusalem, Palästina wird römische Provinz
106	Der arabische Nabatäerstaat wird Teil des Römischen Reiches (Provincia Arabia)
111–114	Bau der neuen Trajansstraße von Nord nach Süd durch die arabischen Provinzen von Bostra (Südsyrien) nach Petra und Aela (Akaba)
244–249	arabischstämmiger römischer Kaiser Philippus Arabs
260	Sieg des arabischen Staates von Palmyra über die Perser
272/273	Die Römer zerschlagen den Staat von Palmyra, Gefangennahme von Königin Zenobia
328	stirbt Imru l-Kais, einer der bedeutendsten altarabischen Dichter
350–550	Föderation der Kinda
523	Christenmassaker in Nadschran (wahrscheinlich durch jüdischen König Dhu Nuwas)
525	Äthiopische Herrschaft über Südarabien
542	Bruch des Staudamms von Marib
575	Äthiopische Herrschaft im Jemen wird durch persische Herrschaft abgelöst

1761/67	erste moderne Arabienexpedition von Carsten Niebuhr (als einziger Überlebender von fünf Teilnehmern)
1837/41	Rödiger und Gesenius entziffern die altsüdarabischen Schriften

Längst bevor sie eine welthistorische Hauptrolle übernahmen, traten die Araber ins Licht der Geschichte. 853 v. Chr. werden sie erstmals in einer historischen Quelle erwähnt. Aus einer Inschrift des Assyrerkönigs Salmanassar III. erfahren wir von der Teilnahme arabischer Kamelreiter an einer Schlacht zwischen syrischen Fürsten und den Assyrern. Immer wieder nennen assyrische Inschriften des 7. und 8. Jahrhunderts v. Chr. Herrscher der »Aribi«, die den Assyrern tributpflichtig sind oder ihnen Hilfstruppen stellen. Dies weist auf die frühe Rolle der Araber hin: Am Rande der Großreiche, zwischen den großen Kulturräumen Niltal und Mesopotamien (Zweistromland) einerseits, zwischen dem Raum des Indischen Ozeans und der mediterranen Welt andererseits leben sie auf der heute nach ihnen benannten arabischen Halbinsel; auch ihre Bedeutung ist – gemäß dieser Randlage – zunächst marginal. Doch werden sie gerade aus dieser geographischen Lage heraus ihre erste wichtige Rolle erhalten.

Ihr Lebensraum und ihre Geschichte sind ganz uneinheitlich: Nicht im Einzugsbereich der Assyrer, sondern im Südwesten der arabischen Halbinsel bilden sich erste regelrechte arabische Staaten. In diesem seit jeher durch die Natur begünstigten alten Kulturland ermöglichen Monsunregen Ackerbau, Sesshaftigkeit und die Entstehung von Städten, die Zentren von kleinen Staaten werden. Neben der Landwirtschaft ist der Handel für sie von herausragender Bedeutung: Weihrauch, weiter östlich an der südarabischen Küste auf dem Gebiet des heutigen Sultanats Oman gewonnenes Baumharz, ist die wichtigste südarabische Handelsware, die über die »Weihrauchstraße« mit Karawanen nach Norden gelangt in den Bereich des ›Nahen Ostens‹ und in die Mittelmeerwelt, wo sie im Sakralbereich eine bedeutende Rolle spielt. Diese Karawanen werden bereits in der Genesis beschrieben. Aber auch der Fernhandel ist für Südarabien von Bedeutung: Die Bewohner des Jemen haben eine Art Monopol für die Schifffahrt im Indischen Ozean, stellen eine Verbindung zwischen Indien, Ostafrika und dem Mittelmeerraum her. Südarabien stellt eine frühe Drehscheibe des interkontinentalen Fernhandels dar. Seide, Edelsteine, aromatische und pharmazeutische Pflanzen sowie Gewürze vermitteln die südarabischen Handelsstaaten der ›alten Welt‹ den Ländern im Norden, so dass man in der klassischen Antike gar nicht wusste, dass es sich etwa um indische Produkte handelte, sondern annahm, es seien ›Reichtümer Südarabiens‹. Auch über das Rote Meer waren bereits im 6. Jahrhundert v. Chr. südarabische Stämme vorgedrungen und hatten die semitische Kultur des alten Äthiopien geschaffen, die ihre Blüte später im Zeichen des Christentums entfaltete.

Das Königreich von Saba – dessen mythische Königin bereits im Alten Testament erscheint, wo ihr angeblicher Besuch in Jerusalem beim jüdischen König Salomon erwähnt wird – war im ersten Jahrtausend v. Chr. (wohl seit dem 8. Jahrhundert) der erste dominierende Staat des Jemen. Der große Staudamm – Reste sind heute noch zu sehen – nahe der sabäischen Hauptstadt Ma'rib ermöglicht eine Bewässerung der gesamten Region. Ma'in war ein weiterer wichtiger südarabischer Staat, der später in Erscheinung trat (6. Jahrhundert), einerseits zeitweise von Saba abhängig war, andererseits auch kleinere Fürstentümer kontrollierte wie Kataban und Hadramaut und seine Macht bis nach Nordwestarabien ausdehnen konnte. So war Ma'an, südlich von Petra im heutigen Jordanien gelegen, die wohl nördlichste Kolonie der Minäer (von Ma'in). Seit 115 v. Chr. rückt Himyar als wichtigster südarabischer Staat in den

Vordergrund, der das sabäisch-minäische Erbe antrat. Die Himyariten gründeten Kolonien an der afrikanischen Küste des Roten Meeres. In die himyaritische Zeit fällt auch das erste Zusammentreffen mit ›Europa‹ – die Römer versuchen, nach Südarabien vorzudringen.

In der Antike wird Arabien in drei Teile eingeteilt: *Arabia felix*, das glückliche Arabien (eigentlich: das rechts gelegene Arabien – bei Blick nach Osten), *Arabia deserta*, das wüstenhafte Arabien und *Arabia petraea*, das steinerne Arabien; damit ist den verschiedenen Gestalten des Landes Rechnung getragen. In *Arabia petraea* bilden sich viel später als im privilegierten Südwesten Staaten heraus, die auch teilweise auf anderen Grundlagen beruhen. Gemeinsam ist dem Süden und dem Norden, dass sie vom Fernhandel abhängig sind. An den aus Südarabien kommenden Handelsstraßen entstanden auch die nordarabischen Staaten. Sie lagen in den Steinwüsten der Übergangszone zwischen dem Zentralarabien der Beduinen und den hochzivilisierten Regionen alter sesshafter Kultur im syrisch-mesopotamischen Raum. Ihren Reichtum gewannen die nordarabischen Staaten durch die Handelsstraßen, an denen sie entstanden – so profitierte auch der Norden Arabiens von den Waren des Südens und den Produkten, die aus Asien und Afrika stammten und von den Südarabern von ihren Häfen aus auf den Weg ans Mittelmeer gebracht wurden. Zu den südarabischen Waren im eigentlichen Sinn, die auf diesen Routen transportiert wurden, also Weihrauch und Myrrhe, kamen asiatische und afrikanische Güter wie Pfeffer und andere Gewürze, Seide, Porzellan, Edelsteine und Sklaven. In gegenläufiger Richtung wurden Getreide, Wein und Öl sowie Metall- und Textilerzeugnisse geliefert.

Für die Sesshaften des ›fruchtbaren Halbmonds‹ dienten diese Staaten als Puffer gegen beduinische Einfälle aus der Mitte der arabischen Halbinsel. Seit Jahrtausenden sickern hier nomadische Völker in den Bereich der Städte und des landwirtschaftlich nutzbaren Kulturlandes ein. Vor den Arabern waren Akkader, Hebräer und andere Völker aus dem Inneren der arabischen Halbinsel gekommen, die als Urheimat aller Völker semitischer Sprache und Kultur gelten kann. Im 4. Jahrhundert v. Chr. erscheinen die Nabatäer als erster der arabischen Staaten am Rande des fruchtbaren Halbmonds. Ihre Hauptstadt Petra liegt strategisch an der Nord-Süd-Achse, die sie kontrolliert. Die Nabatäer werden historisch greifbar, als Antigonos, ein Diadoche Alexanders des Großen, einen Feldzug gegen sie unternimmt (312 v. Chr.). Seine größte Macht und Ausdehnung erreicht der Nabatäerstaat im Jahrhundert vor Christi Geburt, als er sich vom Hedschas über das gesamte Gebiet östlich des Jordan bis ans Mittelmeer (Gaza) und bis ins syrische Kernland mit Damaskus als nördlichstem Punkt erstreckt. Die Nabatäer sind auch auf dem Roten Meer aktiv – hier kollidieren ihre Schiffe mit der Flotte der ägyptischen Ptolemäer. Damals gerät der Nabatäerstaat in engeren und intensiveren Kontakt mit dem Römischen Reich. Die Nabatäer stehen in dauernder Konkurrenz zu Judäa, und es kommt häufig zu Konflikten mit dem jüdischen Staat. Der Fall von Jerusalem (70 n. Chr.) und die Eingliederung des Judenstaates ins römische Imperium scheint deshalb für die Nabatäer zunächst von Vorteil. Doch fällt letztlich auch das Nabatäerreich der neuen römischen Orientpolitik unmittelbarer Kontrolle zum Opfer. 106 endet die Regierungszeit des letzten Nabatäerkönigs – das Land wird als *Arabia* römische Provinz.

Ebenfalls an einer Handelsstraße – derjenigen, die vom Persischen Golf durch das Zweistromland Richtung Mittelmeer und Damaskus führt – liegt Tadmur, das die Römer Palmyra nennen. Dieses Handelszentrum verdankt seinen Aufstieg dem Niedergang Petras. Im Übergangsgebiet zwischen römischem und persischem Einfluss kann Palmyra sich als regionale Großmacht entwickeln. Es entfaltet sich im Rahmen des römischen Machtsystems, wird 129 n. Chr. von Kaiser Hadrian besucht und erhält römische Privilegien. Palmyra wird aber zunehmend unabhängig und mächtig. 260 schlagen die Palmyrener die Perser und erreichen einen Höhepunkt ihrer Macht unter Königin Zainab (Zenobia); der Araberstaat von Tadmur dehnt sich jetzt von Mesopotamien über Syrien und Palästina bis nach Ägypten aus. Als Vaballathus (Wahb Allat), Sohn Zenobias, sich aber eigenmächtig den Titel ›Caesar Augustus‹ anmaßt und Münzen auf seinen Namen prägt, betrachtet Rom dies als Missachtung seiner Oberhoheit. Kaiser Aurelian unternimmt einen Orientfeldzug, schlägt die Palmyrener entscheidend, nimmt Zenobia gefangen und beendet 272/273 die Existenz des palmyrenischen Staates.

Keine wirklichen Machtfaktoren stellen die vorwiegend arabischen Stadtstaaten im fruchtbaren Halbmond – Emesa, Edessa und Hatra – dar, die in der Zeit nach Christi Geburt florieren. Aber einige Zeit später entstehen neue arabische Staaten im oströmisch-persischen Grenzbereich, am Übergang zwischen Nomadentum und Sesshaftigkeit.

Es sind Stämme, die aus dem Süden gekommen sind und jetzt an den Grenzen der großen Imperien Pufferstaaten bilden. Die christlichen Ghassaniden von Dschabiya (Golan), die teilweise auch Damaskus kontrollieren (ihre Blütezeit liegt im 6. Jahrhundert), sind byzantinische, die Lachmiden (4.–7. Jahrhundert) von al-Hirah – weiter östlich – persische Vasallen. Am Vorabend der islamischen Expansion zerfallen sie und so ist der Weg frei für die muslimischen Eroberer, die jetzt direkten, ungehinderten Zugang zu den Grenzen der großen Reiche haben.

Während im Süden Arabiens und auch im Norden ausgeprägte, entwickelte, historisch greifbare Staaten entstehen, ist die wüstenhafte Mitte der Halbinsel aufgrund der natürlichen Gegebenheiten vor allem von Nomaden bewohnt. Wo hier staatliche Gebilde entstehen, bleiben sie blass, konturlos und vage – so die Lihyaniten um Dedan im Süden der Nabatäer, die zwischen 150 v. Chr. und 150 n. Chr. ihre Blüte erleben. Im Hedschas erstreckt sich das Gebiet der Thamud, südlich von Damaskus gab es die Safaiten – alle um die Zeit von Christi Geburt und bekannt nur durch oft kurze und vielfach wenig aussagestarke Inschriften; einige dieser Staaten erscheinen auch in Keilschrifttexten der benachbarten Hochkulturen oder bei den klassischen Autoren. Im Zentrum der arabischen Halbinsel entstand das Reich der Kinda im 6. Jahrhundert, das Spuren in der arabischen Literatur hinterließ: Imru l-Kais hat im 6. Jahrhundert, als die Stammesföderation zerfiel, nostalgische Gedichte über die Blüte Kindas verfasst, das letztlich am Konflikt mit den Lachmiden scheiterte.

Schon früh ist diese arabische Staatenwelt eingebunden in interkontinentale Gegensätze und imperiale Konflikte – wir haben bereits darauf hingewiesen. Die Lage im Schnittpunkt internationaler Verbindungswege und an Kreuzungen des Welthandels – dort, wo Großmachtinteressen aufeinander treffen und Einflusssphären aneinandergrenzen – bestimmt auch die früharabische Geschichte entscheidend mit.

Schon in pharaonischen Zeiten wird in Ägypten die Bedeutung einer Verbindung zwischen Niltal und Indischem Ozean gesehen – ein Kanal zwischen Nil und Rotem Meer entsteht um 2000 v. Chr. Die Verkehrsader behält ihre Bedeutung: Die Ptolemäer restaurieren den Nil-Rotmeer-Kanal.

Die exotischen Produkte aus dem Süden beschäftigen Interesse und Phantasie der Antike. Marcion und Ptolemaeus, Aeschylos und Herodot, Eratosthenes und Plinius, Diodorus Siculus und Strabo erwähnen Südarabien und vor allem seine Luxuswaren in ihren Schriften; in der Bibel begegnen uns die Araber immer wieder; arabische Kaufleute gelangen bis Griechenland und Italien. Kein Wunder, dass Begehrlichkeiten geweckt werden. Alexanders des Großen Pläne in Richtung Arabien kommen wegen seines frühen Todes nicht zur Umsetzung. Der Makedonenkönig hatte vorgehabt, Arabien auf beiden Seiten – durchs Rote Meer und den Persischen Golf – anzugehen und dadurch die interkontinentalen Verkehrsverbindungen samt ihren arabischen Häfen und Karawanenstützpunkten unter seine Kontrolle zu bringen. Konsequenterweise sind die Ptolemäer bereits mit ihrer Flotte auf dem Roten Meer unterwegs und treffen dort auf die Nabatäer. Die Problematik und Gefahr der Schiffsverbindungen über den Indischen Ozean und im Roten Meer jedoch ist es, die Südarabien nutzt. Der Karawanenweg von Arabiens Südküste nach Norden ist und bleibt lange Zeit die beste Handelsverbindung. Dies ändert sich erst mit Hippalus, dem ›Columbus der Antike‹; er entschlüsselt die Geheimnisse der Indienseefahrt, erkundet ihre nautischen Besonderheiten und findet heraus, wie man die Monsunwinde nutzt, anstatt ihnen ausgeliefert zu sein. So beginnen die Römer, mit Schiffen in den Indischen Ozean vorzustoßen. Schon viel früher hatten sie versucht, auf dem Landweg nach Arabien vorzudringen. Nordarabien war ihnen bereits bekannt und gerade die Waren, die über Petra, die alte Nabatäerhauptstadt, ans *Mare Nostrum* gelangen, machen Rom deutlich, welche Bedeutung eine Kontrolle auch des Südens von Arabien haben kann. Aelius Gallus bricht 25/24 v. Chr. zu einer Arabien-Expedition auf. Die römischen Truppen gelangen bis nach Nadschran, doch die Expedition scheitert vor den Mauern von Ma'rib – wohl an Wassermangel. Die Römer sollen von einem Nabatäer geführt und von jüdischen Hilfstruppen, gestellt von Herodes, unterstützt worden sein. Dies war die einzige Militäroperation des römischen Imperiums mit dem Ziel einer direkten Unterwerfung Südarabiens. Doch nahm Rom im Norden der Halbinsel arabische Regionen an der Reichsgrenze ein – so wurde, wie erwähnt, 106 die unabhängige Existenz des Nabatäerstaates beendet: Die römische Provinz Arabien entstand. Später wurde das zu selbständig und expansiv agierende Reich von Palmyra zerstört und ins Römische Reich eingegliedert (vgl. S. 20). Mehr und mehr Araber lebten so innerhalb der römischen Reichsgrenzen. Selbst ein römischer Kaiser stammte aus einer arabischen Familie: Philippus Arabs (244–249) kam aus dem Drusengebirge (Hauran) südöstlich von Damaskus.

Wenn auch die direkte Herrschaft Roms sich nur über die Nordregionen der arabischen Halbinsel erstreckte, gingen Bemühungen Roms, später Byzanz'/Konstantinopels, um Einflussnahme auf die Gesamtregion, vor allem auch auf Südarabien, weiter. Geprägt wurde der Großraum insgesamt vom Gegensatz der ›Supermächte‹ der Epoche, Ost-Rom (Byzanz) und Persien. Die Beziehungen der Südaraber zu beiden Reichen waren intensiv; byzantinische und persische Münzfunde im Jemen sind Zeugnisse des lebhaften Handels; sassanidische und hellenistische Bronzen und durch die hellenistische Mittelmeerwelt inspirierte Kunstwerke belegen im Jemen einen lebendigen kulturellen Austausch. Dieser hat aber auch eine bedeutende andere Funktion: Juden- und Christentum sickern zunächst langsam in Arabien ein, dringen entlang der Weihrauchstraße nach Süden vor, verbreiten sich und werden unmittelbar politisch relevant, gerade auch im Kontext der Großmächterivalität. Durch die Erhebung der Stadt Ktesiphon am Tigris zur Residenz der persischen Sassaniden und durch die Gründung der neuen oströmischen Metropole Konstantinopel rücken die Schwerpunkte der beiden Reiche einander näher, der Konflikt der beiden Großmächte gewinnt – auch im arabischen Raum – an Intensität. Ein himyaritischer (jemenitischer) König Yusuf mit dem Beinamen Dhu Nuwas nimmt zu Beginn des 6. Jahrhunderts das Judentum an, es kommt zu antichristlichen Ausschreitungen, möglicherweise soll das Judentum als

Staatsreligion durchgesetzt werden. Dies ist ein Alarmzeichen für Byzanz, das die christlichen Äthiopier zum Eingreifen im Jemen anregt. 523/525 erfolgt ein äthiopischer Vorstoß nach Südarabien (möglicherweise im Jahr eines berüchtigten Christenmassakers in Nadschran), der jüdische (und letzte südarabische) König wird abgesetzt – äthiopische Vizekönige regieren das Land; oft agieren sie sehr unabhängig und sind sogar zu expansiven Unternehmungen in der Lage. Christentum und sogar byzantinischer Einfluss werden gestärkt, Kirchen entstehen im Jemen – aber das zentrale, wichtigste Bauwerk Südarabiens geht seinem Ende entgegen – auf gleichsam symbolische Weise: In diese mittleren Jahre des 6. Jahrhunderts fällt der endgültige Bruch des legendären Staudamms von Ma'rib – nachdem es kleinere Dammbrüche und Reparaturversuche immer wieder gegeben hatte. Selbst der Koran erwähnt diese historische Katastrophe (in Sure 34). Die Ebene von Ma'rib, Kernland des historischen Saba, beginnt zu veröden. Die Blüte und Eigenständigkeit des alten Südarabien ist endgültig vorüber – dies natürlich nicht durch den Dammbruch allein, so schockierend er auch gewirkt haben mag; nachhaltiger wirksam war die entstehende direkte Seeverbindung zwischen dem Roten Meer und den Küsten des Indischen Ozeans.

Der äthiopische Statthalter Abraha bricht nach Norden auf, unternimmt eine Militärexpedition gegen Mekka, ein Elefant soll damals zum Einsatz gekommen sein, weshalb dieses Ereignis als »Jahr des Elefanten« in die Annalen früharabischer Geschichte eingegangen ist und lange Zeit mit dem Jahr der Geburt Muhammads gleichgesetzt wurde (570). Der Feldzug scheitert – die äthiopische Armee wird von Pocken dezimiert; der Anfang vom Ende der äthiopischen Herrschaft in Südarabien ist gekommen. Hilferufe gehen von Südarabien nach Persien, tatsächlich intervenieren die Perser und 575 findet die äthiopische Herrschaft ein Ende, Südarabien wird jetzt zur persischen Satrapie – im Zuge der epochalen Auseinandersetzung zwischen Persien und Byzanz, die damals den ganzen Orient in Atem hält. An den weiter östlich gelegenen Küstenregionen am Indischen Ozean, im heutigen Oman, gibt es schon persische Burgen – die Sassaniden haben hier bereits Zeichen ihres Machtanspruchs gesetzt.

Aber eine völlige Umkehr der geopolitischen Situation steht bevor, die Karte des Nahen Ostens wird in kürzester Zeit völlig umgestaltet werden, neue politisch-religiöse Determinanten – damals noch in keiner Weise absehbar – werden den weltpolitischen Schauplatz vom Atlantik bis zum Indus neu gestalten. Der fünfte persische Satrap soll 628, sechs Jahre nach der Hedschra (und lange vor dem Zusammenbruch des Sassanidenreichs) den Islam angenommen haben; damit mündet die südarabische Geschichte in die islamische Geschichte.

So wenig wie die Geschichte war die Kultur Arabiens einheitlich. Erst der Islam wird eine Art gesamtarabischer Kultur entstehen lassen. Gemeinsam aber ist damals allen Arabern ein Polytheismus mit variierenden Gottheiten, aber selbst Sprache und Schrift sind uneinheitlich. Die Südaraber haben ihre eigene Sprache und Schrift, aus der dann auch die semitischen Schriften und Sprachen Äthiopiens hervorgehen: »Ge'ez«, die Bezeichnung für die alte äthiopische Sprache, ist ursprünglich der Name eines südarabischen Stammes.

Die Araber am Nordrand der Halbinsel entwickeln synkretistische Kulturformen, in denen Einflüsse ihrer Nachbarn wesentliche Komponenten bilden. Die Nabatäer etwa schreiben mit einem aus dem Aramäischen abgeleiteten Alphabet, aus dem sich dann die spätere arabische Schrift entwickelt. Auch Palmyra bedient sich einer aramäisch inspirierten Schrift. Die Kunst in diesem Raum zwischen ›fruchtbarem Halbmond‹ und arabischer Wüste ist stark von der klassischen Antike und vom Hellenismus geprägt. Noch heute sieht auch das ungeschulte Auge den Ruinen von Palmyra und den Gebäuden von Petra die eindeutig antike Inspiration an.

Im Gebiet zwischen dem südarabischen Kulturbereich und dem nabatäisch-palmyrenischen Norden finden sich weitere Misch- und Übergangsformen. Südarabische Schriften geben nordarabische Sprachformen in zahlreichen Inschriften und Graffiti des Hedschas und benachbarter Regionen wieder (aus dem 5. vorchristlichen Jahrhundert bis in die christliche Zeit), am bekanntesten und am besten erschlossen sind unter diesen ›protoarabischen‹ Texten Lihyanisch und Thamudisch.

Nicht nur in den Städten und im Rahmen festgefügter staatlicher Organisationen im Süden und Norden der arabischen Halbinsel entstehen erstaunlich entwickelte Kulturphänomene, besonders im Bereich von Sprache und Literatur. Die (nord-)arabische Sprache entwickelt ihre eigene Schrift aus der nabatäischen Schrift – Sprache und Schrift unterscheiden sich völlig von den südarabischen Sprach- und Schriftformen, mit denen sie jedoch verwandt sind. Beide gehen letztlich auf die phönizische Schrift zurück, aus der sich auch die griechische und lateinische und in der Folge alle europäischen Schriften entwickelt haben. Diese arabische Hochsprache und Schrift wird erst im 6. Jahrhundert greifbar; gleichzeitig tritt auch die arabische Dichtung in Erscheinung. Sie verfügt bereits über eine komplexe Gestalt und eine überraschende Vielfalt – ihren Entwicklungsprozess bis zu diesem Punkt hin können wir aber nicht nachvollziehen. Zahlreiche Dichter gibt es in diesem Arabien des 6. Jahrhunderts, die in ihrer Poesie dem altarabischen tribalen Umfeld verbunden sind: Lob des eigenen Stammes, Verhöhnung der Feinde, Satire und Kritik, aber auch Panegyrik und Beschreibung – etwa der Wüste oder eines Kamels – werden hier in lyrische Sprache gekleidet. Dichterwettbewerbe auf Jahrmärkten – etwa in Ukaz bei Mekka – werden zu Literaturfestivals. Der Dichter, aber auch der fahrende Sänger oder Troubadour (Rawi) sind angesehen in Arabien. Da, wo arabische Staaten entstanden sind, gibt es regelrechte ›Hofdichter‹. Die Literatur dieser Zeit hat sich bis heute als Teil des arabischen Bildungskanons erhalten. In den ersten Jahrhunderten der islamischen Periode wird die Lyrik dieser (alten vorislamischen) Zeit zu Sammlungen kompiliert. Als Sprache dieser komplexen und facettenreichen Literatur hat das Arabische früh einen sehr umfangreichen und nuancierten Wortschatz entwickelt. Vielfältig sind auch die religiösen Phänomene im vorislamischen Arabien. Das arabische Pantheon wird von den bekannten semitischen Sterngottheiten Mond (Almakah z.B. bei den Sabäern, Aglibol in Palmyra oder Sin in Hadramaut usw.), Sonne (Schams) und Venus (Athtar – entsprechend der assyrischen Astarte und der babylonischen Ischtar) beherrscht. Daneben gibt es zahlreiche Gottheiten, die mit Stämmen, Familien oder einzelnen Orten verbunden sind. Allah – ›Der Gott‹ schlechthin – ist bereits in weiten Teilen Arabiens bekannt, wie er in ähnlicher Form im ganzen semitischen Sprach- und Kulturraum existiert: El, Il, Ilum (Babylon), in der Pluralform Elohim (Hebräisch); ihm kommt eine Vorrangstellung zu. Hubal, der Lokalgott von Mekka etwa, der Herr der Ka'ba, gilt als Vater der Göttinnen Al-Lat, al-Manat und al-Uzza. Ein schwarzer Stein wird in der Ka'ba von Mekka verehrt – das Heiligtum zieht zahlreiche Pilger an. In der Wüste, unter den arabischen Nomaden, begegnen uns weniger ausgeprägte Götter mit präzisen Eigenschaften als vielmehr Geister, Kobolde und belebte, verhexte oder magische Orte. Schutzgeister oder ›böse‹ Geister müssen günstig gestimmt werden, Weihgaben und Opfer werden dargebracht.

Eine Art Priester oder Wahrsager bringt den Willen der Götter zum Ausdruck und fasst ihn in Worte. Orakel und Weissagungen sind Bestandteil dieses Glaubens. Aus den umliegenden Regionen gelangt auch christliches und jüdisches

Gedankengut nach Arabien, die beiden monotheistischen Religionen können sogar zahlreiche Anhänger gewinnen. Schon erwähnt wurde die christliche Gemeinde von Nadschran (nördlich des jemenitischen Ma'rib) und der jüdische Himyaritenherrscher Dhu Nuwas; weiter nördlich hatten ganze Stämme das Judentum angenommen, zum Beispiel in Yathrib, dem späteren Medina.

Die biblische Vorstellungswelt ist also den Arabern bereits vertraut. Umgekehrt sind auch die Araber in der Bibel präsent. Noahs Sohn Sem erscheint im Alten Testament als Großvater des Yoktan (Genesis 10,25) – für die Araber ›Kahtan‹, Stammvater der Südaraber; Adnan dagegen, Urvater der Nordaraber, ist Nachkomme von Ismael, dem verstoßenen Sohn des Abraham und der Hagar (Genesis 16,15).

Viele biblische Motive finden sich später im Koran wieder. Es mag als Zeichen für ein religiöses Unbehagen, für ein Bemühen um befriedigendere oder angemessenere Glaubensformen im damaligen Arabien gewertet werden, dass die sogenannten ›Hanifen‹, die keiner Religion zugeordnet werden können, in dieser Zeit als Gottessucher auftreten und eine gewisse religiöse Orientierungslosigkeit vermuten lassen, aus der das Bedürfnis nach einer präziseren, konkreteren, eindeutigeren Glaubensform entstand. Die Zeit war reif für den Propheten Muhammad.

Kapitel 2

Muhammad – die Anfänge des Islam und die islamische Expansion

Zeittafel

um 570	Geburt des Propheten Muhammad in Mekka
622	Hidschra (Auswanderung) Muhammads von Mekka nach Medina
	Beginn der islamischen Zeitrechnung
624	Schlacht von Badr
625	Schlacht von Uhud
627	»Graben«-Schlacht (Chandak): Muhammad schlägt Mekkaner
	Byzanz schlägt die Perser bei Ninive vernichtend
628	Waffenstillstand von Hudaibiya
629	Byzanz erobert Jerusalem von den Persern zurück
630	Einnahme Mekkas durch die Muslime
632	Tod des Propheten Muhammad
635	Eroberung von Damaskus durch die Araber
636	Niederlage der Byzantiner gegen die Araber am Yarmuk
	Niederlage der Perser gegen die Araber bei Kadisiya
639–642	Eroberung Ägyptens (Alexandria fällt 642 an die Araber)
654	arabischer Seesieg über Byzantiner
668	erste arabische Belagerung von Konstantinopel
670	Araber gründen Kairuan im heutigen Tunesien
711	Araber beginnen Eroberung Spaniens
717/718	Araber belagern Konstantinopel
732	Schlacht von Tours und Poitiers (Karl Martell)
751	arabischer Sieg über Chinesen
768	Tod von Muhammad Ibn Ishak, der die erste (nicht erhaltene) Prophetenbiographie verfasste, auf der die älteste erhaltene Biographie Muhammads von Ibn Hischam basiert (Anfang des 9. Jahrhunderts)

2.1 Berufung eines Propheten

Abseits von den hochentwickelten Kulturländern im Norden und Süden der arabischen Halbinsel wird in der Handelsstadt Mekka, zwischen der in Süd-Nord-Richtung verlaufenden Weihrauchstraße und der Küste des Roten Meeres gelegen, um 570 – möglicherweise im Jahr des äthiopischen Vorstoßes in Richtung Mekka – ein Mann geboren, der nicht nur bis heute eine Hauptrolle in der arabischen Geschichte spielt, sondern auch den Arabern zu weltgeschichtlicher Bedeutung verhalf, ihnen Zugang zur universalhistorischen Bühne verschafft hat, ohne dass dies damals in irgendeiner Weise vorhersehbar gewesen wäre. Muhammad, ein Vollwaise aus der Sippe Haschem des Stammes der Kuraisch, wächst unter der Obhut seines Großvaters Abd al-Muttalib und seines Onkels Abu Talib auf. Nichts deutet zunächst daraufhin, dass Muhammad je eine besondere Rolle zufallen könnte, er über eine außergewöhnliche Veranlagung verfügen würde.

Erst im Alter von 40 Jahren hat der mekkanische Kaufmann ein Erlebnis, aufgrund dessen er sich künftig als Gesandten Gottes – »rasul Allah« –, als Warner seiner Stammesgenossen im göttlichen Auftrag sieht. Als er sich in die Einsamkeit in der wüstenhaften Umgebung Mekkas zurückzieht, erscheint ihm der Erzengel Gabriel und fordert ihn auf, das Wort Gottes zu rezitieren. »Und in jener Nacht, in der Gott ihn durch die Sendung auszeichnete und sich damit der Menschen erbarmte, kam Gabriel zu ihm. Als ich schlief, so erzählte der Prophet später, trat der Erzengel Gabriel zu mir mit einem Tuch wie aus Brokat, worauf etwas geschrieben stand und sprach: ›Lies!‹« (aus der Prophetenbiographie des Ibn Hischam in der Ausgabe von Gernot Rotter, S. 43/44). Nicht als Verkünder einer neuen Religion sieht sich Muhammad, sondern er fordert sein Umfeld auf, zur Urreligion des Abraham zurückzukehren, die bereits frühere Propheten ihren Völkern und Zeitgenossen vermittelt hatten. Immer neue Offenbarungen empfängt Muhammad, immer wieder teilt Gott ihm seinen Willen und seine Gebote mit. Dabei sieht Muhammad sich lediglich als Prophet im Sinne eines Trägers göttlicher Offenbarung, keineswegs mit göttlichen Attributen ausgestattet – er erhebt keinerlei Anspruch auf eine übermenschliche, göttliche Rolle. Erst lange nach seinem Tode werden die von Muhammad verkündeten Offenbarungen systematisch zusammengestellt. Uthman (Osman 644–656), der dritte Kalif (Nachfolger, Vertreter des Propheten) lässt ›den Koran‹ als alleingültige, definitive Kompilation von Gottes Wort, wie Muhammad es übermittelt hat, redigieren – das ›Heilige Buch‹ des Islam ist entstanden.

Die Frühgeschichte des Islam lässt sich – ebenso wie die Biographie seines Propheten und auch der Koran – einteilen in eine (frühe) mekkanische und eine (spätere) medinensische Periode. In Mekka hat Muhammad sein Berufungserlebnis, hier ist sein sozialer und familiärer Bezugsrahmen als Mitglied der Sippe Haschem des Kuraisch-Stammes, hier befindet sich auch seine Existenzgrundlage als Kaufmann. Seine unmittelbare Umgebung ist erste Zielgruppe für die göttlichen Offenbarungen, die Muhammad vorträgt. Muhammads Frau Chadidscha ist von Anfang an vom göttlichen Auftrag ihres Mannes überzeugt, gehört zu seinen frühesten Anhängern. Denn Anhänger gewinnt der Prophet zwar, aber nur langsam und zögernd – eine allgemeine Akzeptanz findet er keineswegs, und seine Botschaft setzt sich durchaus nicht schnell durch, im Gegenteil: Er trifft auf Gleichgültigkeit, ja Ablehnung, Gegnerschaft, Feindseligkeit. Denn einzuordnen war der »Gesandte Gottes« nicht leicht vor dem Hintergrund der Vorstellungswelt seiner Zeitgenossen: War er ein Seher, ein Magier, ein religiöser Schwärmer, sprach aus ihm ein Dschinn? Auch ist Muhammads Verkündigung keineswegs ohne Brisanz: Sein Aufruf, dem einen, einzigen Gott zu huldigen und ihn als Mittelpunkt der Existenz zu sehen, verunsicherte die Mekkaner und schien verdächtig, Überkommenes, Traditionelles in Frage zu stellen. Denn dem einen, einzigen Gott sollten keine anderen Gottheiten zur Seite gestellt, »zugesellt« werden. In Mekka aber und seiner Umgebung gab es heilige Orte, an denen verschiedene Gottheiten verehrt wurden. Die Göttin al-Uzza in Nachla bei Mekka, die Göttin Manat an einem Ort zwischen Mekka und Medina sowie al-Lat in Ta'if, südöstlich von Mekka; dazu kam die Ka'ba – Heiligtum des Gottes Hubal? – in Mekka selbst. Diese heiligen Orte waren Wallfahrtsstätten, gleichzeitig fanden dort Monatsmessen – wohl eher größere Märkte – statt. Die Zeiten der Wallfahrten und Märkte waren von großer wirtschaftlicher Bedeutung und deshalb Perioden eines allgemeinen Friedens im sonst von ständigen Fehden und Kleinkriegen heimgesuchten Arabien.

Waren die Worte des Muhammad, die er als die Lehren eines einzigen Gottes und damit mit besonderer Autorität versehen verstanden wissen wollte, nicht geeignet, diese Verhältnisse in Unordnung zu bringen, wichtige Überzeugungen und Überlieferungen, die bislang selbstverständlich und unumstritten gewesen waren, in Frage zu stellen? Was würde die Forderung, nur einen Gott anzubeten und anzuerkennen, für die Heiligtümer anderer Gottheiten und folglich für die Wallfahrten und Messen, also für Handel und Wohlstand Mekkas, bedeuten? Ein Störenfried, ein Unruhestifter war Muhammad zweifellos für sie, möglicherweise stellte er sogar eine Gefahr dar. Aber es gelang ihm, unter allen mekkanischen Bevölkerungsgruppen Anhänger zu finden, wenn zunächst auch nicht in allzu großer Zahl. Vielfach waren es jüngere Menschen, die sich von seinen Verkündigungen angesprochen fühlten, oft auch sozial Schwächere oder Sklaven; aber keineswegs ausschließlich: auch einzelne Angehörige besonders angesehener Sippen schlossen sich Muhammad an. Dass Muhammad sich aber überhaupt mit seiner Anhängerschaft, die letztlich in Mekka nur eine kleine Minderheit darstellte, halten konnte, verdankte er den traditionellen Mechanismen des Stammes- und Sippensystems. Abd al-Muttalib, Muhammads Großvater, gab als Oberhaupt der Sippe Haschem dem Propheten Rückendeckung. Nach seinem Tod übernahm sein Sohn Abu Talib die Führung der Haschemiten und gewährte auch weiterhin Muhammad den Schutz der Sippe, wie traditionell üblich. Dies, obwohl Muhammad und seine Rolle durchaus aus dem traditionellen Rahmen fielen. Stellte Muhammad nicht dadurch, dass er sich mit angeblich göttlichen Offenbarungen gegen viel Überkommenes, Traditionelles wandte, eben die von den Vorfahren überlieferte Ordnung in Frage? Die Gemeinschaft, die der von ihm verkündeten Lehre folgte, stellte sich – im offenen Gegensatz zu bestehenden, bewährten Traditionen – außerhalb der herkömmlichen Stammes- und Sippenordnung. Wenn man wollte, bildeten die ersten, die sich dem Willen Gottes unterwarfen (= Muslime), eine Gruppierung sui generis dar – die ohne Präzedenz war in Mekka und nicht ins herrschende System passte. Solange trotzdem die Sippe Haschem ihre schützende Hand über Muhammad hielt, konnten er und die Seinen sich halten, trotz aller Drohungen und dem teils heftigen Druck, dem vor allem die sozial Schwachen unter den Muslimen ausgesetzt waren.

Zwar konnten die ersten Muslime unter Muhammad gut ein Jahrzehnt durchhalten trotz aller Schikanen und Diskriminierungen – doch schien sich um 615 die Lage so zugespitzt zu haben, dass Muhammad sich gezwungen sah, einen Teil seiner Anhänger nach Äthiopien zu schicken – in einem Land, in dem das Christentum herrschende Religion war, glaubte er zumindest auf Duldung der Muslime hoffen zu können, ging der Prophet doch davon aus, dass das Christentum im Grunde der von ihm verkündeten Botschaft eng verwandt war.

Kompromisse zu schließen, die seine Lage und die seiner Anhänger verbessert hätten durch Anpassung seiner Lehre an bestehende Regeln und Gegebenheiten, hätte dem Geist des Islam widersprochen. Denn Muhammad verkündete nicht seine persönlichen Ansichten, nicht seine eigene Lehre, sondern das Wort Gottes – das naturgemäß nicht verhandelbar war, das nicht angepasst oder relativiert werden konnte. Lediglich einmal – bezeichnenderweise bezüglich der Göttinnen al-Lat, al-Manat und al-Uzza – lenkte Muhammad vorübergehend ein, erklärte es für erlaubt, sie anzubeten. Doch bald schon widerrief er dies, erklärte die einschlägigen Koran-Verse als vom Teufel inspirierte und stellte so den absoluten, reinen Monotheismus, den er immer gepredigt hatte, wieder her. Es liegt nahe, dass Muhammad mit dieser vorübergehenden Konzession an die Traditionen den Vorbehalten und der Gegnerschaft der Kuraisch entgegenwirken wollte und ihre Bedenken – aufgrund der wirtschaftlichen Bedeutung der alten Kulte – zu zerstreuen beabsichtigte.

Den Schutz seiner Sippe behielt Muhammad, solange sein Großvater und später sein Onkel deren Oberhaupt waren. Nachdem auch der Onkel des Propheten, Abu Talib, verstorben war, wurde die Situation zusehends schwieriger. Dazu kam, dass Chadidscha, die Frau des Propheten, ebenfalls starb, die ihm stets Rückhalt gegeben und zu ihm gehalten hatte. »Chadidscha war ihm aufrichtige Stütze im Glaube gewesen, sooft er mit seinen Sorgen zu ihr kam …«, schreibt Ibn Hischam in seiner Prophetenbiographie. Der Schutz der Sippe wurde Muhammad nicht mehr bedingungslos gewährt, entschiedene Gegner des Propheten gewannen an Einfluss. Dies hatte auch Auswirkung auf die Gemeinschaft seiner Anhänger, die immer mehr in Bedrängnis geriet. Muhammad hielt die Lage angesichts wachsenden Drucks und zunehmender Schikanen für nicht länger haltbar. Er suchte Kontakte zu Gruppierungen außerhalb Mekkas, in der Hoffnung, einen anderen Bezugsrahmen – außerhalb des Stammes der Kuraisch – zu finden und dadurch zumindest eine Tolerierung seiner Lehre und ihrer Anhänger zu erreichen. Mekka und Umgebung boten aufgrund der dortigen Wallfahrtsstätten und Märkte für die Anknüpfung solcher Beziehungen zu anderen Stämmen und Orten besonders viele Möglichkeiten. Zunächst blieben diese Bemühungen erfolglos, denn ein Arrangement mit den Muslimen, einer Gruppierung, die außerhalb der gesellschaftlichen Systematik nicht nur Mekkas, sondern der gesamten arabischen Halbinsel stand, war nicht risikolos. Könnte ein solches nicht den Anschein erwecken, man erkenne die Autorität des selbsternannten Propheten an, werde Teil seiner Gemeinschaft?

2.2 Der islamische Staat entsteht

Erst als Muhammad Leuten aus der Oase Yathrib begegnete, bahnte sich die Chance einer Kooperation an. Yathrib wurde von fünf unterschiedlichen Stämmen bewohnt, die untereinander zerstritten waren. In dieser verfahrenen Lage suchten sie eine Art Schlichter, einen Schiedsrichter. Als solcher schien sich Muhammad, gerade weil er in gewisser Weise ohne Bindungen im traditionellen Sinn war und nicht als Vertreter mekkanischer Macht- oder Wirtschaftsinteressen Misstrauen erweckte, anzubieten. Muhammad und seine Anhänger verließen die Stadt Mekka tatsächlich im Jahr 622, zwar heimlich bei Nacht, aber nicht auf der Flucht; es handelte sich um eine geplante, geordnete Auswanderung. Diese »Hidschra« war ein entscheidender Schritt in der Entwicklung des Islam, der damals an einem Wendepunkt stand. Durch die Auswanderung der Muslime nach Yathrib war das Überleben des Islam gesichert. Mit der Hidschra wurde Muhammad von einem bedrängten Einzelgänger, der ein kleines Häuflein Gleichgesinnter anführte, von einer Art »Sektenführer« zu einer politischen Schlüsselfigur. Nicht von ungefähr beginnt mit der Hidschra die Zeitrechnung der Muslime. Ein ausführlicher Vertrag regelt das Verhältnis der Muhadschirun, der aus Mekka ausgewanderten Muslime, zu den Bewohnern von Yathrib, sowie die Rolle und Stellung Muhammads in dem neuen politischen Gebilde, das dort entstand und zur Keimzelle des ersten muslimischen Staates werden sollte: Die Stämme von Yathrib nehmen – praktisch als weiteren ›Stamm‹ oder ›Clan‹ – die Muslime aus Mekka an ihre Seite. Die vertragschließenden Parteien, also die Stämme von Yathrib und die aus Mekka eingewanderten muslimischen Kuraischiten, bilden eine Gemeinschaft, *umma* »unter Ausschluss aller anderen«. So wird Muhammad eine Integrationsgestalt, unter ihm kommt ein vertraglich garantierter Zusammenschluss der bisher verfeindeten Stämme von Yathrib untereinander und mit den Muslimen zu einer Gemeinschaft ganz eigener Art, der *umma*, zustande. »Der Architekt dieser vorher nichtexistenten … Gemeinschaft war der ›Gesandte Gottes‹ und ihr wesentliches Kennzeichen damit der Islam«, formuliert der Islamwissenschaftler Albrecht Noth. Der Islam war jetzt in Arabien auf dem Vormarsch: Schon vor der eigentlichen Hidschra hatten Menschen aus Yathrib den Islam angenommen, hatte Muhammad einen guten Kenner des von ihm verkündeten Glaubens nach Yathrib gesandt, um dort den Islam zu lehren. So wurde nach und nach die *umma* zur Gemeinschaft der Gläubigen, zum Zusammenschluss der Muslime. Yathrib wurde zur »Stadt des Propheten«, Madinat an-Nabi, und Medina zum islamischen Staat der Frühzeit. Der Islam war der Kitt, der Medina zusammenhielt; der Gesandte Gottes war es, vor den alle Streitfälle unter den Stämmen, die

Mitglieder der *umma* waren, gebracht werden mussten. Muhammad wurde in Medina vom Propheten zum Staatsmann, aus einer Glaubensgemeinschaft entstand eine politische Einheit. Die islamische Religion gewann damals eine eindeutig politische Dimension. Der Islam, der in Mekka spaltend und teilend gewirkt hatte, weil seine Anhänger sich aus ihrem Stamm herauslösten und eine eigene Gruppierung bildeten, wirkte in Medina integrierend, überbrückte Spaltungen und Gegensätze, wurde zum einigenden Band, das die früher zerstrittenen Stämme Yathribs zusammenhielt und ihnen eine neue übergreifende Identität gab. Bei allen Fragen und Problemen, die über die Interna der einzelnen Stämme hinausgingen, in allen Gemeinschaftsangelegenheiten, hatte der Prophet des Islam das letzte Wort und die oberste Entscheidungskompetenz. Doch begnügte sich Muhammad nicht mit einer solchen Schiedsrichter- oder Koordinatorenrolle. Er ging in die Offensive, wollte gestalten und mit seinem islamischen Staat die Rolle des Islam stärken, islamische Politik in Arabien machen. Keineswegs beschränkte Muhammad sich auf seine – verglichen mit seiner prekären Stellung in Mekka bereits beachtlichen – Position eines »Staatschefs« der Föderation von Medina, er betrieb zielstrebig und mit Energie eine expansive, aggressive islamische »Außenpolitik«. Naturgemäß stand für Muhammad die Auseinandersetzung mit dem feindlichen Mekka im Mittelpunkt seines Interesses. Solange Mekka eine wirkliche (oder potenzielle) Gefahr war, konnte das Überleben der *umma* nicht als gesichert gelten. Auch mag es sein, dass es für den Propheten eine Herzensangelegenheit war, seine Vaterstadt für den Islam zu gewinnen und seinen Gegnern eine Lektion zu erteilen. Dabei schreckte der Prophet auch nicht vor Tabubrüchen zurück und überschritt Grenzen, die bislang in Arabien als unberührbar und heilig gegolten hatten. So wagte Muhammad den Angriff auf eine mekkanische Handelskarawane während eines »heiligen« Zeitraumes, in dem Frieden allgemein garantiert war – ein gutes Jahr nach der Hidschra. Damit war eindeutig klargeworden, dass es einen friedlichen Status quo zwischen dem Propheten und dem ›heidnischen‹ Mekka nicht geben würde und eigentlich nicht geben konnte.

Der Plan eines Überfalls auf eine weitere mekkanische Karawane führte zum ersten entscheidenden Konflikt zwischen den Muslimen und den Mekkanern. Als eine mekkanische Karawane erfuhr, dass Muhammad einen Überfall auf sie plante, wurde Verstärkung aus Mekka herbeigeholt. Doch in der Schlacht bei Badr konnten die Muslime die mekkanische Übermacht entscheidend schlagen (624). Als Revanche für diesen erneuten Schlag rückten im kommenden Jahr überlegene mekkanische Truppen gegen Medina vor und gewannen die Schlacht am Berg Uhud gegen die Muslime; Muhammad wurde dabei verletzt. Doch gelang es ihnen, sich nach Medina zurückzuziehen – die Mekkaner konnten oder wollten ihren Erfolg nicht ausnutzen; so hatte der Ausgang des Konflikts für die Mekkaner keine entscheidend positiven Folgen und für die Medinenser keine katastrophalen Konsequenzen (625). Aber die Mekkaner gaben ihr Vorhaben, gegen Medina einen entscheidenden Schlag zu führen und Muhammad sowie seine gesamte Bewegung endgültig auszuschalten, nicht auf: 627 zog eine Koalition unter Führung von Mekka vor die Stadt Medina, um Muhammads Einfluss endgültig zu brechen. Die Idee eines persischen Freigelassenen soll den Ausschlag bei dieser Auseinandersetzung zugunsten der Muslime gegeben haben. Er riet, Medina mit einem Graben vor den mekkanischen Angreifern zu schützen. Dieses ungewohnte Hindernis soll die Mekkaner und ihre Verbündeten so irritiert haben, dass Muhammad die Schlacht gewinnen konnte und die Bedrohung abgewendet wurde. Die Phase der militärischen Konfrontationen zwischen Mekka und Medina, zwischen Muhammads

Vaterstadt und der Stadt, der er nun vorstand, zwischen Kuraisch und Muslimen, war mit diesem »Grabenkrieg«, als der er in die Annalen der frühislamischen Geschichte einging, beendet. Schon 628 kam es bei Hudaibiya zu einem zehnjährigen Waffenstillstand verbunden mit dem Zugeständnis Mekkas an den Propheten, das Ka'ba-Heiligtum besuchen zu dürfen. Mekka fiel bald ohne Blutvergießen in muslimische Hand. 630 zog Muhammad zwar – trotz des Waffenstillstands – mit einer Streitmacht vor seine Geburtsstadt. Aber friedlich verlief dann der Einzug Muhammads und seiner Gefolgsleute in Mekka – ohne Gewalt und ohne Gegenwehr der Mekkaner übernahmen die Muslime die Stadt, in welcher der Islam seinen Ursprung gehabt hatte. Kein Triumph, keine Rache, keine Plünderungen oder Strafgerichte, die Übernahme Mekkas durch Muhammad erfolgte so, dass Versöhnung möglich war, dass kein neuer Hass entstand, dass der weitere Aufstieg des Islam nicht durch schwere Hypotheken belastet wurde.

Diese acht Jahre der Auseinandersetzung des Propheten mit seinem Stamm, den Kuraisch, und seiner Vaterstadt Mekka waren begleitet von einem anderen Konflikt: In Yathrib lebten neben den zwei Stämmen der Aus und der Chazradsch, die traditionellen arabischen Religionsformen anhingen, drei jüdische Stämme (Nadir, Kainuka und Kuraiz). Auf diese hatte Muhammad zunächst besondere Hoffnungen gesetzt, war er doch überzeugt, dass seine Verkündung derjenigen entsprach, die Juden (und Christen) lange vorher erhalten hatten. Es schien aus Sicht des Propheten also naheliegend, dass diese jüdischen Stämme sich ihm als erste anschließen würden, seine Rolle akzeptieren und seine Verkündigung annehmen könnten, hatten sie doch bereits eine identische Botschaft erhalten und waren bereits in gewissem Sinn ›Gläubige‹. Doch die Juden von Yathrib enttäuschten die Erwartungen des Propheten und verhielten sich distanziert. Zwar waren sie Partner des

Vertrags, der die Verhältnisse in Yathrib/Medina regelte, gehörten dem Zusammenschluss zu einer Föderation an, den dieser Vertrag begründete, aber wirkliche Vollmitglieder der neuentstandenen *umma* wurden sie nicht. Denn gerade sie, auf deren Akzeptanz Muhammad besonders gehofft hatte, verweigerten sich – als Anhänger einer ausgeprägten, klar definierten Religion, des Judentums – einer Annahme des Islam, welche für die anderen, ›heidnischen‹ Bewohner von Yathrib – ihre religiösen Vorstellungen waren eher vage, mehr Brauchtum als definierte Religion – offenbar weniger schwierig war. Hieraus entstand eine Situation in Medina, die zunehmend problematisch wurde: Einerseits für Muhammad, der sich, besonders in Konfliktsituationen, nie der Haltung der jüdischen Stämme sicher sein konnte, sie als Risiko einschätzen musste; andererseits auch für die jüdischen Stämme, die, je mehr sich ganz Yathrib in eine islamische Gemeinschaft verwandelte, immer mehr Außenseiter wurden und ins Abseits gerieten. Was später unproblematisch wurde und die Regel in den islamischen Gesellschaften darstellte, nämlich die Fortexistenz jüdischer (und christlicher) Bevölkerungsgruppen unter Beibehaltung ihres Glaubens im islamischen Staat, erschien in dieser Frühzeit des Islam, als die noch nicht konsolidierte junge Gemeinschaft existenziellen Krisen ausgesetzt war, bedrohlich und riskant. Der Konflikt zwischen den Muslimen und den Juden erschien, je mehr aus Yathrib »Medina« wurde, also die »Stadt des Propheten«, immer unausweichlicher. Nach der Schlacht von Badr nutzte Muhammad einen Zwischenfall, der eigentlich mehr dem Bereich der persönlichen Blutrache zuzuordnen war, um den jüdischen Stamm der Kainuka zu belagern und ihn schließlich zum Abzug zu zwingen. Die Juden sollen nach Syrien gezogen sein. Bereits 625 kam es zur Auseinandersetzung mit dem zweiten jüdischen Stamm, den Banu an-Nadir. Muhammad hatte sich zu Blutgeldverhandlungen zu diesem begeben und fühlte sich beim Warten auf eine Antwort auf seine Forderungen bedroht. Er habe, so der Prophet nach seiner Rückkehr, eine göttliche Warnung erhalten, man trachte ihm nach dem Leben. Die Banu an-Nadir wurden angegriffen, belagert und schließlich zur Auswanderung gezwungen; sie ließen sich in der Oase Chaibar nieder, wo bereits eine jüdische Kolonie existierte.

Anlässlich des »Grabenkrieges« erreichten die Spannungen zwischen den Muslimen und dem letzten in Medina verbliebenen jüdischen Stamm, den Kuraizah, einen Höhepunkt: Der Verdacht kam auf, dass die Kuraizah mit den mekkanischen Belagerern Medinas Kontakt aufgenommen hätten. Dass sie den Muslimen tatsächlich in den Rücken gefallen wären, wurde ihnen nicht vorgeworfen, wohl aber wurden sie der Verschwörung und geheimen Kollaboration bezichtigt. Nach seinem Sieg über die Angreifer attackierte Muhammad die Kuraizah. Sie wurden ausgerottet, Frauen und Kinder wurden in die Sklaverei verkauft. Damit waren praktisch alle Gruppierungen in der Keimzelle des islamischen Staates, in Medina, die nicht dem Islam angehörten, ausgeschaltet. Als auch Mekka, und damit der Heimatort und der Herkunftsstamm des Propheten, für den Islam gewonnen und in die islamische Föderation eingegliedert war, weitete sich Muhammads Horizont und der Radius seiner Ziele und Pläne. Nach und nach gerieten die meisten Stämme Arabiens unter den Einfluss Muhammads und schlossen Abkommen mit ihm und seiner Gemeinschaft. Beim Tod des Propheten, nur zwei Jahre nach der Einnahme Mekkas, war die arabische Halbinsel nicht völlig, aber doch weitgehend im Zeichen des Islam geeinigt; d. h., die Mehrheit der arabischen Stämme hatte vertragliche Bindungen mit Muhammad geschlossen und wurde von ihm als Teil der *umma*, der (islamischen) Gemeinschaft der Gläubigen, angesehen. Erst beim Tod Muhammads zeigte es sich, dass diese Auffassung zum Teil nur einseitig bestand. Einige Stämme betrachteten mit dem Tod ihres Vertragspartners ihre Verpflichtungen für erloschen, betrachteten sich nicht mehr als Teil der Gemeinschaft der Gläubigen. Ihnen war nicht ausreichend klar, dass etwas Neues entstanden war in Arabien, ein Zusammenschluss, aus dem man nicht mehr – wie aus einem Vertrag mit einem Individuum – ausscheiden konnte bzw. eine Verbindung, die mit dem Tod des einen Vertragspartners erlosch.

Dieser Abfall vom Islam (wie die Muslime es auffassten), die sogenannte *ridda*, konnte mit militärischen Mitteln überwunden werden, dem ersten Kalifen (= Nachfolger Muhammads) Abu Bakr gelang ihre Niederschlagung – der erste größere militärische Erfolg der Muslime nach dem Tode des Propheten. Mit der Einigung Arabiens war die Voraussetzung geschaffen für die große islamische Eroberungswelle, die jetzt von der arabischen Halbinsel ausgehen sollte und innerhalb weniger Jahrzehnte die Araber bis nach Europa und Zentralasien führen würde.

2.3 Die Religion des Islam

Welches waren die Prinzipien und Lehren, die Muhammad seinen Landsleuten als das Wort Gottes gepredigt und denen er unter ihnen Geltung verschafft hat? Zentral war ein rigider Monotheismus, der sich sehr deutlich von der vagen Vielgötterei Arabiens unterschied – jedoch den Arabern nicht gänzlich unbekannt war, da es ja jüdische und christliche Gruppen auf der arabischen Halbinsel gab. Gott schickte durch seinen Propheten Muhammad seine Offenbarungen zu den Arabern; er übermittelte ihnen sozusagen eine »heilige Schrift« – so wie er sie in der Vergangenheit bereits anderen Propheten, z. B. Abraham und Jesus, gesandt hatte. Juden und Christen hatten also bereits früher ein Buch erhalten, dessen Inhalt mit der von Muhammad verkündeten Offenbarung, mit seinem »Koran«, identisch war. Muhammad ging von der Vorstellung aus, dass jede Epoche ihren Propheten hatte, der seinen jeweiligen Zeitgenossen das Wort Gottes brachte. Diese relative Nähe zu den »Leuten des Buches« (ahl al-kitab), wie Juden und Christen genannt wurden (wegen ihrer dem Koran – der als regelrecht redigiertes Buch damals noch gar nicht existierte – ähnlichen Offenbarungsschriften), äußerte sich anfangs auch in kultischen Regelungen: So war z.B. die muslimische Gebetsrichtung ursprünglich nach Jerusalem hin orientiert. Mit wachsender Distanz zu den Juden – als diese nicht, wie erwartet, den Islam annahmen – wurde Mekka der Ort, zu dem sich die Muslime beim Gebet hinwenden sollten. Wegen der Enttäuschung über die Juden von Yathrib, die Muhammad nicht anerkannten, kam es zu einer Änderung in der muslimischen Sichtweise: Juden und Christen hatten zwar eine Offenbarung erhalten, die mit der Muhammads ursprünglich identisch gewesen war, im Laufe der Zeit war sie aber missverstanden und verfälscht worden. So ließen sich Unterschiede zwischen den anderen Buchreligionen und dem Islam erklären. Muhammads Offenbarung aber bedeutete die endgültige, reine Form des Gotteswortes, er verkündete die Ur-Religion Abrahams und er war der letzte – »das Siegel« – der Propheten. Seine Verkündigung hatte abschließende, nicht relativierbare Gültigkeit, nach ihm würden keine weiteren Propheten mehr kommen. Auch wenn Muhammads Bild von den »Schriftbesitzern« sich in seiner medinensischen Zeit verdüstert hatte, als deutlich wurde, dass zumindest die Juden ihn nicht wie selbstverständlich als Gesandten Gottes akzeptieren würden, blieb den »Leuten des Buches« das Recht, wenn sie die Herrschaft des Islam annahmen, weiterhin ihre – dem Islam ja verwandte – Religion (wenn sie auch verfälscht worden war) beizubehalten. Es gab also im Zuge der Expansion des Islam keine automatische Zwangsbekehrung,

Christentum und Judentum waren tolerierte Religionen im Machtbereich des Islam, zumindest außerhalb der arabischen Halbinsel. Die Araber selbst hatten sich zum Islam zu bekennen, von Nichtarabern schien eine Konversion gar nicht erwartet worden zu sein. Doch eindeutig lautete die koranische Anweisung, die Herrschaft des Islam zu erweitern und auszubauen, Ungläubige zu unterwerfen (Sure 9,29) und neue Länder für den Islam zu erobern. Die Schriftbesitzer, die dort lebten, konnten, falls sie nicht zum Islam übertreten wollten, durch Zahlung einer besonderen Steuer das Recht erwerben, im islamischen Staat als Christen oder Juden unter islamischer Herrschaft weiterzuleben – nicht als Vollbürger, sondern als Bestandteil eines islamischen Systems, nach den Regeln und Vorgaben des Staat gewordenen Islam. Natürlich konnte dies nicht auf eine Gleichberechtigung mit den Muslimen hinauslaufen, Nichtmuslime konnten in einer islamisch ausgerichteten Gesellschaft nur Bürger zweiter Klasse sein.

Fünf Pflichten, die der Islam seinen Anhängern auferlegte, sind so grundlegend, dass sie als »Säulen des Islam« bezeichnet worden sind:

Glaubensbekenntnis – Fasten – Almosengeben – Gebet – Pilgerfahrt.

Die Formel »Es gibt keinen Gott außer Gott« gilt als das prinzipielle Glaubensbekenntnis, durch das der Islam angenommen wird. Dabei wird die besondere Bedeutung des strengen Monotheismus deutlich, den konsequent auf der arabischen Halbinsel bis dahin nur Christen und Juden praktiziert hatten. Die Ausschließlichkeit der Verehrung und Anbetung eines einzigen Gottes ist für Muhammad zentraler Bestandteil seiner göttlichen Offenbarung. Eine vorübergehende Akzeptanz der alten weiblichen Gottheiten al-Lat, al-Manat und al-Uzza hat der Prophet später als Inspiration des Teufels widerrufen. Wesentlich für den Islam ist auch die Pilgerfahrt nach

Mekka, zu der jeder Muslim einmal im Leben verpflichtet ist. Mit dem Hadsch wird eine vorislamische Komponente in den Islam integriert. Dabei versteht es der Prophet, die Ka'ba als Heiligtum in den Islam einzufügen und in das Ritual der Pilgerfahrt einzubauen; nicht zuletzt geht es ihm darum, seinem Stamm, seiner Stadt entgegenzukommen, ihnen die Annahme des Islam, gegen den sie sich so energisch gewehrt hatten, gesichtswahrend zu ermöglichen. Die Ka'ba, so der Prophet, sei bereits seit Abraham ein Heiligtum gewesen, keineswegs heidnischer Ausdruck irgendeines Götzenkultes. Traditionen aus vorislamischer Zeit, die auch überregionale und wirtschaftliche Bedeutung hatten, werden mit islamischen Inhalten gefüllt und damit akzeptabler Teil der neuen Religion. So blieben die Interessen von Muhammads Vaterstadt gewahrt, sie musste – da ihre Kultstätten ins islamische System eingegliedert waren – nicht mit einem Bedeutungsverlust oder gar Niedergang rechnen. Der Prophet war ganz bewusst bemüht, die Mekkaner und vor allem ihre Elite durch Entgegenkommen und Geschenke für seine Sache einzunehmen – »die Gewinnung der Herzen« nannte er dies.

Auch dem rituellen Gebet kommt eine besondere Bedeutung im islamischen Pflichtenkanon zu. Fünfmal täglich (ursprünglich wohl nur dreimal) verrichtet der Muslim nach einer rituellen Reinigung sein Gebet in Richtung Mekka. Der »Muezzin« ruft die Gläubigen zu diesem Gebet, das nach bestimmten Regeln und festgelegten Formalien folgend an jedem beliebigen Ort stattfinden kann. Lediglich zum Mittagsgebet am Freitag sollen sich die Muslime versammeln (in der Regel in der Moschee). Weder ist die Moschee ein besonders geweihter, »heiliger« Ort, noch ist der Vorbeter, der beim Gemeinschaftsgebet auftritt, ein mit besonderen sakralen Befähigungen und Vollmachten ausgestatteter »Geistlicher«. Die Moschee ist Versammlungsort und der Imam ein angesehener Mann, der einen Gemeinschaftsritus leitet. Dieses rituelle Gebet ist keine »Zwiesprache« zwischen dem Gläubigen und seinem Gott, in dem der Muslim etwa Anliegen und Bitten an Gott heranträgt, sondern lediglich pflichtgemäße Anerkennung und Anbetung Gottes.

Eine wichtige Einrichtung im islamischen Jahresablauf und eine weitere »Säule« des Islam stellt der Fastenmonat Ramadan dar, in welchem alle gesunden, erwachsenen Muslime verpflichtet sind, von Sonnenaufgang bis Sonnenuntergang zu fasten. Auch hier mag ursprünglich jüdischer Einfluss ausschlaggebend gewesen sein.

Nicht explizit als regelrechte Pflicht werden soziale Abgaben, »Almosen«, den Muslimen doch dringend empfohlen. Immerhin gehören auch sie zu den »Säulen« des Islam. Solche finanziellen Leistungen, die Gott gegenüber den sozial Schwachen empfiehlt, werden unter den führenden Kaufmannsfamilien in Mekka nicht zur Attraktivität von Muhammads Verkündigung beigetragen haben; aber vielleicht einigen seiner frühen Anhänger – unter ihnen sollen Sklaven gewesen sein – plausibel erschienen sein.

Den Koran, also die von Muhammad verkündeten göttlichen Offenbarungen, ließ erst der 3. Kalif (Nachfolger) des Propheten, Osman (644–656), über zehn Jahre nach Muhammads Tod zu einem Buch kompilieren und redigieren, so dass eine einheitliche, allgemeingültige »heilige Schrift« für alle Muslime entstand. Eine schlüssige Philosophie, eine umfassende Lehre, ein stringent aufgebautes Gedankengebäude stellt der Koran nicht dar. Muhammad war kein Dogmatiker, Scholastiker oder Gelehrter; er war Prophet und charismatischer Führer – ein Mensch, der in sich den Drang, ja den Zwang verspürte, Gottes Wort zu verkünden, göttliche Offenbarungen in Worte zu fassen. Ein systematisches und logisches Weltbild war nicht sein Ziel. Ebensowenig erhob er den Anspruch, originell zu sein. Gerade dass er nichts Neues, sondern Bekanntes verkündete, gehörte zur Folgerichtigkeit seines Selbstverständnisses: An die Ur-Religion Abrahams erinnern wollte er, seiner Zeit und seinem Stamm die Verkündigung bringen, die frühere Propheten schon vor ihm verbreitet hatten. Ein Prophet mit diesem Konzept wollte, durfte, konnte nicht »originell« sein.

Vor diesem Hintergrund ist auch selbstverständlich, dass der Koran nicht auf alle Fragen, die sich im Laufe der Zeit stellten, erschöpfende Antworten geben konnte. Die Muslime beschlossen, sich in solchen Fällen an den Taten und Worten Muhammads, an seinen Gewohnheiten und Handlungen zu orientieren. Zwar war der Prophet nicht als übernatürliches Wesen aufgetreten, hatte keine göttlichen Eigenschaften für sich beansprucht; doch war zumindest naheliegend, dass der Mann, den Gott ausgesucht hatte, um sein Wort zu verbreiten, in seinem Tun und Denken dem göttlichen Willen nicht allzu fern stand. Später ergänzten die Theologen das Instrumentarium noch um den Analogieschluss (aus einer bestimmten Situation durfte auf eine ähnliche geschlossen werden) und um die Übereinstimmung aller Muslime (basierend auf Muhammads Aussage, seine Gemeinde werde nie in einem Irrtum übereinstimmen). Während im großen und ganzen der Horizont des Propheten auf die Arabische Halbinsel beschränkt schien, hatte es doch schon zu Muhammads Lebzeiten einen militärischen Vorstoß auf byzantinisches Territorium (ins heutige Jordanien) gegeben, der allerdings folgenlos blieb. Der Auftrag, im Namen des Islam Eroberungszüge zu unternehmen, ist in Sure 9 ganz eindeutig formuliert. Aus beidem könnte man schließen, Muhammad habe an größere militärische Unternehmungen gedacht und eine weitere Expansion – über Arabiens Grenzen hinaus – bereits ins Auge gefasst. Auch sein Selbstverständnis als Siegel der Propheten, dem keine weiteren Verkünder göttlicher Offenbarung mehr folgen würden, legt nahe, dass er für seine Offenbarung einen weit größeren Bezugsrahmen antizipierte als den Siedlungsraum der Araber, der bei Muhammads Tod ja schon fast ganz zur islamischen *umma* gehörte. Dass seine Anhänger schon sehr bald nach dem Tod ihres Propheten zu Eroberungszügen aufbrachen, bestätigt diese Vermutung. Die Muslime hätten sich wohl kaum auf so umfassende militärische Unternehmungen eingelassen ohne die Überzeugung, dies sei im Sinne des von Muhammad übermittelten göttlichen Auftrags.

2.4 Die Eroberung eines Weltreichs

Mit frappierender Schnelligkeit gelang den Arabern im Zeichen des Islam die Eroberung eines Imperiums, das sich auf 3 Kontinenten ausbreitete. Aus dem Nichts entstand ein Weltreich. Von der arabischen Halbinsel aus stießen die Araber in die Gebiete der Großmächte, die in der damaligen Zeit die im Norden sich anschließenden Regionen kontrollierten, ins iranische Sassanidenreich und ins Byzantinische Reich, vor. Noch 632, in seinem Todesjahr, schien das politische Erbe Muhammads durch die innerarabische Apostasie-Bewegung (*ridda*) ernsthaft gefährdet. Doch 633/634 bereits dringen die Araber in byzantinische Grenzregionen im südlichen Palästina ein und schon 635 erobern sie Damaskus. Eine erste Entscheidungsschlacht findet 636 am Yarmuk statt, einem Nebenfluss des Jordan, als die muslimischen Truppen ein starkes byzantinisches Heer entscheidend schlagen – der gesamte syrische Raum fällt damit endgültig in arabisch-islamische Hand. Doch die Araber führen einen Zweifrontenkrieg: Nicht nur ins Byzantinische Reich stoßen sie vor – gleichzeitig greifen sie auch das persische Sasanidenreich an. Im Jahr des Sieges am Yarmuk schlagen die Muslime auch ein sasanidisches Aufgebot bei Kadesia (Kadisiyya, nahe Nadschaf im heutigen Irak) – dadurch wird die vollständige Eroberung Irans möglich. Im Westen geht der rasante Eroberungszug ebenfalls weiter: Zwischen 639 und 642 wird Ägypten unterworfen, ein späterer byzantinischer Versuch, die Hafenstadt Alexandria wieder zurückzuerobern (645/646), ist nur vorübergehend erfolgreich. Iran wird in diesen Jahren völlig erobert, 642 erleidet ein persisches Heer bei Nihawand (nahe Hamadan im Zagros-Gebirge) eine entscheidende Niederlage; fast ganz Iran ist jetzt in arabischer Hand. Um die Mitte des 7. Jahrhunderts werden diese Eroberungen durch weitere Gebietsgewinne in Ostiran arrondiert. Auch in Nordafrika gibt es neue muslimische Eroberungen. Die Muslime beginnen damals, sogar auf dem Mittelmeer zu operieren. Mit Hilfe von Seeleuten, die aus byzantinischen Diensten zu den Arabern überlaufen, gelingt in kürzester Zeit die Schaffung einer islamischen Marine, die 649 Zypern erreicht, erste Erfolge in Auseinandersetzungen mit byzantinischen Flotteneinheiten erzielt, Mitte des 7. Jahrhunderts erste Angriffe auf Sizilien unternimmt und 672 erstmals sogar Byzanz angreift. Von Ägypten aus stoßen die Muslime auch nach Süden vor und erobern Nubien, im selben Jahr besetzen sie Armenien. In Nordafrika konsolidiert sich – trotz vorübergehender Rückschläge – die muslimische Herrschaft: 670 gründen die Araber Kairuan im heutigen Tunesien. Um 700 müssen die Byzantiner Karthago, ihren letzten Stützpunkt an der nordafrikanischen Küste, aufgeben. Zu Beginn des 8. Jahrhunderts ist ganz Nordafrika – bis hin zur marokkanischen Atlantikküste – dem Islam unterworfen. Doch damit endet der arabische Eroberungszug im Westen keineswegs. 711 setzen die Muslime auf die Iberische Halbinsel über – zum ersten Mal stehen sie am Nordufer des Mittelmeeres. Das von Westgoten beherrschte Spanien erobern sie in wenigen Jahrzehnten fast vollständig und tragen den Glaubenskrieg auch nach Frankreich hinein. Im selben Jahr 711 erreichen sie im Osten das Gebiet des südlichen Indus.

In acht Jahrzehnten haben die Araber – bisher nur in losen Stammesverbänden an der Peripherie der großen Kulturräume sozusagen am Rande der Geschichte in Erscheinung getreten – ein Großreich erobert, das sich vom Indischen Subkontinent und Transoxanien östlich des Aral-Sees bis nördlich der Pyrenäen erstreckt, das von der Sahara bis an den Atlantik, vom Indus bis zur Biscaya reicht. Weniger die Details und Jahreszahlen dieses erstaunlichen historischen Vorgangs sind wesentlich als vielmehr zwei Grundfragen, die zum historischen Verständnis dieser welthistorischen Phase entscheidend sind: Welches waren die Gründe, die den Arabern ihre erstaunliche Expansion ermöglicht haben? Welches waren die welthistorischen Folgen dieser arabischen Expansion unter islamischen Vorzeichen?

Dieser Vorstoß eines historisch bislang eher in Nebenrollen in Erscheinung getretenen Volkes aus einer abgelegenen Region, der Weltreiche erschütterte und Großmächte zerstörte, kann nur durch ein Zusammenwirken verschiedener Ursachen, die sowohl bei den Eroberern als auch bei den Unterworfenen, in der Ideologie, die zu diesem Aufbruch führte, in den historischen und geographischen Rahmenbedingungen liegen. Traditionell hatte auf der arabischen Halbinsel ein ständiger Kleinkrieg unter den arabischen Stämmen geherrscht – nicht zuletzt auch aufgrund der prekären wirtschaftlichen Situation. Mit der Gründung der *umma*, also einer politischen Gemeinschaft, die praktisch alle Araber – über die Stammesgrenzen hinweg – vereinte, war dies nicht mehr möglich. Die vorhandene Dynamik, das militärische Potenzial und auch die materiellen Bedürfnisse der Araber mussten kanalisiert werden, eine neue Richtung erhalten, konnten sich nicht mehr in den gewohnten Blut-und Stammesfehden entladen. Nicht mehr der Stamm, sondern die Gemeinschaft der Muslime war der neue Bezugsrahmen, die für die Araber relevante politische Einheit – der Staat gewordene Islam. So lagen Einfälle in den byzantinischen und sasanidischen Grenzraum auf der Hand. Diese hatte es früher bereits gegeben, sie waren für die Großreiche lästig gewesen, aber nie eine wirkliche Bedrohung. Perser und Byzantiner hatten arabischen Kleinstaaten, die sich im Übergangsbereich zwischen der Wüste und dem Kulturland der sesshaften Bevölkerung, im Grenzbereich zwischen Imperien und halbanarchischem Arabien gebildet hatten, den Schutz vor Beduinenüberfällen anvertraut. So schienen die ersten Angriffe der arabischen Muslime nichts Neues zu sein, sondern einem vertrauten Grundmuster anzugehören. Dass man es diesmal mit etwas ganz Neuem, etwas ungleich Gefährlicherem zu tun hatte, war damals aus byzantinischer oder persischer Perspektive nicht zu erkennen.

Als die Gefahr erkannt wurde, war es bereits zu spät, war die Flut der arabischen Eroberung schon nicht mehr einzudämmen. Die entscheidenden Schlachten am Yarmuk und bei Kadisiyya zeigten, dass die militärischen Mittel der Imperien nicht geeignet waren, das arabische Vordringen aufzuhalten. Zudem waren beide Reiche durch einen langanhaltenden Krieg, den sie bis kurz vor dem Arabereinfall gegeneinander geführt hatten, erschöpft und hatten auch nach dem Friedensschluss die Sicherung der Grenzen zu den Arabern vernachlässigt – Byzantiner und Perser konnten diese Grenzsicherung nur als Funktion ihrer Rivalität sehen, eine wirkliche Gefahr aus Arabien überstieg ihr Vorstellungsvermögen.

Gegenüber schwerfälligen Heeren mit ihrer vergleichsweise sperrigen Logistik waren die leichten arabischen Einheiten, die beweglich und schnell operierten, viel flexibler und konnten sich veränderten Situationen und Erfordernissen problemlos anpassen. Improvisierte Kriegsführung war den Arabern seit jeher vertraut – ihnen hatte jedoch eine ideologische Motivation, eine Bündelung der Energien, eine Stoßrichtung gefehlt.

Der Krieg im Namen Gottes war eine Pflicht für die Gemeinschaft der Gläubigen, verdienstvoll für den einzelnen Muslim, erbrachte Beute im Diesseits und einen gesicherten Zugang zum Paradies im Jenseits, falls man als »Glaubenszeuge« (*schahid*) den Märtyrertod fand. So waren die islamischen Heere hochmotiviert, bestanden zudem aus kriegserfahrenen Kämpfern und agierten pragmatisch, ohne allzu rigide Pläne und Vorgaben. Demgegenüber bestanden die Heere der Imperien großenteils aus Söldnern, die in Regionen weitab von den Zentren operierten, wo sie vielfach von der Bevölkerung als Besatzer empfunden wurden. Im syrisch-ägyptischen Raum stand die einheimische Bevölkerung in Konflikt mit der byzantischen Zentralregierung, dieser »Nationalismus« fand seinen Ausdruck in religiöser Form: Der ägyptische und syrische Monophysitismus (eine gott-menschliche Persönlichkeit in Jesus Christus) stand im Gegensatz zur byzantinischen Orthodoxie. So war die Loyalität der Bevölkerung in den Regionen, die zunächst angegriffen wurden, gegenüber Byzanz nicht besonders groß – umso mehr, als sich schnell zeigte, dass die Muslime keine repressive Herrschaft ausübten, christlichen Glaubensfragen gegenüber liberal waren und sehr viel beim Alten ließen. Es gab also keinen Grund, sich ihnen entgegenzustellen.

Vielfach schlossen die Muslime Vereinbarungen und Verträge mit Vertretern der lokalen Bevölkerung – z. B. mit Bischöfen –, durch die Bedingungen festgelegt wurden, mit denen Syrer und Ägypter durchaus gut leben konnten: Gegen Anerkennung der muslimischen Herrschaft und Zahlung einer Steuer durften sie ihre Religion weiter ausüben, erhielten eine Sicherheitsgarantie und behielten sogar größtenteils ihre Funktionen in der Verwaltung.

Nie wäre den Muslimen eine so rasche Expansion gelungen, wären sie nicht auch im Bereich der staatlichen Organisation extrem flexibel gewesen. Eine gewaltsame Unterdrückung der eroberten Gebiete und ihrer Bevölkerung war mit den relativ geringen personellen und materiellen Ressourcen so wenig möglich wie der Aufbau einer ganz neuen Verwaltung. Das arabisch-islamische Reich war eben kein Staat, der expandierte, sondern ein solcher Staat entstand und nahm Gestalt an aus einem Expansionsprozess heraus. Deshalb blieben die vorhandenen Verwaltungsstrukturen und das Personal weitgehend erhalten, nur ganz an der Spitze wurden Muslime eingesetzt. Erst im Laufe von Jahrzehnten vereinheitlichten sich die Verfahren und Methoden, während anfangs Einzelverträge mit Städten die Regel waren, ersetzte das Arabische das noch lange beibehaltene Pahlavi (Persisch) und Griechisch. Solcher Pragmatismus erleichterte das islamische Vordringen bzw. ermöglichte es erst. Die Transformation der eroberten Regionen, die von Frankreich bis Indien und an die Grenzen Chinas reichten, kostete Zeit – erst im Laufe von Jahrzehnten entstanden einheitliche Züge; regionale Ausprägungen und Besonderheiten blieben aber ebenfalls erhalten oder entwickelten sich unter islamischen Vorzeichen.

Die Auswirkungen dieser Expansion der Araber und des Islam waren keineswegs ephemer oder oberflächlich, wie es die Schnelligkeit der arabisch-muslimischen Eroberungen hätte vermuten lassen können. Sie waren von welthistorischer Tragweite, führten zur Entstehung einer neuen Kultur, standen am Anfang einer nachhaltigen Prägung weiter Regionen Afrikas, Asiens und Europas durch den Islam. Der Aufbruch der Araber machte das Arabische zu einer Weltsprache und den Islam zu einer Weltreligion. Eben der bereits skizzierte arabische Pragmatismus bedingte den Erfolg der arabisch-islamischen Expansion. Gerade dadurch, dass die Eroberer sich auf die Unterwerfung der Länder konzentrierten und darauf verzichteten, überall sofort ihre Sprache einzuführen, ihre Religion zu verbreiten, ihre Kultur durchzusetzen und eigene Verwaltungsstrukturen zu schaffen, hatten sie Erfolg. Eine in die Tiefe gehende Arabisierung und Islamisierung, die Entstehung einer authentisch arabisch-islamischen Kultur war ein komplexer, langfristiger Prozess, für den zunächst die (macht-)politischen Voraussetzungen geschaffen wurden. Die Schnelligkeit, mit der die Araber vordrangen und mit der sie Länder höherer Zivilisation und Kultur unterwarfen, erinnert in gewisser Weise an die germanische Völkerwanderung. Doch während die germanischen Eroberer bald in der Hochkultur der eroberten Regionen aufgingen, indem sie deren Sprache und Kultur annahmen, widersetzen sich die Araber erfolgreich der Assimilierung. Im Gegenteil: Sie verbreiteten ihre Sprache und machten sie zur Grundlage einer neu entstehenden Kultur. Zwar entwickelte sich diese neue Kultur in unterschiedlichen regionalen Ausprägungen, doch waren es stets Varianten ein und derselben arabisch-islamischen Kultur, die gekennzeichnet war von der Dominanz des Arabischen. Selbst da, wo die der islamischen Gemeinschaft eingegliederten Völker ihre Sprache behaupteten – im iranischen Bereich und unter den Türken –, blieb das Arabische Sakralsprache und setzte sich die arabische Schrift durch – z. B. für das Persische (Farsi) und Türkische.

Die Araber drangen, schon als sie ihre Halbinsel in Richtung Norden verließen, unmittelbar in altes hellenistisches Kulturland, in Regionen, die zum Römischen (teilweise später Byzantinischen) Reich gehört hatten, vor. Durch diese Eroberungswelle zerbrach die Einheit des Mittelmeerraums, nicht durch die Völkerwanderung der Germanen. Jetzt erst wurde das Mittelmeer, auf das hin sich die umliegenden Küsten orientiert hatten, zum Konfliktfeld zwischen muslimisch-arabischer Welt und »Europa«, dessen Grenzen in diesem Prozess entstanden, dessen Identität sich in der Auseinandersetzung mit den islamischen Arabern herauskristallisierte.

Das *mare nostrum* der Antike gab es nicht mehr; was verbunden hatte, trennte nun. Die weitestgehend christianisierten, griechisch-lateinischen Regionen an der Südküste des Mittelmeers gingen Europa, das damals im 7./8. Jahrhundert Gestalt annahm, verloren. Ihre griechisch-lateinisch-christliche Prägung verblasste im Laufe der Jahrhunderte und wurde durch den arabischen Einfluss – zunächst nur ein Firnis – ersetzt, welcher das Südufer des Mittelmeers im Laufe der Zeit immer tiefer durchdrang. Die These des großen belgischen Historikers Henri Pirenne, dass es ohne Muhammad keinen Karl den Großen gegeben hätte, mag zwar überspitzt klingen, entbehrt aber nicht eines wahren Kerns: Dadurch, dass das Mittelmeer seine zentrale Rolle verlor und Schauplatz von Konfrontation zwischen »muslimischer« und »christlicher« Welt wurde, kam es zu Verschiebungen der Schwerpunkte Europas nach Norden, verlagerten sich die Zentren des entstehenden Europa weg vom Mittelmeer. Pirennes These bedarf der Qualifizierung: Natürlich gab es weiterhin – neben Konflikten – geistigen und wirtschaftlichen Austausch auf dem Mittelmeer, bestanden Kontakte zwischen Abendland und Morgenland, Handelsbeziehungen zwischen arabisch-islamischer und christlicher Welt. Auch verliefen die Grenzen durchaus nicht eindeutig: Die Welle arabischer Eroberungen griff auf die Nordufer des Mittelmeers über und später – etwa in der Kreuzzugszeit – gerieten Länder an seiner Südküste unter christliche Kontrolle.

Durch die Eingliederung weiter Regionen, die durch den Hellenismus geprägt waren, in die islamische Welt wurde das antike Erbe, das dort tief verwurzelt war, Komponente der entstehenden islamischen Kultur – ebenso wie der des Abendlandes, das sich auch auf diese antiken Grundlagen seiner Identität beruft. Genauso war der permanente Konflikt, der islamisch-christliche Gegensatz, ein dauerhaftes Element der Entwicklung beider Kulturkreise. Christliches Europa und arabisch-islamische Welt nahmen ihre spezifische Entwicklung, gewannen ihren eigenen, besonderen Charakter auch aus diesem Antagonismus, der die Geschichte wie ein roter Faden durchzieht.

Das entstehende islamische Reich war seinem Wesen nach zunächst ein arabischer Nationalstaat. Die Araber dehnten ihre Herrschaft über immer weitere Regionen und über immer mehr Menschen aus. Dabei schienen sie zunächst gar nicht damit zu rechnen, dass große Teile der unterworfenen Bevölkerung den Islam annehmen würden. Man passte im Gegenteil bestehende Regeln den neuen Gegebenheiten an, um einer größeren Zahl von Untertanen eine Integration in den islamischen Staat zu ermöglichen: Der Status von »Leuten des Buches«, die als Schriftbesitzer ihre Religion weiterhin ausüben durften, wurde von Juden und Christen ausgedehnt auf die iranischen Zoroastrier, die so ihre Religion auch beibehalten konnten. Wollten Angehörige der unterworfenen Völker den Islam annehmen, so mussten sie »Klienten« eines arabischen Stammes werden. Nur über diesen Weg der Eingliederung ins arabische Stammessystem wurde die Annahme des Islam den Bewohnern der eroberten Länder ermöglicht. Auch blieben die Araber – ebenfalls nach Stämmen geordnet – unter sich: Sie gründeten Heerlager, die später zu Städten wurden: Kufa und Basra im Irak, Fustat bei Babylon (Memphis), das spätere Kairo und Kairuan im heutigen Tunesien. Die Beute, die den Muslimen in die Hände fiel (also auch Landbesitz), bildete den materiellen Grundstock des islamischen Staates, die finanziellen Ressourcen, die die hohen Ausgaben der Regierung deckten. Dazu gehörten der Sold und die Pensionen für die arabischen Glaubenskrieger, die nicht die Beute als solche erhielten – diese behielt sich der Staat vor –, sondern festgesetzte Zahlungen. Die nichtmuslimischen Untertanen behielten ihre Religion bei, bezahlten dafür besondere Steuern, und die neuen Herren ließen sie durchaus spüren, dass sie »Bürger zweiter Klasse« waren; sie diskriminierten durch Kleiderordnung und einschränkende Vorschriften (kein Kirchenneubau, keine ostentativen Manifestationen ihrer Religion usw.). Schon damit wurde garantiert, dass im entstehenden Staat der Islam dominierte – trotz umgekehrter Zahlenverhältnisse (anfangs beherrschten nur wenige Muslime eine große Mehrheit der Nichtmuslime).

Kapitel 3

Die Kalifen

Zeittafel

632–661	»Rechtgeleitete Kalifen«
632–634	Abu Bakr
634–644	Umar
644–656	Uthman
656–661	Ali
656	Kamelschlacht
657	Schlacht von Siffin
661–750	Kalifen der Umayyaden-Dynastie
680	Tod von Alis Sohn Husain bei Kerbela
749–1258	Kalifen der Abbasiden-Dynastie
756–1031	Umayyaden von Córdoba (seit 929 Kalifen)
762	Gründung von Bagdad (abbasidische Hauptstadt)
836	Gründung von Samarra (das abbasidische Residenz bis 892 wird)
1126–98	Averroes (Ibn Ruschd)
1143	Koranübersetzung ins Lateinische
1258	Mongolen bereiten der Abbasiden-Dynastie ein Ende

3.1 Die ›rechtgeleiteten‹ Kalifen

Als Muhammad 632 starb, hatte er keinerlei Vorkehrungen getroffen oder Bestimmungen und Regeln festgelegt, wie nach seinem Tod zu verfahren sei. Die Gemeinschaft der Muslime traf der Tod des Propheten völlig unvorbereitet. Zu seinen Lebzeiten war Muhammad als dem Verkünder des Gotteswortes die religiöse ebenso wie die politische Führung des frühislamischen Staates ganz selbstverständlich zugefallen. Der Prophet hatte die nötige Autorität und Legitimität, hatte nach der Hidschra seine politische und militärische Befähigung unter Beweis gestellt und die Führung der muslimischen Gemeinschaft mit Erfolg übernommen. Zudem war er – und nur er – Empfänger göttlicher Offenbarungen. Wer sollte ihm nachfolgen? Dies war völlig offen, eine Offenbarung hierzu war nach seinem Tod nicht mehr zu erwarten, da Muhammad erklärtermaßen der letzte Prophet (»das Siegel des Propheten«) und somit keine weiteren Verkündigungen denkbar waren. Die engsten Vertrauten Muhammads waren es, die unter sich die Nachfolge des Propheten diskutierten und beschlossen. Schon damals war Ali, Vetter und Schwiegersohn Muhammads, unter den Bewerbern. Die Wahl fiel aber auf Abu Bakr, den vielleicht ersten männlichen Muslim, sicher aber einen der frühesten Anhänger Muhammads. Er nannte sich »chalifa« (Kalif), also »Stellvertreter« des Propheten – diesen Titel sollten künftig für Jahrhunderte die Herrscher der *umma*, der Gemeinschaft der Gläubigen, tragen.

Er sah sich sofort mit der akuten Krise, die der Tod des Religionsstifters auslöste, konfrontiert. Die *ridda*, die Apostasiebewegung, die den Zusammenhalt der islamischen Staaten unmittelbar bedrohte, musste niedergeschlagen werden. Viele der Stämme, die sich Muhammad angeschlossen hatten, hielten nun – nach dem Tod des Propheten – ihre Bündnispflicht für erledigt und fühlten sich der *umma* nicht weiter verpflichtet. Trotz dieser existenziellen Krise gelang es in diesen nur zwei Jahren des Kalifats Abu Bakrs, erste Eroberungen außerhalb der arabischen Halbinsel zu machen. Unter Abu Bakr stießen arabische Krieger nach Syrien und in den Irak vor.

Nach seinem Tod wurde Umar (Omar), ein einst entschiedener Gegner Muhammads, später aber einer seiner engsten Berater und eine wichtige Stütze des Islam, 634 zum *amir al-mu'minin*, zum Beherrscher der Gläubigen – wie ein weiterer Titel des Kalifen lautete, den Umar einführte, bestimmt.

In den zehn Jahren seines Kalifats, das er antrat, als das Innere Arabiens bereits endgültig unterworfen war, konnte die arabisch-islamische Eroberung schnelle Fortschritte machen. Umar selbst soll an den Verhandlungen, die zur Übergabe Jerusalems an die Muslime geführt haben, beteiligt gewesen sein und einen entsprechenden Vertrag mit dem Patriarchen von Jerusalem geschlossen haben. Dieser hat den Kalifen der Überlieferung nach in die Stadt geleitet. In Dschabiya, südlich von Damaskus, soll Umar eine Zusammenkunft der führenden Muslime, die in der älteren deutschen Fachliteratur als »Reichstag von Dschabiya« bezeichnet wird, abgehalten haben. Hier wurden möglicherweise Leitlinien für die Reichsverwaltung festgelegt. Noch unter Umars Kalifat wurde Ägypten von muslimischen Heeren erobert.

Nachdem der Kalif 644 ermordet worden war, wurde erstmals ein Mann an die Spitze des muslimischen Staates gesetzt, der nicht einer von den frühesten Prophetengenossen war, nicht aus dem Kern der mekkanischen Muslime der ersten Jahre stammte. Uthman, der 3. Kalif, gehörte zur altarabischen Aristokratie, die lange dem Propheten feindlich gegenüber gestanden war. Es heißt, man habe Uthman gerade deshalb gewählt, weil er bereits betagt war und nicht als starke Führungspersönlichkeit galt. Seine Führungsschwäche kam aber vor allem seiner Familie, der Sippe der Umayya zugute. »Seine Herrschaft war die Herrschaft seines Hauses« schrieb der Historiker Wellhausen. Diese Familie hatte zunächst den Islam energisch bekämpft, war dann aber angesichts des Siegs Muhammads mit wehenden Fahnen übergelaufen und sogar nach Medina übersiedelt, um dem Zentrum der Macht nahe zu sein und ihre prominente Stellung – sie hatte eine wichtige Rolle im heidnischen Mekka gespielt – auch im islamischen Arabien zu wahren. Dies hatte Muhammad durchaus unterstützt, denn ihm war daran gelegen, einflussreiche ehemalige Gegner für sich und seine Sache zu gewinnen. Mit Uthmans Ernennung zum Kalifen hatte die Sippe der Umayya einen wesentlichen ersten Schritt zur Macht auch im Rahmen der neuen islamischen Ordnung getan. Uthman besetzte wichtige Positionen in den Provinzen mit Verwandten und brachte dadurch viele gegen sich auf – zumal es bereits überall unter den Muslimen gärte: Die Art der Verteilung der Beute, die auf Umar zurückging, hatte bereits Unzufriedenheit provoziert und die Altmuslime in Medina waren sich mit vielen Muslimen in den Provinzen einig in der Opposition gegen die Vetternwirtschaft des Kalifen.

Die Unzufriedenheit mit Uthmans Nepotismus nahm bedrohliche Formen an und führte letztlich zur Ermordung des Kalifen im Juni 656. Auch unter Uthmans Herrschaft war die islamische Expansion weitergegangen.

Ein für den Islam sehr wichtiges Unternehmen wird Uthman zugeschrieben: Die Kompilation eines kanonischen Korantextes, einer allgemein verbindlichen Version des Heiligen Buches des Islam. Schon unter Abu Bakr hatte es eine Sammlung aller Offenbarungen des Propheten gegeben – aber eine alleingültige Koran-Ausgabe wurde erst unter Uthman zusammengestellt. Dies war sowohl theologisch als auch politisch von größter Bedeutung. Die Grundlage der islamischen Religion war eindeutig fixiert und somit die Einheit der Religion und ihr Fortbestand gesichert; die Gefahr religiöser, aber auch politischer Zersplitterung war – vorerst – gebannt. Da der Koran zwar Gottes Wort war, aber viele Fragen offen ließ, gab es dennoch bald Anlässe zur inneren Uneinigkeit unter den Muslimen.

3.2 Ali und das islamische Schisma

Nach dem gewaltsamen Tod Uthmans kam endlich Ali zum Zug, der schon früher zum engsten Kandidatenkreis für das Kalifat gehört hatte. Als Vetter des Propheten und gleichzeitig dessen Schwiegersohn – er hatte Muhammads Tochter Fatima geheiratet – war er Vater der einzigen Nachkommen des Propheten. Auch hatte er zu den Muslimen der ersten Stunde gehört. So schien er für das Kalifenamt prädestiniert, zumal er als charismatische Persönlichkeit galt. Doch gerade unter Alis Herrschaft brachen Gegensätze auf, wurden Konflikte akut, kam es zu Konfrontationen unter den Muslimen. Von Anfang an war Alis Position nicht unangefochten. Muhammads Witwe Aischa, die eine persönliche Abneigung gegen Ali hatte, tat sich zusammen mit Talha und Zubair, die wie Ali zu den früheren Prophetengenossen gehörten. Sie warfen Ali vor, nicht energisch genug gegen die Mörder seines Vorgängers vorzugehen. Unzufriedenheit erregte Ali auch durch seine Verteilung materieller Güter (Kriegsbeute, Land, Steuern), bei der er wohl die islamischen Truppen an der Front besser bedachte als die arabisch-muslimische Elite. Alis Gegner besetzten Basra im Südirak, wo sie viele der Kritiker Uthmans töteten. 656 kam es bei Basra zu einer entscheidenden militärischen Auseinandersetzung zwischen Ali und seinen Gegnern in der sogenannten »Kamelschlacht« – Aischa feuerte die Gegner Alis von einem Kamel aus an. Ali konnte seine Gegner schlagen, ihre Anführer Talha und Zubair fielen und Aischa wurde nach Medina zurückeskortiert. So wenig historische Bedeutung die »Kamelschlacht« als solche gehabt haben mag: als erste größere gewaltsame Auseinandersetzung unter Muslimen hatte sie eine negative Symbolkraft, galt als düsteres Zeichen für die Zukunft.

Schon im Jahr darauf kam es zu einem weiteren innermuslimischen Konflikt von ungleich größerer Tragweite: Die Schlacht von Siffin am Euphrat, in der Ali auf den Gouverneur von Syrien, Mu'awiya, traf, der sich als Verwandter des ermordeten Kalifen Uthman berufen fühlte, dessen Blut zu rächen. Auf der Grundlage des Vorwurfes (den ja bereits Talha und Zubair erhoben hatten), Ali verfolge die Mörder Uthmans nicht konsequent genug, verweigerte Mu'awiya ihm die Anerkennung. Unausgesprochen im Raum stand, dass Ali zumindest Nutznießer des Mordes an Uthman geworden war. Auch bei Siffin waren es verschiedene Gegensätze, die aufeinander trafen, unterschiedliche Konflikte, die zum Ausbruch kamen: der Gegensatz zwischen der Sippe Umayya (der Uthman und Mu'awiya angehörten) und der Familie des Propheten (deren wichtigster Repräsentant Ali war), die Rivalität zwischen »Syrien« und dem »Irak«, unterschiedliche religiöse Vorstellungen, wie sie erst in der Schlacht und vor allem danach schärfere Konturen annehmen sollten. Die Schlacht schien zugunsten des »irakischen« Heeres und damit Alis auszugehen, als Krieger der anderen Seite Koranseiten an ihre Lanzen hefteten und unter Berufung auf den Koran (Sure 4,59) forderten, man möge die Entscheidung Gott überlassen.

Nur widerwillig akzeptierte Ali die Forderung, ein Schiedsgericht entscheiden zu lassen über die Schuldfrage an Uthmans Tod, so dass es zu keiner militärischen Entscheidung in Siffin kam. Alis Beschluss, das Votum eines Schiedsgerichts anzuerkennen, erwies sich als verhängnisvoller Fehler. Allein diese seine Entscheidung veranlasste viele seiner Anhänger, sich von ihm abzuwenden. Ihr Wahlspruch lautete: »Ein Urteil steht alleine Gott zu«. Sie kritisierten also, dass ein »irdisches« Schiedsgericht befinden sollte über eine Angelegenheit, die nur Gott entscheiden könne. Diese Gruppe ehemaliger Anhänger Alis nannten sich »Ausziehende« (Chawaridsch), im europäischen Sprachgebrauch »Charidschiten« – weil sie sich von Ali getrennt hatten, »hinausgegangen« waren. Zwar schlug Ali sie bei Nahrawan 658, doch blieben sie weiterhin seine unversöhnlichen Gegner.

Einen eindeutigen Schiedsspruch im Konflikt zwischen Mu'awiya und Ali gab es nicht – so war auch der Konflikt zwischen beiden nicht beigelegt. Ali hatte aber jetzt nicht mehr genug Anhänger, um seinen Anspruch auf das Kalifenamt militärisch durchzusetzen.

661 fiel er in Kufa dem Anschlag eines Charidschiten zum Opfer. Im Kontext dieser Ereignisse entstand das »islamische Schisma«. Aus der bisher einheitlichen *umma*, der Gemeinschaft der Muslime, gingen unterschiedliche islamische Richtungen hervor, gegensätzliche »Bekenntnisse« sozusagen, die – obwohl im Grunde muslimisch – sich doch wesentlich voneinander unterschieden, sich auseinander entwickelten und sich bis heute bekämpfen. Die Charidschiten trennten sich von Ali wegen dessen Bereitschaft, sich bezüglich seines Kalifatsanspruchs (um den es letztlich beim Konflikt mit Mu'awiya ging) einem Urteil von Menschen zu unterwerfen. Sie bilden seither eine eigene Gemeinschaft, die die Auffassung vertritt, der »beste Muslim« solle die Gemeinschaft der Gläubigen führen. In der Auseinandersetzung zwischen Mu'awiya und Ali, die eigentlich primär eine (macht-)politische, keine wirklich religiöse war, war die »Schi'at (Partei) Ali« einfach die Anhängerschaft Alis, die ihn als den rechtmäßigen Kalifen betrachtete. Daraus entstanden die »Schiiten«, die Ali und seine Nachkommen als legitime (göttlich inspirierte) Führer der islamischen Gemeinschaft betrachten. Dies war also zunächst eine Regelung der Kalifatsfrage bzw. der Funktion des Imam nach dem »dynastischen« Prinzip. Daraus entwickelten sich verschiedene schiitische Religionsgemeinschaften – gemäß den Verzweigungen der Familie Alis im Laufe der Jahrzehnte und Jahrhunderte – sogenannte »Fünfer-« oder »Siebenerschiiten« sowie

die größte Gruppe der »Zwölferschiiten«, die sich auf den 5., 7. oder 12. Imam oder Nachfahren Alis beriefen. Sie entwickelten Passionsrituale, teilweise sektenartige Geheimbund-Formen und eine spezifische religiös-kulturelle Identität. Schiitisches Kernland sind bis heute der Irak und Iran. Die »pragmatische« Mehrheit der Muslime, die sich erst im Laufe der Zeit zur »sunnitischen« Gemeinschaft eigener Prägung entwickelte, akzeptierte die Herrschaft eines muslimischen Kalifen, sofern er aus dem Stamm der Kuraisch (dem Stamm von Mekka) stammte. Dies wurde die herrschende Ausprägung des Islam sowie die Staatsreligion der meisten islamischen Imperien. Ihr Name beruht auf der *Sunna*, der Überlieferung der Worte und Taten des Propheten Muhammad, die in allen Fragen maßgeblich ist, welche nicht durch den Koran geregelt sind. Die Unterschiede zwischen Sunniten, den verschiedenen Ausformungen des Schiitentums und den Charidschiten entstanden großenteils erst im Laufe der Zeit; sie bildeten eigenständige historische und kulturgeschichtliche Formen und Traditionen.

3.3 Umayyaden und Abbasiden

Als Ali 661 ermordet wurde, war die historische Phase der Herrschaft der sogenannten »rechtgeleiteten Kalifen« (*Raschidun*) beendet. Jetzt setzte sich Mu'awiya, der Gouverneur Syriens aus der Sippe der Umayya durch und ließ sich durch die Führer der Gemeinschaft der Gläubigen als Kalifen bestätigen.

Damit hatte ein Sohn von Abu Sufyan, der einer der entschiedensten Feinde des Propheten Muhammad gewesen war, die Macht im muslimischen Staat übernommen. Hasan, Alis ältester Sohn, verzichtete auf seinen Anspruch auf das Kalifat und erkannte Mu'awiya als Kalifen an.

Zwar war Uthman der erste Kalif aus dem Hause Umayya gewesen, doch erst Mu'awiya gelang es, eine regelrechte umayyadische Dynastie zu gründen, die das arabische Weltreich fast 90 Jahre beherrschte und in Spanien noch Jahrhunderte ein Kalifat fortführen konnte. Mit der Machtübernahme der Umayyaden hatten nicht mehr die früheren Weggefährten Muhammads, nicht mehr die besten und zuverlässigsten Muslime der ersten Stunde die Macht im arabisch-muslimischen Imperium, sondern das alt-arabische Establishment; die Nachfahren der schärfsten Gegner des Islam holten sich ihre Führungsrolle zurück, ernteten die Früchte ihrer Anbiederung an den Islam, als dessen Sieg nicht mehr aufzuhalten gewesen war. Der Mittelpunkt des islamisch-arabischen Reiches hatte sich nun endgültig nach Norden verschoben, lag dauerhaft außerhalb der Grenzen Arabiens. Schon Ali hatte Medina, das bisherige Zentrum des Islam, verlassen und Kufa zu seiner Residenz gemacht. Mu'awiya, der erste Kalif der Umayyaden-Dynastie, machte Damaskus zur Reichshauptstadt, denn er hatte seine Hausmacht in Syrien, hier lag für ihn der Schwerpunkt seiner Herrschaft. Damaskus blieb der Sitz des Kalifats bis zum Ende der Umayyaden-Dynastie. Arabien, Mekka und Medina hatten ihre Hauptrolle nur kurze Zeit gespielt – jetzt verlagerte sich der Schwerpunkt des islamischen Imperiums in das alte Kulturland des fruchtbaren Halbmonds, in eine der ältesten Städte der Welt, wo schon Jahrtausende zuvor altsemitische Kulturen floriert hatten.

Die Epoche der Umayyaden-Dynastie war einerseits eine Blütezeit mit intensiver Bautätigkeit und kultureller Entfaltung sowie politischer Konsolidierung und weiterer Expansion des arabisch-islamischen Machtbereichs; andererseits kam das Reich in diesen Jahrzehnten nie zur Ruhe, sondern machte Krisen durch und wurde durch Aufstände erschüttert. Schon zeichnete sich – obwohl die Umayyaden das islamisch-arabische Großreich noch weitgehend erhalten konnten – Partikularismus und künftiger Zerfall ab.

Wie in den ersten 30 Jahren unter den »rechtgeleiteten Kalifen« ging die Expansion im Zeichen des Islam weiter und als die Dynastie der Umayyaden Mitte des 8. Jahrhunderts ihr Ende fand, erstreckte sich ihr Reich vom Industal und Zentralasien bis nach Südfrankreich.

In der Zeit der Umayyaden entstehen erste Elemente einer neuen Kultur, das Imperium der Umayyaden wird ein »arabisches Reich«. Nach und nach ersetzt das Arabische die bisherigen Verwaltungssprachen, Griechisch im Westen und Persisch im Osten. Eine islamisch-arabische Literatur entsteht: Gegen Ende der Umayyadenzeit wird die erste Biographie des Propheten Muhammads von Ibn Ishak verfasst, die uns aber nur in einer späteren Fassung erhalten ist. Die Herrscher von Damaskus entfalten erstmal eine rege Bautätigkeit, wie es sie unter ihren Vorgängern, den ersten Kalifen, nur vereinzelt gegeben hatte – z. B. in Form der Moschee des Amr ibn al-As in Fustat (Kairo). Zu den Bauwerken, die sie errichten lassen, gehören der Felsendom in Jerusalem (691) oder die nach ihren Bauherren benannte monumentale Umayyaden-Moschee in Damaskus (705–715), in der architektonische Elemente älterer Bauwerke – so eines römischen Jupitertempels und einer christlichen Johanneskirche – aufgingen, sowie zahlreiche profane Schlösser (»Wüstenschlösser«) abseits von den Städten. Viele Mosaiken hoher Qualität entstanden hier, aber auch Herrscherdarstellungen – sogar als Statuen (die später erst verpönt waren). Diese Werke verraten vielfach noch byzantinische Kunsttraditionen, wurden sie doch meist von byzantinischen oder in byzantinischem Stil geschulten Künstlern geschaffen. Die meisten dieser spätantiken bzw. frühislamischen Bau- und Kunstwerke entstanden lange vor unseren ältesten romanischen Kirchen, und viele sind noch heute zu sehen (so z. B. das Schloss von Muschatta im Berliner Pergamonmuseum, die meisten aber vor Ort). Damals entsteht auch das, was wir heute – vom Persischen Golf bis an die nordafrikanische Atlantikküste – als »arabische Welt« bezeichnen. Vor der Ausbreitung des Islam waren die Araber, war die arabische Sprache auf die arabische Halbinsel bis zum Jordan sowie einige Grenzregionen im heutigen Irak und Syrien beschränkt gewesen. Erst im Zuge der arabisch-islamischen Expansion erlebte die arabische Sprache eine Verbreitung über die Grenzen von Kontinenten hinweg, setzte eine Entwicklung ein, die zur Arabisierung weiter Teile Vorderasiens und Nordafrikas führte. Dies stand vielfach im Zusammenhang mit einer allmählichen Islamisierung des Reiches, wenngleich Islamisierung und Arabisierung einander nicht zwangsläufig bedingten. Immer mehr Untertanen der Kalifen wollten den Islam annehmen. Das war nur möglich, wenn sie in ein »Adoptionsverhältnis« zu einem der arabischen Stämme traten. Diejenigen also, die zur Religion des Islam übertreten wollten, mussten sich in das arabische System eingliedern, taten dies als Klienten (*mawali*) eines arabischen Stammes (vgl. Kapitel 2). Man musste sozusagen, wenn man den Islam annehmen wollte, damals zuerst in einen arabischen Stamm aufgenommen werden, um ins arabische ›System‹ zu passen. Das zeigt ganz deutlich den primär arabischen Charakter des islamischen Staates in der frühen Phase. Der Übertritt zur Religion des Islam lief über eine Integration ins arabische Stammesgefüge. Diese tiefgreifende Umgestaltung der *umma*, der Gemeinschaft der Gläubigen, vollzog sich während der Umayyadenzeit und setzte sich auch später fort. Viele ehemalige Christen und in Iran auch Zoroastrier wurden so in die islamische Gemeinde aufgenommen und verbesserten auf diese Weise ihren Status in einem islamisch definierten und geprägten Staat.

Das Umayyaden-Kalifat hatte aber durchaus noch schwierigere Herausforderungen, die ebenfalls von innen kamen, zu bestehen: Die Anhänger Alis blieben eine unmittelbare Bedrohung für die Kalifen aus dem Hause Umayya: Zwar war Ali selbst von einem Charidschiten ermordet worden und sein älterer Sohn Hasan hatte sich mit den Umayyaden arrangiert. Doch Alis jüngerer Sohn Husain versuchte, als Enkel des Propheten einen Aufstand anzufachen und die Herrschaftsansprüche der Familie mit Gewalt durchzusetzen. Doch er fand letztlich nicht die erwartete Unterstützung. Mit einem Häuflein von Getreuen fand Husain 681 bei Kerbela den Tod. Er wurde zum Märtyrer des Schiitentums schlechthin – jährlich finden seither Gedenkveranstaltungen in Kerbela, das eine schiitische Hochburg geworden ist, statt. Die Tötung Husains bei Kerbela wird zum Schlüsselereignis des schiitischen Selbstverständnisses.

Auch andere, zum Teil religiös motivierte Bewegungen richteten sich gegen das vielfach mehr als arabisch denn islamisch empfundene Umayyadenregime: Dem Prophetengefährten Zubair war es zeitweise gelungen, eine Art Gegenkalifat in Mekka zu errichten (bis 691), und »schiitische« Aufstände machten den Kalifen von Damaskus immer wieder zu schaffen. Doch erst um die Mitte des 8. Jahrhunderts entstand eine Bewegung, die im Osten des Reiches zu einer Revolution führte, welche schließlich dem Kalifat von Damaskus wirklich gefährlich wurde und 750 zu seinem Zusammenbruch führte.

Die religiöse und »genealogische« Opposition gegen die Umayyaden, denen sozusagen die islamische Legitimation fehlte, bestand aus zahlreichen heterogenen Elementen. Zu ihrem Träger entwickelte sich der Clan der Haschemiten – also die Familie Muhammads in einem weiteren Sinn. Sie kam letztlich nicht den eigentlichen Schiiten, den direkten Nachfolgern Alis, zugute. Die Nachkommen der Söhne von Abd al-Muttalib ibn Haschem (Großvater des Propheten), traten mit dem Anspruch in den Vordergrund, die Muslime zu regieren. Dazu gehörten – außer den Nachkommen Muhammads – auch Abu

Talib, Vater von Ali (dem Schwiegersohn und Vetter des Propheten) und Abbas, der Onkel des Propheten, bzw. sowie deren Nachkommen.

Um den Ur-Urenkel von Abbas scharte sich nun die Opposition gegen die Umayyaden-Sippe, deren Ahnherr Umayya ibn Abd Schams war – seinerseits ein Vetter von Abd al-Muttalib ibn Haschem –, Haschemiten und Umayyaden waren also verwandt. Den Nachkommen des Abbas gelang es, die Unzufriedenheit zu bündeln und zu artikulieren. Die Forderung der Bewegung hatte einen genealogischen – der Herrscher der Muslime sollte näher mit dem Propheten verwandt sein, als es die Umayyaden waren – und einen religiösen Aspekt, der der wichtigere war: Alle Muslime sollten gleich behandelt werden; insbesondere wollten die Neu-Muslime nicht mehr benachteiligt werden und wandten sich gegen den Dünkel der »echten« Araber, deren Klienten sie ja waren. Man wollte den koranischen Grundsatz, nicht die Geburt und Herkunft eines Menschen sei ausschlaggebend, sondern seine Frömmigkeit (Sure 49), besser verwirklicht sehen, als das im arabisch dominierten Umayyadenstaat der Fall war. Hatte der arabische Charakter der frühislamischen Phase und des Umayyadenreiches durchaus Vorteile gehabt und für Zusammenhalt und Einheitlichkeit gesorgt sowie eine Kontinuität auch der Eliten sichergestellt, so zeigten sich bald auch deutliche Nachteile eines Staates, der von arabischen Stammesführern abhängig war, ohne eigene Strukturen gebildet und dem Staat als solchen verpflichtete Eliten entwickelt zu haben. So führten die dauerhaften Konflikte zwischen »Südarabern«, der genealogischen Kahtan-Linie, und den »Nordarabern« der Adnan-Linie, zu einer Schwächung der Umayyaden und trugen dadurch zu ihrem Sturz bei.

Die knappe Formel, der Staat der Umayyaden sei ein »arabisches Reich« gewesen, der Abbasidenstaat dagegen ein »islamisches Reich«, ist zwar etwas vereinfachend, aber durchaus nicht unzutreffend. Aufgrund der schnellen Expansion des arabisch-islamischen Reiches war es vielleicht gar nicht ausschließlich ein Akt arabisch-nationalistischer Ideologie, wenn die Umayyaden sich auf die herkömmlichen arabischen Stammesstrukturen stützten, sondern einfach pragmatisch und naheliegend. Möglicherweise fiel es ihnen auch gar nicht ein, staatliche Organe und eine auf das Herrscherhaus eingeschworene Elite zu schaffen, da sie einer politisch-historischen Tradition entstammten, die Derartiges nicht kannte. Im Grunde war im arabischen Verständnis noch immer der Stamm die maßgebliche politische Einheit; sie handelten nach alten arabischen Paradigmen, weil sie nichts anderes kannten. Der Gegensatz zu den stark muslimisch geprägten Kreisen war vorprogrammiert: Mussten nicht Prophetengenossen, überzeugte Muslime der medinensischen oder gar mekkanischen Frühzeit des Islam und ihre Nachfolger es als Affront empfinden, dass jetzt die früheren Feinde des Islam, die sich der neuen Religion nur aus Opportunismus angeschlossen hatten, als es praktisch keinen anderen Weg mehr gab, ihre alten gesellschaftlichen und politischen Positionen zurückerobert und sich an die Spitzen eines Staates gestellt hatten, der eigentlich authentisch islamisch sein sollte? Dieser Staat war dann aber weniger islamisch als vielmehr ein ausgeweiteter Rahmen für das altarabische System der Stämme, in das sich neubekehrte Muslime anderer (nicht-arabischer) Nationalität als Klienten einfügen (lassen) mussten. So waren alte arabische und nicht-arabische neue Muslime vereint in der Ablehnung der »gottlosen« Umayyaden. Die üblichen arabischen Stammesfehden, die sich jetzt eben im größeren Kontext eines ganzen Reiches auswirkten, trugen zur Schwächung eines Regimes bei, das es versäumt hatte, sich eine eigene Machtbasis zu schaffen im Sturm von Eroberungen, welche die Grenzen des Imperiums nach

Frankreich im Westen und China im Osten vorgetragen hatten. Die Pragmatik, die einerseits die schnelle, erfolgreiche arabisch-islamische Expansion ermöglicht hatte, erwies sich jetzt als immanente Schwäche eines Imperiums, das keine eigenen Formen, Institutionen und »Führungskräfte« hatte entwickeln können und deshalb auf das zurückgriff, was der eigenen Erfahrung entsprach: Traditionelle arabische Stammesführer. Solange diese nur ihre gewohnten Streitigkeiten ausfochten und ihre Konflikte auf die Verteilung von Beute und Ämtern oder Vorrechten und Pfründen beschränkt blieben, war die Dynastie nicht wirklich bedroht. Als jedoch eine Bewegung mit starker Ideologie und Motivation auftrat, wie die der Haschemiten, die besonders auch unter den Neo-Muslimen Anklang finden musste, hatte das alte »arabische« System dem nicht viel entgegenzusetzen.

Die abbasidische Revolution – benannt nach dem Prophetenonkel Abbas (s. o.) –, dessen Nachkommen sich die allgemeine Unzufriedenheit zunutze gemacht und sich an die Spitze der Bewegung gesetzt hatten – wurde von einem breiten Spektrum politischer und sozialer Kräfte getragen, nicht von präzise definierten Gruppen mit ganz konkreten Zielen. Alle, die sich eine stärker muslimische Regierung wünschten, die mit dem Wiederaufstieg der alten (vorislamischen) mekkanischen Aristokratie unzufrieden waren, die mehr Einfluss für die Familie des Propheten im arabisch-islamischen Reich wollten, die – als alte oder neue Muslime – sich benachteiligt oder diskriminiert fühlten und unter arabischem Nationalstolz litten, konnten sich in der abbasidisch-haschemitischen Bewegung finden und ihre Interessen durch sie vertreten fühlen.

Die abbasidische Revolution im eigentlichen Sinn begann im Osten des Reiches, nicht weit von der sassanidischen Residenzstadt Ktesiphon. Von Chorasan aus trat sie 747 ihren Siegeszug unter dem schwarzen Banner der Abbasiden an. Anführer und Organisator der Bewegung war Abu Muslim, eine mysteriöse Persönlichkeit, über die wir nicht viel wissen. Seinen besonderen Fähigkeiten verdankten die Abbasiden letztlich ihren Sieg. Er war Organisator des Aufstands, und seine politische Leistung war es auch, die unterschiedlichen Gruppen, welche nach Veränderung im Reich strebten, zusammenzuhalten und eine einheitliche Bewegung aus ihnen zu machen. Denn es war zunächst noch ganz unklar, wer letztlich das Kalifat übernehmen würde – und selbst die am Ende erfolgreichen Abbasiden behaupteten anfangs noch, im Interesse der Aliden (also der Nachkommen Alis) und der Schiiten zu handeln. Rasch erzielten die Revolutionäre Erfolge, von Iran breiteten sie sich weiter nach Westen aus und nahmen Kufa im Irak ein; dort wurde Abbas am 30. Oktober 749 zum Kalifen proklamiert. Die endgültige militärische Niederlage der Umayyaden erfolgte 750. Alle verbleibenden Familienangehörigen wurden ausgerottet. Nur ein Umayyade, Abd ar-Rahman, entkam, gelangte auf abenteuerlicher Flucht nach Spanien und konnte dort die Dynastie der spanischen Umayyaden gründen, die lange »al-Andalus«, das islamische Spanien, regieren sollte – unabhängig von den Kalifen in der neuen Hauptstadt Bagdad.

Im arabisch-islamischen Reich hatte ein Machtwechsel und eine Umorientierung stattgefunden. Syrien verlor seine führende Rolle, der Schwerpunkt des Reiches verlagerte sich unter der neuen Dynastie weg vom Mittelmeer nach Osten, neue Hauptstadt wurde zunächst das irakische Kufa, bis 762 Kalif al-Mansur, von vielen als der eigentliche Gründer der abbasidischen Dynastie betrachtet, die neue Hauptstadt Bagdad am Tigris bauen ließ. Diese Verschiebung der Metropole ist symbolisch für den Charakter des abbasidischen Reiches: Der Osten der islamischen Welt gewinnt an Bedeutung – vor allem Iraner üben jetzt einen immer stärkeren Einfluss aus; sie waren es auch gewesen, die der abbasidischen Revolution zum Sieg verholfen hatten.

Anfangs versuchten immer noch Aliden, ihre Beliebtheit in weiten Kreisen der Bevölkerung des Irak zu nutzen, um selbst Ansprüche auf das Kalifat geltend zu machen und gewaltsam durchzusetzen. Die Abbasiden reagierten darauf nicht nur militärisch, sondern auch mit der Proklamation einer Staatsdoktrin: Die Führerschaft der islamischen Gemeinde sei noch vom Propheten selbst seinem Onkel Abbas übertragen worden. Damit vollendete der dritte Abbasidenherrscher al-Mahdi (775–785) die Trennung von und den Bruch mit den Aliden. Von nun an widersetzte sich jeder, der sich gegen die Abbasidenherrschaft wandte, dem erklärten Willen des Propheten. Der jeweilige Kalif sollte seinen Nachfolger selbst bestimmen. So gewann die Dynastie eine gewisse Stabilität, war doch damit verhindert, dass verschiedene Interessengruppen unterschiedliche Thronprätendenten unterstützten.

3.4 Die Entstehung einer islamischen Kultur

Schon zur Zeit der rechtgeleiteten Kalifen in der Mitte des 7. Jahrhunderts hatte es erste Ansätze gegeben, in dem knappen Jahrhundert der Umayyadenherrschaft hatte ihre Entwicklung eigentlich eingesetzt, in der Abbasidenzeit erreichte sie ihre erste Blüte: Die Entstehung einer arabisch-islamischen Kultur. Dem Arabischen als Sprache des Korans – also der göttlichen Offenbarung in ihrer endgültigen Form – kam die Rolle einer Sakralsprache und damit eine Vorrangstellung zu. Arabisch war zudem die Sprache der neuen Herren. Auch wenn sich die Verwaltungssprachen aus vorislamischer Zeit noch einige Zeit hielten, letztlich war eine fortschreitende Arabisierung eines großen Teils der dem Islam unterworfenen Länder nicht mehr aufzuhalten. Selbst die nicht-islamisierten Teile der Bevölkerung nahmen nach und nach das Arabische an – eine christlich-arabische Literatur entstand. Das Koptische, Aramäische und Griechische waren auf dem Rückzug. Lediglich Iran mit seiner uralten Kultur widersetzte sich dem Arabisierungsprozess. Die persische Sprache und Literatur erlebte sogar unter dem Islam eine neue Blüte – wenn sie sich auch arabischen Einflüssen nicht entziehen konnte – Farsi wird seither mit dem arabischen Alphabet geschrieben und hat zahlreiche lexikalische Elemente aus dem Arabischen aufgenommen.

Die entstehende arabisch-islamische Kultur war synkretistisch, verschmolz zahlreiche Kultureinflüsse zu einer authentischen neuen Kultur eigener Prägung unter arabisch-islamischen Vorzeichen. Beiträge der griechisch-lateinischen Antike sowie altägyptische und phönizische Elemente flossen in sie ebenso ein wie iranische, indische und chinesische Komponenten. In all ihren Ausformungen war diese neue Kultur, bei allen regionalen und zeitlichen Unterschieden, doch immer eindeutig islamisch. Eine Moschee, ein Werk der islamischen (Buch-)Malerei oder ein islamisches Stadtbild sind immer sofort als solche kenntlich, ob im Maghreb – dem äußersten arabischen Westen – oder im Pandschab entstanden.

Wichtig war für die Fixierung und Ausformulierungen von Grundlagen des Islam die arabisch-islamische Literatur im engeren Sinn – also Sammlungen von Überlieferungen der Taten und Aussprüche des Propheten, historische Werke, juristische Literatur (die immer auf religiösen Fundamenten beruhte) und eine entstehende islamische Theologie und Philosophie.

Darüber hinaus aber entstanden innerhalb dieser Kultur zahlreiche andere Literaturgattungen, die auf den ersten Blick wenig ins eingeengte Bild passen, das sich im Westen viele heute von der arabischen Welt machen. Das Spektrum der Vielfalt reicht vom *Halsband der Taube* des Ibn Hazm, einem Buch über die Liebe aus dem islamischen Spanien, bis zu Trinkliedern des Abu Nuwas (Ende des 8. Jahrhunderts), umfasst Darstellungen der Vorzüge nicht-arabischer Ethnien – wie etwa der Schwarzafrikaner und Türken – von al Dschahiz (selbst von schwarzer Hautfarbe, 9. Jahrhundert) oder mystische Schriften, die einen persönlichen Weg zu Gott weisen, der mit islamisch-orthodoxer Nüchternheit und Strenge gar nichts mehr zu tun hat.

Besondere Bedeutung kommt der wissenschaftlichen Literatur in arabischer Sprache zu, die einerseits antikes und asiatisches Wissen aufnimmt, weiter ausgestaltet und fortentwickelt, andererseits einen wertvollen kreativen Betrag leistet, der noch im Mittelalter in westliche Sprachen übersetzt wurde und so auch Europas Entwicklung zur Moderne inspirierte und befruchtete.

3.5 Staat und Gesellschaft unter den Kalifen

Die Entstehung des arabisch-islamischen Reiches ging so schnell vonstatten, dass sie nicht von einer gesellschaftlichen Parallelentwicklung begleitet war. Mit der Entwicklung eines islamischen Staates arabischer Prägung war nicht das Zusammenwachsen der relativ geringen Anzahl der Eroberer und der Masse der Unterworfenen zu einem einheitlichen »Staatsvolk« verbunden. Die Eroberer ließen sich nicht unter den Bewohnern der eroberten Länder nieder, sondern neben ihnen. Sie gründeten Feldlager wie Fustat (Kairo), Kairuan, Kufa, Basra usw., die später zu Residenzstädten der Gouverneure wurden und nach Stämmen gegliedert waren. Die Eroberungskriege, dies ist zu betonen, wurden vor allem gegen die Großmächte und ihre Heere (Byzantiner, Sassaniden) geführt, weniger gegen die Bewohner der eroberten Länder. Mit ihnen kam man oft zu einer vertraglichen Einigung ganz oder weitgehend ohne militärische Auseinandersetzung. Nur so war die schnelle

Erweiterung des muslimischen Machtbereichs möglich. Die Eroberungswelle der Muslime traf umso weniger auf den Widerstand der Menschen in den betroffenen Regionen, als sich schon früh herausgestellt hatte, dass die muslimische Herrschaft keine unmittelbare Verschlechterung der Lage brachte: Eroberung und Unterwerfung bedeutete keine Zwangskonversion. Christen und Juden behielten ihre Religion und anfangs zumindest eine Art Teilautonomie bei. Der Islam sieht ja explizit vor, dass »Leute des Buches«, also Anhänger von Religionen, die als dem Islam im Prinzip wesensgleich anerkannt werden – also Juden- und Christentum – ihre Religion weiter ausüben dürfen. Nur »Heiden« wurden zwangsbekehrt. Dies entsprach auch den Bedürfnissen der Praxis. Eine Konversion der Massen wäre in der Eile der Expansion islamischer Herrschaft gar nicht realistisch gewesen. Dazu kamen wirtschaftliche Aspekte: Während von den Muslimen nur eine Abgabe – *Zakat* (»Almosen« oder Armensteuer) – erhoben wurde, die einem Zehnten (*uschr*) entsprach, lag die Hauptsteuerlast bei den Nichtmuslimen, die eine Kopf- (*dschisiya*) und Grundsteuer (*charadsch*) zu entrichten hatten. Die Araber verfuhren dabei nach pragmatischen Gesichtspunkten und passten islamische Vorschriften an die Erfordernisse der Realpolitik an: So wurden die iranischen Zoroastrier kurzerhand den Leuten des Buches – also Juden und Christen – gleichgestellt und konnten dadurch ihre Religion unter islamischer Herrschaft beibehalten (eine Zwangskonversion fast der iranischen Gesamtbevölkerung war praktisch unmöglich). Die Islamisierung großer Bevölkerungsteile konnte gar nicht im Interesse der schnell vorrückenden Muslime sein. Denn die islamische *umma* wurde praktisch durch die nichtmuslimischen Untertanen finanziert. Bald schon sah man sich gezwungen, die Grundsteuer auch dann weiter zu erheben, wenn der Eigentümer eines Landstücks zum Islam übertrat oder ein Terrain

Eigentum eines Muslims wurde. So blieb eine Steuer, die eigentlich nur von Nichtmuslimen zu erheben war, prinzipiell an das Land gebunden, auch wenn dessen Eigentümer Muslim war – denn die Staatsfinanzen waren auf diese Einkünfte angewiesen. Zahlreiche Übertritte zum Islam gab es zwar zu Beginn der muslimischen Eroberung noch nicht; aber im Laufe der Jahrhunderte kam zur Arabisierung der Bevölkerung des Kalifenreiches die Islamisierung. Denn Nichtmuslime waren – wenn auch geduldet – doch nur »Bürger zweiter Klasse«, die – je nach Epoche und Religion – variierenden Diskriminierungen ausgesetzt waren. Durch eine Konversion zum Islam verbesserten sie ihre Lage und ihren Status; immerhin konnten zur *umma*, zur Gemeinschaft der Gläubigen, eben nur Muslime gehören, Nichtmuslime blieben marginalisiert, wenn es ihnen auch immer wieder gelang, eine wichtige Rolle zu spielen.

Diese Gleichsetzung von »Arabisch« und »Islamisch« trug dazu bei, dass sich in vielen Regionen der islamischen Welt der Islam als Religion gleichzeitig mit der arabischen Sprache durchsetzte. Eine Vereinheitlichung der Verwaltung und eine Verwaltung in arabischer Sprache erschienen im Laufe der Zeit aber doch erforderlich. Eine Art Verwaltungsreform brachte um 700 ein einheitliches Währungssystem für das Kalifenreich (Gold-Dinar und Silber-Dirham nach byzantinischen Vorbildern) und die Einführung des Arabischen als »Amtssprache«.

Das arabische Erbe führte auch zu innerarabischen Konflikten, die den Kalifenstaat schwächten: Lange noch hielt sich der schon erwähnte traditionelle Gegensatz zwischen »Nordarabern« und »Südarabern«, der oft in gewaltsame Auseinandersetzungen zwischen beiden Gruppen ausartete.

Die Abbasiden hatten zunächst ihre Anhängerschaft im Osten des Reiches gefunden, darunter waren auch zahlreiche Iraner gewesen. Iraner waren es, die somit unter den Abbasidenkalifen an Einfluss gewannen – ein Beispiel dafür ist die iranische Barmakiden-Familie, die Wesire am Kalifenhof von Bagdad stellte, welche als graue Eminenzen galten. Im islamischen Reich der Abbasiden fühlten sich nichtarabische Muslime eher zu Hause als im arabischen Reich der Umayyaden. Die (abbasidische) Forderung, gute Muslime oder die Prophetenfamilie müssten die *umma* leiten, war für neubekehrte nichtarabische Muslime nachvollziehbar. Die Umayyaden dagegen hatten ihrerseits – gerade gegenüber Nichtarabern – ein Legitimationsproblem: Dass sie altem arabischen Adel angehörten, dazu aus der vorislamischen Zeit, machte sie eher suspekt. So lag es auf der Hand, dass Nichtaraber unter den Abbasiden eine wachsende Rolle spielten. Eine gewisse Rivalität zwischen Arabern und Nichtarabern blieb aber ein Leitmotiv der Gesellschaft des Kalifenreiches.

Der Widerstand der Nichtaraber gegen den arabischen Stammesdünkel fand seinen Ausdruck in der literarischen Bewegung der *Schu'ubiyya*, die sich mit den Leistungen der verschiedenen Völker im Islam auseinandersetzte und die kulturellen Werte und Vorzüge der Nicht-Araber betonte. In Iran gelang es denn auch, die persische Sprache zu bewahren. Das Persische behauptete sich gegen das Arabische – im Gegensatz etwa zum Koptischen, das in Ägypten mit der Zeit fast ganz verschwand (und praktisch nur noch eine Rolle als christliche Sakralsprache spielte) oder zum Syrisch-Aramäischen, das in Vorderasien und im Irak nur noch von christlichen Minderheiten in ganz wenigen Regionen (allerdings bis heute) benutzt wird. Das Arabische aber behielt als Sakralsprache des Islam eine Vorrangstellung in der islamischen Welt bis auf den heutigen Tag.

Auch Theologie und Recht des Islam entwickelten sich in der Kalifenzeit. Durch den Koran sowie die überlieferten Taten und Worte des Propheten waren längst nicht alle Fragen des Glaubens oder einer islamkonformen Rechtsprechung geregelt. Die Kalifen selbst galten den meisten Muslimen nicht als Autoritäten auf diesen Gebieten – sie wurden im Gegenteil immer wieder attackiert wegen ihrer nicht ausreichend muslimisch legitimierten Einstellungen und Handlungen.

Im Rahmen der Bemühungen um Eindeutigkeit und Klarheit des islamischen Glaubens entstand – unter dem Einfluss antiker Philosophie, die auf Anregung der früheren Abbasiden ins Arabische übersetzt wurde – eine rationalistische Schule: Die »Sezessionisten« (*Mu'tazila*) bemühten sich um streng rational-logische Methoden bei der Erschließung und Interpretation religiöser Vorschriften: Der Mensch sei für seine Taten verantwortlich, diese seien nicht vorherbestimmt; Heiligenkult wird abgelehnt; Vernunft solle Denken und Handeln des Gläubigen bestimmen. Die Kalifen al-Ma'mun und al-Mu'tasim versuchten die Lehre dieser Schule in der ersten Hälfte des 9. Jahrhunderts zur allein verbindlichen Theologie des Islam zu machen; dies traf aber auf den entschiedenen Widerstand der Konservativen und des einfachen Volkes. Obwohl die Kalifen sich bemühten, der *Mu'tazila* mit den Mitteln der Inquisition zum Sieg zu verhelfen, konnte sich diese zu kopflastige Theologie auf Dauer nicht durchsetzen.

Die Regierungszeit Harun ar-Raschids (786–809) und seiner Wesire aus der Barmakiden-Familie gilt als eigentlicher Höhepunkt der Abbasidenzeit, doch sind damals bereits erste Anzeichen für einen beginnenden Niedergang sichtbar. Wenn die Abbasidendynastie auch bis ins 13. Jahrhundert fortbesteht, setzt bereits im Verlauf des 9. Jahrhunderts ein deutlich sichtbarer Machtverfall ein. Bald ist die Konzeption einer vom Kalifen zentral regierten islamischen Ökumene nur noch eine Fiktion – das 9. Jahrhundert ist die Zeit der Auflösung der *umma* in Einzelstaaten.

3.6 Wissenstransfer und Kulturaustausch zwischen »Abendland« und »Morgenland«

Die Kultur des Islam ist ihrem Wesen nach synkretistisch, d.h., sie entstand aus dem Zusammenwachsen verschiedenster Elemente. Die Araber haben, als sie in den antiken Kulturraum vorstießen, sich keineswegs assimiliert (wie etwa die Germanen). Ihre Religion und Sprache haben sie behauptet und sie im Rahmen ihrer Expansion zu internationaler Geltung gebracht. Aber sie haben viel aufgenommen aus den Kulturen, auf die sie trafen. So wurde die islamische Kultur aus zahlreichen Quellen gespeist (siehe S. 75). Schon im 8. Jahrhundert wird Bagdad, die neue Hauptstadt des Kalifats der Abbasiden-Dynastie seit 750, auch ein kultureller Mittelpunkt. Hellenistische, iranische und indische Einflüsse treffen hier mit aramäischen und arabischen zusammen. Die Araber gehen noch, ohne durch religiöse Vorurteile gehemmt zu sein, mit spontaner und unmittelbarer Neugier an fremdes Wissen heran. Gegen Ende des 8. Jahrhunderts regen die Kalifen Übersetzungen aus den alten Kultursprachen ins Arabische an. So gelangt das geistige Erbe des hellenistischen Raums in den arabisch-islamischen Kulturkreis, können islamische Gelehrte, aber auch Juden und Christen, weitere Beiträge zur Weltkultur leisten auf der Grundlage der antiken Überlieferung. Übersetzungen zahlreicher griechischer Autoren des Altertums – vor allem naturwissenschaftlicher und philosophischer Werke – entstehen. Oft fungieren Christen, Juden und andere Nicht-Muslime als Übersetzer der griechischen Texte, da sie mit beiden Kulturkreisen verbunden sind. Vielfach wird nicht direkt aus dem Griechischen ins Arabische übersetzt. Oft steht am Anfang eine Übertragung aus dem Griechischen ins »Syrische«, eine Form des Aramäischen, die zur Zeit der arabisch-islamischen Eroberung und noch lange danach die Sprache der syrischen und mesopotamischen Christen war. Danach wird in einem zweiten Arbeitsschritt, oft später und von einem anderen Übersetzer durchgeführt, der syrische Text ins Arabische übersetzt.

Auch im nicht-schriftlichen Bereich sind antike Einflüsse sichtbar: Selbst das nichtfachmännische Auge sieht die spätantiken Spuren und Elemente in der frühislamischen Architektur (etwa bei den »Wüstenschlössern«). Auch den Mosaiken und der Bildhauerei (die es in der frühesten Kunst der islamischen Welt durchaus noch gab) sind die Vorbilder deutlich anzusehen; möglicherweise hat man sich bewusst an solchen orientiert. So »stehen die Monumente der frühislamischen Kunst … ganz in der Nachfolge der gewaltigen Reiche von Rom, Frühbyzanz und des Iran«, wie Oleg Grabar, einer der namhaftesten Kenner islamischer Kunst, schreibt. Dies liegt auf der Hand, da es einen entwickelten und eigenständigen Baustil oder eine authentische arabische Kunst zu Beginn der arabisch-islamischen Expansion nicht wirklich geben konnte – solche hatten sich unter den schwierigen Bedingungen der arabischen Halbinsel nicht entwickeln können; nur im Südwesten und im äußersten Norden hatten sich Kunstformen und Bautraditionen herausgebildet.

In Bagdad erkannte man die Bedeutung antiken Wissens durchaus. Die Erschließung des Erbes der Antike erfolgte nicht zufällig, war nicht beliebig, sondern wurde von den Kalifen bewusst gefördert und betrieben. Innerhalb der Grenzen des Kalifenreiches gab es eine ganze Reihe von Zentren hellenistischer Kultur, allen voran Alexandria sowie Edessa, Antiochia und Harran (Hellenopolis). Aber nicht nur daher stammten die Schriften, die übersetzt wurden. Kalif al-Ma'mun (813–833) schickte Gesandtschaften nach Konstantinopel mit dem Auftrag der Literaturbeschaffung. Al-Ma'muns Regierungszeit stellt den Höhepunkt der Rezeption griechischen Gedankengutes im arabischen Kulturraum dar. Wichtigster Kopf dieser Phase des Kulturtransfers war Hunain ibn Ishak (809–873), im Abendland bekannt geworden als Ioannitius, ein nestorianischer Christ aus al-Hirah in Mesopotamien (heutiger Irak). Er war von Hause aus Arzt und unternahm schon früh Forschungsreisen, um sich griechische Literatur zu beschaffen. Als Mitarbeiter des Leibärzteteams des Kalifen al-Ma'mun wurden offenbar seine Vielseitigkeit und seine Gelehrsamkeit erkannt. Kalif al-Mutawakkil (847–861) ernannte ihn zum Leiter des *Dar al-Hikma*, des »Hauses der Weisheit«, einer Art »Akademie der Wissenschaften«, die ein Observatorium, eine Bibliothek und vor allem einen Übersetzungsdienst umfasste, von dem zahlreiche Werke der antiken Medizin, Philosophie und Naturwissenschaften ins Arabische übertragen wurden. Zu Hunains Mitarbeiterstab gehörte auch sein Sohn Ishak. Hunain ibn Ishak und seinem Umfeld im *Dar al-Hikma* ist zu verdanken, dass so relativ früh eine verhältnismäßig große Zahl antiker Schriften von Bedeutung als Grundstock für die Entwicklung arabisch-islamischer Wissenschaft erschlossen werden konnten – nicht zuletzt auch als Ergebnis weitblickender Wissenschaftspolitik. Hunain übersetzte fast das Gesamtwerk des Arztes Galen sowie Werke des Hippokrates und die berühmten *Materia Medica* des Dioskurides. Dazu kamen philosophische Werke des Aristoteles und Platos. Außerdem fand Hunain ibn Ishak noch Zeit zu eigener kreativer Publikationstätigkeit – ein Beispiel sind seine Schriften zur Augenheilkunde.

Neuplatonische und aristotelische Texte bildeten so die Basis für die Entstehung einer arabischen Philosophie. Die Voraussetzungen wurden geschaffen für die Übermittlung des antiken Aristotelismus – in der Interpretation arabischer Kommentatoren (vor allem des Averroes) – an Europa. Viele Texte des Altertums sind nur in arabischer Übersetzung überliefert, im Original sind sie verloren. Andererseits wurden nur einzelne Fachgebiete von den Übersetzern berücksichtigt und bearbeitet – literarische Werke im engeren Sinn wurden so gut wie nicht ins Arabische übersetzt. Ohne die Aufnahme der antiken Wissenschaft und Philosophie wäre der geistesgeschichtliche Beitrag zur Weltkultur, den die Araber auf dieser Grundlage leisteten, weit bescheidener ausgefallen.

Die islamische Welt war, nicht zuletzt durch die Assimilierung des geistigen Erbes der Antike, aber auch durch Aufnahme iranischer, indischer und chinesischer Beiträge, der zeitgenössischen christlichen Sphäre überlegen. Deshalb kam es im Laufe des Mittelalters zu einer gegenläufigen Bewegung: Arabische Werke wurden in europäische Sprachen übersetzt, Wissen floss vom Morgenland ins Abendland. Die Staufer und Normannen sowie das Haus Anjou in Sizilien und Süditalien bringen das geistige Erbe der Araber nach Europa. Auf der iberischen Halbinsel wird Toledo zum Zentrum einer regelrechten Übersetzerschule, die arabische Texte überträgt (siehe S. 87). Jahrhundertelang fließen in Spanien kulturelle Beiträge aller Art von der muslimischen auf die christliche Seite. Alfons X., »der Weise« von Kastilien (1252–1284) war persönlich daran interessiert, Übersetzungen aus dem Arabischen und das kulturelle Leben im Spanien seiner Zeit zu fördern. Das 13. Jahrhundert war die große Epoche der Übersetzungen. Juden spielten in diesem geistesgeschichtlichen Prozess – ebenso wie im Handel – eine besondere Rolle. Ihre Verbundenheit sowohl mit der arabisch-islamischen als auch mit der christlich-abendländischen Kultursphäre prädestinierte sie zu einer Mittlerrolle.

Die Übermittlung von Texten ging weiter über Frankreich bis nach England und Deutschland. Das Kloster Cluny wurde zu einem Zentrum der Verbreitung orientalischen Wissens. Sein Abt Petrus Venerabilis (1094–1156) war insofern eine

Ausnahmeerscheinung, als es ihm auch darum ging, den Islam besser zu verstehen. Er scharte eine Gruppe von Fachleuten um sich. In seinem Auftrag fertigte Robert von Ketton 1143 eine Übersetzung des Korans an, der so erstmals in einer europäischen Sprache vorlag. Doch Europa war noch nicht reif für eine wirkliche Auseinandersetzung im positiven Sinn mit fremden Kulturen. Was in Cluny erarbeitet wurde, wurde nur genutzt, wenn Argumente gegen den Islam gesucht wurden, nicht im Bemühen um ein besseres Verständnis der arabisch-islamischen Welt.

Aber der Gegensatz zwischen Islam und Christentum verhindert nicht den kulturellen Austausch, dass Brücken gebaut werden und dass al-Andalus viele positive Impulse gibt. Das islamische Spanien ist ein blühendes Land und gehört zu den am besten entwickelten Regionen Europas. Córdoba ist im Mittelalter eine Metropole, hat Straßenbeleuchtung, verfügte über zahlreiche Bibliotheken und ungefähr 600 Moscheen. Córdoba steht auf einer Ebene mit Kairo und Konstantinopel und ist von abendländischen Autoren als das Athen seiner Epoche bezeichnet worden. Hrotsvit von Gandersheim, die deutsche Dichterin des 10. Jahrhunderts, bezeichnet Córdoba als das »Juwel der Welt«. Über das islamische Spanien gelangen zahlreiche Pflanzen, unbekannte Güter, Techniken und Kenntnisse ins Abendland. Die Herstellungstechnik des Papiers, die die Araber Mitte des 8. Jahrhunderts vielleicht von chinesischen Kriegsgefangenen gelernt haben, kommt möglicherweise über zwei Wege – Sizilien und al-Andalus – nach Europa. In Spanien ist Papierherstellung in der ersten Hälfte des 10. Jahrhunderts nachweisbar. Das Schach- ebenso wie das Polospiel kommt mit den Muslimen nach Europa; die Araber bringen das Zuckerrohr, den Spinat, die Aubergine, die Artischocke, die Melone und die Feige, Reis und Safran nach Europa oder verbreiten sie allgemein. Vielfach haben sich arabische Wörter in den europäischen Sprachen parallel zu den Gütern eingebürgert: Admiral, Tarif, Alkali, Algebra, Kattun, Arsenal, Kaffee und Kabel – um nur einige deutsche Beispiele zu nennen. Die Zahl der Vokabeln arabischer Herkunft in den südeuropäischen Sprachen ist naturgemäß viel höher.

Orientalische Einflüsse gelangten auch in die europäischen Literaturen und die europäische Musik. In den Gesang provenzalischer Troubadoure und in die Kunst des Minnesangs flossen arabische Elemente ein. Die Moriskentänzer in Deutschland und England gehen auf arabische Inspiration zurück. Laute und Gitarre sind ebenfalls arabischer Herkunft – ebenso wie ihre Bezeichnungen *al-'Ud* und *al-Kitara*. Besonders wichtig waren jedoch mathematische, naturwissenschaftliche und philosophische Werke, die aus dem Arabischen in europäische Sprachen übersetzt wurden: Averroes (Ibn Ruschd) aus Córdoba (1126–1198) hat Europa Aristoteles vermittelt. Mit seinen Augen, in seiner Interpretation hat die Scholastik des Christentums Aristoteles kennengelernt. Er hat der abendländischen Theologie und Philosophie das methodische Rüstzeug geliefert. Kurios und beinahe tragisch ist, dass Averroes vor allem auf Europa nachhaltig gewirkt hat, sich aber in der islamischen Welt nicht durchsetzen konnte. Sein stringenter Rationalismus war vielen in der islamischen Welt suspekt. Dagegen wurde er nicht nur im christlichen Abendland, sondern auch im Judentum als Lehrmeister verehrt.

Ein arabisch geprägter Jude, Maimonides, ist ein besonders gutes Beispiel für das Bemühen, abend- und morgenländisches Denken zu harmonisieren. Er stammte aus Córdoba und schrieb großenteils arabisch – seine Schriften mussten erst ins Hebräische übersetzt werden. Auffallend sind seine Abneigung gegen Astrologie und Mystik – sowie seine modern anmutenden Erkenntnisse: Er war einer der Ersten, die die Bedeutung der Hygiene in der Medizin verstanden und versuchte, prophetische Visionen psychologisch zu erklären. Besondere Reputation erlangte er als Leibarzt Saladins – sein Grab in Palästina war lange Zeit ein regelrechter Wallfahrtsort.

Von besonderer Bedeutung für den muslimisch-christlichen Kulturtransfer war die Übersetzerschule von Toledo, die Erzbischof Raimund I. ins Leben rief. Persönlichkeiten wie Michael Scotus, der später am Hof Friedrichs II. tätig wurde, oder Gerhard von Cremona (gest. 1187) gehörten dieser Schule an. Werke von Aristoteles und Averroes' Aristoteles-Kommentare, al-Farghanis Version des *Almagest* von Ptolemäus, Euklids *Elemente* sowie Schriften von Hippokrates und Galen gehören zu den über 70 Werken, die in Toledo aus dem Arabischen übersetzt wurden.

Auch in Kunst und Architektur lebten zahlreiche Elemente aus der arabischen Zeit in Europa fort, etwa der Hufeisenbogen, der Alfiz (ein quadratisches Feld um einen Bogen) oder die Arabeske. Von besonderer Bedeutung für uns geworden ist das Dezimalsystem mit den »arabischen« Ziffern (und der Null), die man so wiedergibt, dass ihre jeweilige Stellung innerhalb der Gesamtzahl ihre Wertigkeit bestimmt. Bei einer dreistelligen Zahl gibt die erste Zahl die Hunderter, die zweite die Zehner usw. an. So wurden die bei uns gängigen Grundrechenarten erst möglich – mit römischen Ziffern waren diese nicht praktikabel. Wenn diese Systematik ursprünglich auch aus Indien stammt, zu uns haben sie die Araber gebracht. Schon 950 wurde durch arabische Mathematiker die Dezimalbruchrechnung erfunden und der zentralasiatische Mathematiker al-Kaschi berechnete die Zahl π auf 17 Dezimalstellen. Auch in unserem mathematischen Vokabular finden sich arabische Spuren (vgl. die Begriffe Ziffer, Algorithmus und Algebra).

Besonders die Leistungen der mittelalterlichen Medizin der arabischen Welt sind bemerkenswert: Ibn-al Chatib aus Granada erkannte bereits im 14. Jahrhundert den ansteckenden Charakter der Pest, Ibn an-Nafis wies im 14. Jahrhundert – 3 Jahrhunderte vor William Harvey – den Blutkreislauf nach (was aber ohne Auswirkungen blieb) und arabische Ärzte führten bereits um das Jahr 1000 Star- bzw. Katarakt-Operationen durch. Die medizinisch-naturkundliche Literatur der islamischen Welt wurde übersetzt und noch lange, teilweise bis ins 18. Jahrhundert, an europäischen Hochschulen verwendet. Die islamische Astronomie kannte regelrechte Sternwarten (seit dem 9. Jahrhundert), die Planetentabellen islamischer Astronomen wurden in lateinischer Version in Europa benutzt (nicht zufällig sind zahlreiche Sternennamen arabischer Herkunft). Während die Grundidee des Astrolabs schon Ptolemäus, dessen *Almagest* die islamischen Wissenschaftler eifrig studierten, bekannt war, haben die arabischen Astronomen es weiter entwickelt und perfektioniert.

Viele Werke der arabischen wissenschaftlichen Literatur wurden durch die Übersetzerschule von Toledo nach Europa gebracht, aber auch im Italien der Normannen und Friedrichs II. kamen orientalische Schriften nach Europa – an der vom Normannenkönig Roger geförderten medizinischen Hochschule von Salerno wurde z. B. arabisch inspirierte Medizin gepflegt. Daneben gab es europäische Gelehrte, die in den Orient reisten, um sich dessen Kenntnisstand zu erschließen und ins Abendland zu übermitteln: So Adelard von Bath (1080–1160), Stephan von Antiochia (ein Pisaner) im 12. Jahrhundert, Leonardo Fibonacci im 13. Jahrhundert, die vor allem mathematische und naturwissenschaftliche Werke übersetzten.

Waren es in erster Linie naturwissenschaftliche oder mathematische Leistungen der islamischen Welt, die wir hervorgehoben haben, so hat vor allem ein Autor Aufsehen erregt, der als Geschichtsphilosoph oder Geschichtssoziologe in Erscheinung trat: Ibn Chaldun (1332–1406), der in Tunis geboren wurde und einer spanischen Familie entstammte, versuchte, Gesetzmäßigkeiten darzulegen, nach denen die Geschichte verläuft. Seine Theorien waren ihrer Zeit so weit voraus, dass er in seinem Umfeld wenig Anerkennung fand. Er sah einen Zyklus von Nomadentum und Sesshaftigkeit, wobei er sicher durch die Umstände seiner Zeit geprägt wurde. Nomadische Gesellschaften voller Lebenskraft, beseelt von Gruppensolidarität und voller Energie erobern Reiche, lassen sich dann von der verfeinerten Kultur der Städte in ihren Bann ziehen, verweichlichen und ihre Staaten zerfallen unter der nächsten Welle noch unverbrauchter, dynamischer Nomaden. Diese seine Theorie fand mehr Anklang in der (westlichen) Nachwelt als in seiner Zeit.

Kapitel 4

Vom Oxus bis zu den Pyrenäen – Einheit und Vielfalt (9.–14. Jahrhundert)

Zeittafel

756–1031	Umayyadendynastie von Córdoba
777–909	Rustamiden-Staat in Tahert (westl. Algerien)
788–974	Idrisidendynastie in Sizilien
800–909	Aghlabidendynastie in Tunesien
831	Araber erobern Palermo
840–871	arabisches Emirat von Bari
844	normannischer Überfall auf al-Andalus
868–906	Tulunidendynastie in Ägypten
902	Sizilien völlig in arabischer Hand
909–1071	Fatimidenkalifat in Nordafrika
945–1055	Buyidendynastie herrscht in Bagdad
956	Hilal-Invasion in Nordafrika
1061	Almoravidendynastie in Nordafrika und Spanien
1086	Sieg der Almoraviden über Alfons VI. bei Zallaka
1091	Normannen vollenden Eroberung Siziliens
1107–1269	Almohadendynastie in Nordafrika und Spanien
1171–1250	Ayyubidendynastie in Ägypten
1196–1549	Marinidendynastie in Marokko
1230–1492	Nasridendynastie in Granada
1250–1517	Mamluken in Ägypten
1260	Mamluken schlagen Mongolen bei Ain Dschalut in Palästina
1322–1406	Ibn Chaldun (Khaldun), arabischer Geschichtsphilosoph

4.1 Vorstoß nach Zentralasien, Süd- und Westeuropa

Die Epoche der »rechtgeleiteten Kalifen« nach dem Tod Mohammads und die Umayyadenzeit waren gekennzeichnet von ständiger weiterer arabischer Expansion. Gegen Mitte des 8. Jahrhunderts kann Karl Martell in der Schlacht von Tours und Poitiers den Arabern eine schwere Niederlage beibringen, die als entscheidend für das Ende einer weiteren arabisch-islamischen Expansion überinterpretiert worden ist. Auch danach jedoch blieben Gebiete im südlichen Frankreich in arabischer Hand, gingen erfolgreiche arabisch-islamische Angriffe in Südeuropa weiter. Das Frankenreich als solches ist aber nie wirklich in Gefahr gewesen. 715–718 findet eine zweite – und für lange Zeit letzte – arabische Belagerung von Konstantinopel statt. Doch das byzantinische Reich überlebt und leistet dem Islam noch mehr als 700 Jahre erfolgreichen Widerstand. An der kleinasiatischen Grenze zwischen Islam und Byzantinischem Reich geht ein ständiger Kleinkrieg weiter, ohne dass es zu entschiedenen Veränderungen kommt.

Auch im äußersten Osten, in Zentralasien, gehen die Vorstöße des Islam weiter. Schon 712 kommt Transoxanien (nördlich des Amu-Darya oder Oxus) unter islamische Kontrolle, nachdem bereits im ersten Jahrzehnt des 8. Jahrhunderts Balch, Buchara und Samarkand von den Muslimen erobert worden waren und 756 Tabaristan am Kaspischen Meer muslimisch geworden war. Die Epoche der Abbasiden gilt als die Zeit, in der der Höhepunkt der arabischen Ausdehnung überschritten, die weiteste Dehnung der Grenzen des Imperiums der Kalifen erreicht ist. Am Talas-Fluss stehen die Muslime 751 erstmals den Chinesen gegenüber und können sie in einem Gefecht schlagen. Auch im Mittelmeer ist die arabisch-islamische Expansion keineswegs vorüber: Erst im 9. Jahrhundert gerät Sizilien unter muslimische Kontrolle, können die Muslime sich in einigen

Regionen des italienischen Festlandes etablieren und dort sogar eigene kleine Staaten errichten. Jedoch: Diese weitere Ausbreitung erfolgt nicht mehr durch die abbasidische Zentralregierung. Längst haben sich zentrifugale Kräfte entwickelt, trennen sich Provinzen vom Abbasidenreich. Der Zerfall des einheitlichen, geeinten arabisch-islamischen Staates hat schon begonnen, als die Expansion des Islam noch weitergeht. Schon 756 hat der letzte Umayyade Abd ar-Rahman die Herrschaft über Spanien übernommen und seit 800 ist der gesamte Maghreb (Westen) den Abbasidenkalifen entglitten. Auf dem Gebiet des heutigen Tunesien können die Aghlabiden im 9. Jahrhundert eine Dynastie gründen; wenn sie auch formal abbasidische Statthalter sind, werden sie doch faktisch bald unabhängige Fürsten, auf deren Konto die arabische Eroberung Siziliens geht (auch wenn die Insel schon 652 erstmals Ziel arabischer Vorstöße geworden war).

Diese Auflösungserscheinungen im arabisch-islamischen Reich werden sich fortsetzen: Bald ist die Existenz eines einzigen umfassenden arabisch-islamischen Reiches, das praktisch alle dem Islam unterworfenen Gebiete unter einer Herrschaft zusammenfasst, nur mehr Fiktion. Regionale Großmächte entstehen, neue Dynastien steigen auf, die islamische Welt wird polyzentrisch, kann sich aber dennoch – oder vielleicht gerade deswegen – weiter ausdehnen: Die Kalifen in Bagdad verlieren mehr und mehr an Macht und Autorität.

In die Zeit um 800 fällt ein Beispiel für frühe Ansätze zu internationaler Großmächtediplomatie. Eine Delegation vom Abbasidenhof machte sich auf an den Hof des Frankenreiches. Spektakulär war unter den mitgeführten Gastgeschenken vor allem ein Elefant. Dagegen ist keine Quelle erhalten über den Auftrag der Delegation. Es ist jedoch naheliegend, dass aus gemeinsamen Interessen der beiden Großmächte des islamischen Morgen- und des christlichen Abendlandes abgestimmte gemeinsame Aktionen werden sollten. Harun ar-Raschid und Karl der Große hatten durchaus gemeinsame Gegner: Im Westen den Umayyadenstaat auf der Iberischen Halbinsel, der den Heiligen Krieg gegen das Frankenreich führte oder jederzeit führen konnte und somit die Südwestgrenze von Karls Reich unsicher machte und der gleichzeitig den äußersten Westen der islamischen Welt der Kontrolle des Kalifen in Bagdad entzog. Im Osten bzw. in Italien war Byzanz ein potenzieller Gegner für den fränkischen Kaiser ebenso wie für den abbasidischen Kalifen. Damit entstand eine Konstellation, die sich in den folgenden Jahrhunderten immer wieder bilden sollte: Allianzen muslimischer und christlicher Mächte wurden geschlossen oder zumindest angestrebt zur Erreichung begrenzter Ziele – den prinzipiellen dauerhaften christlich-muslimischen Gegensatz hoben sie keineswegs auf. Auch für Kontakte Harun ar-Raschids nach Indien und China gibt es konkrete Anzeichen – der Horizont der Abbasiden umfasst die gesamte damalige Welt.

4.2 Machtverfall des Kalifats – Niedergang der Abbasiden

Genau in der Mitte des 8. Jahrhunderts hatten die Abbasiden – die Dynastie, die vom Onkel des Propheten, Abbas, abstammt – die Macht im arabisch-islamischen Reich übernommen. Es war ein Weltreich – nicht nur für damalige Verhältnisse –, das sich von der Biscaya bis an den Indischen Ozean erstreckte. Gerade in dieser geographischen Weite – das Imperium der Kalifen dehnte sich über drei Kontinente aus – lag auch die Schwäche des Staates, der anfangs die gesamte *umma* oder Gemeinschaft der Gläubigen umfasste. Es erwies sich als praktisch unmöglich, von einem zentralen Regierungssitz aus Regionen effizient zu verwalten, die Tausende von Kilometern entfernt waren, mit denen die Kommunikation schwierig und zeitaufwendig war. Gouverneure mussten zwangsläufig ein hohes Maß an Unabhängigkeit erhalten. Schon über den Vorstoß nach Spanien (711) waren die Kalifen im fernen Damaskus nicht mehr wirklich informiert – und als die Abbasiden die Umayyaden gestürzt hatten, dauerte es nur kurze Zeit, bis das islamische Spanien unter einem Umayyaden-Fürsten sich vom Kalifat loslöste (756). Harun ar-Raschid ist der wohl berühmteste Abbasidenkalif, und vielfach wird seine Regierungszeit als Höhepunkt der abbasidischen Epoche betrachtet. Doch zeigen sich damals, an der Wende vom 8. zum 9. Jahrhundert, schon Auflösungs- und Zerfallserscheinungen. Bereits 788 hatte sich der schiitische Idrisidenstaat – der erste Schiitenstaat der Geschichte, benannt nach seinem Gründer Idris I. – im heutigen Marokko gebildet und sich der abbasidischen Kontrolle entzogen. Im Bereich des heutigen Tunesien hatte der erfolgreiche General Ibrahim al-Aghlab das Amt des Gouverneurs übernommen, wohl auch, um Berberrevolten im Maghreb zu beenden, und dort eine Dynastie gegründet, die über ein Jahrhundert faktisch unabhängig, wenn zunächst auch im abbasidischen Namen, über weite Teile Nordafrikas herrschte.

Ähnlich entwickelte sich die Lage im Osten: 820 erhielt der General Tahir ibn al-Husain die Statthalterschaft über Chorasan (Nordosten des heutigen Iran). Bald erklärte er sich für unabhängig und begründete eine Dynastie. Aus einer Räuberbande in der persischen Provinz ging die Dynastie der Saffariden hervor, der es in der zweiten Hälfte des 9. Jahrhunderts gelang, weite Teile Irans zu kontrollieren und die selbst der Hauptstadt Bagdad gefährlich wurde. Saman, ein zoroastrischer Adliger aus Balch (dem alten Baktra, nahe der heutigen afghanisch-iranischen Grenze) war Namenspatron einer ostiranischen Dynastie: Seine Enkel lösten die Tahiriden ab und konnten weite Teile des islamischen Ostens unter ihre Herrschaft bringen. Die Samaniden förderten die persische Sprache und Literatur, die an ihrem Hof florierten. Sie verbreiten aber auch den Islam unter den Türken im westlichen Zentralasien, die aus einer Gefahr für den islamischen Osten zu einem Teil der islamischen Welt wurden und in den kommenden Jahrzehnten und Jahrhunderten eine bedeutende Rolle in der islamischen Geschichte, nicht zuletzt am Abbasidenhof, spielen sollten.

Ein großer Teil des Reiches ging so an Gouverneure und deren Statthalter verloren, die sich nach und nach unabhängig machten oder auch lavierten zwischen offiziellem Bekenntnis zu den Abbasiden und faktischer oder offiziell erklärter Unabhängigkeit. In der Nähe der Reichshauptstadt sogar entstanden Revolten, die dem Kalifat gefährlich wurden und deutlich werden ließen, wie prekär die Stellung der Kalifen geworden war: Gegen Ende des 9. Jahrhunderts brach im Südirak ein Aufstand schwarzer Sklaven unter schiitischen Vorzeichen aus. Ungleich bedrohlicher war die – möglicherweise mit diesem Aufstand in Verbindung stehende – Bewegung der Karmaten. Aus dieser ultraschiitischen, »kommunistischen« Sekte entstand ein unabhängiger Staat an der Küste des persisch-arabischen Golfes. Die Verbindung einer »geheimen« Lehre mit sozialrevolutionären Zielen brachte den Karmaten eine zahlreiche Anhängerschaft unter der einfachen Bevölkerung auf dem Land und in den Städten. Mit brutalen Methoden und terroristischen Aktionen verbreiteten die Karmaten überall Schrecken, erzielten aber auch Erfolge. Es gelang ihnen zwar nicht, Damaskus zu erobern (901), aber sie stießen bis in den Osten Irans, nach Oman und in den Jemen vor. 920 plünderten sie Mekka und entwendeten den Schwarzen Stein der Ka'ba.

Auch in ihrer eigenen Hauptstadt empfanden die Kalifen das Bedürfnis, sich abzusichern und neigten bereits in der ersten Hälfte des 9. Jahrhunderts dazu, sich türkische Leibgarden zuzulegen, die auf sie eingeschworen und nur ihnen loyal waren, da sie keinerlei Beziehung zum Umfeld hatten. Schon al-

Ma'mun, Sohn von Harun ar-Raschid, begann mit der Aufstellung einer türkischen Leibgarde, und der achte Abbasidenkalif al Mu'tasim (833–842), der Männer für seine türkische Garde in Transoxanien unter Turkmenenstämmen anwarb, verlegte aufgrund der Spannung zwischen türkischer Garde und der Bevölkerung Bagdads seine Residenz in die nördlich von Bagdad neu erbaute Hauptstadt Samarra am Tigris. Dort blieb der abbasidische Regierungssitz bis 892, als die Kalifen in die alte Abbasidenmetropole Bagdad zurückkehrten.

Die Abhängigkeit der Kalifen von den türkischen Truppen wuchs, und die Macht türkischer Generäle nahm zu. Die Kalifen brauchten immer mehr Geld für ihre Truppen; dies führte dazu, dass oft die Provinzen türkischen Statthaltern unterstellt wurden, die die nötigen Mittel in den Provinzen gleich selbst eintrieben. Steuern aus den Provinzen kamen so oft gar nicht mehr in die Hauptstadt, die Macht über entferntere Regionen entglitt den Kalifen, die sich ihrerseits bemühen mussten, für ihre Bedürfnisse und die Forderungen ihrer Söldner neue Mittel aufzutreiben. So wurden Finanzen und Wirtschaft des Kalifenstaates zunehmend zerrüttet, Steuerquellen wurden »verpachtet« und so der Kontrolle der Zentralregierung entzogen, Staatsbeamte wurden zunehmend korrupt – zumal sie ihre Ämter oft schnell wieder verlieren konnten, versuchten sie, sich möglichst schnell zu bereichern.

Östlich von Bagdad war im 9. Jahrhundert praktisch der gesamte iranische Raum dem Kalifenreich verlorengegangen. Von da an stand die persischsprachige Welt, ganz zu schweigen von den türkischsprachigen Regionen, die dem Islam in Zentralasien unterworfen worden waren, sowie den Ländern des Islam im heutigen Pakistan und Indien, nie wieder unter arabischer Herrschaft. Im Gegenteil: Eine schiitisch-iranische Dynastie, die bewusst iranische Traditionen förderte und ebenso die Verbreitung des Schiitentums, war es, welche im

10. Jahrhundert das Patronat über die sunnitisch-arabischen Kalifen von Bagdad übernahm. Verschiedene Vertreter der Banu Buyah oder Banu Buwaih hatten die faktische Herrschaft über östliche Teile des Abbasidenreiches gewonnen. Einer der Fürsten aus der Familie, Ahmad, rückte 945 in Bagdad ein. Der neue Machthaber und der Kalif arrangierten sich und erkannten sich gegenseitig an, der Buyide erhielt schmeichelhafte Titel und war praktisch der Herr in Bagdad. Die Kalifen traten in den Hintergrund, waren zeitweise Spielball der Buyiden, die sie nach Belieben ein- und absetzten. Doch verlegten die Buyiden ihren Sitz ins südirakische Schiras, während Bagdad zum Rang einer Provinzhauptstadt herabsank. Die Buyiden bildeten eine Übergangsphase zwischen den Kalifenreichen der ersten drei Jahrhunderte des Islam und dem türkischen Seldschukenreich des 11. Jahrhunderts.

Das 10. Jahrhundert stellt in der islamischen Welt eine Zeit tiefgreifender Umbrüche und Veränderungen dar. Steigen im Osten die Zwölferschiiten auf und können sich, dank der Buyiden, durchsetzen und halten, steht Nordafrika im Zeichen des Aufstiegs der ismailitischen Siebenerschiiten: Dort errichten die Fatimiden ein Kalifat, expandieren und können schließlich Ägypten erobern (969). Gleichzeitig ist das 10. Jahrhundert einerseits die Epoche des Niedergangs der Abbasidendynastie, der kaum noch faktische Macht verbleibt, andererseits des ersten massiven christlichen Gegenstoßes seit der islamischen Expansion des 7. Jahrhunderts. Das Byzantinische Reich begann eine erfolgreiche Offensive gegen die islamischen Länder in seinem Osten: Die Byzantiner stießen nach Kilikien vor, nahmen 962 Aleppo vorübergehend ein und eroberten 969 Antiochia; Zypern fiel ebenso wieder in christliche Hand. Es schien absehbar, dass Jerusalem und die Heiligen Stätten des Christentums dem Islam entrissen werden konnten. Gleichzeitig wurde im syrischen Raum die Rivalität zwischen den ismailitischen Fatimiden und den zwölferschiitischen Buyiden akut. Hier trafen zwei unterschiedliche schiitische Strömungen, getragen von zwei regionalen Großmächten, aufeinander, von Nordafrika und Ägypten aus die aggressive Fatimidenbewegung mit charismatischen Führern, aktiver Propaganda und Untergrundarbeit – von Iran und dem Zweistromland aus die eher ruhigen – man hat sie »quietistisch« genannt – und weniger offensiven, nicht so stark profilierten Zwölferschiiten der Buyidendynastie. In diesem Gegensatz wird auch einer der Gründe gesehen dafür, dass die Buyiden das Abbasidenkalifat nicht abschafften: Es diente ihnen zur ideologischen Legitimierung, machte sie für viele arabisch-sunnitische Muslime und für alle, denen die Fatimiden unheimlich waren, akzeptabel.

Neue Veränderungen bahnten sich von Osten aus an, während Syrien von den Byzantinern bedroht und ganz Arabisch-Vorderasien ein Feld der Rivalität zwischen Fatimiden und Buyiden darstellte. Aus Zentralasien kamen die turkstämmigen Oghuzen in den Bereich des Islam. Sie zogen im 11. Jahrhundert über den Oxus (Amu-Darya) nach Südwesten – eine Sippe, die nach ihrem Ahnherrn Seldschuk als Seldschuken bezeichnet wurden, trat dabei in den Vordergrund, konnte mehrere Staaten gründen und verschiedene dynastische Linien bilden. Die Seldschuken vertraten einen orthodox-sunnitischen Islam. Als der Seldschukenfürst Tughril 1055 Bagdad von den Buyiden eroberte, konnte er sich somit als sunnitischer Befreier des Abbasidenkalifats aus buyidisch-schiitischer Bevormundung gerieren. Er trug den Titel »Sultan«. Im Nahen Osten stießen nun die schiitischen Großmachtinteressen der Fatimiden mit dem neuen sunnitischen Imperium der Seldschuken zusammen – erneut war der großsyrische Raum das Feld der Auseinandersetzung. Ein Versuch, in Bagdad wieder das Schiitentum einzuführen und den Abbasidenkalifen al-Ka'im zum Abdanken zugunsten der Fatimidenkalifen in Kairo zu veranlassen, scheiterte. Im Osten blieben die türkischen, sunnitischen Seldschuken die dominierende politische Kraft.

Auch für die islamisch-byzantinischen Beziehungen hat das Vordringen der Seldschuken nach Westen schwerwiegende Folgen: Mitte des 11. Jahrhunderts bereits war Tughril bis nach Erzurum vorgedrungen und 1071 gelingt den Seldschuken ein Sieg von historischer Tragweite über Byzanz bei Manzikert nördlich des Van-Sees, wobei Kaiser Diogenes in seldschukische Gefangenschaft gerät. Von da an beginnt die Durchdringung Kleinasiens mit türkischen Nomaden, die Ostgrenze des Byzantinischen Reiches wird durchlässig, mehr und mehr verliert Byzanz – nur ein Jahrhundert nachdem es noch tief nach Syrien hinein hatte vorstoßen können – seine Kontrolle über den Osten Kleinasiens. Dort entstehen seldschukische Fürstentümer, die sich im Dschihad gegen den »klassischen« Gegner des Islam, Byzanz, profilieren und sich auf dessen Kosten ausdehnen. Noch nichts lässt damals ahnen, dass aus diesem Prozess eine neue islamische Großmacht entstehen würde, die weite Teile der islamischen Welt unterwerfen, vor allem aber für den Islam neue Regionen in Europa erobern würde. Nicaea (Iznik) war zunächst die Hauptstadt der Rum-Seldschuken (Seldschuken auf dem Gebiet von »Rom« = Byzanz), diese Rolle ging ab 1084 auf Konya (Iconium) über.

Nicht Byzanz aber stand im Mittelpunkt des Interesses der »Großseldschuken« (wie sie im Gegensatz zu Seitenlinien genannt wurden), eigentlicher Hauptgegner waren, wie erwähnt, die schiitischen Fatimiden. So wurde die erste türkische Dynastie, die in der islamischen Welt eine Führungsrolle beanspruchte, Vorkämpfer der sunnitischen Orthodoxie gegen die arabischen Schiiten und ihr Imperium. So, wie die Fatimiden nach Osten vorstießen, expandierten die Seldschuken nach Westen – die beiden Großmächte prallten in Syrien und Palästina aufeinander. Der Seldschukenherrscher Alp Arslan kann

Aleppo und Jerusalem 1070 einnehmen – dies gibt den Anstoß zum ersten Kreuzzug. Auch die heiligen Stätten des Islam, Mekka und Medina, geraten unter seldschukische Kontrolle. Unter Alp Arslan erlebt das Reich eine kulturelle Blüte: In Bagdad wird durch den bedeutenden Wesir Nizam al-Mulk das nach ihm benannte Wissenschaftszentrum Nizamiya gegründet; die Nizamiya stellt ein sunnitisches Gegenstück zur damals schiitischen al-Azhar in Kairo (gegründet 972) dar. Bemerkenswerterweise waren die Seldschukenherrscher selbst großenteils Analphabeten, was sie aber nicht daran hinderte, Kultur und Wissenschaft zu fördern. 1074/75 wurde beispielsweise in ihrem Namen eine Astronomen-Konferenz in ein neu gegründetes Observatorium einberufen. Der Wesir Nizam al-Mulk selbst war Verfasser eines Handbuchs der Staatsführung, »Siyasatname«, eine in persischer Sprache abgefasste politische Theorie, in welcher dem Kalifat keine entscheidende Rolle mehr zukommt. Erst unter Malikschah, dem Sohn von Alp Arslan, wurde Bagdad Sitz der Seldschuken. Die Abbasidenkalifen führten längst nur noch ein Schattendasein. Doch schafften die Seldschuken das Kalifat keineswegs ab, diente ihr Schutz sunnitischer Orthodoxie und also des Kalifats doch ihrer Legitimierung.

Nach Malikschahs Tod versank das Reich im Bürgerkrieg und zerfiel. Den Einbruch der Kreuzfahrer in den syrischen Raum und die christliche Eroberung Jerusalems 1099 nahm man in Bagdad zwar mit Bedauern zur Kenntnis, doch folgten keine Taten. Im 12. Jahrhundert konnten die Kalifen von Bagdad wieder eine gewisse Unabhängigkeit erlangen, der »fruchtbare Halbmond« und Iran wurden von seldschukischen »Atabegs« regiert, von Regenten, die oft aus dem Hofamt des Prinzenerziehers oder Tutors rekrutiert wurden. Versuche der Seldschuken, auch den Irak wieder unter ihre Kontrolle zu bringen, scheiterten.

Der Kalif an-Nasir lidin-Allah (1180–1225) machte männerbündische Organisationen, die sogenannte Futuwwa-Bewegung, die soziale und religiöse Komponenten in sich vereinte, zum Träger der Reichsidee und zur Stütze seiner Herrschaft. Zahlreiche angesehene Persönlichkeiten der islamischen Welt traten dieser Organisation, die sich auf den Kalifen Ali und seine Tugenden berief, bei, so Prinzen der ägyptischen Ayyubiden-Dynastie, kleinasiatische und indische Fürsten. Doch die Renaissance der Abbasidenkalifen von Bagdad war nur von kurzer Dauer. Erneut kam die Gefahr aus dem Osten. Ein Enkel Dschingis Khans, der Großkhan Möngke, beauftragte im 13. Jahrhundert seinen Bruder Hülägü, nach Westen vorzustoßen. In kurzer Zeit wurde Iran völlig unterworfen und 1258 wurde Bagdad – nachdem Kalif al-Musta'sim die Übergabe der Stadt verweigert hatte – von den Mongolen eingenommen. Der letzte Abbasidenkalif fand den Tod. Die Abbasidenära ging nach fünf Jahrhunderten zu Ende. Der Mamluke Baybars holte einen Jugendlichen aus der Abbasidensippe nach Kairo, der den Mamluken Legitimität verleihen sollte. Das Scheinkalifat von Kairo, ausgeübt durch Nachkommen dieser Abbasiden, dauerte fort bis 1517, als die Osmanen der Mamlukenherrschaft ein Ende bereiteten und Ägypten ihrem Reich eingliederten.

4.3 Wo beginnt Europa? Die Araber in Italien und Spanien

Seit den ersten Anfängen der arabisch-islamischen Eroberung geschah die Ausbreitung des Islam auf Kosten der antiken Kultursphäre, die lateinisch-griechisch geprägt war. Zwar flossen antike Kulturelemente in die entstehende islamische Kultur ein, doch waren die Regionen südlich des Mittelmeers für das entstehende »Abendland« – also für »Europa« – endgültig verloren. Das Vordringen des Islam endete nicht an den Küsten des Mittelmeers. Die Heere des Islam drangen auch über die

Säulen des Herkules auf die iberische Halbinsel vor, nahmen Sizilien ein und gelangten bis auf das italienische Festland, wo sie sich für lange Zeit etablierten. Die Grenze zwischen christlich-abendländischer und arabisch-islamischer Kultur verlief also in einem Raum, der erst für uns heute eindeutig und unbestritten zu »Europa« gehört.

Knapp 80 Jahre nach dem Tod des Propheten setzten arabisch-berberische Glaubenskrieger nach Spanien über, das damals von Westgoten beherrscht wurde. Diese waren in interne Streitigkeiten verwickelt – dadurch war es ein leichtes für die Muslime, sie zu schlagen und in kurzer Zeit fast die gesamte iberische Halbinsel der Herrschaft des Islam zu unterwerfen. Zwar geschah dies im Namen der Kalifen (in Damaskus), doch weder hatten diese den Auftrag gegeben, noch wussten sie auch nur von diesem entscheidenden Schritt. Hier wird deutlich, dass aufgrund der großen Ausdehnung des Reiches die faktische Kontrolle der Kalifen über den Glaubenskrieg und die weitere Expansion des Islam bestenfalls noch theoretisch war. Abzusehen war, dass in den Weiten des Kalifenstaates bald Autonomiebestrebungen und Sezessionstendenzen auftreten würden.

Wie schon in vielen der bisher dem Islam unterworfenen Gebieten war auch in Spanien die einheimische Bevölkerung nicht übermäßig an einer Verteidigung der bisherigen Machthaber, also der Westgotenherrschaft, interessiert. So war auch die Eroberung Spaniens mit einem begrenzten militärischen Aufwand realisierbar, und oft waren Verträge mit Städten und Bischöfen Grundlage der muslimischen Machtübernahme. Die Juden Spaniens haben die neuen Herren willkommen geheißen und sie unterstützt. Zwar stießen die arabisch-berberischen Truppen weiter nach Frankreich vor, auch noch nach der Schlacht von Tours und Poitiers – z. B. 734 im Rhônetal –, und bis 751 hielten sie noch Narbonne, doch auf Dauer hatte die muslimische Herrschaft nur auf der Iberischen Halbinsel selbst Bestand, wo sich allerdings ganz im Norden von Anfang an Widerstandsnester gegen die islamischen Herren gebildet hatten, die zum Ausgangspunkt der Reconquista wurden.

Als 756 der Umayyade Abd ar-Rahman I. nach jahrelanger Odyssee al-Andalus erreichte und mit Hilfe der Südaraber – der Gegensatz zwischen ihnen und den Nordarabern war mit der arabisch-islamischen Eroberung auch nach Spanien gelangt – die Macht in Córdoba erringen konnte, hatte al-Andalus bereits bewegte Jahrzehnte erlebt: In weniger als 50 Jahren hatte das Land unter arabisch-muslimischer Herrschaft nicht weniger als 18 Gouverneure gehabt, innerarabische Konflikte (Nord/Süd) und Berber-Revolutionen erlebt sowie, unmittelbar vor der umayyadischen Machtübernahme, noch eine jahrelange Hungersnot erlitten. Dadurch war einerseits der Boden für einen Machtwechsel bereitet, andererseits stellte sich den umayyadischen Emiren – anfangs führten sie noch nicht den Kalifentitel – auch eine schwierige Aufgabe. So brachte der erste Umayyade praktisch seine ganze Regierungszeit mit der Stabilisierung seines Landes zu. Die gesamte Geschichte von al-Andalus ist gekennzeichnet von Revolten, Bürgerkriegen, Sezessionen einzelner Regionen und Kriegen. Eine Periode völliger Ruhe und Stabilität hat es praktisch in den 700 Jahren der Existenz des islamischen Spanien nicht gegeben.

Mit Abd ar-Rahmans I. Herrschaftsantritt war die Iberische Halbinsel für die Abbasiden endgültig verloren. Ihr Machtbereich endete seit 756 an Marokkos Nordküste – war aber auch dort nicht unbestritten (vgl. S. 144/145).

Die spanischen Umayyaden herrschten bis 1031, also fast 300 Jahre über das Ende der Umayyadendynastie von Damaskus hinaus. Der vorprogrammierte Gegensatz zwischen dem islamischen Spanien und dem Frankenreich erreichte fast 50 Jahre nach der Schlacht von Tours und Poitiers einen weiteren Höhepunkt: Karl der Große stieß an der Spitze eines Heeres nach al-Andalus vor, konnte den Muslimen Gebiete südlich der Pyrenäen entreißen und zog 778 über die Pyrenäen zurück. Die Nachhut des fränkischen Heeres wurde auf dem Rückzug vernichtet – berühmt geworden ist die Episode durch das *Rolandslied*, nach dem Anführer der fränkischen Nachhut benannt. Im *Rolandslied* wird das Geschehen von Roncesvalles als Heldenepos im Krieg gegen die Ungläubigen dargestellt – in Wirklichkeit waren es keine »Sarazenen«, sondern Basken, die die fränkische Nachhut unter Hruotland vernichteten.

Die Auseinandersetzung mit christlichen Mächten – sowohl solchen von der iberischen Halbinsel selbst als auch mit christlichen Staaten des restlichen Europa – wurde eines der Leitmotive der Geschichte von al-Andalus. Eine ungewöhnliche Bedrohung des islamischen Spanien, die nicht dem Grundmuster muslimisch-christlicher Konflikte entsprach, kam vom Meer her: 844 überfielen die Normannen vom Atlantik aus Lissabon, darauf besetzten sie Cádiz, fuhren den Fluss Guadalquivir hinauf und plünderten Sevilla. Dort wurden sie von den Truppen des Emirs geschlagen und vertrieben. Erneute Normannenüberfälle ereigneten sich 859, 966 und 971 (erinnern wir uns: 911 gründeten die Normannen das Herzogtum Normandie, 1016 mischten sie sich in Süditalien ein, 1066 eroberten sie England). Dadurch wurde der Anstoß gegeben zum Bau einer spanisch-umayyadischen Flotte, deren Heimathafen Almería wurde.

Unter den Umayyaden erlebte das islamische Spanien trotz aller Bedrohungen eine Blüte, entwickelte eine Hochkultur, die im christlichen Europa nicht ihresgleichen hatte und wurde eine der höchstentwickelten Regionen auch in der islamischen Welt. Abd ar-Rahman III., der fast ein halbes Jahrhundert regierte (912–961), gab dem Selbstbewusstsein der Dynastie Ausdruck, indem er den Kalifentitel annahm. Als er sein Amt antrat, übernahm er einen Staat, der stark geschrumpft und in seiner Existenz bedroht war. Ihm gelang es aber, ihn zu festigen und zu neuer Machtentfaltung zu führen. Dies brachte der erste spanische Umayyadenkalif zur Geltung durch die Gründung einer neuen Residenzstadt, Madinat az-Zahra, im Jahre 936 in der Nähe Córdobas, deren Prachtentfaltung diesen Höhepunkt umayyadischer Kultur und Macht in Spanien symbolisierte. Al-Andalus unterhielt damals weitgespannte internationale Beziehungen. Delegationen aus Byzanz kamen an den spanischen Umayyadenhof und von dort reiste zumindest eine Delegation ins Byzantinische Reich. Auch der deutsche Kaiser Otto der Große wollte mit al-Andalus in Kontakt treten und entsandte den Abt Johannes von Gorze zum Umayyadenkalifen. Er sollte über das Problem muslimischer »Piraterie« im Mittelmeer verhandeln, denn zahlreiche Seeoperationen gingen von den Häfen von al-Andalus gegen die christlichen Mittelmeerküsten aus.

Abd ar-Rahman hinterließ seinem ältesten Sohn al-Hakam II., der ihm 961 als Kalif nachfolgte, einen gut organisierten Staat mit hohen Staatseinkünften. Der konnte sich deshalb seinen kulturellen Interessen widmen. Dass seine – später zerstörte und in alle Winde zerstreute bzw. verbrannte – Bibliothek 400 000 Bände umfasst haben soll, mag eine Übertreibung sein, zeigt jedoch, wie hoch man seine schöngeistigen Neigungen einschätzte. Er ließ bei Erweiterungen der Hauptmoschee Córdobas Mosaiken durch byzantinische Künstler anbringen – byzantinische Einflüsse sind auch in der Residenz Madinat az-Zahra sichtbar.

Möglicherweise waren es die geringen Herausforderungen, mit denen der Kalif konfrontiert war, und seine Konzentration auf kulturelle Interessen, die einem ursprünglich einfachen Hofbediensteten einen schnellen Aufstieg ermöglichten, bis er gegen Ende von al-Hakims II. Regierungszeit die Funktion eines Regenten ausübte. Muhammad ibn Abi Amir trug den Titel eines Hadschib (etwa: Kammerherr) und seine Position war der fränkischer Hausmeier nicht unähnlich. Da der Nachfolger von al-Hakam II., al Hischam II., kaum die Fähigkeit zum Herrscher hatte, konnte der Hadschib die Macht an sich reißen – auch wenn er nie den Kalifen- oder sonst einen Herrschertitel beanspruchte, war er der eigentliche Herr von al-Andalus. Dem Land hat dies jedoch nicht geschadet. Bald erhielt Muhammad ibn Abi Amir den Ehrennamen al-Mansur, »der Siegreiche«, denn er unternahm zahlreiche – es sollen über 50 gewesen sein – Feldzüge in die christlichen Regionen der iberischen Halbinsel. »Almanzor«, wie er im christlichen Europa genannt wurde, war sich seiner Machtposition bewusst und gründete seine eigene Residenzstadt: al Madina az-zahira – »die strahlende Stadt«. Er ließ seinen Namen im Freitagsgebet nennen, auf Münzen prägen und sein Siegel unter offizielle Dokumente setzen – Privilegien, die eigentlich nur einem Kalifen oder König zustehen. Er wollte offensichtlich eine Hadschib-Dynastie gründen, indem er sein Amt seinem Sohn sozusagen »vererbte«. Doch die Blütezeit sowohl der Kalifen als auch der »Hausmeier« (oder Hadschib) war endgültig vorüber. Al-Andalus stürzte – wieder einmal – in Anarchie, das Kalifat war am Ende. 1031 erklärten die Notabeln von Córdoba das Kalifat für erloschen. Al-Andalus hatte keine Zentralregierung mehr – das ehemalige Reich der Kalifen von Córdoba löste sich auf und zerfiel in über 20 Einzelstaaten. Arabische, berberische oder aus dem Sklavenstand hervorgegangene Duodezfürsten (*reyes de taifas*) schufen sich Kleinstaaten, bekriegten einander und verfolgten ihre Partikularinteressen. Zwar begünstigte die Vielzahl von Fürstenhöfen das kulturelle Leben, da alle Potentaten Dichter und Künstler förderten und miteinander in kulturellen Wettbewerb traten – doch führte diese Vielzahl kleiner Staaten zu politischer Ohnmacht. War noch bis zum Jahr

1000 al-Andalus in der Offensive gewesen, konnten nun die christlichen Staaten der Iberischen Halbinsel wieder Erfolge verbuchen. Die christlichen Königreiche von León und Kastilien schlossen sich zusammen (1037), Alfons VI. (1072–1109) wurde zum mächtigsten Herrscher Spaniens, verleibte Galizien und Navarra seinem Reich ein und expandierte auf Kosten des islamischen Teils der Iberischen Halbinsel; auch sein Sohn Alfons VII. konnte die Reconquista fortsetzen und nannte sich sogar »König der Menschen beider Religionen«.

Das christliche Spanien gewann stetig an Boden zu Lasten der muslimischen Kleinstaaten – aber gerade das hatte schwerwiegende Folgen. Gegen das ständige Vorrücken der Christen riefen spanische Muslime einen mächtigen Alliierten aus Nordafrika zu Hilfe: Dort war das Berberreich der Almoraviden (al-Murabitun) entstanden, das weite Teile des Maghreb in einer Hand vereinte und sich vom Senegal bis an die Mittelmeerküste erstreckte. Yusuf ibn Taschfin, der Herrscher dieses Imperiums, ging auf den Hilferuf aus al-Andalus ein, kam an der Spitze eines Heeres nach Spanien und schlug 1086 die Truppen von Alfons VI. bei Zallaka (Sagrajas) nahe Badajoz entscheidend.

Die muslimischen Kleinkönige allerdings verloren ihre Unabhängigkeit, und al-Andalus wurde Teil des Almoravidenreiches. Doch die Reconquista war – vorübergehend – zum Stillstand gekommen. Das Kriegsglück in al-Andalus war in den kommenden Jahrzehnten wechselnd, doch in der Mitte des 12. Jahrhunderts war die Macht der Almoraviden in Spanien eindeutig im Niedergang: Erneut zeigten sich Zerfallserscheinungen, wieder begann eine Epoche der islamischen Kleinstaaten, die etwa drei Jahrzehnte dauerte. In dieser Lage machte auch die Reconquista wieder Fortschritte, und wie ein Jahrhundert zuvor, wandten sich spanische Muslime erneut nach Nordafrika um Hilfe. Dort war eine neue religiöse Bewegung unter den Berbern entstanden, die al-Muwahhidun oder »Almohaden«. Sie standen in schärfstem Gegensatz zu den Almoraviden, gegen die sie einen kompromisslosen Kampf führten. Nachdem sie die Macht in Marokko übernommen hatten, erkannten viele muslimische Fürsten in al-Andalus ihre – zunächst nominelle – Oberhoheit an. 1147 jedoch kam ein almohadisches Heer nach Spanien und besetzte nach und nach al-Andalus – das gesamte islamische Spanien war spätestens 1172 eine Provinz des Almohadenreiches. Die zweite Hälfte des 12. Jahrhunderts wurde eine Epoche des Wohlstands, der Stabilität und der kulturellen Blüte: Es war die Zeit des Averroes (Ibn Ruschd, 1126–1198), durch dessen Kommentare das christliche Europa Aristoteles verstehen lernte, und des Literaten Ibn Tufayl (1110–1185), der in seinem philosophischen Roman *Hayy ibn Yakzan* zeigen wollte, dass Philosophie und Theologie auf verschiedenen Wegen das gleiche Ziel erreichen; das Werk wurde schon früh in Europa bekannt und hier während der Aufklärung populär (deutsche Übersetzung 1726). Die große Moschee von Sevilla wurde vollendet und der Alcázar von Sevilla gilt nicht nur als Höhepunkt almohadischer, sondern insgesamt muslimischer Baukunst auf der Pyrenäenhalbinsel.

Die politisch-militärische Lage war gekennzeichnet von dem traditionellen Gegensatz zwischen christlichem und muslimischem Spanien: Alfons VIII. wurde von den Almohaden 1195 bei Alarcos geschlagen. Damit war der Reconquista zunächst Einhalt geboten, aber nur vorübergehend. Denn die christlichen Staaten Spaniens schlossen sich zum Gegenschlag zusammen und nur 17 Jahre nach Alarcos schlugen sie unter Führung von Alfons VIII. die Almohaden bei Las Navas de Tolosa (Sierra Morena) entscheidend. Der Abstieg almohadischer Macht begann, zumal die Al-Muwahhidun auch in Nordafrika zunehmend unter Druck gerieten. Der almohadische Gouverneur in Spanien musste sogar bald dem König von Aragón Tribut zahlen, um sich vor ständigen christlichen Einfällen in al-Andalus zu schützen. Revolten im muslimischen Teil Spaniens bereiteten den Boden für weitere christliche Erfolge. Alfons IX. von León und Ferdinand III. von León-Kastilien führten Feldzüge tief hinein nach al-Andalus. 1236 fiel Córdoba, die alte Hauptstadt der Muslime auf der Pyrenäenhalbinsel, in die Hand Ferdinands III. Dies nutzte ein muslimischer Kleinfürst, Muhammad ibn Yusuf ibn Nasr, um in Granada einzuziehen, das er zur Hauptstadt eines kleinen Staates machte. Er einigte praktisch ganz al-Andalus unter seiner Herrschaft – das letzte Mal in der über 700jährigen Geschichte von al-Andalus. Die nach ihm benannte Dynastie der Nasriden herrschte im südlichen Spanien noch bis 1492. Die Nasriden gewannen ihre Vitalität durch den Zustrom von Muslimen, die aus den im Zuge der Reconquista in christliche Hand gefallenen Gebieten in die letzte Bastion des Islam in Spanien, eben den Nasridenstaat von Granada, flüchteten, der dadurch gestärkt wurde.

Erneut interessierte sich eine jetzt in Afrika aufgestiegene Großmacht für die kultivierte und wirtschaftlich prosperierende Region nördlich des Mittelmeers: die Meriniden. Auch sie kamen nach al-Andalus und besetzten dessen Westen. Die Nasriden versuchten, eine lavierende Schaukelpolitik zwischen Kastilien einerseits und dem Merinidenstaat andererseits zu führen. Die Meriniden konnten jedoch nicht nach dem Muster der Almoraviden und Almohaden einen kraftvollen Gegenstoß führen, die Reconquista zurückwerfen oder zumindest aufhalten. Im Gegenteil, es gelang Alfons XI. von Kastilien, die Meriniden auf spanischem Boden zurückzudrängen (Sieg 1340), bis ihnen nur noch Gibraltar blieb. Dagegen waren kastilische Versuche, die Nasriden von Granada und ihren Staat schon im 14. Jahrhundert zu vernichten, weiterhin zum Scheitern verurteilt. Der Nasride Ismail I. konnte die Christen 1319 in der Vega vor Granada schlagen, ein anderer Nasride, Yusuf I. (1333–1354), verhalf al-Andalus noch einmal zu einer glanzvollen Periode, deren ausdrucksvollstes Zeugnis die prachtvolle Palastanlage der Alhambra ist, die vor allem zu seiner Regierungszeit und unter seinem Nachfolger errichtet wurde und bis heute als wichtigstes Monument der glänzenden Kultur von al-Andalus gilt.

Der Nasridenstaat erwies sich als bemerkenswert zäh und langlebig – die Lebenskraft von al-Andalus war in diesem letzten Rückzugsgebiet des islamischen Spanien noch lange nicht erloschen: So errangen die Nasriden 1431, 60 Jahre vor dem Ende der Dynastie und des Staates, einen Sieg über Johann II. Ein Bürgerkrieg im Nasridenstaat half schließlich der christlichen Seite, die Reconquista zu einem erfolgreichen Abschluss zu bringen. Die »katholischen Majestäten«, Isabella von Kastilien und Ferdinand von Aragón – seit 1469 verheiratet – des vereinten christlichen Spanien konnten am 2. Januar 1492 Granada kampflos übernehmen, der letzte Nasride, Abu Abdallah (in europäischen Quellen ›Boabdil‹) zog ab und begab sich schließlich ins marokkanische Fes, wo er noch vier Jahrzehnte lebte. Die fast acht Jahrhunderte von al-Andalus gingen zu Ende. Die gesamte Iberische Halbinsel gehörte von nun an zu »Europa«; das Mittelmeer trennte von da an – von einigen Ausnahmen abgesehen – christliches Europa und muslimisches Nordafrika; die Grenze war nun endgültig gezogen. Doch zahlreiche Muslime blieben auf spanischem Boden, und die kulturellen Spuren, die der Islam und die Araber in Europa hinterließen, wirken bis heute fort.

Ganz anders war die Lage in Italien, wo der Vorstoß des Islam erst viel später erfolgreich war (obwohl er früher begonnen hatte: 652 fand der erste Angriff auf Sizilien statt) und wo sich die Araber nur einen vergleichsweise kurzen Zeitraum halten konnten. Doch auch hier gelang es ihnen, beträchtlichen kulturellen Einfluss auszuüben und tiefe Spuren zu hinterlassen. Zunächst hatte es immer wieder arabisch-islamische Überfälle und Raubzüge an den Küsten Italiens – ebenso wie auf Korsika und die französische Südküste – gegeben, doch die regelrechte Eroberung Siziliens im Namen des Islam begann erst im 9. Jahrhundert. Nicht mehr die Kalifen waren die Initiatoren, sondern die Aghlabiden, die sich um 800 praktisch unabhängig gemacht hatten von ihren abbasidischen Oberherren in Bagdad. Ihnen lag das reiche Sizilien, damals westlicher Vorposten des Byzantinischen Reiches, praktisch ständig vor Augen und regte geradezu zur Eroberung an. 827 bot der Hilferuf eines Rebellen in Sizilien dem dritten Aghlabiden, Ziyadat Allah III., einen willkommenen Anlass, eine umfangreiche See-Expedition zu entsenden. Um den religiösen Charakter des Unternehmens zu betonen – es sollte sich um einen Feldzug im Rahmen des Dschihad handeln –, stellte der Aghlabidenherrscher den Eroberungszug unter das Kommando eines angesehenen Kadis und Theologen, Asad ibn al-Furat. Auch wenn die Pest ausbrach und einen hohen Zoll unter den arabisch-islamischen Truppen forderte, war die Operation erfolgreich: 831 wurde Palermo erobert, Messina fiel 843 in muslimische Hand, Bari auf dem italienischen Festland wurde 841 besetzt, nachdem 837 ein Vorstoß gegen Neapel erfolgt war und muslimische Truppen St. Peter und St. Paul vor den Toren Roms 846 geplündert hatten. 868 nahmen die Muslime Malta ein. Erst spät, 878, wurde das stark befestigte Syrakus erobert. Aghlabiden-Emir Ibrahim II. (874–902) kam selbst auf die Insel und schloss die Eroberung Siziliens ab: Taormina wurde 902 zerstört, Ibrahim setzte auf das italienische Festland über, wo die muslimischen Truppen die Interessengegensätze zwischen den Langobarden und Byzantinern ausnutzen konnten. Die Situation war vorübergehend so bedrohlich, dass Papst Johannes VIII. (872–882) zeitweise Tribut an die Muslime entrichtete.

Noch bevor Sizilien völlig arabisch-islamischer Herrschaft unterworfen war, wurden die arabischen Besitzungen auf dem italienischen Festland – so z.B. das Emirat von Bari, das eine quasi unabhängige Existenz geführt hatte – wieder von der christlichen Seite zurückerobert (871). Doch war die italienische Westküste weiterhin ständigen muslimischen Überfällen von See her ausgesetzt, die sowohl von Nordafrika als auch von al-Andalus ausgehen konnten. Oft stießen die Muslime dabei tief ins Landesinnere – in Einzelfällen bis in die Alpen – vor. Arabische Schiffe fuhren in der Adria nach Norden bis vor Venedig. Für einen längeren Zeitraum jedoch blieb nur Sizilien unter arabisch-islamischer Kontrolle, die dann auch dauerhafte Auswirkungen hatte. Erst nach fast 200 Jahren fiel die Insel wieder in christliche Hände und wurde endgültig Bestandteil Europas.

Als der tunesische Aghlabidenstaat zu Beginn des 10. Jahrhunderts dem Ansturm der Fatimiden zum Opfer fiel, versuchte Sizilien – indem es formell die Oberhoheit der Abbasiden in Bagdad anerkannte –, unabhängig von den neuen Herren Nordafrikas zu bleiben. Doch die Abbasiden waren weit und hatten längst jegliche Macht im nördlichen Afrika verloren, selbst in ihrer Hauptstadt waren sie nur noch von symbolischer Bedeutung. So wurde Sizilien nach kurzem Zwischenspiel Provinz des Fatimidenstaates. Doch war und blieb die Insel ein ständiger Unruheherd, die verschiedenen Gruppen der Bevölkerung trugen permanent Konflikte aus. 948 ernannte al-Mansur, der dritte Fatimidenkalif, al-Hasan ibn Ali al-Kalbi zum Gouverneur, der künftig im Namen der Fatimiden aber weitgehend autonom Sizilien stabilisierte und regierte. Er konnte die Dynastie der Kalbiten gründen, unter deren Regentschaft Sizilien florierte. Sie entfalteten eine rege Bautätigkeit und trugen zur Arabisierung Siziliens, durchaus auch im kulturellen Sinn, bei. Aber bürgerkriegsähnliche Auseinandersetzungen und byzantinische Intervention führten das Ende der arabisch-islamischen Periode Siziliens herbei. Es waren Neulinge auf der politischen Bühne Süditaliens, die Normannen (seit 1016), die die Araber auf Sizilien ablösten: Der normannische Graf Roger eroberte 1060 Messina, 1071 wurde Palermo normannisch, 1085 Syrakus und 1090 die Insel Malta. 1091 war ganz Sizilien in normannischer Hand. Auch hier war die endgültige Grenze zwischen Europa und dem islamisch-arabischen Nordafrika nun auf Dauer gezogen. Diese Trennung war jedoch eine rein politisch-militärische.

Das normannisch regierte Sizilien wurde zum Schauplatz einer kulturellen Symbiose, die arabische Elemente mit byzantinischen, normannischen und lateinisch-italienischen verband. Bemerkenswert war, dass die normannischen Eroberer viele arabische Beamte und Institutionen übernahmen und keineswegs versuchten, arabische – also muslimische – Methoden und Verhältnisse abzuschaffen. Die neuen Herren erwiesen sich im Gegenteil als flexibel und tolerant, nicht zuletzt im eigenen Interesse. Die kulturelle Überlegenheit der arabisch-islamischen Welt scheint von den Normannen erkannt und anerkannt worden zu sein. Nur so ist die kulturelle Symbiose erklärbar, die von ihnen ermöglicht und gefördert wurde. Die arabische Sprache blieb weiter in Gebrauch, nicht nur im Alltag, sondern auch – neben Griechisch und Latein – in der Verwaltung. Auch die Religionsausübung war den Muslimen gestattet, selbst solchen, die in hohen Ämtern des Staatsapparats verblieben waren. Der Anbau von Datteln, Zuckerrohr, Baumwolle, Oliven und Orangen florierte, Maulbeerbäume wurden für die Seidenproduktion gepflanzt und gehegt, Papyrus wurde ebenso angebaut. Das erste europäische Dokument auf Papier ist ein zweisprachiger griechisch-arabischer Erlass aus dem normannischen Sizilien des frühen 12. Jahrhunderts. Im Alltag wurden vielfach orientalische Gewänder getragen, auch von Christen, und selbst in Kirchen finden sich arabische Inschriften. Kunsthandwerkliche Produkte dieser Epoche zeigen das Zusammenfließen islamisch-arabischer und christlicher Stilelemente. Am Hof Rogers II. genossen arabisch-islamische Künstler und Wissenschaftler Patronage. Berühmtestes Beispiel war al-Idrisi, der führende Kartograph und Geograph des gesamten Mittelalters. Sein Roger gewidmetes Hauptwerk zeigt sein umfassendes Wissen über die damalige Welt und seine naturwissenschaftlichen und kartographischen Kenntnisse, die denen im damaligen christlichen Europa weit überlegen waren. Als Sizilien den Staufern zufiel (1194), waren kulturelle Vielfalt und eine Brückenfunktion zwischen Orient und Okzident weiterhin das Charakteristikum der Insel. Niemand hat dies besser verkörpert als Friedrich II., Enkel Rogers II., deutscher Kaiser und Herr Siziliens, der beiden Kultursphären angehörte. Sein orientalischer Lebensstil erregte Aufsehen, aber auch Kritik. Er stand in Verbindung mit islamischen Herrschern seiner Zeit und korrespondierte mit arabischen Gelehrten, u.a. über mathematische Probleme. Auf Grundlage orientalischer Quellen verfasste der Kaiser ein Buch über die Falknerei. Eines seiner wichtigsten Verdienste war die Gründung der Universität von Neapel (1224), an der u.a. Thomas von Aquin, der Kirchenlehrer, studierte. Schon zuvor hatte Roger II. die berühmte medizinische Hochschule von Salerno gegründet. Schriften orientalischer Autoren vermittelten dort die Kenntnisse des arabisch-islamischen Kulturkreises – vor allem auf dem Gebiet der Medizin – an Europa und die dort entstehenden Hochschulen.

Fast tragisch war, dass Friedrich II., der so sehr beiden Kulturen verbunden war, sich zu Beginn seiner Regierungszeit zu einem Kreuzzug verpflichten musste (1215). Bei seiner Kaiserkrönung 1220 hatte er sein Gelübde erneuern müssen. Seine von der Kirche als allzu kompromissbereit betrachtete Haltung ermöglichte Vereinbarungen mit der muslimischen Seite ohne überflüssiges Blutvergießen.

Sizilien war unter normannischer und staufischer Herrschaft neben Spanien zum zweitwichtigsten Übermittler islamischer Kultureinflüsse nach Europa geworden. Dies war nur in einer Atmosphäre des kulturellen Pluralismus und der religiösen Toleranz möglich geworden. Die Vermittlungstätigkeit zwischen den Kulturen wurde auch unter dem Hause Anjou (welches Sizilien 1265–1282 und das Königreich Neapel 1265–1435 beherrschte) fortgesetzt. Eugen von Palermo etwa, ein Zeitgenosse Rogers II., übersetzte die dem Ptolemäus zugeschriebenen *Optica*, deren griechischer Originaltext verloren ist, aus einer erhaltenen arabischen Textversion ins Lateinische. Die medizinische Enzyklopädie des ar-Razi wurde von einem jüdischen Arzt, Faradsch ben Salim, unter Karl I. von Anjou aus dem Arabischen ins Lateinische übertragen.

4.4 Christen in al-Andalus und Muslime im christlichen Spanien

Wie überall in der entstehenden islamischen Kultur wurden die einheimischen Christen Spaniens – also anfangs der allergrößte Teil der Bevölkerung der Iberischen Halbinsel – dadurch relativ problemlos in das arabisch-islamische al-Andalus eingegliedert, dass ihnen möglichst viel Eigenständigkeit belassen wurde. Sie erhielten einen eigenen Richter, der nach einem Gesetzbuch aus vorislamischer Zeit, dem *liber iudiciorum* (*fuero juzgo*) Recht sprach, sowie eine Art zivilen Führer ihrer Gemeinschaft, der als *comes* bezeichnet wurde. Diese Autonomie fand ihre Grenzen, wo Belange der islamischen Gemeinschaft berührt oder Muslime involviert waren. Mit der Zeit übte die überlegene islamische Kultur einen starken Reiz auf die Christen in al-Andalus aus. Auch wenn sie ihre Religion beibehielten, nahmen viele spanische Christen arabische Lebensart an und passten sich in der Alltagskultur mehr und mehr den islamischen Herren an. Neben ihrem vulgärlateinischen Dialekt pflegten sie das Arabische – teilweise nahmen sie sogar arabische Namen an. Deshalb wurden sie ihrer Neigung zur Angleichung an die arabische Kultur entsprechend als Mozaraber (von arabisch *musta'rib*) bezeichnet, also diejenigen, welche die Arabisierung anstrebten. Mozaraber waren – ähnlich wie beispielsweise die Kopten in Ägypten – häufig Beamte der öffentlichen Verwaltung und spielten eine wichtige Rolle im kulturellen Leben. Zunehmend aber war trotzdem die Tendenz, zum Islam überzutreten – und somit wirklich (oder vermeintlich) zu den Herren des Landes zu gehören. Muwalladun wurden diese Neu-Muslime genannt, also »an Sohnes statt angenommene, Adoptierte« – die Spanier machten daraus »Muladies« (woraus unser Begriff »Mulatte« entstanden ist). Dies alles deutet zunächst auf ein gutes Einvernehmen hin zwischen Muslimen und Nichtmuslimen sowie »alten« und »neuen« Muslimen.

In der christlichen Gemeinschaft gärte es jedoch. Einige Christen in al-Andalus beobachteten gerade die kulturelle Angleichung an die Muslime mit Vorbehalt, sahen diese Tendenzen als Gefahr für die christliche Identität, als Vorstufe zur Islamisierung. Aus dieser geistigen Atmosphäre ging Mitte des 9. Jahrhunderts eine Art fanatische Bewegung hervor, die die offene Konfrontation mit dem Islam suchte. Die Angehörigen dieser Strömung (oder Massenhysterie) schmähten und verunglimpften öffentlich den Islam und den Propheten. Die islamischen Gerichte mussten hierfür die Todesstrafe verhängen, und fast 50 Christen suchten und fanden auf diese Weise das »Martyrium«. Andere Christen, vor allem Mönche, wanderten in den christlichen Norden Spaniens ab. In einem Fall wurde sogar ein ganzes Kloster transferiert. Im Laufe der Zeit nahm diese Abwanderung zu, besonders als die Atmosphäre unter den Almoraviden und Almohaden immer intoleranter wurde. Die Abwanderung der Mozaraber brachte befruchtende Kultureinflüsse ins christliche Spanien und wirkte so anregend und inspirierend auf die Entwicklung dieser Regionen.

Mit der Zeit wurden die Muwalladun, die Neu-Muslime, die größte Bevölkerungsgruppe in al-Andalus. Volle Gleichberechtigung fanden sie indes nicht. Sie blieben Muslime zweiter Klasse und stellten deshalb vielleicht die unzufriedenste Bevölkerungsgruppe dar. Zahlreiche Aufstände im islamischen Spanien wurden von Muwalladun getragen. Der Nationalheld dieser historischen Epoche, el Cid, stammte jedoch eindeutig aus christlich-spanischem Adel. Er konnte sich Ende des 11. Jahrhunderts eine Art unabhängiges Fürstentum in Valencia schaffen und dies bis zu seinem Tode halten. Seine Erfolge bei der Reconquista und seine Loyalität christlichen Königen Spaniens gegenüber, während er gleichzeitig auch muslimische Truppen befehligt haben soll, ließen ihn als Lichtgestalt in die europäische Geschichtsschreibung eingehen und trugen zur Bildung einer *légende dorée* bei. Anderer Art war Umar ibn Hafsun, ein Muslim von wahrscheinlich westgotischer Herkunft: Er begann als Anführer einer Räuberbande, baute ein altes Schloss, Bobastro, zu einer uneinnehmbaren Festung aus; er konnte lange Zeit eine Art selbständigen »Staat« halten und wurde zu einer ernsthaften Bedrohung für die spanischen Umayyaden. Seine Bemühungen, eine stärker politische Rolle zu spielen und im Namen der Abbasiden Gouverneur von al-Andalus zu werden, waren jedoch nicht erfolgreich (Ende 9. Jahrhundert).

Was die Mozaraber im islamischen Spanien gewesen waren, waren die Mudéjaren in den Regionen der Iberischen Halbinsel, die durch die Reconquista wieder christlich wurden. Diese »Mudadschanun«, »diejenigen, die man wohnen lässt«, waren Muslime, die weiterhin in den (wieder) christlich gewordenen Teilen Spaniens lebten. Je mehr die Reconquista Fortschritte machte, desto weitere Gebiete wurden von Mudéjaren bewohnt und umso größer wurde die Zahl der Mudéjaren. Oft waren bei Übergabeverhandlungen den Muslimen, die unter christliche Herrschaft gerieten, relativ großzügige Garantien gemacht und Rechte gewährt worden. So war anfangs der Status der Muslime im christlichen Spanien ähnlich dem der Christen in den besten Zeiten von al-Andalus, wo die Lage der Christen erst unter almoravidischer und almohadischer Herrschaft schwieriger geworden war, als zunehmend Intoleranz die Atmosphäre im islamischen Spanien kennzeichnete – was nicht zuletzt mit den zunehmenden Erfolgen der Reconquista in Verbindung stand. Zunächst behielten die Mudéjaren ihre islamische Religion und auch ihre arabisch-islamische Kultur und Lebensart bei. Mit der Zeit passten sie sich aber zunehmend dem christlichen Umfeld an, hispanisierten oft ihre Namen, gingen auch vielfach vom Arabischen zu romanischen Dialekten über, auch wenn sie diese in arabischer Schrift schrieben. Auch die Mozaraber, die durch die Reconquista unter christliche Herrscher gekommen waren, schrieben vielfach romanische Texte in arabischen Buchstaben, daraus entstand die sogenannte »Aljamiado«-Literatur.

Für die christlichen Staaten der Iberischen Halbinsel waren die Mudéjaren eine Bereicherung, denn unter ihnen waren viele gute Kunsthandwerker, Baumeister und Bildhauer, die – nicht zuletzt von den christlichen Herrschern – sehr geschätzt wurden. In Spanien entwickelte sich der sogenannte »Mudéjar«-Stil, der auf diese Handwerker und Künstler zurückging und der orientalische Bau- und Ornamentformen mit romanischen, gotischen oder (später) Renaissancemotiven verschmolz. Blütezeit dieses Stils, in dem eine westöstliche Kultursymbiose ihren Ausdruck findet, war der Zeitraum zwischen dem 12. und 16. Jahrhundert. Der Umbau des Alcázar von Sevilla im 14. Jahrhundert und die dort zur Zeit Karls V. gestalteten Gartenanlagen sind noch heute vielbewunderte Beispiele des Mudéjar-Stils. Artesonados (kassettierte Decken und Türen), Alicatados (Wand- und Bodenschmuck aus Mosaikfließen mit geometrischen Mustern), Azulejos (Fayence-Wandfliesen, die die Alicatados ablösten) und Yesería (Stuckdekorationen) sind wesentliche Elemente des Mudéjar-Stils, die teilweise bis nach Südamerika gelangten. Je mehr sich im christlichen Spanien die Lage der Mudéjaren verschlechterte, nahm unter ihnen die Zahl der Auswanderer nach Nordafrika zu, wo sie ebenfalls künstlerische Impulse gaben.

Der eigentliche Wendepunkt war die christliche Eroberung von Granada und das Ende des letzten islamischen Staates auf dem Boden der Iberischen Halbinsel. Nicht nur die Bezeichnung änderte sich: »Moriscos« oder »kleine Mauren« wurden die in Spanien verbliebenen Muslime nun genannt, die theoretisch zahlreiche Rechte zugesichert bekommen hatten und ihre Moschee behalten durften. Doch die Periode der Duldsamkeit war nur kurz. Die Kirche war es vor allem, die sich gegen jegliche Toleranz gegenüber »Häresien« stellte. Immer mehr gerieten die Muslime unter Druck und schließlich kam es zu Zwangsbekehrungen – deren Opfer übrigens nicht nur Muslime, sondern auch spanische Juden wurden. Viele der Zwangsbekehrten waren natürlich alles andere als überzeugte Christen, sondern nahmen den neuen Glauben nur unter Zwang und der Form halber an. In Wirklichkeit blieben sie insgeheim »Kryptomuslime«.

Aufstände der muslimischen Bevölkerung gegen die zunehmende Intoleranz führte zu neuen Zwangsmaßnahmen: Die islamischen frommen Stiftungen fielen an die Kirche und schließlich kam es zur Zerstörung von Moscheen. Die Muslime versuchten, durch Allianzen mit ausländischen Verbündeten, etwa mit England oder dem Osmanischen Reich, ihre Position zu retten – erregten damit aber erst recht Gegnerschaft von Kirche und Staat, wurden als »fünfte Kolonne« empfunden. Ein großer Morisco-Aufstand 1568 wurde zwar durch (erfolglose) osmanische Landungsversuche in Spanien unterstützt, scheiterte aber letztlich. Nach der türkischen Niederlage von Lepanto gaben die Osmanen ohnehin alle Ambitionen im Hinblick auf die Iberische Halbinsel auf. Die Moriscos waren nun völlig auf sich gestellt, zumal auch aus Marokko keine Hilfe zu erwarten war. Sie wurden aus der Region um Granada vertrieben und zerstreut in kleine Gruppen in allen Landesteilen angesiedelt. Die Haltung gegenüber den verbliebenen Moriscos wurde immer feindseliger, bis 1609 ein Dekret ihre Ausweisung verfügte. Bis 1614 hatten praktisch alle 300 000 noch in Spanien verbliebenen Moriscos das Land verlassen. Sie ließen sich größtenteils im muslimischen Nordafrika nieder. Ein besonderes Phänomen dieses historischen Vorgangs war die Gründung eines Morisco-Staates an der marokkanischen Atlantikküste um die Städte Salé (Sala) und Rabat, wo die spanischen Muslime eine autonome »Seeräuberrepublik« errichteten, die sich Jahrzehnte halten konnte. Im Einverständnis mit religiösen Führern, die den Dschihad-Charakter ihrer Unternehmungen billigten und im damaligen Marokko einflussreich waren, sowie mit Zustimmung des Sa'dier-Sultans Mulay Zaidun, der an den Einkünften beteiligt wurde, führten die spanischen Muslime Attacken gegen spanische Schiffe durch, wodurch sie ihrem »Staat« eine wirtschaftliche Grundlage schufen.

Die Präsenz von Muslimen auf der Iberischen Halbinsel kann mit dem Beginn des 17. Jahrhunderts als beendet gelten. Auch die Mehrheit der spanischen Juden wanderte in muslimische Länder aus.

4.5 Großmacht Ägypten

Seit der ersten Hälfte des 7. Jahrhunderts hatten die Araber Ägypten kontrolliert. Das Land am Nil stellte eine der wichtigsten Regionen des Kalifenreiches dar. Hier gelang es Gouverneuren türkischer Herkunft früh, eine quasi unabhängige Dynastie zu gründen, nachdem bereits seit 800 weiter westlich der Gouverneur von Ifrikiya (Tunesien) die Aghlabidendynastie, die auch praktisch unabhängig war, gegründet hatte. Tulun, Kommandant der Leibgarde des Kalifen al-Mu'tasim, konnte erreichen, dass sein Sohn Ahmad Stellvertreter des Gouverneurs von Ägypten wurde (868). Ahmad gelang es, das Land bald unter seine Kontrolle zu bringen – sein effizienter Geheimdienst und seine straff disziplinierte Armee aus schwarzen, türkischen und griechischen Sklaven und Söldnern, die auf ihn persönlich eingeschworen war, halfen ihm dabei. Die Macht der Tuluniden dehnte sich auf Syrien bis zum Taurus aus (877), Akka wurde ihr wichtigster Flottenstützpunkt. In Auseinandersetzungen mit den Kalifen und gegen Revolten im eigenen Land konnten die Tuluniden sich behaupten, einen offenen Bruch mit Bagdad gab es aber nicht, die Beziehungen blieben immer bestehen. Nach nur drei Generationen konnten die Truppen der Zentralregierung 905 die Epoche der Tuluniden in Ägypten beenden und – wenn auch nur für einige Zeit – das Land wieder der direkten Herrschaft der Abbasiden unterstellen.

Doch übernahmen bald nach dem gleichen Grundmuster Gouverneure erneut die Macht am Nil. Wieder war es ein Offizier aus Zentralasien (dem heutigen Usbekistan), Muhammad ibn Tughdsch, der aus Bagdad entsandt wurde, um Kontinuität und Ordnung in Ägypten zu gewährleisten. Er erhielt den Ehrentitel »Ichschid«, der vorislamisch-persischen Ursprungs ist und welcher der von ihm begründeten Dynastie den Namen gab. Einem äthiopischen Eunuchen gelang es aber, die wahre Macht in Ägypten an sich zu reißen und das Land gegen die syrisch-irakischen Hamdaniden zu verteidigen. Auch das Ägypten der Ichschididen griff nach Syrien aus und auf die arabische Halbinsel – wie es vom pharaonischen Ägypten bis ins 20. Jahrhundert nahezu eine historische Gesetzmäßigkeit war. Das Ende der Ichschididen kam durch eine Bewegung, die sich seit Beginn des 10. Jahrhunderts im Maghreb entwickelt und dort zur Bildung eines Staates geführt hatte. Unter den ostalgerischen Berbern hatte ein Missionar der ismailitischen Richtung des Schiitentums Anhänger finden und sich eine Machtbasis schaffen können. Dieser Abu Abdallah asch-Schi'i, ein gebürtiger Jemenit, richtete auf einem Berg nahe Constantine sein Hauptquartier, das Dar al-Hidschra, ein. Er verhieß das Auftreten eines Mahdi, eines Erlösers, dessen Identität vorerst im Dunklen blieb. Es handelte sich dabei um den Vertreter einer Familie, die wohl mit dem Kalifen Ali verwandt war, deren Abstammung von Fatima aber, auf die der Name der von dieser Familie gegründeten Sekte hindeutet, als zumindest zweifelhaft gelten muss und auch von Zeitgenossen bestritten wurde. Jedenfalls beriefen sich deren Anhänger auf Ismail, den siebten schiitischen Imam. Diese Bewegung entwickelte eine komplexe Lehre, in der zoroastrische, gnostische und andere Komponenten in ein schiitisch-ismailitisches Grundmuster einflossen. Die menschliche Seele sei himmlischer Herkunft und könne durch »Erkenntnis«, die lediglich Eingeweihten zugänglich werde, erlöst werden. Ein endzeitlicher Retter werde auftreten, unter Überwindung aller Religionen die eigentliche Urreligion wiederherstellen und die äußeren Formen der Religionsausübung in dieser Endzeit abschaffen. Verschiedene Stufen und Kreise der Initiation und der Initiierten geben der Religion etwas Geheimbundartiges. Missionare des Glaubens agierten in allen Teilen der islamischen Welt. Besonders erfolgreich waren diese Propagandisten im Jemen, in Indien (Pakistan) und vor allem unter den Kutama-Berbern im heutigen Algerien. Dort entstand ein fatimidischer Staat, der von seiner algerischen Basis aus den Aghlabidenstaat angriff. 909 fiel Tunesien in fatimidische Hände; der Augenblick schien gekommen, den Mahdi an die Öffentlichkeit zu bringen. Abdallah al-Mahdi, viertes Oberhaupt der Bewegung, hatte zunächst in Syrien gelebt, sich dann aber in den Maghreb geflüchtet. Im Januar 910 zog er zunächst in die fatimidische Hauptstadt Rakkada bei Kairuan ein und erklärte sich zum Kalifen, in bewusster Herausforderung der Abbasiden, denen er jede Legitimation absprach. Seit 921 war das neue Dar al-Hidschra (siehe S. 122) Mahdiya an der Mittelmeerküste. Abdallah erklärte seinen Anspruch auf die alleinige Leitung der islamischen Welt, der *umma*. Die Kutama-Berber waren Träger, Garanten und Nutznießer der Expansion des Fatimidenstaates, aber auch die Fatimidenherrscher umgaben sich – ähnlich wie manch andere muslimische Dynastie – mit Militärsklaven, die oft slawischer Herkunft waren.

Die Fatimiden mussten zunächst ihre Herrschaft sichern, denn Sizilien wollte sich der fatimidischen Kontrolle nicht beugen und Berberstämme, die sich nicht der Kutama-Hegemonie unterwerfen wollten, erhoben sich. Ihr Aufstand stand unter religiösen Vorzeichen: Abu Yazid, der Führer der Revolte gegen die Kutama-Fatimiden-Herrschaft, trat im Namen der charidschitischen Lehre an, der »Beste« möge Oberhaupt aller Muslime sein.

Den aufständischen charidschitischen Berbern gelang es, bis zur Fatimidenhauptstadt Mahdiya vorzudringen, die sie monatelang belagerten. Doch konnten die anarchischen Berberkrieger letztlich das Fatimidenreich, das Mitte des 10. Jahrhunderts doch schon gefestigt war, eine Reihe von Küstenfestungen und eine effiziente Flotte besaß, nicht vernichten. Es war jetzt aber nötig, die immer unsicheren und zur Rebellion neigenden Berber-Regionen des Maghreb endgültiger und systematisch zu okkupieren. Dabei zeichnete sich der slawische General Dschauhar aus, der bis zum Atlantik vorstoßen konnte. Fes wurde fatimidisch. Dadurch wurde der Gegensatz zur westlichsten islamischen Macht, dem Umayyadenstaat von Córdoba, akut. Beide Mächte bemühten sich um Kontrolle des nordafrikanischen Raumes und versuchten, einander auf Distanz zu halten, indem sie Allianzen mit Berberstämmen schmiedeten. Die spanischen Umayyaden sicherten sich Stützpunkte an der nordafrikanischen Küste – Ceuta, Tanger und Melilla. Während es keine massiven direkten Angriffe der Fatimiden und Umayyaden aufeinander gab, war Ägypten unmittelbares Ziel der fatimidischen Expansion: Dort war die Ichschididenherrschaft in Anarchie übergegangen, die Kalifen in Bagdad waren nicht in der Lage, die Situation zu stabilisieren. Doch die Fatimiden nutzten die Gunst der Stunde. Dschauhar drang an der Spitze der fatimidischen Armee ins Niltal vor, die Notabeln unterwarfen sich und erkannten die fatimidische Herrschaft an. Eine neue Fatimidenhauptstadt wurde nahe der alten Lagerstadt Fustat gegründet: al-Kahira, »die Siegreiche« mit der al-Azhar-Moschee, die ismailitisch war (während im alten Fustat weiterhin der sunnitische Kultus herrschte). Vier Jahre nach der Einnahme Ägyptens siedelte der Fatimidenkalif al-Mu'izz nach Kairo über, begleitet von zahlreichen Kutama-Berbern. Der Maghreb wurde Buluggin ibn Ziri unterstellt, einem Häuptling der Sanhadscha-Berber, die im Maghreb eine Dynastie als fatimidische Vizekönige gründen konnten.

Der Fatimidenstaat in Ägypten wurde zur regionalen Großmacht, gab dem Land am Nil seine traditionelle Rolle zurück. Dazu gehörte auch der Versuch, Syrien einzunehmen. Tatsächlich gelang es den Fatimiden zumindest, den südlichen Teil des syrisch-palästinensischen Raumes zu unterwerfen und Damaskus zu erobern. Doch ist damals Byzanz, erstmals seit 300 Jahren, in Nordsyrien auf dem Vormarsch, kann Terraingewinne verbuchen und vorübergehend Damaskus okkupieren sowie Sidon (Sayda) an der Küste, Hims (das alte Emesa) und Nazareth einnehmen. In Nordsyrien halten sich weiterhin die Hamdaniden, die von Aleppo aus eine Schaukelpolitik zwischen den anderen Mächten, Buyiden und Abbasiden, Fatimiden und Byzanz, betreiben. 995 besucht Kaiser Basileios II. Aleppo, wo die Hamdaniden inzwischen byzantinische Vasallen sind, sowie andere Städte Syriens.

Das Fatimidenreich erstreckt sich auch auf die arabische Halbinsel, wo die Heiligen Stätten des Islam unter fatimidische Schutzherrschaft kommen, die von den Scherifen Mekkas und Medinas (aus der Familie des Propheten Muhammad) anerkannt wird. Dies mag durch die liberale Religionspolitik der frühen Fatimiden ermöglicht worden sein: Sie zwangen den Sunniten nicht ihre ismailitische Doktrin auf, sondern erlaubten weiterhin sunnitische Religionsausübung, was ihre Akzeptanz durch die mehrheitlich sunnitische Bevölkerung ihres Reiches sicher erleichtert hat. Zur Zeit seiner größten Ausdehnung kontrollierte das Fatimidenreich ein Gebiet, das fast ganz Nordafrika, den südlichen Teil Syriens und die Küsten des Roten Meeres sowie Siziliens umfasste – damit war die faktische Macht der Kalifen in Kairo weit größer als die der damals unter buyidischer Vormundschaft stehenden Abbasidenkalifen von Bagdad.

Nicht nur gegenüber Sunniten, auch im Hinblick auf die nichtislamischen Minderheiten in ihrem Staat – Juden und Christen – erwiesen sich die ersten Fatimiden als bemerkenswert tolerant. Sie stützten sich auf christliche und jüdische »Beamte«, die in hohen Positionen wichtige Funktionen im Staat hatten, und erlaubten öffentliche Feiern nichtmuslimischer Feste. Religiös indifferent war der Fatimidenstaat aber keineswegs: Die al-Azhar-Moschee wurde zu einer Hochschule ausgestaltet, die das »Gehirn« der ismailitischen Lehre darstellte. Auch wurde die Missionstätigkeit fortgesetzt, aber auf eher dezente, unaufdringliche, keinesfalls fanatische und zwanghafte Art und Weise – etwa durch öffentliche »Lehrsitzungen« (H. Halm), bei denen für das fatimidische Dogma geworben wurde.

Wenn seine Regierungszeit auch nicht den Höhepunkt der Fatimidenzeit darstellt, ist doch al-Hakim, der dritte ägyptische Fatimidenkalif, der berühmteste Herrscher der Dynastie und der umstrittenste. Die abbasidische und die christliche Geschichtsschreibung hat sich nämlich ausführlich mit ihm befasst und ein verzerrtes Bild von ihm mit zahlreichen Übertreibungen hinterlassen. Immerhin scheint er, der als Minderjähriger bei Hof jahrelang den Militärs, Würdenträgern und Funktionären ausgeliefert war, paranoide Züge und ein starkes Misstrauen den Mitmenschen seiner Umgebung gegenüber entwickelt zu haben. Er vermittelt deshalb als Mensch und Herrscher ein widersprüchliches Bild. Al-Hakim versuchte, eine ideale Gesellschaft zu schaffen und ein »guter« Herrscher zu sein sowie den Sunniten im fatimidischen Staat eine Sicherheitsgarantie – wie von General Dschauhar bei der Eroberung Ägyptens zugesagt – zu geben. Dabei erließ er zahlreiche Dekrete, die belegen, dass es ihm nicht nur um religiöse und abstrakte Ziele ging, sondern er auch Alltägliches wie Feuerschutz, Reduzierung von Zöllen oder die genaue Kontrolle von Maßen und Gewichten gerecht und sinnvoll regeln wollte. Islamische Ge- und Verbote wollte er durchgesetzt wissen: So ging er streng gegen das Weintrinken vor und schränkte die Bewegungsfreiheit von Frauen ein. Während er einerseits gegenüber den Sunniten Toleranz zeigte, reduzierte er die Stellung von Juden und Christen, denen zuvor viel Freizügigkeit gewährt worden war, auf die Stufe, die vom Islam vorgesehen ist. Zahlreiche diskriminierende Maßnahmen setzte er wieder durch: Öffentliche Prozessionen und Kirchenglocken wurden ebenso verboten wie das Tragen von Kreuzen in der Öffentlichkeit. Nichtmuslime mussten sich einer besonderen Kleiderordnung unterwerfen. Der Kalif ermutigte Christen dazu, in christliche Länder auszuwandern.

Waren seine von den Juden und Christen als negativ empfundenen Einschränkungen durchaus dem islamischen Recht entsprechend, ging al-Hakim auch in eindeutig unrechtmäßiger Weise gegen die Christen vor: Die Plünderung von Klöstern und die Zerstörung von Kirchen war nach islamischem Gesetz ein Rechtsbruch. Als er 1009 die Grabeskirche in Jerusalem zerstörte, gab dies bei seinem Bekanntwerden in Europa knapp ein Jahrhundert später den Anstoß zum Ersten Kreuzzug. So ist es kein Wunder, dass die christliche Historiographie al-Hakim in den düstersten Tönen darstellt. Teilweise hat al-Hakim seine antichristlichen Maßnahmen wieder rückgängig gemacht – so erhielten die Christen Jerusalems das Grundstück der Grabeskirche mit der Ruine zurück. Beamte, die unter Zwang zum Islam übergetreten waren, durften später wieder zu ihrem alten Glauben zurückkehren.

Um al-Hakim entstand eine Sekte, die in seinen letzten Lebensjahren hervortrat und im Kalifen eine Inkarnation Gottes sah. Die neue Lehre war eine Fortentwicklung des fatimidisch-ismaelitischen Glaubens. Die Endzeit, in der Gott sichtbar wird – in der Person al-Hakims –, war für sie bereits gekommen. Ein Iraner, Hamza al-Labbad – ist Stifter der neuen Religion und Verfasser grundlegender heiliger Schriften des sogenannten Drusentums. Er lebte und lehrte in der Nähe von Kairo; dabei wurde er unterstützt von Anuschtekin ad-Darsi, nach dem die Drusen benannt wurden. Von den Ismaeliten wurden die Drusen als Häretiker betrachtet; Zuflucht suchten sie in den Bergen des Libanon und des Antilibanon, der Glaube wurde zur Geheimreligion, in deren Rahmen eine kleine Gruppe »Eingeweihter« einer Mehrheit von »Unwissenden« gegenüber steht. 1021 verschwand der Kalif plötzlich auf unerklärliche Weise – wahrscheinlich als Opfer eines Mordes. Die Drusen sahen in diesem Verschwinden eine Entrückung – Gott (al-Hakim) habe sich den Blicken der Menschen wieder entzogen. In Ägypten selbst konnte die Sekte nicht überleben, im Libanon und in Israel spielt sie bis heute eine Rolle. Bereits al-Hakims Nachfolger, sein Enkel az-Zahir (1021–36) hat die Sekte in Ägypten praktisch ausgerottet.

Unter az-Zahir erlebte das Fatimidenreich seine Blütezeit. Die Wirtschaft florierte und Ägypten wurde zum Zentrum des Welthandels zwischen Mittelmeer und Indischem Ozean. Die Fatimiden konsolidieren ihren Einflussbereich im Roten Meer und im syrischen Raum – der Patriarch von Jerusalem verhandelt mit dem byzantinischen Kaiser über die Gestaltung der Beziehungen mit dem Fatimidenreich. Doch war die Position der Fatimiden nie unangefochten, wurde immer wieder bedroht. In Syrien kam es zu Aufständen, Byzanz griff immer wieder an (z.B. 1030), doch kam es 1038 zu einem Friedensschluss mit dem Byzantinischen Reich, der zehn Jahre später erneuert wurde. Dabei ging es darum, die Übergriffe vom muslimischen Sizilien aus nach Unteritalien zu unterbinden (Sizilien unterstand ja dem Kalifen von Kairo), die Grabeskirche in Jerusalem konnte wieder aufgebaut werden, und der Handel zwischen Byzantinern und Fatimiden wurde belebt. Damals zeigten sich aber bereits Zerfallserscheinungen. Die Ziriden, im Maghreb als fatimidische Statthalter eingesetzt, betonten ihre Unabhängigkeit, indem sie sich Mitte des 11. Jahrhunderts demonstrativ Bagdad zuwandten, von wo sie auch Ernennungsschreiben erhielten. Einen systematischen Versuch, Nordwestafrika wieder unter ihre Kontrolle zu bringen, haben die Fatimiden nicht gemacht. Sie setzten jedoch Beduinenstämme in Bewegung, die sie in Ägypten als Unruhefaktoren empfanden: Die Banu Hilal und die Banu Sulaym fielen über den Maghreb her – als fatimidische »Bestrafung« für den Abfall vom Reich. Es ist oft behauptet worden, diese Hilal-Invasion sei eine Katastrophe für Nordafrika gewesen. Wie weitgehend die Verwüstungen jedoch waren, welche diese Stämme auf ihrem Weg nach Westen angerichtet haben, ist nicht eindeutig feststellbar. Mit Sicherheit haben sie aber zur weitgehenden Arabisierung und Islamisierung Nordafrikas beigetragen. Um 1000 hatte es noch fast 50 nordafrikanische christliche Bistümer gegeben, Mitte des 11. Jahrhunderts waren nur noch fünf davon übrig. Lateinische Inschriften auf Grabsteinen im heutigen Libyen und Tunesien sind nur bis ins 11. Jahrhundert festzustellen. Der Gebrauch des in Nordafrika bis dahin verbreiteten vulgärlateinischen Dialekts geht drastisch zurück. Jedenfalls kann Nordafrika westlich von Ägypten seit dem 11. Jahrhundert nicht mehr als Teil des Fatimidenreiches gelten. Doch entsteht in der zweiten Hälfte des 11. Jahrhunderts eine neue islamische Großmacht im nordwestlichen Afrika (vgl. S. 148).

Im Osten entsteht eine neue Gefahr: das dynamische sunnitische Reich der türkischen Seldschuken, die Bagdad erobern und zu den Vorkämpfern des sunnitischen Islam sowie des Abbasidenkalifats werden. Doch die schiitischen Kräfte im Irak sammeln sich, suchen die Unterstützung der Fatimiden, können den seldschukischen Sultan zum Verlassen Bagdads zwingen – die weiße Fahne der Fatimiden ersetzt 1058 das schwarze Banner der Abbasiden, aber nur vorübergehend. Seldschuken und Abbasiden können 1060 wieder Bagdad in Besitz nehmen. Doch im Süden und Westen haben die Fatimiden Erfolge: Im Jemen wird die Herrschaft der ismailitischen Dynastie der Sulayhiden begründet, die mit den Fatimiden von

Kairo kooperieren, und der Ziridenfürst Tamim erkennt vorübergehend die fatimidischen Kalifen wieder an.

Die Seldschuken aber sind die aufsteigende Macht vor allem in Vorderasien, hier büßt der Fatimidenstaat seine Position ein. 1071, im selben Jahr, in welchem die Seldschuken die Byzantiner bei Manzikert schlagen und der türkischen Durchdringung Anatoliens den Weg bereiten, fällt Aleppo in seldschukische Hand. Dann rücken die Seldschuken nach Süden vor, nehmen Jerusalem und 1076 Damaskus ein; den Fatimiden bleibt nur noch die Küste Palästinas mit den Häfen Akkon (Akka) und Askalon (nördlich von Gaza).

Gleichzeitig brechen Krisen im Inneren des Fatimidenstaates aus: Verschiedene unterschiedliche ethnische Gruppen innerhalb der fatimidischen Truppen beginnen sich zu bekämpfen. Niedrige Wasserstände des Nils und ausbrechende Seuchen schwächen die Wirtschaft und tragen weiter dazu bei, das Land ins Chaos zu stürzen. Die Staatskasse erhält in dieser Situation keine ausreichenden Einkünfte. Auch konnte kein Getreide mehr nach Mekka und Medina geschickt werden. Dies veranlasste den Scherifen von Mekka zu einer Umorientierung: Er erkennt 1070 den abbasidischen Kalifen als rechtmäßig an und nimmt damit implizit Partei für die sunnitischen Seldschuken. In den Städten Unterägyptens entsteht eine Revolte, ein aufständischer General dringt bis zum Kalifenpalast nach Kairo vor. In dieser aussichtslos scheinenden Situation kommt ein Offizier armenischer Herkunft, der sich ausgezeichnet hatte durch die Verteidigung von Askalon und Akkon, dem schiitischen Kalifat zu Hilfe und landet mit armenischen Einheiten in Damiette, 1074 kann er bis Kairo vorstoßen. Dieser armenische Militärführer, Badr al-Dschamali, regiert von nun an das Land am Nil – nachdem er mehrere Jahre benötigt hatte, um die herrschende Anarchie zu beseitigen, Kairo zu befestigen (noch heute sind die großen

Haupttore zu sehen) und stabile Verhältnisse in Ägypten herzustellen.

Beim Tod des Kalifen al-Mustansir, der über ein halbes Jahrhundert geherrscht hatte, kurz nach dem Tod Badr al-Dschamalis, entstand ein fatimidisches Schisma, das zur Entstehung einer weiteren Sekte (neben den Drusen) aus dem Ismailitentum führte. Während al-Mustansirs Sohn und Thronfolger Nizar verdrängt und im Gefängnis ermordet wurde, kam ein jüngerer Prinz an die Macht. Doch einige Ismailiten hielten an Nizar fest und betrachteten ihn als »entrückt«, hegten also die Hoffnung auf seine Rückkehr als Erlöser (Mahdi). Ihr Zentrum verlegte dieser »nizaritische« Zweig des Ismailismus auf die Bergfestung Alamut im Süden des Kaspischen Meeres. Hier wurde die Gruppe wie ein Geheimbund von ihrem Anführer Hasan-i-Sabbah geprägt und motiviert. Sie verübten zahlreiche politische Morde und versetzten weite Teile der islamischen Welt von Iran bis Ägypten in Schrecken. Kreuzfahrer ebenso wie Seldschukenwesire und Fatimidenkalifen gehörten zu ihren Opfern.

Die eigentliche Bedrohung für die Fatimiden aber kam aus Europa. 1098/99 stießen die Kreuzfahrer nach Palästina vor und eroberten auch die letzten fatimidischen Besitzungen dort: Beirut fällt 1110 und Tyros 1124. Trotz solcher außenpolitischer Rückschläge florierte das Fatimidenreich noch Jahrzehnte, die von Wohlstand und innerer Stabilität gekennzeichnet waren. Der interkontinentale Handel blühte weiterhin, den Kreuzfahrern gelang es nicht, das Rote Meer dauerhaft zu kontrollieren. Einzelne Vorstöße dorthin, wie das Flottenunternehmen von Rainald von Châtillon, blieben Episode.

Doch wurde die Lage für die Fatimiden in der Mitte des 12. Jahrhunderts immer problematischer: 1153 fällt mit Askalon der letzte fatimidische Stützpunkt an der Küste Palästinas an die »Franken«. Die Kreuzfahrer stoßen ins eigentliche Kernland Ägyptens vor, das endgültig in christliche Hand zu fallen droht. Nur durch syrische Intervention kann Ägypten für die islamische Welt erhalten bleiben. Der Emir von Aleppo, Zangi, kann in Syrien eine beherrschende Stellung erlangen und seinen Machtbereich festigen: 1144 erobert er Edessa und zerstört damit den nördlichsten Kreuzfahrerstaat. Auch sein Sohn Nur ad-Din kann die Rolle seines Staates als regionale Großmacht ausbauen. Der Nordirak und Teile Syriens bilden das Reich der Zengiden. Diese werden von Ägypten zu Hilfe gerufen, intervenieren immer wieder und können den Fatimidenstaat vor dem Untergang retten. Ein kurdischer Offizier der Zengiden, Schirkuh, kann in Kairo eine starke Stellung als Wesir einnehmen. Als er stirbt, folgt ihm sein Neffe Saladin (Salah ad-Din) als wichtigster Wesir am Fatimidenhof. Mit seinen syrischen Truppen war er auch der mächtigste Mann in Ägypten – die schwarzafrikanischen und armenischen Truppen der Fatimiden schaltet er bald aus. Aber erst auf Drängen des Emirs von Aleppo, seines eigentlichen Auftraggebers, und des Abbasidenkalifs in Bagdad, wagt er den Sturz der Fatimiden, die ja – aus sunnitischer Sicht – als Häretiker, als vom Islam abtrünnige Ketzer, als gefährliche Sektierer zu betrachten sind. 1171 endet die fatimidische Ära in Ägypten, erstmals seit 200 Jahren wird das Freitagsgebet in Kairo wieder im Namen des Kalifen von Bagdad gehalten.

Ägypten erhält nun mit Saladin einen kurdischstämmigen Herrscher, der – wie sein Vater Ayyub und sein Onkel Schirkuh – in den Diensten des Emir Zengi von Aleppo gestanden hatte. Jetzt gründet er eine eigene Dynastie in Ägypten, die – nach seinem Vater benannt – der Ayyubiden. Nationale Gesichtspunkte spielen dabei keine Rolle mehr, längst haben Soldaten und Sklaven anderer Nationalität die wichtigsten Positionen in der islamischen Welt besetzt und herrschen über arabische Länder.

Ägypten kehrte nun unter Saladin und seiner Dynastie zum sunnitischen Islam und unter die Autorität – wenn auch eher nominell – des Abbasidenkalifen zurück. Die Mehrheit der Bevölkerung war ohnehin nicht zum Schiitentum übergetreten, sondern war sunnitisch geblieben. War Saladin zunächst – zumindest theoretisch, wohl aber auch faktisch – von seinem Herrn, dem Emir Nur ad-Din von Aleppo abhängig, kehrte sich das Verhältnis bei Nur ad-Dins Tod um. Nun war Syrien in Abhängigkeit von Saladin geraten, der, nachdem Saladins Bruder Turanschah 1173 Nubien und im Jahr darauf Mekka und Medina sowie den Jemen (und damit den Handel mit dem Indischen Ozean) unter ayyubidische Kontrolle gebracht hatte, 1174 nach Syrien einmarschiert war, Damaskus eingenommen hatte und bis Aleppo vorgerückt war. Seine Aktionen gegen muslimische Mächte rechtfertigt Saladin gegenüber dem Kalifen in Bagdad mit dem Argument, die Muslime zunächst einigen zu müssen, bevor ein erfolgreicher Dschihad gegen die Franken möglich werde. Der Kalif bestätigt Saladin als Herrscher Ägyptens und Syriens; damit billigt er implizit die Hegemonialpolitik der Ayyubiden. Solange er mit militärischen Mitteln seine Macht im muslimischen Syrien und Nordmesopotamien arrondierte, hatte Saladin sich mit den Franken in einer Reihe von Friedens- bzw. Waffenstillstandsvereinbarungen arrangiert. Die Herrschaft der Zengiden, die einst seine Auftraggeber gewesen waren und ihn nach Ägypten entsandt hatten, beendete er endgültig. Erst nach einem eklatanten Vertragsbruch der Franken rief Saladin den Dschihad aus. Die Muslime nahmen 1187 Tiberias ein und rieben am 4. Juli 1187 die Kreuzfahrertruppen auf; deren Kommandeure – darunter der König von Jerusalem – gerieten in Saladins Gefangenschaft. Die praktische Vernichtung des Kreuzfahrerheeres erlaubte Saladin die Einnahme zahlreicher fränkischer Festungen; der Fall Jerusalems war dabei ein wichtiger Prestigeerfolg. Seine letzten Lebensjahre brachte Saladin mit wechselvollen Kriegen gegen die Kreuzfahrer zu. 1192 wurde ein Waffenstillstand geschlossen, der den Kreuzfahrern eine Verschnaufpause verschaffte und den Ayyubiden eine Konsolidierungsphase – er hatte fast ein Vierteljahrhundert Bestand. 1192 starb Saladin in Damaskus. In Europa gilt er als das Musterbeispiel des weisen, gerechten und großzügigen orientalischen Herrschers.

Seinen Staat, der sich vom heutigen Irak über den syrisch-libanesisch-palästinensischen Raum und die arabische Halbinsel bis nach Ägypten erstreckte und die zentrale Großmacht der islamischen Welt darstellt, hatte Saladin als »Familienbetrieb« organisiert. Seine Söhne, seine Brüder und Cousins betraute er mit wichtigen Funktionen im Ayyubidenimperium. Sein Bruder al-Malik al-Adil folgte Saladin als Herrscher des Gesamtstaates. Auch er setzte seine Söhne als »Provinzgouverneure« über einzelne Reichsteile ein. Vonseiten der Kreuzfahrer war vorübergehend keine Gefahr mehr ausgegangen, doch 1218 landeten sie in Ägypten selbst. Die unmittelbare Gefahr einte das Ayyubidenreich gegen die europäischen Eindringlinge und diese mussten wieder abziehen, nachdem sie drei Jahre Damiette besetzt gehalten hatten. Mit Friedrich II., der unter dem Druck stand, einen Kreuzzug zu unternehmen, setzte sich al-Kamil, Nachfolger al-Adils, zunächst in Verhandlungen auseinander. Beiden Herrschern war daran gelegen, aufwendige Konfrontationen zu vermeiden und einen Prestigeerfolg im eigenen Land vorweisen zu können. Aus dieser Konstellation heraus kam 1229 ein zehnjähriger Frieden zustande. Es ging nun darum, das Ayyubidenreich zu sichern und Damaskus zurückzuerobern, das ein Neffe al-Kamils okkupiert hatte. Auch von außen kamen Gefahren. Al-Kamil schaltete die lokalen Fürsten (der Urtukidendynastie) von Diyarbakir und anderen kleinen Orten aus und stieß 1234 nach Kleinasien vor, das er den Rum-Seldschuken abnehmen wollte (siehe S. 99); dies jedoch misslang. Nun zeigten sich auch innere Widerstände gegen den »zentralen« Herrscher al-Kamil. Als dieser 1238 starb, zerbrach das Ayyubidenreich, ein Bürgerkrieg brach aus. Gleichzeitig drohten neue Gefahren von den Kreuzfahrern. Al-Kamils Sohn Ayyub (al-Malik as-Salih) konnte aber ab 1240 das Ayyubidenreich noch einmal einen und erfolgreich gegen die Kreuzfahrer vorgehen. Ein weiterer fränkischer Angriff auf Ägypten scheiterte. Im Ayyubidenstaat hatten die Militärsklaven, auf die der letzte Ayyubide sich in zunehmendem Maße verlassen hatte und deren Zahl stark zugenommen hatte, eine immer größere Rolle gespielt. Al-Maliks Sohn as-Salih hatte Tscherkessen aus Südrussland importiert; sie sollten u.a. ein Gegengewicht bilden gegen die »freien« kurdischen Truppen, die ursprünglich Stütze der Ayyubidenherrschaft in Ägypten gewesen waren. Als al-Malik as-Salih starb, übernahm seine Witwe zwar vorübergehend die Herrschaft – Schadscharat ad-Durr war eine der wenigen muslimischen Herrscherinnen –, musste aber bald einen der »Mamluken«, der Militärsklaven, Aybak, heiraten. Damit begann eine neue Periode der ägyptischen Geschichte.

Schon seit dem 9. Jahrhundert hatten fremde Söldner und Militärsklaven eine Rolle in der arabischen Welt gespielt – wir haben gesehen, dass die Abbasiden sich auf solche Kräfte verließen, die nicht der einen oder anderen Fraktion im Land angehörten, nicht festgelegt waren in Stammesloyalitäten und den Zwisten unter den Muslimen fern standen. Ähnlich ging es an anderen Fürstenhöfen zu, wo man ebenso Personal »von außen« rekrutierte, das allein auf den Herrscher eingeschworen und nur ihm verpflichtet war. Einige dieser Militärsklaven hatten eine so starke Stellung erlangt, dass sie die wahren Machthaber im Staat wurden oder – als Provinzgouverneure – regelrechte Dynastien, die unabhängig wurden, gründen konnten. Auch die Ayyubiden waren ja keine einheimisch-ägyptische Dynastie gewesen, sondern eine Familie kurdischer Herkunft, die ursprünglich von den Zengiden – ihrerseits türkischer Herkunft – beauftragt war. Diese Tendenz sollte in Ägypten nun ihren Höhepunkt finden. Militärsklaven, die »Mamluken«, stürzten die Ayyubidendynastie in Ägypten – vorübergehend hatte ein minderjähriger Ayyubide nominell den Thron innegehabt, während die Witwe von as-Salih »Königin« war. Im syrisch-jordanisch-nordirakischen Raum bestanden im Rahmen eines Kleinstaatenmosaiks ayyubidische Fürstentümer noch länger fort, teilweise bis ins 15. Jahrhundert.

General Aybak, der die Königin Schadscharat ad-Durr geheiratet und damit einen Hauch von Legitimität erworben hatte, führte ab 1252 selbst den Sultanstitel. Die über 250jährige Mamluken-Herrschaft begann in Ägypten. Aber auch die ägyptischen Mamluken strebten nach einer ideologischen Absicherung ihrer Macht. Als 1258 der letzte abbasidische Kalif von den Mongolen ermordet worden war, kam ein Abbasidenspross nach Kairo, wo bis zum Ende der Mamluken im 16. Jahrhundert ein Schattenkalif gehalten wurde. Er verkörperte Kontinuität sunnitisch-islamischer Autorität auch im Staat der Mamluken von Kairo.

Das Mamluken-Regime als solches war ein Herrschaftssystem sui generis. Es ist als »one-generation military aristocracy« (David Ayalon) beschrieben worden. Die Mamluken wurden unter türkischen (Kipchak) oder tscherkessischen Nichtmuslimen als Jugendliche rekrutiert. Sie waren Sklaven, die dann in Kairo kaserniert, ausgebildet und in strenger Trennung von der Normalbevölkerung gehalten wurden. So wurde sichergestellt, dass sie allein auf ihren jeweiligen Herrscher fixiert waren. Ihm und ihrer »Kaste« galt ihre Loyalität. Sie wurden schließlich freigelassen und konnten hohe Positionen erlangen, bis hin zum Sultan – also dem Herrscher schlechthin. Zwar gab es Ansätze zur Dynastiebildung, doch war es prinzipiell nötig, als Halbwüchsiger in nichtmuslimischem Umfeld rekrutiert worden zu sein, um zur Gruppe der Mamluken zu gehören. Neben der Mehrheit von tscherkessischen und kiptschak-türkischen Mamluken gab es auch solche südslawischer, albanischer, griechischer, ungarischer und sogar italienischer oder deutscher Herkunft. Durch Loyalität zu ihrem Herrn und »Freilasser« entstand für die ja eigentlich entwurzelten Mamluken eine Art Familie, fanden sie einen Standort und sozialen Halt. Zum Sultan aufsteigen konnten nur Mamluken der ersten Generation. Im Gegensatz zum Ayyubidenstaat war das Mamlukenreich stark zentralisiert, die Gouverneure weisungsabhängig – was Revolten nicht verhinderte. Die Mamluken bildeten in diesem Staat nur einen Kern, eine Elite. Es gab durchaus auch nicht-mamlukische Soldaten sowie zivile Beamte, darunter wie bisher Kopten – wenn auch eine Militarisierung des Regierungsapparates bei einem System wie dem mamlukischen nicht verwunderlich war.

Ihr Gefühl, einer besonderen Elite anzugehören, ihre starke Bindung an die eigene Kaste, ihre Isolierung von der Bevölkerung führte bei den Mamluken zu der Überzeugung, den Untertanen weit überlegen zu sein und einen selbstverständlichen Anspruch zu haben auf die Ressourcen des Landes. Die Spitzengruppe unter den Mamluken waren die vom jeweils herrschenden Sultan selbst gekauften und importierten sogenannten »Sultansmamluken«, die am ehrgeizigsten waren und besonders zur Macht strebten, für die sie glaubten prädestiniert zu sein. Die Zahl der Sultansmamluken schwankte zwischen 4000 und 6000, erreichte höchstens 12 000. Nach dem Sultan wichtigste Führungspositionen in der mamlukischen Führung waren die des Vertreters des Sultans und die des Heeres-Atabegs, also des Generalissimus. Besoldet wurden sie durch den Ertrag eines bestimmten Stückes Land oder eines oder mehrerer Dörfer. Solche Anrechte waren nicht vererbbar.

Im Laufe der Zeit nahm das »Krongut«, also das Land, dessen Einkünfte dem Sultan zugute kamen, deutlich zu. Arabisch lernten die Mamluken im Lauf der Zeit, jedoch nicht sehr gut. Die Distanz zur Bevölkerung blieb und war gewollt. »Araber« wurden die Mamluken nicht – dies hätte auch ihrem Selbstverständnis widersprochen. Es war eine Erscheinung des Niedergangs, als später bereits erwachsene Mamluken nach Kairo kamen, bei denen eine Trennung von der Bevölkerung nicht mehr konsequent durchsetzbar war; diese heirateten Ägypterinnen und vermischten sich mit der ägyptischen Bevölkerung.

Das Schlüsselereignis zu Beginn der Mamlukenära war der Sieg über die Mongolen von 1260, nur zwei Jahre nachdem diese Bagdad verwüstet, den letzten Abbasidenkalifen ermordet und damit einer Epoche ihr Ende bereitet hatten. Hülägüs General Kitbugha zog in Begleitung des christlichen Königs Hetoum von Kleinarmenien, Bohemunds IV. von Antiochien und Tripolis und eines abtrünnigen Ayyubiden im März 1260 in Damaskus ein. Ein knappes halbes Jahr später jedoch schlägt der Mamluke Qutuz bei Nazareth (Ayn Dschalut) die Mongolen. Das Trauma der mongolischen Bedrohung war nun abgewendet – dies war für die Mamluken ein beachtlicher Prestigeerfolg. Ein großer Teil Syriens inklusive Damaskus und Aleppo fällt nun den Mamluken zu, ihr Imperium arrondiert sich. Für lange Zeit werden sie nun zu Gegnern und Partnern des Abendlandes, beenden die Epoche der Kreuzzüge und spielen eine Hauptrolle im interkontinentalen Handel zwischen Indischem Ozean, Afrika und dem Mittelmeerraum (also auch mit Europa), der dem Mamlukenstaat beträchtlichen Reichtum brachte.

Dabei waren die Mamluken ständig damit beschäftigt, ihr Reich zu sichern und auszubauen. In Syrien, dessen Kontrolle für Ägypten immer von essenzieller Bedeutung war, stellten neben den Kreuzfahrern immer noch die Mongolen eine Gefahr dar – 1313 fielen sie zum letzten Mal in Syrien ein. Mamluken-Sultan Baybars unternahm wiederholt Feldzüge nach Syrien, wo auch lokale Fürsten sich zu behaupten versuchten. Die Sicherung des eigenen Vorfelds in Syrien war traditionell eines der wichtigsten Elemente ägyptischer Großmachtpolitik. Dazu gehörte die Ausschaltung der letzten Ismailiten, die im syrischen Bergland immer noch agierten; auch war 1297 letztmalig in Oberägypten ein fatimidischer Prätendent aufgetreten. Die Assassinen-Festung Alamut war bereits von den Mongolen eingenommen und zerstört worden. Schiitische Gruppen hielten sich aber weiterhin im Libanongebirge. Doch eine wirkliche Gefahr für die sunnitische Prädominanz bildeten die Schiiten nicht mehr, machten jedoch den Mamluken beim Versuch, den Libanon zu kontrollieren, zu schaffen.

Erfolgreich war die mamlukische Außenpolitik nicht nur in Syrien, sondern auf der ganzen Linie: Ende des 13. Jahrhunderts verschwanden die Kreuzfahrer wieder, ein 200jähriges Zwischenspiel ging zu Ende. Im Osten gelang die Abwehr der Ilchane, einer mongolischen Dynastie, die – auf Hülägü, den Eroberer von Bagdad, zurückgehend – Iran und teilweise angrenzende Gebiete beherrschte. Zu einem Friedensschluss mit den Mongolen kam es 1322. Auch im Süden konsolidierten die Mamluken ihre Macht und dehnten ihren Einfluss aus. Die Rasuliden-Dynastie im Jemen unterhielt Handelsbeziehungen zu Indien und China, baute demzufolge ihren Hafen Aden aus und setzte sich im Hedschas fest. Das führte zu mamlukischen Expeditionen nach Südarabien und einer Festigung ihrer Herrschaft über die Heiligen Städte Mekka und Medina, was die Mamlukensultane durch häufige Wallfahrten unterstrichen. Die Mamluken kooperierten mit den Rasuliden, beide Staaten – das mamlukische Ägypten und der rasuldische Jemen – waren Glieder einer Handelskette und aufeinander angewiesen. Mit dem Niedergang der Rasuliden, deren Staat im 15. Jahrhundert zerfiel, büßte auch Aden seine Rolle als Drehscheibe des Handels weitgehend ein. Die Mamluken bauten nun Dschidda zum Haupthafen für den Handel mit dem Indischen Ozean aus.

Im Niltal expandierten die Mamluken ebenfalls südwärts, Nubien wurde ägyptischer Vasallenstaat. Westwärts drang das Mamlukenreich in die Kyrenaika vor.

Im Mittelmeerraum blieben Handel und Konflikt mit dem christlichen Europa Konstanten mamlukischer Geschichte. Mitte des 14. Jahrhunderts versuchte Peter von Lusignan, König von Zypern (wo die Lusignans seit Ende des 12. Jahrhunderts herrschten), an die Tradition der Kreuzzüge anzuknüpfen und Ansprüche auf Jerusalem zu erheben. Er führte wiederholt Angriffe auf ägyptische Küstenstädte, 1365 sogar auf Alexandria, durch, später vor allem Attacken gegen syrische Häfen. Erreicht hat er seine Ziele nicht, sondern im Orient eine antichristliche Stimmung erzeugt, unter der vor allem italienische Kaufleute zu leiden hatten. Letztlich führte die aggressive, aber erfolglose Politik Peters von Lusignan 1426 zu einer mamlukischen See-Expedition gegen Zypern, dem einzigen größeren Marineunternehmen in der mamlukischen Geschichte. Der König von Zypern geriet in Gefangenschaft, die Insel wurde den Mamluken tributpflichtig.

Unterdessen bahnte sich der langfristige Gegensatz zwischen den beiden Großmächten der islamischen Welt, Osmanen und Mamluken, an. Die Osmanen breiteten sich nach Osten aus, nach und nach werden die muslimischen Fürstentümer Kleinasiens Teil des Osmanischen Reiches. In Kilikien und im Taurus, einer geopolitisch und wirtschaftlich bedeutenden Region, stoßen die Interessen beider Mächte zusammen. Schon 1346 hatten die Mamluken Lajazzo (Ajas) im kilikischen Armenien den Christen entrissen. Dann taucht jedoch aus Osten eine Gefahr auf, die für beide, Osmanen wie Mamluken, zur existenziellen Bedrohung wird: Von Transoxanien aus stößt der Mongolenfürst Timur nach Westen vor, Tod und Verwüstung verbreitend. Er fällt nach Syrien ein, dessen Städte zerstört werden und das die Mamluken nicht halten können. Timur greift jedoch nicht Ägypten an, sondern wendet sich gegen die Osmanen. In der Schlacht von Ankara 1402 scheint das Ende des Osmanenstaates gekommen – doch nützt Timur seinen Sieg nicht aus, sondern zieht nach Osten ab. Weder die Mamluken noch das christliche Europa können die Gunst der Stunde nutzen, das Osmanenreich überlebt. Das Mamlukenreich ist damals bereits entscheidend geschwächt, Hunger, Pest, Missernten und innere Unruhen haben die einstige Großmacht von innen her ausgehöhlt. Die kilikischen Kriege aber in der zweiten Hälfte des 15. Jahrhunderts, die Osmanen und Mamluken gegeneinander führen, gehen unentschieden aus. Doch die Jahrzehnte um die Wende vom 15. zum 16. Jahrhundert bringen Ereignisse, die nicht nur entscheidend für das Mamlukenreich, Vorderasien und Nordafrika sind, sondern welthistorische Tragweite haben.

Europa, von den Märkten des Südens und Ostens durch die islamische Welt abgeriegelt – die Mamluken halten die wichtigsten Nahtstellen unter Kontrolle –, bricht zu neuen Ufern auf, im buchstäblichen Sinn. Die Portugiesen entdecken 1488 den Seeweg um die Südspitze Afrikas und kurz darauf den Seeweg nach Indien (Vasco da Gama 1498). Auf einmal tauchen sie sozusagen im Rücken der Mamluken auf, die sich im Handel und Konflikt mit Europa immer aufs Mittelmeer konzentriert hatten. Erste militärische Zusammenstöße erfolgen im Indischen Ozean. Noch machen die Osmanen Anstalten, angesichts dieses Schocks den Mamluken zu helfen. Doch, gut 60 Jahre nach der Einnahme Konstantinopels, gehen sie daran, die islamische Welt zu unterwerfen und ihrem Reich einzugliedern. Eine türkische Großmacht wird zum dominierenden Faktor in den muslimischen Ländern. Waren die Osmanen zunächst konzentriert gewesen auf Eroberungen christlicher Regionen Europas und hatten sie noch wenige Jahrzehnte zuvor ihre Position in Anatolien absichern müssen, so erfolgt zu Beginn des 16. Jahrhunderts eine große Ostoffensive, tief hinein in den seit Jahrhunderten islamischen Raum. Zunächst schlagen sie die schiitischen Safawiden (1514), dann wenden sich die osmanischen Heere nach Syrien, das sie 1516 okkupieren. 1517 fällt Ägypten in ihre Hand, das Ende der 250jährigen Mamluken-Epoche ist gekommen. Der türkische Vorstoß geht weiter nach Westen, schon 1521 ist der Osten des heutigen Libyen (die Kyrenaika) osmanisch, 1551 folgen Tripolitanien (das westliche Libyen) und 1574 Tunis. Türkische Korsaren können bereits 1516 den Hafen Algier besetzen, mit offizieller Billigung und Unterstützung des osmanischen Sultans, und 1517 das westalgerische Tlemcen, nachdem sie bereits zuvor von den Hafsiden das Recht erhalten hatten, die Häfen an der tunesischen Küste zu nutzen. Die Osmanen und die mit ihnen kooperierenden Korsaren stießen bis nach Marokko vor (Fes 1553), konnten es aber nie wirklich erobern; die Atlantikküste erreichten sie nicht.

Dass Ägypten mit der Eingliederung ins Osmanische Reich nur den Wechsel von einer Fremdherrschaft zu einer anderen erlebt hat, ist eine unzulässige Simplifizierung. Zutreffend ist zwar, dass die Mamluken, die als eine auf wenige Tausend Personen beschränkte Herrschaftselite ein ganzes Imperium beherrschten, Fremde waren, die oft nicht einmal das Arabische beherrschten und auch teilweise als unkultivierte »Türken« empfunden wurden. Aber Ägypten war Zentrum ihres Reiches, sie machten das Land am Nil zu einer Großmacht und brachten es zu kultureller und wirtschaftlicher Blüte. Eine reiche Literatur entstand im mamlukischen Ägypten – besonders vielseitig waren die Autoren al-Makrizi und as-Suyuti –, und von der regen Bautätigkeit der Epoche sind zahlreiche Beispiele erhalten: z. B. das Mausoleum des Sultans Kalawun (gegen Ende des 13. Jahrhunderts) oder die Sultan-Hasan-Moschee aus der Mitte des 14. Jahrhunderts. Nun, unter osmanischer Herrschaft, war Ägypten eine Region der Peripherie, weit vom Zentrum der Macht in der fernen Hauptstadt Istanbul. Somit bedeutet auch für das mamlukische Ägypten die Wende vom 15. zum 16. Jahrhundert eine tiefe Zäsur. Eine Großmacht wird zur Provinz.

4.6 Der Islam im Westen – Berber und Araber

Die zweite Hälfte des 7. Jahrhunderts war die Periode, in der das zentrale und westliche Nordafrika von den Arabern erobert wurde, nachdem die Eingliederung von Ägypten und Teilen Libyens (Kyrenaika und Marmarica) bereits 642/643 abgeschlossen war. Die Gründung Kairuans in Ifrikiya (Tunesien) 670 war dabei ein Meilenstein – eine Hauptstadt der arabisch-islamischen Regionen des Maghreb, die im Landesinneren lag und somit nicht, wie etwa Karthago, Angriffen der byzantinischen Flotten ausgesetzt war. Noch heute ist die Okba-Moschee in Kairuan (natürlich nur in ihrer Gründung auf das 7. Jahrhundert zurückgehend und seither vielfach um- und ausgebaut) ein Heiligtum des Islam. Okba, nach dem diese Moschee benannt ist, hat die arabische Eroberung weit nach Westen getragen und nach 680 möglicherweise den Atlantik erreicht. Doch dann kam ein Rückschlag: Okba und seine Truppen wurden von Berbern geschlagen und größtenteils vernichtet, der Maghreb ging fast ganz wieder verloren. In Nordafrika war die Lage für die Eroberer grundsätzlich anders als sie beispielsweise in Ägypten oder Syrien gewesen war. Hier war Gegner einerseits das Byzantinische Reich, andererseits aber auch die einheimische Bevölkerung, die Berber. Es war der berberische Stammeshäuptling Kusaila, der als Anführer einer Koalition von Berberstämmen und im Zusammenwirken mit byzantinischen Truppen bei Biskra 683 einen entscheidenden Sieg über die muslimischen Truppen errang, denen er sich zuvor unterworfen und mit denen er sogar zusammengearbeitet hatte. Den Berbern gelang es selbst, Kairuan einzunehmen – ein herber Rückschlag für die arabisch-islamische Expansion.

Nordwestafrika musste von neuem erobert werden. Zwar gelang es den Arabern, Kusaila 688 zu töten, doch blieb ihnen Nordwestafrika weiterhin entzogen.

In den letzten Jahren des 7. Jahrhunderts aber drangen die muslimischen Heere wieder nach Westen vor, erneut auf den Widerstand der Berber stoßend – diesmal unter der Führung einer charismatischen Prophetin, »al-Kahina«, die Seherin, genannt. Sie konnte die Araber zunächst schlagen und ihren Staat, dessen Zentrum im Aurèsgebirge lag, konsolidieren und ausbauen, doch um die Jahrhundertwende erfolgte die endgültige arabisch-islamische Eroberung des äußersten Westens Nordafrikas. Der Maghreb war zwar nun dem Islam unterworfen und formal ins Kalifenreich eingegliedert, doch machte sich der berberische Unabhängigkeitsgeist immer wieder in Revolten Luft, nahm die Form religiöser Bewegungen an, kleidete sich in charidschitisches oder schiitisches Gewand, strebte immer wieder nach Unabhängigkeit von den fernen Metropolen der Imperien.

Das Charidschitentum mit seiner egalitären Doktrin hatte früh Anklang bei den Berbern gefunden. Auf dem Gebiet des westlichen Algerien entstand in Tahert ein charidschitischer Stadtstaat, in dem sich sogar eine Dynastie bildete, die sich – in Anlehnung an die Umayyaden von Córdoba – zwischen marokkanischen Idrisiden und tunesischen Aghlabiden lange halten konnte (777–909). Handel, Gelehrsamkeit und Toleranz waren charakteristisch für diese auf einen persischen Ahnherrn zurückgehende Rustemidendynastie und ihren kleinen Staat, der erst durch die Fatimiden zu Beginn des 10. Jahrhunderts ein Ende fand. Die letzten Charidschiten zogen sich in ein entlegenes Tal, das Wadi M'Zab zurück, wo sie bis heute als Gemeinschaft existieren.

Weiter westlich konnte Idris, Nachkomme von Alis Sohn Hasan, einen unabhängigen Staat und, basierend auf dem Ansehen, das seine Herkunft als Enkel Alis ihm unter den Berberstämmen verschafft, eine Dynastie gründen. Die Stadt Fes ist eine Gründung der Idrisiden und bildete lange ein Zentrum des westlichen Maghreb. Der Idrisidenstaat unterlag im Laufe des 10. Jahrhunderts den spanischen Umayyaden.

Im Bereich des heutigen Algerien entstand eine weit mächtigere und dynamischere schiitische Bewegung, die der Fatimiden. Auch sie fand schnell Anklang bei den Berbern und unter ihnen viele Gläubige und Krieger. Sie strahlte wohl auch nach Westen aus, und die Fatimiden rivalisierten mit den Umayyaden Spaniens um Einfluss im Maghreb, aber ihre eigentliche Stoßrichtung war der Osten: Sie konnten das tunesische Aghlabidenreich in ihre Hand bekommen. 910 zogen sie in Kairuan ein, und es gelang ihnen, nach zwei vergeblichen Versuchen, 969 Ägypten zu erobern; dorthin verlegten sie den Schwerpunkt ihres Reiches. Nach der Gründung der neuen Reichshauptstadt Kairo und der Verlagerung des Reichsmittelpunkts an den Nil war der Maghreb für die Fatimiden nur noch Provinz. Hier trafen die beiden Großmächte des Westens der islamischen Welt aufeinander: Die spanischen Umayyaden und die Fatimiden. Es kam jedoch zu keiner direkten Konfrontation, die berberischen Stämme bekriegten einander im Namen ihrer Schutzherren. Marokko war nicht primär ein Raum, den man sich aneignen wollte, es war mehr eine »Sicherheitszone«, die nicht zur Ausgangsbasis der Fatimiden gegen das islamische Spanien werden durfte oder zu einem umayyadischen Vorposten in Nordafrika, der den fatimidischen Maghreb bedrohte.

Die Fatimiden wandten sich zunächst gegen die Idrisiden von Fes. Diese wurden so zu natürlichen Verbündeten der Umayyaden, die im Bündnis mit Miknasa- und Maghrawa-Berbern eine Art antifatimidische Koalition bildeten. Immer wieder kam es zu fatimidischen Angriffen, wiederholt wurde Fes erobert. Vollständig haben die Fatimiden den äußersten Westen aber nie kontrolliert. Dagegen wurde der Maghreb um 1000 Teil des Umayyadenreiches von Córdoba, dessen Gouverneur jahrelang in Fes residierte.

Als der Fatimidenkalif 972 Ifrikiya verließ und Kairo zur Reichshauptstadt machte, übertrug er den Westen seines Staates einer Familie, der Reich und Dynastie viel verdankten, dem Haus der Ziriden. Die Ziriden, ihrerseits Sanhadscha-Berber, hatten schon lange die Zanata-Berber und damit (zumindest indirekt) den Einfluss der spanischen Umayyaden bekämpft. Als Statthalter der Fatimiden setzten sie diesen Dauerkonflikt fort und konnten weite Teile des heutigen Algerien unterwerfen. Die Entwicklung der Ziriden von einem Stammesfürstentum mit der Bergfestung Aschir als »Hauptstadt« zu einer regelrechten Dynastie in einem geordneten Staat, der zur regionalen Großmacht wurde und dem Maghreb eine wirtschaftliche sowie kulturelle Blüte bescherte, wird symbolisiert vom Transfer der Metropole nach Kairuan. Innerdynastische Streitigkeiten führten später zur Teilung des Ziridenstaates. Der Westen mit der alten Hauptstadt Aschir wurde zum Sitz der von der Ziridenfamilie abstammenden Hammadidendynastie, durch welche die Sanhadscha-Herrschaft auf Kosten der Zanata im Mittelteil des Maghreb gefestigt wurde. Die Hammadiden erbauten eine neue Hauptstadt in den Bergen, als sie endgültig selbständig wurden (1014–1029). Dort gab es ein Christenviertel mit eigener Kirche. Auch pflegten die Hammadiden Beziehungen zu christlichen Staaten und unterhielten weitgespannte Handelsbeziehungen. Schon vorher hatte ein ziridischer Prätendent die Flucht nach al-Andalus ergriffen, wo es ihm in den Wirren der *reyes de taifas*, der Epoche der Kleinstaaterei, gelang, die Ziridendynastie von Granada zu gründen.

Die Ziriden bemühten sich indes um Unabhängigkeit von den Fatimiden und verfolgten einen strikt anti-schiitischen Kurs. Nach vergeblichen Versuchen, gegen Ende des 10. Jahrhunderts die ziridische Kontrolle über Marokko zu errichten, überließen sie den Westen ihren immer unabhängiger werdenden Verwandten, den Hammadiden.

Mitte des 11. Jahrhunderts kam es dann zum endgültigen Bruch zwischen Ziriden und Fatimiden. Zwar waren die Fatimiden nicht in der Lage oder willens, das nordwestliche Afrika zurückzuerobern und systematisch ihrem Reich wieder einzugliedern. Was sie taten, war eher anarchisch-destruktiv: Sie veranlassten arabische Beduinenstämme, die Banu Hilal, Sulaim und andere, die seit jeher im Nildelta und in Oberägypten destabilisierende Elemente gewesen waren, nach Westen aufzubrechen. Wie ein Heuschreckenschwarm stürzten sich diese Stämme nach 1050 auf den Maghreb, zunächst über das Ziriden-, dann auch über das Hammadidenreich. Sie brachten Zerstörung und Verwüstung über weite Teile Nordafrikas. Ob sie aber, wie lange Zeit angenommen, allein für den langfristigen Niedergang des Maghreb verantwortlich sind, wird heute bezweifelt: Schon vor dem Einsetzen der Hilal-Invasion hatten sich Krisenerscheinungen in Nordafrika gezeigt. Jedenfalls führte der Beduinenstrom, der von Ägypten nach Westen floss, zur Auflösung der staatlichen Ordnung in weiten Teilen des Maghreb. Ziriden- und Hammadidenstaat verloren einen großen Teil ihrer Territorien und konnten sich nur noch an der

Mittelmeerküste halten. Zahlreiche Kleinstaaten entstanden im Maghreb. Wenn auch die Nachhaltigkeit des Zerstörungsprozesses der Hilal-Invasion bezweifelt wird, eines ist unbestritten: Sie war entscheidend für die Arabisierung des Maghreb und des Sahara-Raums. Waren vor diesem arabischen Einbruch berberische Sprache und Kultur in Nordafrika dominierend, änderte sich dies in der zweiten Hälfte des 11. Jahrhunderts grundlegend. Wenn es auch heute noch in Algerien und Marokko berberische Sprachgebiete (vor allem in ländlichen und gebirgigen Regionen) gibt, das Arabische dominiert seit der Hilal-Invasion; durch sie wurde Nordwestafrika wirklich Teil der arabischen Welt.

Die Berber spielten aber weiterhin eine wichtige Rolle in der Geschichte des islamischen Nordafrika. In der Mitte des 11. Jahrhunderts entsteht die Bewegung der Almoraviden (al-Murabitun), »Leute der Grenzfestung, des Wehrklosters«, unter Berbern in der Sahara und am Senegal. Abdallah ibn Yasin ist der charismatische Führer dieser puritanischen Strömung, dem es gelingt, Anhänger für eine Rückkehr zum Ur-Islam zu gewinnen, verbunden mit streng wörtlicher Auslegung des Korans unter Ausschluss und Verbot zahlreicher spekulativer oder philosophischer Schriften, die die islamische Theologie hervorgebracht hatte. Ibn Yasin gelang es, da er mehr Volkstribun und Mobilisator der Massen war als feinsinniger Theologe, die Berber für seine bestechend simple Botschaft einzunehmen. Entscheidend aber war für den Erfolg, dass der Neffe eines seiner ersten Gefolgsleute, Yusuf ibn Taschfin (1061–1106) eine Dynastie gründete, der dieser reformierte Islam als ideologische Grundlage diente. Er ist Begründer des Almoravidenreiches, das er in der zweiten Hälfte des 11. Jahrhunderts eroberte. Kern und Elite blieben die »Murabitun«, die nur aus gewissen Berberstämmen rekrutiert wurden und auf Dauer das militärisch-politische Rückgrat der Bewegung bildeten.

Der westliche Teil des Maghreb wurde von den Almoraviden erobert, Marrakesch entsteht als ihre Hauptstadt. Dann griffen sie auf al-Andalus über. Dorthin werden sie zu Hilfe gerufen gegen die unaufhaltsam vordringende Reconquista. Diese können sie zwar (vorübergehend) aufhalten – 1086 schlagen sie die Kastilier. Doch bald schon sind die christlichen Spanier wieder auf dem Vormarsch: 1118 fällt Zaragoza in die Hand der Christen. Die muslimischen Kleinstaaten von al-Andalus verlieren durch das almoravidische Eingreifen ihre Selbständigkeit. Al-Andalus wird Teil des Almoravidenreiches. Doch zeichnet sich ein Ende dieses Berber-Imperiums bereits ab. Die Rigidität und Strenge almoravidischer Glaubenskonzepte hatte zu einer Erstarrung des religiösen Lebens geführt und somit einer neuen religiösen Bewegung den Boden bereitet.

Die Almohaden – »al-Muwahidun« oder »Bekenner der Einheit Gottes« – lösten Mitte des 12. Jahrhunderts die Almoraviden ab. Der religiöse Reformator Ibn Tumart hatte im hohen Atlas eine Gemeinde um sich geschart, die zur Keimzelle eines Imperiums wurde. Seine Lehre betonte die absolute Einheit Gottes, die es verbietet, ihn mit Eigenschaften auszustatten oder zu vergleichen. Er ging von allmächtiger Vorsehung aus und forderte seine Anerkennung als Mahdi und unfehlbarer Imam. Es war Pflicht, den Dschihad zu betreiben – mehr noch gegen die Almoraviden als gegen »echte« Nichtmuslime. Äußerste Strenge galt im Bereich von Sitte und Moral. Die im Islam entstandenen unterschiedlichen Rechtsschulen wurden abgelehnt, als Rechtsquellen wurden nur Koran und Sunna anerkannt, Analogieschlüsse waren verboten. Ein Jünger Ibn Tumarts, Abdalmu'min wurde der Architekt einer Föderation von Stammesverbänden, denen Masmuda, Zanata und Sanhadscha angehörten, die er streng hierarchisch organisiert unter religiösen Vorzeichen zum Krieg gegen die Almoraviden führte. Das Almoravidenreich fiel 1147. Der gesamt Maghreb –

von Marokko bis Tunesien (wo sich an der Küste die Normannen festgesetzt hatten) – fiel in almohadische Hand.

Der Almohadenstaat wird zur neuen nordafrikanischen Großmacht, seine Armee stößt 1160 bis Tripolis im heutigen Libyen vor und erreicht eine weit größere Ausdehnung als das Almoravidenreich je hatte. Bereits 1145 war eine almohadische Armee nach al-Andalus aufgebrochen, hatte das islamische Spanien unter almohadischer Flagge geeinigt und sich dann den Christen entgegengestellt. Die Almohaden können sich dem Einfluss der Hochkultur von al-Andalus nicht entziehen, im Gegenteil: Die Almohadenzeit wird eine Epoche neuer kultureller Blüte für das islamische Spanien. Ganz anders in Nordafrika: Es wird 1174 von einer Pest heimgesucht, ein armenischer Abenteurer kann sich der Stadt Tripolis am östlichen Rande des almohadischen Imperiums bemächtigen, nomadische Unruhen brechen in Nordafrika aus. Von den Balearen aus greifen die Banu Ghaniya, eine Berber-Dynastie, welche sich auf den Inseln ein quasi-unabhängiges Fürstentum zunächst unter almoravidischer Oberhoheit, später unter formaler Anerkennung der Abbasiden von Bagdad oder der Almohaden geschaffen hatte, auf Nordafrika über. Dort können sie ihren Machtbereich zunächst ausbauen, im Zusammenwirken mit unterschiedlichen lokalen Alliierten. Erst nach Jahrzehnten müssen sie sich den Almohaden endgültig geschlagen geben. Die Balearen werden 1209 dem Almohadenreich einverleibt.

Auch an der spanischen Front werden die Almohaden ständig in Atem gehalten. 1165 können die Portugiesen Évora erobern und 1177 nimmt Alfons VIII. von Kastilien Cuenca ein. Aber 1195 wird er bei Alarcos von den Almohaden schwer geschlagen. Gleichzeitig bedeutet dieses Ende des 12. Jahrhunderts sowohl eine kulturelle Glanzzeit, deren architektonische Reste bis heute erhalten sind (z.B. der Alcázar und die Giralda von Sevilla), als auch eine Periode der almohadischen Reaktion, die zu Intoleranz mit Bücherverbrennungen und Verdüsterung der geistigen Atmosphäre führt. In diesem Spannungsfeld verbringen zwei der führenden Gelehrten der maghrebinisch-arabischen Kultur, der Epiker Ibn Tufayl und der Aristoteles-Interpret Averroes ihre letzten Lebensjahre.

Das 13. Jahrhundert bringt den Niedergang der Almohaden, Zerfallserscheinungen zeigen sich überall im Reich. Die christlichen Garden des Almohadenherrschers gewinnen an Macht, und das Christentum gewinnt eine stärkere Stellung im Almohadenreich. 1126 gründet der Papst das Bistum Marrakesch. Die almohadische Ära in Spanien geht zu Ende. Eine christliche Allianz fügt den Almohaden 1212 bei Las Navas de Tolosa eine vernichtende Niederlage bei. Die Almohaden ziehen sich ganz von der Iberischen Halbinsel zurück – auch in Nordafrika ist das Ende der Almohadenherrschaft nur noch eine Frage der Zeit. In Tunesien steigen – wieder einmal – Gouverneure zu unabhängigen Herrschern auf und dringen 1243 in den algerischen Raum vor (bis Tlemcen). In Marokko kamen nun von der Peripherie her die Meriniden – ein Zanata-Stamm, der schon lange in Konflikt mit der Zentralregierung geraten, aber letztlich in die Wüste abgedrängt worden war, ins Spiel. In der Mitte des 13. Jahrhunderts dringen sie in die zentralen Regionen und Städte vor. 1269 erobern sie Marrakesch – damit ist das Schicksal der Almohaden besiegelt. Ein weiteres, neues Berber-Reich ist entstanden – ein gesamtmaghrebinisches Reich, das auch al-Andalus einschließt, wie es das der Almohaden gewesen war, wird es aber nicht mehr geben. Bemerkenswert ist, dass gerade angesichts der rigorosen, strengen und puristischen Ausrichtung der almohadischen Doktrin – wir haben sie oben kurz skizziert – als eine Art Gegenbewegung die mystische Variante des Islam in Nordwestafrika an Boden gewann. Zahlreiche »Heilige« treten damals im Maghreb auf und werden populär, der Islam der Sufis und Derwische, der sehr von der reinen Lehre abweicht, gewinnt – nach Jahren des Purismus (und möglicherweise als Gegenreaktion) – an Einfluss.

Die Auflösung des Almohadenreiches führte zu einer Dreigliederung des maghrebinischen Raums: Schon seit 1229 haben die Hafsiden einen unabhängigen Staat im tunesisch-ostalgerischen Raum; im westalgerischen Tlemcen etabliert sich die Abdalwadiden-Dynastie 1235 und die Banu Marin (Meriniden) können 1248 Fes einnehmen, werden bald die dominierende Kraft im äußersten Westen und begründen eine Dynastie, die das Gebiet des heutigen Marokko bis ins 15. Jahrhundert beherrscht. Alle drei Dynastien sind berberischen Ursprungs – trotz der Hilal-Invasion können einheimische Stämme weiter als Protagonisten das Geschehen auf der maghrebinischen Bühne maßgeblich mitgestalten. Der Merinide Abu Yusuf Ya'kub legt sich den Titel »Amir al-Muslimin« – Fürst der Muslime – zu und rundet seine Eroberungen 1273 ab mit der Besetzung der Nordspitze Marokkos. Auch er intervenierte – wie vor ihm Almoraviden- und Almohadenherrscher – auf der Iberischen Halbinsel nach dem bekannten Muster: Angesichts des Vorrückens der Christen rufen muslimische Kleinfürsten die nächstgelegene muslimische (wenn jetzt auch nur noch regionale) Großmacht zu Hilfe. Vier Feldzüge unternahm Abu Yusuf Ya'kub nördlich des Mittelmeers, aber bereits sein Nachfolger kann sich nicht mehr um Spanien kümmern aufgrund innerer Schwierigkeiten (Revolte im Rif-Gebirge). Die Meriniden waren bemüht, sich als besonders gute Muslime zu legitimieren und konnten sich die Unterstützung der »Scherifen«, der Leute aus der Familie des Propheten, sichern sowie der Mystiker, die sich seit der Almohadenzeit zunehmender Anhängerschaft erfreuten, weil sie einen volksnahen Islam pflegten, in dem zahlreiche Variationen von Frömmigkeit und Heiligenverehrung toleriert wurden.

Mitte des 14. Jahrhunderts erreicht die Macht der Meriniden ihren Höhepunkt. Abu-l-Hasan (1331–51) erobert Tlemcen und Tunis, Nordafrika ist vom Süden Tunesiens bis zum Atlantik wieder in einer Hand, der Hand der Zanata-Berber. In Spanien aber können die Meriniden ihre Ziele nicht erreichen. Der Versuch, wie es Almoraviden und Almohaden vor ihnen gelungen war, die Reconquista aufzuhalten, scheitert. 1340 werden die Meriniden bei Tarifa geschlagen und müssen spanischen Boden für immer verlassen. Rückschläge erleidet Abu-l-Hasan auch im algerischen Raum und in Tunesien. Sein Sohn Abu Inan kann Tunis noch einmal erobern, doch der Niedergang ist nicht aufzuhalten, was auch an der Natur ihrer Herrschaft gelegen haben mag: Die Meriniden stützten sich vorwiegend auf Zanata-Berber, eine zu schmale Basis. Sie mussten die Kooperation beduinischer Truppen gewinnen, rekrutierten spanische Muslime und asiatische Söldner. Ebenso gab es, schon seit der Almoravidenzeit, christliche Militäreinheiten. Diese Heterogenität barg Gefahren und Risiken.

Auf kulturellem Gebiet war wesentlich, dass die zahlreichen von hispano-arabischem Stil beeinflussten Gebäude, die heute noch erhalten sind, der merinidischen Epoche zuzurechnen sind. Damals entstehen südlich wie nördlich des Mittelmeers die letzten kreativen Beiträge spanisch-arabischer Architektur, auch die Alhambra von Granada gehört in die Spätphase am Ende des 14. Jahrhunderts. Später allerdings wird dieser Stil weiterhin imitiert, jedoch ohne schöpferische Originalität.

In dieser Zeit gewinnt der Fernhandel auch im westlichen Mittelmeer an Bedeutung, der vor allem von Aragón und den italienischen Stadtstaaten getragen wird; auf muslimischer Seite nimmt die Seeräuberei, oft in der Verkleidung des »Dschihad«, zu. Die christliche Seite aber ist auf dem Vormarsch, erzielt territoriale Gewinne (Mittelmeerinseln, Nordafrika), die iberischen Staaten sind mehr und mehr an den Küsten des Maghreb präsent.

Im Osten des ehemaligen Almohadenreiches entstand ein unabhängiger Staat, der einer Dynastie seine Existenz verdankt, die durch ihren Stammvater mit den Anfängen der almohadischen Bewegung verbunden ist und somit eine gewisse Berechtigung hatte, sich als Nachfolger und Erben der Almohaden legitimiert zu sehen. Abu Hafs Omar war einer der frühesten und engsten Anhänger von Ibn Tumart und nahm eine Spitzenposition in seiner Hierarchie ein. Er hatte zahlreiche militärische Operationen der Bewegung – auch in al-Andalus – befehligt und seine Söhne in den Dienst des Almohadenstaates gebracht. Einer von ihnen wurde Gouverneur von Tunesien und dessen Sohn Abu Zakariyya Yahya wurde zum Begründer der Hafsidendynastie, der sich als Vorkämpfer der almohadischen Bewegung definierte und seinen unabhängigen Staat ausbaute mit dem Anspruch, das Almohadenreich wiederherzustellen.

Zwar konnte er seinen Machtbereich nach Westen ausdehnen und 1235 Algier einnehmen sowie ein weites Netz wirtschaftlicher Beziehungen sowohl mit den italienischen Stadtstaaten, die ja überall im Mittelmeer präsent und gute Geschäftspartner der arabisch-islamischen Welt waren, als auch mit Kaiser Friedrich II. und dem spanischen Königreich Aragón knüpfen. Doch ein Imperium wie das der Almohaden zu errichten, gelang weder ihm noch einem anderen Hafsiden. Sein Sohn al-Mustansir nahm 1253 gar den Kalifentitel an und erlangte die Anerkennung der Scherifen von Mekka. 1270 unternahm der französische König Ludwig IX., »der Heilige«, einen Kreuzzug ins Hafsidenreich und landete in Karthago. Eine Epidemie aber dezimierte sein Heer.

Im 14. Jahrhundert setzte der Niedergang der Hafsiden ein. 1347 gelingt den Meriniden die vorübergehende Besetzung Ifrikiyas, zehn Jahre später stehen sie erneut in Tunis, können sich aber auch diesmal nicht langfristig halten. Noch eine letzte Konsolidierungsphase und Blüte erlebt der Hafsidenstaat in der zweiten Hälfte des 14. Jahrhunderts und im 15. Jahrhundert, noch einmal gelingen Vorstöße nach Westen, und Tlemcen gerät erneut unter hafsidische Kontrolle; sogar in Marokko intervenieren die Hafsiden. Doch von innen und außen kommen ernste Gefahren, bringen im 16. Jahrhundert den endgültigen Niedergang: Hungersnöte und Epidemien, Beduinenunruhen und das Spanien Karls V., aber auch die muslimischen Osmanen und ihre Korsaren führen zum Ende der Hafsidendynastie. Die Spanier okkupieren 1510 Tripolis und Bidschaya, später La Goulette. Nordafrika wird zum Konfliktfeld zwischen den Großmächten der Epoche, den Habsburgern und den Osmanen.

Chair ad-Din »Barbarossa«, der Pascha von Algier, erobert 1534 Tunis und vertreibt den Hafsidenemir, der nach kurzer Zeit von Karl V. wieder eingesetzt wird. Der Korsar Dragut kommt mit türkischem Titel als »Pascha von Tripolis« aus Istanbul und fasst im Süden Tunesiens Fuß.

1556 nimmt er Gafsa, 1557 Kairuan ein. 1569 erobert der Herr von Algier erneut Tunis. Die Spanier können Tunis noch einmal zurückerobern, doch 1574 verlieren sie es endgültig an die Türken. Damit ist auch das Schicksal der Hafsiden definitiv besiegelt.

Zwischen dem merinidischen Marokko und dem hafsidischen Ifrikiya wird Tlemcen (Tilimsan) das Zentrum eines Staates. Yusuf ibn Taschfin hatte Tagrart (das spätere Tlemcen) an der Kreuzung von Handelsstraßen erbaut. Yaghmurasan aus dem Zanata-Stamm, almohadischer Regent der Stadt und ihres Umlandes, macht sich 1235 unabhängig und gründet die Dynastie der Abdalwadiden; von Tlemcen aus kann er den Handel zwischen dem Süden und der Mittelmeerküste kontrollieren. Nie war der – im Verhältnis zu den Großmächten des Maghreb kleine – Staat der Abdalwadiden stabil und sicher. Beduinen bedrohen ihn ebenso wie die großen Nachbarn, etwa die Hafsiden aus dem Osten oder die Meriniden aus dem Westen. Im 14. Jahrhundert scheint das Ende des Abdalwadiden-Staates gekommen: 1337–59 gehört er zum Merinidenreich, erlebt jedoch eine kurze Renaissance in der zweiten Hälfte des 14. Jahrhunderts, um eine prekäre, gefährdete Existenz bis zur osmanischen Intervention im 16. Jahrhundert zu fristen. Mit den Nasriden von Granada haben die Abdalwadiden stets gute Beziehungen gepflegt – waren diese doch Feinde ihrer Feinde, der Meriniden. Nach dem Ende des letzten islamischen Staates auf der Iberischen Halbinsel kommen Gefahren aus dem nun ganz christlichen Spanien für die – ohnehin von Feinden umgebenen – Abdalwadiden. 1509 wird Oran spanisch besetzt.

Im 16. Jahrhundert ist das Ende der maghrebinischen Berberstaaten ebenso gekommen wie das der muslimischen Großmächte am Nil.

In Marokko sind die Wattasiden die letzte Berberdynastie, die dann von der arabischen Scherifendynastie der Sa'dier abgelöst wird, während das restliche Nordafrika in den Einflussbereich des Imperiums der türkischen Osmanen gerät.

Da der äußerste Westen Nordafrikas außerhalb der Reichweite der türkischen Galeeren lag, konnten dort »im Niemandsland zwischen Portugiesen und Osmanen« (von Sivers) Familien, die ihre Abstammung auf den Propheten zurückführten (Scherifen), nicht nur Ansehen und Prestige, sondern die politische Macht unter der Führung der Sippe der Banu Sa'd gewinnen. 1510 gelingt in Südmarokko die Einigung der scherifischen und pro-scherifischen Kräfte und die Gründung eines stark religiös gefärbten Staates. Gleichzeitig förderte man den Zuckeranbau, die Zuckerverarbeitung und den Export nach Europa, den Transsahara-Handel (Gold!), den man wieder in muslimische Hände brachte, nachdem ihn die Portugiesen zeitweise umgelenkt hatten, sowie den Dschihad – für den man von spanischen und französischen Waffenhändlern erstmals Feuerwaffen bezog. Dies begünstigte die Expansion: Nach einem Sieg über die Wattasiden (1536), einst Oberherren der Sa'dier, konnte 1541 Agadir den Portugiesen abgenommen werden, das zum Hauptexporthafen des Sa'dier-Staates wird. 1549 gelingt die Vertreibung der Wattasiden aus Fes. Selbst die Konfrontation mit den Osmanen wagten die Sa'dier, als sie 1550 Tlemcen besetzten, aber bereits ein Jahr später vertrieben wurden. Die türkischen Korsaren können ihrerseits jetzt nach Fes vorstoßen, sich dort aber nicht lange halten. Wenn es auch den Osmanen gelingt, den sa'dischen Sultan Muhammad 1557 ermorden zu lassen, Marokko unter ihre direkte Kontrolle zu bringen, bleibt ihnen versagt. Aber es gelang ihnen, Thronfolgestreitigkeiten der Sa'dier zu nutzen und Einfluss zu gewinnen. Marokko rückt zunehmend in den Blick ausländischer Mächte. Portugal kann zwar die meisten seiner Stützpunkte nicht auf Dauer halten, ist aber bestrebt, zumindest den Einfluss anderer Mächte im Maghreb einzuschränken. Befürchtet wird die Errichtung einer osmanischen Flottenbasis an der Atlantikküste. Auch die Festsetzung Venedigs in Marokko als erster Schritt, auch am Atlantikhandel zu partizipieren, ist eine mögliche Gefahr für Portugal. Neu auf dem nordafrikanischen Schauplatz ist England, das nach Marokko nicht nur Textilien liefert und Zucker dort kauft, sondern auch Waffen- und Salpeterhandel betreibt – Marokko steht kurz davor, zum Umschlagplatz für den Mittelmeer- und Atlantikhandel zu werden –, auf Kosten Italiens und der deutschen Handelsstädte (über die bisher Waren des Südens und Ostens nach England gelangten).

Die Sa'dier versuchen, zwischen den iberischen Mächten,

England und Osmanen zu lavieren, um dabei ihre eigenen Interessen zu wahren und vor allem ihre kommerziellen Beziehungen auszubauen. Zwar kommt es nicht zu den erhofften britischen Holzlieferungen, die man für den Ausbau einer marokkanischen Flotte gebraucht hätte, da seit dem Untergang der spanischen Armada 1588 die Zusammenarbeit mit Marokko für England nicht mehr prioritär ist, doch wird der Sahara-Handel intensiviert und direkt in den westafrikanischen Staaten interveniert (Salz, Stoffe, Leder, Metall und vor allem Gold). Ein letzter Versuch der Portugiesen, militärisch in Marokko einzugreifen, scheitert 1578. Dennoch geht die Epoche der Sa'dier zu Ende, das Reich zerfällt Anfang des 17. Jahrhunderts, in einigen Regionen spielen die Sa'dier weiterhin eine Rolle als Lokalfürsten.

Kapitel 5

Europa und die Araber (11.–16. Jahrhundert)

Zeittafel

722	Schlacht von Covadonga: erster Erfolg der Reconquista gegen die Muslime in Spanien
939	Schlacht von Simancas – Abarrahman III. erleidet Niederlage gegen das christliche Spanien
1086	Rückschlag für die Reconquista durch die Niederlage Alfons' VI. bei Zallaka
1098	Entstehung des ersten Kreuzfahrerstaates, der Grafschaft Edessa
1099	Kreuzfahrer erobern Jerusalem
1144	Kreuzfahrer verlieren Edessa an Muslime
1187	Schlacht von Hattin: Saldin entreißt den Kreuzfahrern Jerusalem
1212	Schlacht von Las Navas de Tolosa: Christliche Spanier schlagen Almohaden
1230–1492	letzte islamische Dynastie in Spanien, die Nasriden
1236	christliche Spanier erobern Córdoba
1249	Ludwig der Heilige in Ägypten
1291	Fall des letzten Kreuzfahrerstützpunktes Akka (Akkon)
1492	Ende des letzten muslimischen Staates auf spanischem Boden: Abschluss der Reconquista; Entdeckung Amerikas durch Columbus
1498	Vasco da Gama entdeckt den Seeweg nach Indien
1507	Portugiesen nehmen Insel Sokotra am Bab el-Mandeb (Eingang zum Roten Meer) ein
1508	Mamluken schlagen portugiesische Flotte im Indischen Ozean, werden aber ihrerseits 1509 von den Portugiesen besiegt
1567	erfolgloser Aufstand der spanischen Muslime
1609/14	Vertreibung der letzten Muslime (»Moriscos«) aus Spanien

5.1 Die Reconquista

Als Mythos der christlich-spanischen Geschichte, als wesentliche Komponente des Nationalbewusstseins des neuzeitlichen Spanien, als Kontrapunkt zur 800jährigen Geschichte von al-Andalus spielt die Reconquista vor allem eine Rolle in der westlichen, europäischen Historiographie. Der Begriff wurzelt im Bewusstsein einer ständigen Abwehr des Islam, eines Zurück- oder Wieder-Eroberns von Regionen, die Muslime Europa entrissen und dem *Dar al-Islam* eingegliedert haben. Letztendlich ist die Reconquista Ausdruck eines ausgesprochen christlichen und anti-islamischen Geschichtsverständnisses.

Die Reconquista beginnt praktisch mit der Eroberung der Iberischen Halbinsel durch arabisch-berberische Truppen für den Islam, die 711 einsetzt, aber nie zu einem wirklichen Abschluss kommt – denn die vollständige Okkupation der Pyrenäenhalbinsel gelingt den Muslimen nie. Die »pérdida de España« war das Trauma, die »Reconquista« dagegen die (Selbst-)Therapie.

Im Norden der Iberischen Halbinsel leistet ein wahrscheinlich adeliger Gote namens Pelagius (Pelayo) ersten Widerstand. In Asturien wird er zum Führer frühester organisierter Gegenwehr gegen die Muslime, die eine erste Niederlage in der Schlacht von Covadonga erleiden. Alfons I. von Kantabrien kann sich ebenfalls ganz im Norden halten und heiratet Pelayos Tochter. So bildet sich die erste christliche Bastion in der Region um Oviedo. Nur indirekt und im weitesten Sinn zur Reconquista gehören zunächst die fränkischen Gebiete, aus denen im späten 8. Jahrhundert die »spanische Mark« wird und dann ein unabhängiges Fürstentum mit weiten Gebieten, die Anfang des 9. Jahrhunderts den Muslimen genommen werden. Barcelona und Pamplona geraten in christliche Hand.

Die Keimzellen des späteren Königreichs Navarra und am Oberlauf des Río Aragón die gleichnamige Grafschaft, die später zum Königreich wird, entstehen zu dieser Zeit. Abd ar-Rahman III., der Gründer des umayyadischen Kalifats, unternimmt mehrere Feldzüge gegen das christliche Spanien, dessen Schwerpunkt sich nach León verlagert, erleidet aber in der Schlacht von Simancas 939 einen empfindlichen Rückschlag. Die christlichen Staaten der Iberischen Halbinsel kommen aber ihrerseits in Bedrängnis, als der Hadschib (Kämmerer, Hausmeier) al-Mansur die Macht im Umayyadenkalifat übernimmt. Er kann Ende des 10. Jahrhunderts Barcelona, León und 997 das Nationalheiligtum der Spanier, Santiago de Compostela, einnehmen und teilweise zerstören.

Ähnliche Phänomene auf christlicher und auf muslimischer Seite führen dazu, dass sich die Auseinandersetzung zwischen beiden Kulturräumen und Religionssphären lange hinzieht: Keine zentrale Macht besteht im christlichen Spanien; verschiedene kleinere Staaten, oft auch untereinander verfeindet, stehen dem islamischen al-Andalus gegenüber. Ganz selten nur gelingt es ihnen, ihre Energien zu bündeln und koordiniert mit all ihren Ressourcen dem islamischen Spanien entgegenzutreten. Al-Andalus ist dagegen anfangs formal eine Einheit – zunächst unter Gouverneuren, dann unter Emiren und seit dem 10. Jahrhundert unter Kalifen –, doch wird die Zentralgewalt geschwächt durch Revolten, Sezession und ständige Unruhen aller Art. Später zerfällt das islamische Spanien in eine Reihe von Kleinstaaten, die keine wirksame Gegenwehr mehr gegen die Reconquista zu leisten vermögen.

Diese Epoche der *muluk at-tawa'if*, der Kleinkönige, setzt mit dem Zerfall des Kalifats 1023–31 ein. Arabische, berberische und »slawische« Fürsten können sich hier teils ephemere, manchmal auch stabilere Herrschaftsräume schaffen. Zwar sind viele dieser Höfe und Residenzstädtchen Schauplätze einer kulturellen Blüte – doch der Reconquista haben sie wenig entgegenzusetzen.

Damals tritt auf christlicher Seite Kastilien in den Vordergrund. Alfons VI. von León-Kastilien (beide Länder sind seit 1037 vereinigt) wird die beherrschende Gestalt dieser Epoche und übernimmt die Führung der Reconquista. Um zu überleben, müssen ihm viele der Kleinkönige Tribut zahlen. 1085 nimmt Alfons Toledo, dringt weit nach Süden vor und kann eine Position (die Burg Aledo) zwischen Murcia und Lorca okkupieren. Das islamische Spanien scheint in seiner Existenz bedroht, die machtlosen muslimischen Fürsten holen einen mächtigen Alliierten aus Nordafrika ins Land. Das Almoravidenreich greift auf Europa über und gibt dem arabisch-berberisch-islamischen al-Andalus neuen Auftrieb. 1086 wird Alfons VI. in Zallaka (bei Badajoz) besiegt – ein schwerer Rückschlag für die Reconquista. Die Almoraviden einigen al-Andalus unter ihrer Führung, beenden die Kleinstaaterei; der Almoravidenherrscher nimmt den Titel amir al-Muslimin, »Fürst der Muslime«, an. 1110 wird Zaragoza wieder von den Muslimen erobert, 1115/16 die Balearen. Doch ist dieses muslimische Vordringen unter almoravidischer Führung nicht von langer Dauer. 1118 bereits erobern die Christen Zaragoza zurück, 1119 nehmen sie Calatayud ein; 1125/26 kann Alfons I. von Aragón einen erfolgreichen Kriegszug ins östliche al-Andalus unternehmen, der schockierend auf die spanischen Muslime wirkt, als Heldentat für die christliche Reconquista verbucht wird und weitreichende Folgen hat. An die 14000 Mozaraber – Christen aus dem islamischen Spanien – soll König Alfons von seinem aufsehenerregenden Feldzug mitgebracht und in den christlichen Norden umgesiedelt haben. Ganz allgemein war es üblich, dass bei erfolgreichen Vorstößen der Reconquista zahlreiche Mozaraber die islamisch beherrschten Gebiete verließen und ins christliche Spanien flohen. Aber der Vorstoß

Alfons' I. hatte auch eine andere Folge: Zahlreiche Mozaraber wurden nun aus dem islamischen Spanien nach Nordafrika umgesiedelt (man mag sie der Kollaboration mit christlichen Angreifern verdächtigt haben), wo sie offensichtlich in der muslimischen Bevölkerung aufgingen – denn nirgends im Maghreb haben sich mozarabische oder andere christliche Gemeinden erhalten. Die skizzierten Tendenzen mozarabischer Geschichte machen eines deutlich: Die viel beschworene Toleranz im muslimischen Spanien müssen wir – zumindest in dieser Phase der Geschichte von al-Andalus – relativieren. Wenn zahlreiche Mozaraber die Vorstöße christlicher Armeen in muslimisches Land nutzten, um aus dem islamischen Machtbereich ins christliche Spanien zu fliehen und wenn man im muslimischen Teil der iberischen Halbinsel Mozaraber nach Nordafrika umsiedelte – offenbar, weil man ihnen misstraute und fürchtete, sie könnten zu einer Art fünfter Kolonne werden –, zeigt dies zumindest, dass das christlich-muslimische Zusammenleben in Zeiten der fortschreitenden, erfolgreicher werdenden Reconquista nicht mehr so spannungsfrei und unproblematisch gewesen sein kann, wie es zeitweise unter anderen historischen Gegebenheiten gewesen sein mag. Die Erfolge der Reconquista gehen einher mit dem Niedergang der Almoraviden in al-Andalus, deren Herrschaft im fortschreitenden 12. Jahrhundert von einer weiteren Phase der Kleinstaaterei abgelöst wird. Es ist jetzt, in der neuen Periode der Kleinkönige, nicht mehr leicht, Linien zwischen »Muslimen« und »Christen« sauber zu ziehen. Gewissenlose Abenteurer verfolgen oft nur noch machtpolitische oder rein materielle Ziele, schmieden wechselnde Allianzen, werben Söldner unterschiedlichen Glaubens an und sind in den herkömmlichen Grundmustern spanischer Geschichte, das auf dem islamisch-christlichen Gegensatz beruht, nicht mehr fassbar. Doch in dieser Situation kann die Reconquista weitere Fortschritte machen: Tortosa, Lérida, und Almería (ganz im Süden, nahe Gibraltar) fallen in christliche Hand. Die Geschichte scheint sich zu wiederholen. In dieser höchsten Gefahr kommt wieder eine Großmacht aus dem Maghreb, unter den Vorzeichen eines strengen, reinen Islam nach al-Andalus und setzt der Anarchie ein Ende. Die berberischen Almohaden werden nach Spanien gerufen, das islamische Spanien ist spätestens 1172 Teil ihres Reiches. In dieser Epoche wird auch der religiöse Charakter der Reconquista unter dem Eindruck der Entwicklung intensiver: Die militärischen Orden von Calatrava, Alcantara und Santiago werden gegründet.

So ist zur Almohadenzeit der Krieg zwischen muslimischem und christlichem Spanien ein Dauerthema: 1165 nehmen die Portugiesen (Portugal hatte sich seit etwa 1100 zum eigenständigen Staat entwickelt) Évora ein, Alfons VIII. von Kastilien erobert 1177 Cuenca. Doch 1195 wird er von den Almohaden bei Alarcos vernichtend geschlagen. Die almohadische Prädominanz ist aber nicht von langer Dauer in Spanien, nur kurz ist der Rückschlag für die Reconquista. Dem Erzbischof von Toledo, Rodrigo Jiménez de Rada, gelingt es, eine Allianz der christlichen Staaten der Halbinsel zustande zu bringen; er kann Papst Innozenz III. dazu bewegen, einen regelrechten Kreuzzug zu verkünden. Alfons VIII. von Kastilien gelingt es, zusammen mit den Königen von Navarra und Aragon, 1212 die Almohaden bei Las Navas de Tolosa zu schlagen. Die Entscheidungsschlacht leitet die letzte Periode des Islam in Spanien und die Endphase der Reconquista ein. Diese macht jetzt schnelle, entscheidende Fortschritte. 1236 kann Ferdinand III. »der Heilige« von Kastilien und Leon Córdoba besetzen und wichtige Positionen am Guadalquivir, dem größten Fluss in Südspanien, der bis heute seinen arabischen Namen (al-Wadi al-Kabir = Guadalquivir = das große Tal) trägt, für die christliche Seite sichern. 1243 wird Murcia ein Vasallenfürstentum von Ferdinand, der

1246 Jaen einnimmt. Die Nasriden von Granada sichern ihr Überleben, indem sie Ferdinand III. als Lehnsherrn anerkennen. Dieser erobert 1248 Sevilla. Auch Jaime (Jakob) I. von Aragón treibt die Reconquista weiter voran: 1238 erobert er Valencia und im Jahrzehnt von 1229 bis 1239 gelingt ihm die Einnahme der Balearen. Alfons X., der Weise, Sohn Ferdinands III., führt das Werk seines Vaters fort: Cádiz fällt 1260 an ihn, 1261 Jerez, 1262 Niebla und 1266 Murcia. In dieser Epoche der rasch fortschreitenden Reconquista wandern mehr und mehr Muslime aus al-Andalus aus, viele fliehen auch ins Nasriden-Emirat von Granada. 1292 fällt Tarifa an Kastilien, Alfons XI. kann in zwei Feldzügen fast die ganze Südspitze Spaniens erobern (1340 und 1343). Als Algeciras ebenfalls erobert wird (1344), ist die merinidische Gefahr völlig gebannt und das Nordufer der Straße von Gibraltar ist fest in christlicher Hand. Doch immer noch gibt es Rückschläge für die Reconquista: Der Nasride Ismail schlägt die kastilischen Truppen 1319 vor den Toren Granadas, und Muhammad IV. kann 1333 Gibraltar zurückerobern. Innere Wirren in Kastilien ermöglichen den Nasriden sogar die Rückeroberung von Algeciras im Jahr 1369. Immer wieder aber scheint die Existenz des letzten muslimischen Staates auf iberischem Boden akut gefährdet; doch wiederholt wehren sich die Nasriden erfolgreich, können unverhoffte Erfolge verbuchen. So kann Muhammad VIII. Vorstöße auf kastilisches Territorium wagen. 1431 gelingt den Nasriden sogar ein Sieg über Johann II., wodurch die Existenz des kleinen Staates noch einmal um einige Jahrzehnte verlängert wird. Doch dann naht unaufhaltsam das Ende, als Ferdinand und Isabella heiraten und die Kronen Kastiliens und Aragóns vereinen (1469). Die »katholischen Könige« können die Kapitulation von Granada in Geheimverhandlungen 1492 erreichen, der letzte Emir von Granada, Abu Abdallah (in europäischen Quellen »Boabdil«) erhält freies Geleit und geht nach Nordafrika. Die Reconquista ist nach fast acht Jahrhunderten zum Abschluss gekommen, eine glänzende Epoche islamischer Kultur geht ebenfalls zu Ende. Im gleichen Jahr bricht Columbus zu seiner Westfahrt nach »Indien« auf, deren Zufallsresultat die Entdeckung Amerikas ist – dies ist mehr als eine schiere Koinzidenz.

5.2 Die Kreuzzüge

Ebenso wie die Reconquista sind die Kreuzzüge ihrem Wesen nach und als Begriff sowie in der Perzeption ein genuin »europäisches« Phänomen. Europa hat sie vor allem als besondere, herausgehobene, abgegrenzte historische Erscheinung sui generis gesehen und bewertet, weniger der Orient. Hier wurden und werden sie als Teil der dauernden Auseinandersetzung zwischen Morgenland und Abendland, zwischen *Dar al-Islam* und *Dar al-Harb* betrachtet. Allerdings hat der Begriff »Kreuzfahrer« (*Salibiyin*, Pl.) in den letzten Jahrzehnten eine neue negative Bedeutung gewonnen für ideologisch unterfütterte Militärunternehmen des »Westens« gegen islamische Länder (Irak-Krieg 2003!) oder vermeintliche und reale publizistisch-propagandistische Kampagnen gegen den Islam.

Die Kreuzzüge waren kein singulärer historischer Vorgang, sondern eine Variante von vielen unter den Konflikten zwischen christlicher und muslimischer Welt. Auch auf der Iberischen Halbinsel, in Anatolien, Sizilien und praktisch im gesamten Mittelmeerraum gab es – auch vor Beginn und nach Ende der Kreuzzugsära – vergleichbare Auseinandersetzungen. Im 11. Jahrhundert hatte sich die islamische Bedrohung von Byzanz verstärkt – nach der Schlacht von Manzikert 1071 strömten zunehmend Turkmenen nach Anatolien, und die Byzantiner empfanden die unmittelbare Gefährdung als existenziell. Deshalb baten sie den Papst um Hilfe – nur Jahrzehnte nach dem großen Schisma (1054), in welchem sich Ost- und Westkirche getrennt hatte. Auch an anderen Abschnitten der christlich-muslimischen Front wird die Lage bedrohlicher – man denke nur an den Sieg der Almoraviden über das christliche Spanien 1086 bei Zallaka (siehe S. 107). Auf der anderen Seite hatten sich Handel, Seefahrt und Pilgerwesen im 11. Jahrhundert entwickelt. Seit 1061 unterhält Amalfi ein Krankenhaus und ein Kloster in Jerusalem. Die Verbindungen zum Orient werden enger, häufiger werden von europäischen Reisenden die christlichen heiligen Stätten im »Heiligen Land« besucht. So rückt der »Orient«, rücken die Auseinandersetzungen mit dem Islam mehr und mehr ins europäische Bewusstsein. Auch militärische Erfolge gegen die islamische Welt sind zu verzeichnen. 1061 gelingt den Normannen die Einnahme Messinas und in den Jahren darauf die Rückeroberung ganz Siziliens.

Antichristliche Maßnahmen durch die Fatimiden erregen die Gemüter im Abendland, und als Papst Urban II. 1095 beim Konzil von Clermont zum bewaffneten Zug ins Heilige Land aufruft, fällt dies auf fruchtbaren Boden, löst Begeisterung in Europa aus – die Zeit war reif. Nicht nur durch die skizzierten Verhältnisse im Orient und in den europäisch-islamischen Beziehungen, auch durch Entwicklungen, die sich im christlichen Europa ergeben hatten, wurde die Bewegung ausgelöst. Soziale Spannungen aufgrund starken Bevölkerungswachstums und in der Folge eine Krise des Feudalsystems, Bündelung von Energien und Anfachen religiöser Begeisterung in Hinblick auf bereits bestehende Konflikte im christlich-islamischen Kontext, Stärkung der Stellung des Papsttums, Ventilfunktion eines »gerechten Krieges« gegen die Ungläubigen zur Befreiung der Heiligen Stätten. All dies waren Faktoren, die zusammenwirkten. Kann man der Mehrheit der Kreuzfahrer religiöse Motivation – ja, Begeisterung, Opferbereitschaft oder sogar

Fanatismus – nicht absprechen, machten sich doch ebenso Glücksritter, Abenteurer und Menschen ohne Perspektive auf den Weg.

1096 brach die erste »bewaffnete Wallfahrt« ins Heilige Land auf, 1097 gelang es diesem ersten Kreuzzug, ein Heer der anatolischen Seldschuken (»Rum-Seldschuken«) zu schlagen. 1098 wurde als erster Kreuzfahrerstaat in Nordsyrien die Grafschaft Edessa errichtet, dann das Fürstentum Antiochia. 1099 gelangten die Kreuzfahrer bis nach Jerusalem. Nach fünfwöchiger Belagerung fiel die Stadt – die Kreuzfahrer richteten in der heiligen Stadt ein Blutbad an, dem nicht nur Muslime, sondern auch Juden zum Opfer fielen. Das Königreich Jerusalem wird gegründet, das sich bis Akaba im Süden erstreckt und dadurch Zugang zum Roten Meer hat. Im Norden reicht es bis zur heutigen libanesischen Hauptstadt Beirut. Dies ist ein erster Höhepunkt der Kreuzzüge: die heiligen Stätten neutestamentlichen Geschehens sind den »Ungläubigen« entrissen und wieder unter christlicher Herrschaft. Für die italienischen Handelsstaaten bedeuten die Kreuzzüge eine Chance. Sie können ihre Handelsaktivitäten ausdehnen, sich Rechte und geographische Positionen in der Levante sichern; sie verdienen auch an den Kreuzzügen selbst – durch Güter- und Personentransporte. Auch wenn die heiligen Stätten im eigentlichen Sinn jetzt in europäischer Hand sind, gehen die Eroberungen der Kreuzfahrer weiter, insbesondere an der Mittelmeerküste, wo 1104 das alte Byblos eingenommen wird, 1109 weiter nördlich Tripolis, die Grafschaft gleichen Namens entsteht.

Ritterorden werden gegründet (Templer, Johanniter), die im 13. Jahrhundert den Höhepunkt ihres Einflusses erleben. Schon früh aber zeigen sich Schwächen des Systems der Kreuzfahrerstaaten und die Grenzen ihrer militärischen Möglichkeiten. Schon vor dem Zweiten Kreuzzug wird Edessa von der muslimischen Seite zurückerobert, und die gleichnamige Grafschaft geht nach knapp 50 Jahren unter (1144). Dennoch: In jedem Fall bedeutet der Vorstoß der Kreuzfahrer nach Syrien und Palästina einen Rückgang der fatimidischen Macht: Die ägyptischen Fatimiden büßen ihr asiatisches Vorfeld ein. Gleichzeitig entstehen neue Mächte. Die ersten Erfolge gegen die Kreuzfahrer sind ihnen zu verdanken, nicht den Großmächten der Region, den Seldschuken und Fatimiden, die hier um die Vorherrschaft rivalisiert hatten. Die eben erwähnte Eroberung von Edessa beispielsweise gelang Zengi, dem türkischstämmigen Herrn von Mossul, der zunächst im Dienst der Seldschuken gestanden war, dann seine Macht durch Dynastiegründung konsolidierte und ausdehnte und das gesamte muslimische Syrien einte. Die Zengiden übernehmen später sogar die Macht in Ägypten (siehe S. 132).

Mit eine Folge der Einnahme von Edessa durch die Muslime war der Zweite Kreuzzug, der 1147 aufbrach, vergeblich Damaskus belagerte und als Ergebnis lediglich den Muslimen die Schwäche der christlichen Seite vor Augen führte. Nur ad-Din ibn Zengi, dem Sohn des Dynastiegründers, gelang es, die sunnitische Orthodoxie wieder zu stärken und die muslimische Identität sowie den Dschihad als Motivationsfaktor angesichts der Kreuzfahrerpräsenz neu zu beleben. Er schickte angesichts der Wirren in Ägypten seinen General Schirkuh an den Nil – ein folgenschwerer Schritt auch im Kreuzzugs-Kontext (vgl. S. 170). Die Kreuzfahrer verlieren im Landesinneren in der Mitte des 12. Jahrhunderts zwar bereits Territorien, aber an der Küste ist ihre Position noch stark: Nachdem 1124 Tyros durch sie eingenommen worden war, können die Christen 1153 Askalon erobern, die letzte wichtige Bastion der Fatimiden östlich Ägyptens. Niemals gelingt den Kreuzfahrern hingegen die Okkupation von Städten wie Aleppo oder Damaskus. Ihr »offizielles« Ziel war ja auch die »Befreiung« der Heiligen Stätten, die ja bereits zu Beginn im Rahmen des Ersten Kreuzzuges gelingt. Es zeigt sich jedoch, dass die religiösen Motive eben nur ein Teil der Intentionen der Kreuzfahrer waren. Die Zeit der schnellen, spektakulären Erfolge ist aber mit dem Ersten Kreuzzug vorüber; Versuche, auch Ägypten einzunehmen, scheitern vorerst. Zwar kommt es immer wieder zu Kreuzfahrer-Vorstößen gegen Ägypten – König Amalrich von Jerusalem etwa unternimmt 1162 einen Feldzug ins Nildelta; doch schließlich sind es die sunnitischen Zengiden, die von Zengi (der den Kreuzfahrerstaat von Edessa vernichtet hatte) abstammenden Dynastie, die in Ägypten die Macht übernehmen und von dort aus die Führung des Dschihad gegen die Kreuzfahrer. Als General Schirkuh stirbt, der im zengidischen Namen an den Nil geschickt worden war, kann sein Neffe Salah ad-din al-Ayyubi sein Erbe antreten. Saladin, wie er im Abendland genannt wird, beendet die Herrschaft der schiitischen Fatimiden, leitet die Rückkehr Ägyptens zum sunnitischen Islam ein (die Bevölkerungsmehrheit war ohnehin nie schiitisch geworden) und macht sich selbst zum Herrscher eines unabhängigen Ägyptens. Saladin wird Hauptkontrahent der Kreuzfahrer. Ihm gelingt es, Ägypten wieder zu einer Großmacht aufzubauen.

Erst nachdem er seine Herrschaft gesichert und auch im syrischen Raum ausgebaut hat – durch Friedensschlüsse mit den Franken konnte er sich den Rücken freihalten –, beginnt er den Dschihad gegen die Kreuzfahrer: Der Bruch eines Waffenstillstands durch die Christen liefert den Anlass: Den Kreuzfahrern fügt Saladin in der Schlacht von Hattin im Sommer 1187 eine empfindliche Niederlage bei, die den Muslimen die Einnahme einer Reihe von Städten ermöglicht. Im Oktober 1187 fällt Jerusalem nach einem christlichen Zwischenspiel von weniger als 90 Jahren in Saladins Hand. Das Königreich Jerusalem jedoch überlebt – wenn auch ohne seine Hauptstadt. Unter dem Eindruck dieser für »Oultremer«, wie die Kreuzfahrerbesitzungen genannt werden, so bedrohlichen Entwicklung brechen Kaiser Friedrich Barbarossa, der französische König Philipp II. August sowie der englische König Richard Löwenherz ins Heilige Land auf (Dritter Kreuzzug). Jetzt kann Akkon (Akka) eingenommen werden (1191), es wird zur neuen Hauptstadt des Königreichs Jerusalem. Saladin und Richard gelangen zu einer Verhandlungslösung: Ein Vertrag von 1192 überlässt Saladin das Binnenland und einige Häfen, den Kreuzfahrern einen großen Teil der Küste. Christlichen Pilgern wird der freie Zugang zu den Heiligen Stätten gesichert (wir erinnern uns: seit 1187 ist Jerusalem wieder in muslimischer Hand). Im Jahr darauf stirbt Saladin. In Ost und West lebt die verklärte Erinnerung an ihn in einem idealisierten Bild fort.

Immer wieder brechen Menschen aus Europa in die Levante auf, in unterschiedlicher Zahl, mit uneinheitlichen Vorstellungen und Zielen. Nur schwer sind sie in separate, voneinander abgegrenzte, »zählbare« Einzelunternehmen aufzugliedern. Manche waren abstruse Projekte wie der Kinderkreuzzug (1212), der für die beteiligten 10- bis 15jährigen katastrophale Folgen hatte, andere richteten sich nicht gegen feindliche »Ungläubige«, sondern gegen das christliche Byzanz (Vierter Kreuzzug 1202–04).

Die nicht völlig verbindliche Zählung von sieben Kreuzzügen verdeutlicht, dass diese Zählungen vor allem Ergebnisse der Systematisierungs-, Strukturisierungs- und Gliederungsbemühungen der Historiker sind.

1218 erfolgt ein Angriff der Kreuzfahrer auf Ägypten, der jedoch letztlich scheitert. Es gelingt nicht, die Ayyubiden als wichtigste religiöse Großmacht und Hauptgegner der Kreuzfahrer auszuschalten oder ans Rote Meer vorzudringen und direkt in den Asienhandel einzugreifen.

Kaiser Friedrich II. unternimmt, ein Gelübde einlösend, 1228 einen Kreuzzug, wenngleich eher halbherzig. Ebenso wie dem Ayyubidenherrscher al-Malik al-Kamil ist ihm an langwierigen, eventuell verlustreichen und aufwendigen Militäroperationen mit ungewissem Ausgang nicht gelegen. Ein Friedensschluss in Jaffa 1229 stellt einen Kompromiss dar: Jerusalem wird den Franken zurückgegeben, wobei aber der Felsendom und die al-Aksa-Moschee mit dem Tempelplatz unter muslimischer Kontrolle verbleiben; die Muslime in der Stadt behalten ihren eigenen Kadi und ihre Selbstverwaltung. Auch einige andere Orte (wie Saida/Sidon oder Nazareth) fallen wieder an die Christen. Friedrich II. lässt sich zum König von Jerusalem krönen. So günstig der zehnjährige Frieden auch für die christliche Seite gewesen sein mag, er trifft in Europa auf starke Vorbehalte und Kritik (wie dies ebenso auf muslimischer Seite der Fall war). Er wird auch 1239 nicht erneuert – die Folge davon war, dass Jerusalem 1244 endgültig wieder an die Muslime fällt. 1249 führt der französische König Ludwig IX. den Sechsten Kreuzzug – und zwar wieder gegen Ägypten. Von Damietta stoßen die Kreuzfahrer nach Süden vor: Doch der König gerät in muslimische Gefangenschaft, seine Armee wird aufgerieben. Ein weiteres Mal scheitert der Plan einer Eroberung Ägyptens. Ludwig IX. wird zwar gegen ein Lösegeld wieder freigelassen und verbringt noch einige Zeit in Syrien, wo er verschiedene Orte befestigt, aber entscheidende Erfolge kann er nicht erzielen. 20 Jahre später unternimmt er einen weiteren Kreuzzug, der insofern aus dem Rahmen fällt, als er gegen Tunis gerichtet ist.

Im Nahen Osten zeigt sich damals eine völlig neue Konstellation: Eine neue Großmacht taucht aus dem Osten auf, die Mongolen. Ihr Vordringen scheint unaufhaltsam, die islamische Welt als solche scheint durch die mongolische Eroberungswelle bedroht. 1258 haben sie Bagdad erobert, den Kalifen ermordet und die Abbasidendynastie endgültig ausgelöscht. Die Kreuzfahrer dagegen setzen ihre Hoffnung gerade auf die Mongolen: Diese nämlich verbünden sich mit den Christen des Orients gegen die Muslime. In Ägypten jedoch hat eine neue Macht die Führung übernommen: Militärsklaven – die Mamluken – haben jetzt das Land am Nil in der Hand (seit 1250), sie werden sich als entschiedene Gegner sowohl der Kreuzfahrer als auch der Mongolen erweisen. Ägypten wird erneut zur Vormacht des Nahen Ostens aufsteigen und Glanz und wirtschaftliche Prosperität erlangen. Die Mongolen treten im syrisch-irakischen Raum mit christlichen Alliierten auf, sie verbünden sich mit Armenien und mit den Kreuzfahrern. So kommt es 1260 bei Ain Dschalut (Goliathsquelle) in Palästina zur Entscheidungsschlacht: Die Mamluken können die Mongolen schlagen und damit Ägypten vor ihnen retten. Damit sind die Mamluken auch die dominierende Macht in Syrien und neue Gegner der Kreuzfahrer. Sie werden das christliche Zwischenspiel in der Levante beenden. Akko fällt 1291, und auch die restlichen Kreuzfahrerpositionen geraten sehr schnell in mamlukische Hand. Zuletzt bleibt nur noch die armselige Insel Arwad (vor Tartus) in christlichem Besitz.

So überraschend die Heere der Kreuzfahrer über den Nahen Osten gekommen waren in den letzten Jahren des 11. Jahrhunderts, so sang- und klanglos waren sie nach knapp zwei Jahrhunderten wieder verschwunden. Für die arabisch-islamische Welt stellen sie ein Intermezzo dar, haben sie doch nichts gegen den Aufstieg der Mamluken in Ägypten noch den der Osmanen als der eigentlichen Bedrohung Europas durch den Islam ausgerichtet. Sie bleiben ein regionales Phänomen, selbst ihre Überfälle auf Ägypten hatten keine Konsequenzen historischer Tragweite. Für Europa jedoch war es ein erster energischer Vorstoß, eine erfolgreiche Eroberungsbewegung in Richtung islamische Welt – anders und dynamischer als die Reconquista, die sich langsam und unter vielen Rückschlägen entwickelte und sieben Jahrhunderte brauchte, um die arabisch-islamische Präsenz auf der Iberischen Halbinsel zu beenden.

Aber die Kreuzzüge waren die erste europäische Anstrengung, auszubrechen aus der Umklammerung durch den Islam, den arabisch-islamischen Sperrriegel gegen Asien zu durchbrechen und den europäischen Handel – die Kaufleute Venedigs, Genuas und anderer italienischer Staaten – ins Rote Meer zu bringen, ihnen direkten Zugang zur Handelswelt des Indischen Ozeans zu ermöglichen, ihnen Zugang zum Reichtum Indiens und Chinas zu schaffen. Wenn dies in letzter Konsequenz auch gescheitert ist – die Kreuzfahrerunternehmungen auf dem Roten Meer sind vorübergehender Natur, verstetigen sich nicht und führen nicht zu dauerhaften Niederlassungen Europas im Roten Meer – so haben doch die italienischen Handelsstaaten ihre Handelsbeziehungen ausbauen können und die Kreuzzüge zu zusätzlichen Einnahmen genutzt. Sie dürfen als die eigentlichen Gewinner der Kreuzzüge gelten, wenn auch ihre Maximalziele (etwa genuesische und venezianische Stützpunkte am Roten Meer oder italienische Handelsschiffe und Kaufleute im Indischen Ozean) sich als unrealistisch erwiesen. Aus dem 12. Jahrhundert stammen die ersten Kapitulationen, Handelsabkommen der italienischen Staaten mit muslimischen Partnern.

Noch einmal wurde von Zypern aus der Versuch unternommen, die Tradition der Kreuzfahrerzeit zu erneuern und mamlukische Positionen anzugreifen, um wieder in Syrien-Libanon-Palästina oder Ägypten Fuß zu fassen – der Versuch scheiterte jedoch (siehe S. 140).

Möglicherweise kann man – mit etwas Phantasie und stark pointiert – die Kreuzzüge als »Generalprobe« Europas für die großen Entdeckungen bezeichnen: Erstmals brechen Europäer auf zu neuen Ufern, organisieren sich in fremder Umgebung und können sich dort längere Zeit in feindlichem Umfeld halten. Zum ersten Mal haben wirtschaftlich-gesellschaftlicher Druck, religiöse Motivation und ökonomische Interessen zu einem Eroberungszug in entfernte, gefährliche Regionen geführt.

Eine Epoche intensiven Kulturaustausches war diese Zeit aber sicher nicht. Die Kreuzfahrer haben zwar im Orient einige Gewohnheiten von ihrer Umgebung angenommen, doch kein wirkliches Interesse oder gar intellektuelle Neugier an der fremden Kultur, die sie antrafen, entwickelt. Kulturtransfer, Austausch geistiger Güter und gegenseitiges Kennenlernen haben viel umfassender und tiefergehend auf Sizilien und in Spanien stattgefunden.

Kreuzzüge hat es auch nach dem Ende des 13. Jahrhunderts gegeben – etwa im Kontext der Türkenkriege – oder in anderen Regionen, wie etwa dem islamischen Spanien; selbst innerhalb Europas hat man Feldzüge gegen »Häretiker« unter dieser Bezeichnung geführt (z.B. gegen die Albigenser in Südfrankreich).

Die arabisch-islamische Welt kann diesen ersten Ansturm im Zeichen des Kreuzes noch abwehren, die von den Kreuzfahrern gewonnenen Gebiete wieder zurückerobern und die Fremden wieder vertreiben. Im Westen wird ihnen das nicht gelingen – dort sind die Christen eindeutig und auf Dauer, ungeachtet wiederholter Rückschläge, auf dem Vormarsch. Seeunternehmen, die nun von Portugal und Spanien ausgehen, werden bald zur Veränderung der Welt führen und den Stellenwert der Araber im globalhistorischen Kontext beeinflussen.

5.3 Die großen Entdeckungen und die islamische Welt

Christoph Columbus, Bartolomeo Diaz und Vasco da Gama, die größten europäischen Entdecker, brachen im Abstand von wenigen Jahren auf, um unbekannte Wege in ferne Länder zu finden und Europas Horizont zu erweitern. Die Folge waren die Gründung weltumspannender Imperien und die Schaffung globaler Handelsnetze in europäischer Hand. Dies mag zunächst wenig mit der arabischen Welt zu tun haben – aber nur auf den ersten Blick. Denn die Entdeckung des Seewegs um die Südspitze Afrikas und in der Folge nach Indien, ja sogar die Entdeckung Amerikas sind eng mit der Geschichte und welthistorischen Rolle der Araber verbunden. Die großen Entdeckungsfahrten, die von den iberischen Staaten ausgingen, sind letztlich auch Ergebnisse des islamisch-christlichen Konflikts, der seit dem 7. Jahrhundert die Geschichte Europas, Afrikas sowie West- und Zentralasiens geprägt hat.

Der Nahe Osten war seit der Antike bereits Scharnier zwischen den Kontinenten, Nahtstelle zwischen geopolitischen Großräumen und Drehscheibe des interkontinentalen Fernhandels. Hier liegen die Landengen zwischen dem Mittelmeer und dem Indischen Ozean, hier grenzen Europa, Afrika und Asien aneinander. Die Araber spielen schon früh eine herausragende Rolle an den Verbindungswegen, die vom Roten Meer und dem Persischen Golf zum Mittelmeer führen. Sie kontrollieren die westlichen Endpunkte der Seerouten aus Asien und die Karawanenwege zwischen Südarabien und Mittelmeerküste. Aus dieser geopolitischen Lage wird verständlich, dass sich das Interesse der Großmächte immer auf diesen Raum konzentrierte. Auf diese Weise gerieten die Araber schon früh in die Großmächterivalitäten um den Fernhandel. Sowohl das persische Reich als auch Byzanz wollten an den Erträgen profitieren, die der Handel durch den Persischen Golf und das Rote Meer erbrachte. Darauf beruhte ihre Rivalität um die Beherrschung Südarabiens.

Lebensgrundlage des nordarabischen Nabatäerstaates um die Stadt Petra waren die von Süden nach Norden verlaufenden Karawanenwege der Weihrauchstraße, auf denen ein Teil des Handels abgewickelt wurde. Auch der Kanal, der zwischen Rotem Meer und Nil angelegt wurde – zunächst durch die Pharaonen, dann erneut durch Ptolemaios II. im 3. Jahrhundert vor Christi Geburt – zielte auf Partizipation Ägyptens am Fernhandel durch die Herstellung eines Seeweges zwischen Indischem Ozean und Mittelmeer über Ägypten. Er war von der Funktion her ein Vorläufer des Suezkanals.

Als die gesamte Südküste des Mittelmeers im 7. Jahrhundert mit der Ausbreitung des Islam unter arabische Kontrolle kam und der Machtbereich des Islam sich vom Atlantik bis nach Zentralasien erstreckte, gerieten die meisten Landverbindungen und Häfen, die Endpunkte der interkontinentalen Seehandelswege waren, unter arabische Kontrolle. Die beiden Hauptarterien des internationalen Verkehrs, diejenige durch das Rote Meer und die durch den Persischen Golf, bisher im Spannungsfeld von Rivalitäten der Großmächte, gerieten unter die Herrschaft einer einzigen politischen Macht (jedenfalls anfangs, vor dem Zerfall des Kalifenreiches).

Die islamische Welt legte sich wie ein Sperrriegel zwischen Europa einerseits und die Märkte Asiens und Afrikas andererseits. Direkter Zugang zu den Waren des Ostens und Südens (vor allem Luxusartikel nach damaligem Verständnis) blieb dem »Abendland« verwehrt. Europa erhielt diese Erzeugnisse nur über die islamische Welt, die ein Monopol für diesen Handel und die begehrten Produkte ferner Länder hatte. Je teurer und seltener diese waren – die arabischen Zwischenhändler sicherten sich enorme Gewinnspannen durch ihr Monopol –, desto mehr regten sie die Phantasien in Europa an, desto stärker wurde der Wunsch, direkten Zugang zu einer Welt märchenhaften Reichtums im Süden und Osten zu erhalten. Europäische Bemühungen jedoch, in den Indischen Ozean vorzudringen, blieben erfolglos – den Kreuzfahrern etwa gelangen nur einzelne Vorstöße ins Rote Meer und die zeitweise

Kontrolle des Hafens Akaba am Roten Meer, auf dem Gebiet des heutigen Jordanien, führte keineswegs zur nachhaltigen Veränderung der Macht- oder Handelsverhältnisse. Wer immer am Orienthandel partizipieren wollte, musste sich mit den islamischen Mächten arrangieren, musste Mittel und Wege suchen, eine einträgliche Mittler-Rolle zu finden zwischen den islamischen Herren des Fernhandels bzw. des Zwischenhandels und den europäischen Märkten. Der Aufstieg der italienischen Stadtstaaten – vor allem Genuas und Venedigs, aber auch Amalfis oder Pisas und anderer – ist mit dieser historischen Herausforderung verbunden. Aber gerade in dem Teil Europas, der am längsten unter arabisch-islamischer Herrschaft gestanden war, auf der Iberischen Halbinsel, wuchs das Bedürfnis, den islamischen Sperrriegel, das arabische Monopol zu brechen. Durch ihre geographische Lage, am westlichen Rande Europas, mit – neu gewonnenem, günstig gelegenem – Zugang zum Atlantik und angeregt durch den Kontakt mit dem Transsahara-Handel, waren Spanien und Portugal prädestiniert, hier die führende Rolle zu spielen. Es war aber nicht ihr Ausgreifen nach Nordafrika und die Schaffung territorialer Basen dort, die zum Erfolg führten. Die Barriere des Islam ließ sich weder hier noch anderswo brechen – es gelang jedoch, sie zu umgehen. Die Entdecker, die den Seeweg nach Indien und Amerika fanden, haben das große Ziel des »Abendlandes« erreicht, die Jahrhunderte des islamischen Handelsmonopols beendet, Europa aus der Einengung und Beschränkung durch die islamische Welt befreit und eine Epoche der Europäisierung der Welt eingeleitet, ein europäisch beherrschtes Welthandelssystem geschaffen.

Zunächst stieß Portugal, erstmals über Ziele an Nordafrikas Küste hinausgehend, in die unbekannten Gewässer und an die von Europa aus noch unberührten Küsten Westafrikas vor. Kastilien-Aragón folgte und besetzte 1478 die Kanarischen Inseln. Dies waren erste Schritte – hier wurde die Entdeckung der Seewege nach Indien und Amerika vorbereitet.

Als die Portugiesen nach ihrer Entdeckung des Seewegs nach Indien 1498 in den Indischen Ozean vordrangen, gewann Europa direkten Zugang zu Asien; die islamische Welt verlor ihre Monopolstellung. Vom ostafrikanischen Malindi aus leitet ein arabischer Lotse Vasco da Gama nach Indien. Denn Araber waren es vielfach, die im Dreieck Arabien-Indien-Ostafrika Seefahrt und Handel trieben. An der Ostküste Afrikas war eine arabisch-islamische Kultur, die afrikanisch gefärbt war, entstanden – die »Zandsch-Kultur«; bis heute enthält das Kisuaheli, das dort Umgangs- und Verkehrssprache ist, zahlreiche lexikalische Elemente aus dem Arabischen.

Mit Vasco da Gamas Landung in Indien war ein entschiedener Schritt zur weltweiten europäischen Vorherrschaft getan. Den Portugiesen war vor allem daran gelegen, den Handelsrouten und den Warenströmen eine neue Richtung zu geben. Der »portugiesische« Seeweg nach Indien sollte die Hauptverbindung für den Handel zwischen Asien und Europa werden; die traditionellen Verkehrswege über den Nahen Osten sollten ausgeschaltet werden. Dementsprechend sicherten sich die Portugiesen bereits früh strategische Schlüsselpositionen. Sokotra, die Insel, die den Zugang zum Roten Meer beherrschte, wird 1507 von den Portugiesen eingenommen. Gleichzeitig beginnen portugiesische Bemühungen um die Insel Hormuz, die den Handel durch den Persischen Golf kontrollierte. 1507/08 ist sie in portugiesischer Hand. Zwar störte diese portugiesische Offensive vorübergehend die Handelsströme auf den traditionellen Routen empfindlich, doch gelang es den Portugiesen nicht, den gesamten Verkehr und Handel unter ihre Kontrolle zu bekommen.

Um die Mitte des 16. Jahrhunderts war sogar eine Renaissance der Route durch das Rote Meer feststellbar. Venedig führte nun mehr Pfeffer aus dem Orient ein als vor der Entdeckung des Indienseewegs durch Portugal. Insgesamt lagen in der zweiten Hälfte des 16. Jahrhunderts die Gewürzmengen, die über das Rote Meer ins Mittelmeer gelangten, über denen des 15. Jahrhunderts. Konkurrenz belebte auch hier das Geschäft.

Die Quantitäten, die Portugal nach Europa brachte, waren lange ungefähr gleich groß wie die, welche auf der traditionellen Orient-Route ins Abendland flossen. Somit kamen größere Mengen Gewürze nach Europa, und die Preise fielen.

Einerseits gelang es Portugal nicht, die traditionellen Wege zu sperren; die wenigen Stützpunkte, die es mit seinen geringen Ressourcen besetzen und halten konnte, reichten nicht aus – dies verdeutlicht ein Blick auf die Landkarte –, um den gesamten Seeverkehr umzuorientieren. Zwar hatten die Portugiesen zunächst einen Überraschungseffekt nutzen und die Seerouten, die seit jeher bestanden, stören können; jedoch gelang es nicht, seit langem eingespielte Verbindungen und bewährte Handelskontakte, beruhend auf gegenseitigen Abhängigkeiten und gewachsenen Marktbedingungen, zunichte zu machen und kurzfristig den eigenen »portugiesischen« Weg durchzusetzen.

Zum Fortbestehen der Handelsverbindungen durch die arabische Welt haben auch wirtschaftliche Gegebenheiten im Orient selbst beigetragen: Neben dem Fernhandel gab es auch den regionalen Handel zwischen den Anrainerstaaten des Indischen Ozeans. Pferde und Opium aus Ägypten, Korallen und Safran aus dem Mittelmeer waren begehrte Waren in Indien. Aus dem Roten Meer kam roter Farbstoff (Krapp) auf die regionalen Märkte. Die Händler kannten und vertrauten einander – die Portugiesen wurden als Störfaktor empfunden. Seit langem waren Kaufleute aus arabischen Ländern in Indien und Ostafrika präsent und galten als gute Handelspartner. So behielten die traditionellen Handelswege eine Zeitlang ihre Bedeutung trotz der zunehmenden portugiesischen Konkurrenz. Portugal, ein Land mit begrenzten Möglichkeiten und geringer Bevölkerungszahl, beabsichtigte nicht, ein großes Kolonialreich aufzubauen in Asien. Weder ausgedehnte Gebiete sollten erobert noch zahlreiche Menschen unterworfen werden. Wichtig war den Portugiesen die Errichtung eines Handelsimperiums. Nach geopolitischen Gesichtspunkten wurde ein Stützpunktenetz errichtet. Malakka, Aden und Hormuz waren die Schlüsselpositionen für den interkontinentalen Handel, deren Kontrolle Portugal anstreben musste. So errichtete Portugal im Laufe des 16. Jahrhunderts 40 befestigte Stützpunkte zwischen der afrikanischen Ostküste und Japan. Aber der wiederholte Versuch, Aden einzunehmen und von hier aus den Zugang zum Roten Meer wirksamer zu kontrollieren, blieb erfolglos, ebenso wie vereinzelte Vorstöße ins Rote Meer.

Portugal bemühte sich nun, den muslimisch-christlichen Gegensatz für sein Streben nach einem Handelsmonopol zu instrumentalisieren. Die Portugiesen versuchten, Hindus gegen Muslime auszuspielen, lag doch der Handel in Richtung Ägypten oder Persischer Golf vorwiegend in muslimischen Händen. Albuquerque, der Vizekönig von Indien, der nach vergeblichen Bemühungen, Aden einzunehmen, 1513 zum Roten Meer vordrang, wollte Dschidda erobern und in der Folge die Heiligen Stätten des Islam (Mekka und Medina). Dies zeigt, wie wichtig man einen Schlag gegen den Islam in diesem Kontext nahm – auch wenn das Projekt fehlschlug. Aber auch ohne diese antimuslimischen Akzente, die Portugal setzte (und zu denen auch ein Massaker an Muslimen in Goa 1510 gehörte), die portugiesischen Handelsinteressen standen automatisch im Gegensatz zum Islam, schädigten Interessen der muslimischen Welt, die durch Europas Ausgreifen ihr Handelsmonopol einbüßte und damit Einkommensrückgänge hinnehmen musste. So standen neben Versuchen, muslimische Kaufleute aus dem Indischen Ozean zu verdrängen, Bemühungen, die großen muslimischen Mächte – seit 1516 die Osmanen, die das Mamlukenreich ihrem Imperium einverleibt hatten, sowie die iranischen Safawiden – gegeneinander auszuspielen und so zu schwächen.

Ebenso, wie man einer Südexpansion der Mamluken seit der Wende vom 15. zum 16. Jahrhundert erfolgreich entgegengetreten war, widersetzte man sich jetzt einer osmanischen Expansion im Raum des Indischen Ozeans. Dabei lag eine Kooperation mit dem Hauptgegner der Osmanen, dem Safawidenstaat, nahe: Osmanen und Safawiden befanden sich nicht nur in einer machtpolitischen Konfrontation, genauso bestand auch ein starker ideologischer Gegensatz zwischen dem etablierten sunnitischen Osmanischen Reich und dem Staat der schiitischen Safawiden, der sich noch in einem revolutionären Gärungsstadium befand, denn das Schiitentum setzte sich erst jetzt endgültig im persischen Raum durch. Schiitische Unruhen begannen, auf das osmanische Ostanatolien überzugreifen, wo turkmenische Nomaden und Kreise um die mystischen Derwischorden einen günstigen Nährboden für schiitisches Gedankengut boten.

Die Safawiden betrachteten die Portugiesen ebenso als mögliche Bündnispartner aufgrund des gemeinsamen Interessenkonflikts mit den Osmanen. Hormuz, der reiche kleine Handelsstaat am Eingang zum Persischen Golf, betrieb eine Schaukelpolitik zwischen den Großmächten. Auch die Religion kam immer wieder ins Spiel. Albuquerque, der portugiesische Vizekönig von Indien, will die Safawiden dazu anregen, die Heiligen Stätten des Islam einzunehmen – ein kaum verschleierter Versuch, am Roten Meer gemeinsam gegen die Osmanen zu operieren. Portugal lieferte an die Safawiden Waffen und schickte Experten, die in Iran Waffenmanufakturen einrichten sollten. Auf der anderen Seite suchte Portugal Kontakt und Kooperation mit einem »alten Bekannten«. Der »Priesterkönig Johannes« war das ganze Mittelalter hindurch in den Visionen, Träumen und Hoffnungen Europas bezüglich der fremden, fernen Länder und Kulturen jenseits der islamischen Welt – also weit im Süden oder Osten – präsent gewesen. Jetzt schienen diese undeutlichen, im Nebel des Sagenhaften nur schemenhaft sichtbaren Bilder Konturen anzunehmen: Das christliche Äthiopien, im Süden der islamischen Welt gelegen, bot sich als Verbündeter an. Zwar wurde eine portugiesische Gesandtschaft unter Pero de Covilhão 1494 noch eher kühl empfangen – damals waren die muslimischen Mamluken Ägyptens noch die herrschende Macht in der Region. Aber die Niederlage der Mamlukenflotte gegen Portugal 1508 bei Diu und die damit verbundene Stärkung der portugiesischen Stellung im Raum des Indischen Ozeans führte dazu, dass Äthiopien sich Portugal stärker zuwandte: Es kam zum Austausch von Gesandtschaften und zu Verhandlungen über die Errichtung einer Festung am Bab al-Mandeb, der Einfahrt ins Rote Meer, doch greifbare Resultate gab es zunächst nicht. 1541 aber kam es zu einer portugiesischen Militärexpedition nach Äthiopien, das angesichts eines muslimischen Angriffs aus dem Gebiet von Somalia Hilfe brauchte. Die Offensive konnte durch die Überlegenheit portugiesischer Feuerwaffen gestoppt werden.

Die islamische Welt, besonders die Länder im östlichen Mittelmeer und im Raum des Roten Meeres, wurde von der Entdeckung des Indien-Seewegs durch Vasco da Gama und des portugiesischen Vordringens in den Indischen Ozean hart getroffen. Vor allem das Mamlukenreich musste um seinen Handel und damit um seine wichtige Einkommensquelle fürchten. Die arabischen Regionen, durch die die wichtigsten Handelswege in den Mittelmeerraum bisher geführt hatten, die ein Monopol für Europas Asienhandel gehabt hatten, mussten um ihre ökonomische und strategische Bedeutung bangen. Die Mamluken hatten die Bedrohung erkannt und noch kurz vor ihrem Untergang versucht, der Gefahr mit Flottenoperationen im Indischen Ozean zu begegnen; nach anfänglichen Erfolgen setzten sich aber die Portugiesen dank ihrer nautischen Überlegenheit durch. Auch der Versuch der Mamluken, ausgerechnet zu Anfang des 16. Jahrhunderts in den Jemen vorzustoßen, ist in diesem Zusammenhang zu sehen.

Dass das Osmanische Reich gerade damals (1517) Syrien und Ägypten einnahm und die Existenz des Mamlukenregimes nach über einem Vierteljahrtausend beendete, hatte sicher viele Gründe. Einer davon war zweifellos die neue Gefahr von portugiesischer Seite im Süden; denn das Osmanische Reich war ja auch – umso mehr nach Einnahme des mamlukischen Syrien und Ägypten – an der Bewahrung der traditionellen Handelsverbindungen über den Nahen Osten ins Mittelmeer interessiert. Die Osmanen bauten bald nach der Eroberung Ägyptens einen Kanal zwischen Nil und Rotem Meer, wie es bereits die Pharaonen vor ihnen getan hatten. Sie hatten allen Grund, ihre Südflanke zu sichern und auszubauen, beschränkten sich die Portugiesen doch nicht darauf, Handelsströme umzuleiten, sondern unternahmen wiederholt militärische Aktionen gegen das Rote Meer oder Ziele in Südarabien (Aden). So gingen auch die Osmanen daran, sich strategische Positionen am Indischen Ozean zu sichern: Maskat, Aden und Basra werden osmanisch; das heutige Eritrea an der Westküste des Roten Meeres wird ebenfalls in der Mitte des 16. Jahrhunderts osmanische Provinz. Damit waren alle nordwestlichen Endpunkte der Seerouten durch den Indischen Ozean in osmanischer Hand, der Konflikt um die Kontrolle des Asien-Handels wurde nun zu einer rein portugiesisch-osmanischen Auseinandersetzung. Zwar gab es Stimmen am Hof des Sultans, die eine energischere Politik am Indischen Ozean forderten, doch letztlich blieb es bei einzelnen Operationen, denen entscheidende Erfolge aber versagt blieben. Hauptschauplatz blieb für die Sultane in Konstantinopel das Mittelmeer und die europäische Front (man erinnert sich: 1529 erfolgte die erste osmanische Belagerung Wiens).

Auch portugiesische Flottenunternehmen im Roten Meer hatten keine entscheidenden Folgen. Eine Abgrenzung der Machtbereiche war das Resultat: Die Portugiesen sind und bleiben im Indischen Ozean präsent und haben hier, auch aufgrund ihrer seemännischen Überlegenheit, die Vorherrschaft. Die Osmanen ihrerseits kontrollieren das Rote Meer, nach wie vor ein »islamischer See«, und die strategischen Positionen an seinem Eingang (Massawa, Aden). Portugal ist vom Roten Meer ausgeschlossen. Im Persischen Golf hatten die Osmanen ebenfalls wichtige Stützpunkte (Basra, Maskat), aber nicht eindeutig die Oberhand oder die alleinige Kontrolle. Auch mit diplomatischen Mitteln versuchten Portugiesen und Osmanen, Einfluss auszuüben, um jeweils »ihre« Handelsverbindungen zur Geltung zu bringen und die Warenströme so zu leiten, dass sie über den Nahen Osten (Osmanen) oder um die Südspitze Afrikas nach Lissabon (Portugal) flossen.

Lange Zeit gab es zwei konkurrierende Handelsverbindungen, die »alte« über den Nahen Osten ins Mittelmeer, an deren Fortbestehen Venedig ebensoviel Interesse hatte wie die Osmanen und die arabischen Regionen, Teile des Osmanenreiches, durch die die Handelswege verliefen; sowie die »neue«, »europäische« Handelsstraße, die auf dem portugiesischen Stützpunktenetz in Afrika und Asien beruhte. Erst langsam – im Verlauf des 17. Jahrhunderts – nahm der »orientalische« Handel zugunsten des »europäischen« deutlich ab – ein neues, europäisch dominiertes Welthandelssystem war entstanden.

Lagen die Veränderungen, die sich für die arabische Welt aus der Entdeckung des Indienseewegs durch die Portugiesen ergaben, auf der Hand und sind leicht zu erklären und zu verstehen, so hat auch die andere große Entdeckung, die von Europa gegen Ende des 15. Jahrhunderts gemacht wurde, Auswirkungen auf die arabische Welt gehabt.

Columbus, ein Genuese in spanischen Diensten, brach 1492 auf, um auf dem Weg über den Westen nach Osten – und zwar nach China – zu gelangen. Nur vordergründig war dies ein rein europäisches Unternehmen, das lediglich auf den ersten Blick nichts mit den arabischen Ländern zu tun hat.

Columbus wurde zum Held europäischen Selbstverständnisses und später, als Europa begann, sich selbst in Frage zu stellen und zu relativieren, Negativgestalt für Europas Fehlverhalten gegenüber anderen Kulturen. Dieser zutiefst europäisch-abendländische Columbus ist nur vorstellbar im Kontext eines Europa, das sich in ständigem Konflikt mit der islamischen Welt befand. Columbus ist in seinem Handeln und Denken eine typische Gestalt des alten welthistorischen Konflikts zwischen Abend- und Morgenland, der als roter Faden die Geschichte Europas wie auch des Orients durchzieht und seit dem 7. Jahrhundert bis heute eine welthistorische Konstante darstellt.

Columbus wächst heran in einer Welt, die geprägt ist vom permanenten Konflikt zwischen Christentum und Islam, der im Mittelmeerraum des 15. Jahrhunderts allgegenwärtig ist. Kriegerische und friedliche Beziehungen, Gegeneinander und Miteinander finden im Koordinatensystem christlich-islamischer Beziehungen statt. Der Handel mit der arabisch-islamischen Welt ist die Lebensgrundlage für viele italienische Städte. Genua, Vaterstadt des Columbus, ist besonders mit dem Orient verbunden, Glanz und Größe dieser Handelsmetropole beruhen auf den langen kommerziellen Beziehungen zur arabischen Welt und zu anderen islamischen Staaten. Genuas Stützpunktenetz erstreckt sich bis auf die Krim, Kontakte bestehen mit Mamluken, Osmanen und Tartaren. In der kosmopolitischen Atmosphäre dieser Weltstadt, die als Handels- und Hafenstadt von den Beziehungen zum Orient lebt, verbringt Columbus seine Kindheit und Jugend. Reize, Lockungen, Reichtümer und Luxuswaren des Ostens sind hier überall sichtbar und zum Greifen nahe. Die Faszination eines märchenhaften, phantastischen Orients wird hier unmittelbare Erfahrung.

Aber die Beziehungen zwischen Orient und christlichem Europa sind durchaus nicht uneingeschränkt positiv. Auf der einen Seite gelangen aus dem Nahen Osten Luxuswaren aus Asien nach Europa, dieser Handel ist materielle Grundlage für Glanz und Macht strahlender Städte wie Venedig oder Genua. Aber die islamische Welt legt sich gleichzeitig wie ein Riegel zwischen Europa und die Ursprungsländer dieser Luxusgüter. Der Machtbereich des Islam schneidet das Abendland ab vom direkten Kontakt mit Indien, China und Japan. Auch kann der friedliche Handel zwischen islamischer und christlicher Welt schnell umschlagen in Krieg. Handel und Wandel, Konflikt und bewaffnete Auseinandersetzung liegen in diesem okzidentalen-orientalischen Beziehungsgeflecht eng beisammen und schließen einander zu keiner Zeit aus.

Die Zeit des Columbus wird im östlichen Mittelpunkt bestimmt von der Expansion des Osmanischen Reiches, das in Europa als unmittelbarer Feind wahrgenommen wird. Kurz nach Columbus' Geburt erobern die osmanischen Türken Konstantinopel im Jahr 1453. Der Untergang des Byzantinischen Reiches ist ein Schock für die gesamte christliche Welt – die türkische Bedrohung wird zum Trauma für Europa. Auf dem Balkan geht die Ausdehnung des Osmanenreiches nach Norden weiter. Serbien wird bald nach dem Fall Konstantinopels Teil des Türkenstaates. Genua verliert 1475 seine östlichen Vorposten auf der Krim, Venedig Stützpunkte in Griechenland und Albanien. Selbst aufs italienische Festland stoßen die Osmanen vor und nehmen die Hafenstadt Otranto ein, bauen diese Position jedoch aufgrund des Todes von Sultan Mehmed II. nicht aus.

Zu dieser Zeit aber ist Columbus längst nicht mehr in seiner italienischen Heimat. Auf der Pyrenäenhalbinsel ist der Islam ebenfalls präsent – wenn auch in ganz anderem Sinn als im östlichen Mittelmeer. Hier sind die Vorzeichen umgekehrt: Nach über sieben Jahrhunderten von al-Andalus ist das Ende des letzten arabischen Staates auf der Iberischen Halbinsel absehbar und nur eine Frage der Zeit. Hier ist die christliche Seite in der Offensive, die Reconquista – Mythos und realhistorische Erfahrung zugleich – geht ihrem krönenden Abschluss entgegen. Dieser Konflikt mit dem Islam ist das prägende kollektive Erlebnis im christlichen Spanien dieser Zeit. Aber auch ein anderer kollektiver Aufbruch hat auf der Iberischen Halbinsel zur Zeit des Columbus bereits begonnen: Der Aufbruch zu neuen Ufern im wörtlichen Sinn, in unbekannte Länder, zu Inseln im Atlantik, zu neuen unerforschten Küsten im Westen und Süden Afrikas.

Vor diesem zweifachen historischen Hintergrund – der Erfahrung des lockenden, reichen Orients bei gleichzeitiger Bedrohung durch den Islam in Italien, der Tradition einer erfolgreichen Reconquista, einer Offensive gegen den Islam in Spanien gleichzeitig mit dem jetzt möglichen Aufbruch zu Fahrten auf den Meeren – und nur vor ihm wird Columbus verständlich, können seine Motive und sein Denken plausibel und nachvollziehbar werden. Die gesamte Erfahrungswelt von Columbus ist wie das historische Bewusstsein Europas generell vom Gegensatz Christentum-Islam geprägt. Aus diesem heraus erscheint Columbus' Projekt erklärlich; in diesem Kontext hat es Sinn. Columbus wollte auf der Westroute nach Ost- und Südasien gelangen, das im Osten durch den Islam versperrt und unzugänglich war. Ziel war zunächst die Ausschaltung des islamischen Monopols, die Umgehung des Hindernisses »Islam« im Osten durch den Versuch, auf dem Westweg nach Asien zu gelangen – es wäre für sich allein ein Erfolg von welthistorischen Dimensionen gewesen und ein entscheidender Schlag gegen den Islam. Doch das Ziel, das Columbus eigentlich verfolgte, lag näher. Zwar beabsichtigte er tatsächlich, im Reich des Großkhans (den es zu seiner Zeit längst nicht mehr gab) an die sagenhaften (aber durchaus realen) Reichtümer des Fernen Ostens zu kommen. Doch dies sollte nur der Beschaffung von Mitteln für sein eigentliches Ziel dienen, der Befreiung Jerusalems vom »muslimischen Joch«.

Die asiatischen Reichtümer, auf die Columbus hoffte, sollten diesem Ziel dienen. Die universal anmutenden Pläne des Columbus waren im Grunde befangen in den Dimensionen des islamisch-christlichen Gegensatzes. Hier lag ihre geistige Heimat, hier waren ihre Wurzeln. Auch wenn der religiöse und geistige Kontext sich im Laufe des Lebens von Columbus veränderte, er immer mehr in eschatologische Gedankengänge geriet, Columbus' Leben und Wirken durchzieht wie ein roter Faden die Vorstellung, die Reichtümer des Ostens gewinnen zu wollen, um einen Kreuzzug zur Befreiung Jerusalems vom Islam zu finanzieren. Schon zu Beginn seines »Bordbuchs«, das er 1492 auf seiner ersten Amerika-Fahrt verfasste, lesen wir Angriffe auf den Islam, als dessen Feinde die katholischen Könige dargestellt werden.

Die Epoche der Wende vom Mittelalter zur Neuzeit stand in Europa noch ganz im Zeichen der Türkenfurcht – dementsprechend gab es in der zweiten Hälfte des 15. Jahrhunderts noch zahlreiche durchaus ernsthafte Kreuzzugsprojekte. Gerade in Spanien waren sie verbreitet, wo eine lebendige historische Tradition erfolgreicher Kriege gegen die arabisch-islamische Welt fortwirkte.

Die Pläne von Columbus passten also durchaus in den Zeitgeist, waren keine anachronistischen Phantastereien. Die Eroberung Granadas durch die spanischen Christen, die Vertreibung der Juden aus Spanien und der Aufbruch zu großen Entdeckungen fallen für Columbus im Prolog zum Bordbuch zeitlich und örtlich zusammen im Januar 1492 in Granada, was zwar nicht den Tatsachen entsprach, Columbus aber bestens in den angezeigten Sinnhorizont passte. Die drei Ereignisse weisen den Weg zum universalen Triumph des Kreuzes kurz vor dem Weltende – die Überwindung des Islams: Geschichte und Heilsgeschichte zugleich.

In jedem Fall zeigt das Unternehmen des Columbus, seine Motivation und seine Begründung, wie sehr die Kreuzzugsidee damals – um 1500 – noch wirksam war, wie sehr der islamisch-christliche Gegensatz präsent war und wie das gesamte Weltbild der Europäer an der Schwelle vom Mittelalter zur Neuzeit im Spannungsfeld zwischen Orient und Okzident lag, wie wichtig Kreuzzugsideen für Columbus und seine Zeitgenossen auch in der Praxis waren. Die Dynamik der Reconquista hat dazu beigetragen, die iberischen Entdeckungsfahrten auszulösen, verlieh der Expansionsbewegung Europas den nötigen Schwung und prägte ihre Durchführung – trug sie doch teilweise Züge eines Glaubenskrieges. Die Reconquista war die (einzige) Erfahrung, die man im Umgang mit einem anderen Kulturkreis hatte – sie bestimmte somit die Art des Umgangs mit »Anderen«; sie lieferte das Grundmuster, das Modell, welches das Verhalten der Entdecker in der Neuen Welt und ihre Haltung gegenüber den Menschen der »entdeckten« Länder prägte.

Versklavung und Misshandlung der »Indios« war also auch eine Folge davon, dass die Entdecker und Konquistadoren aus der Tradition eines Glaubenskriegs kamen, als dessen Fortsetzung die Entdeckungen dieser Zeit gelten müssen. Der grundsätzliche religiöse Gegensatz zwischen islamischem Orient und christlichem Okzident hat auch die großen Entdeckungen Europas und die weltweite europäische Expansion entscheidend mitgeprägt.

1498 entdeckte Vasco da Gama den Seeweg nach Indien, nachdem Bartolomeo Diaz hierfür den Weg bereitet hatte durch seine Entdeckung des Seewegs um die Südspitze Afrikas 1487/88. Dadurch war eine direkte Verkehrsverbindung zwischen Europa und Asien hergestellt, eine Handelsstraße zwischen den Kontinenten erschlossen, das Monopol der islamischen Welt zwar nicht gebrochen, aber umgangen. Auch Columbus selbst, der Verfechter des »Westwegs«, hatte einmal kurzzeitig die Idee vertreten, dem Islam in den Rücken zu fallen und einen Kreuzzug gegen Mekka zu unternehmen – verbunden mit einer Handelsfahrt zum indischen Hafen Kalikut.

Die »großen Entdeckungen« Europas stellen den Anfang historischer Prozesse dar, deren Bedeutung und Tragweite damals noch nicht in vollem Umfang verstanden und gesehen wurden. Durch sie wurde die europäische Weltherrschaft begründet, aber auch die Entwicklung eingeleitet zu dem, was wir heute als »Globalisierung« bezeichnen, zum Zusammenwachsen der Kontinente zu einer Welt mit gemeinsamer Weltgeschichte. Europa war nun auf dem Weg zu weltweiter Vorherrschaft, Reichtum, wirtschaftlicher Dominanz und erzielte einen Entwicklungsvorsprung vor den anderen Kulturkreisen. Negativ betroffen war zuallererst die arabisch-islamische Welt. Durch die Länder zwischen Rotem Meer und Mittelmeer waren die traditionellen Handelsströme geflossen – seit dem Ende des 15. Jahrhunderts begann ihre Umleitung, eindeutig und unumkehrbar, selbst wenn sie noch lange zumindest teilweise ihre herkömmliche Richtung beibehielten und der Nahe Osten erst allmählich in den Windschatten des Welthandels geriet. Die großen Entdeckungen, mit denen die europäischen Seefahrer die Neuzeit einläuteten, sind sicher nicht der einzige Grund für den Niedergang der arabisch-islamischen Welt bzw. den Aufstieg Europas – sie sind aber zumindest ein wesentlicher Faktor in diesem Prozess, der jedoch sehr langfristig verlief. Aber neue Fakten wurden geschaffen: Europa hatte sich aus der islamischen Blockade befreit, die Barriere, die sich vom Inneren Asiens über Schwarzes Meer und Mittelmeer bis zum Atlantik erstreckte, war umgangen. Neue Ressourcen waren zugänglich geworden, neue Handelsverbindungen konnten entstehen, neue Imperien konnten sich bilden – und es waren europäische Reiche, die jetzt entstanden. Die arabische Welt, lange Zeit in der Offensive, geriet jetzt definitiv ins Hintertreffen. Noch aber war der Islam im Osten auf dem Vormarsch, das Osmanische Reich expandierte weiter und versetzte Europa noch immer in Angst und Schrecken.

Kapitel 6

Machtwechsel in der islamischen Welt – Die Türken kommen

Zeittafel

1055	türkische Seldschuken nehmen Bagdad ein
1071	Schlacht von Manzikert: seldschukischer Sieg über Byzanz – Anatolien ist der türkischen Durchdringung geöffnet
1300	Anfänge des osmanischen Staates in Kleinasien (1326 stirbt Osman)
1453	Osmanische Eroberung Konstantinopels
1485–91	»Kilikische Kriege« zwischen Osmanen und Mamluken um syrisch-anatolische Grenzgebiete (Kilikien)
1516/17	Osmanen (Sultan Selim I.) erobern Syrien und Ägypten
1518	Chair ad-Din Barbarossa gewinnt weite Teile Nordafrikas für Osmanen
1529	Algier wird osmanisch (Beginn der Epoche der »Barbaresken«-Staaten) Osmanische Belagerung Wiens
1534	Osmanen erobern Bagdad
1536/41	Expeditionen Karls V. nach Nordafrika (Tunis, Algier)
1538	Osmanische See-Expedition nach Diu (Indien)
1553	Fes (Marokko) vorübergehend osmanisch
1557	Osmanen erobern Massawa am Roten Meer (Eritrea)
1567/69	Osmanische Eroberung des Jemen
1571	Zerstörung der osmanischen Flotte in der Schlacht von Lepanto
1578	portugiesischer Angriff auf Marokko scheitert
1584	Gründung der »Barbary Company« in England
1608	Bündnis von Fachr ad-Din (Libanon) mit der Toskana
1627	algerische Korsaren stoßen bis Island vor
1683	zweite osmanische Belagerung Wiens
1705–1957	Dynastie der Husainiden in Tunis

1788	Glaubenskrieger der Sekte der Wahhabiten dringen aus der arabischen Halbinsel bis Kuwait vor
1803/04	Mekka und Medina fallen in die Hand der Wahhabiten

6.1 Die Türken und der Islam

Die ersten Jahrhunderte der Geschichte des Islam waren eindeutig arabisch geprägt. Der Islam schien eine »arabische« Religion – Sakralsprache des Islam war das Arabische, die Sprache des Korans. Weite Regionen zwischen dem Zweistromland und den Pyrenäen, die dem Islam unterworfen wurden, wurden mit der Zeit arabisiert, wurden zum Schauplatz des Verschmelzens zahlreicher Elemente zu einer Kultur unter arabischen Vorzeichen. Das Arabische wurde zur Weltsprache auf drei Kontinenten. Im Osten jedoch behauptete sich das Persische (Farsi) und noch weiter im Osten tauchte ein Volk auf, das seine welthistorische Hauptrolle ebenfalls im Zeichen des Islam spielten sollte: die Türken. Der Islam stieß zunächst in ihren Lebensraum in Innerasien vor: Die dort lebenden Türken nehmen zwischen dem 10. und 12. Jahrhundert den Islam an. Dann setzte eine Gegenbewegung ein. Die Nachkommen eines türkischen Führers namens Seldschuk, der sich um 985 zum Islam bekehrt hatte, erobern im 11. Jahrhundert den Iran und erreichen 1055 Bagdad, wo sie Schutzherren des abbasidischen Kalifen werden. Ihr Reich der »Großseldschuken« (nach dem Ahnherren) erreicht in der zweiten Hälfte des 11. Jahrhunderts seinen Höhepunkt, zerfällt aber schon bald in kleinere Einzelstaaten. Doch die Türken sind von da an präsent in den Kernländern der islamischen Welt und auch im Mittelmeerraum. Das wichtigste historische Ereignis, die Schlacht von Manzikert im Jahr 1071, hatten wir bereits in anderem Kontext genannt. Durch sie wurde ein Prozess eingeleitet – die allmähliche Turkisierung Anatoliens – der letztlich zur Entstehung einer türkischen Großmacht führte, des Osmanischen Reiches, das gegen Ende des Mittelalters die Führung der islamischen Welt übernahm. Zwar hatte Byzanz schon lange im Nordwesten, auf dem Balkan, turkstämmige Gegner zu bekämpfen gehabt, die über Südosteuropa die byzantinischen Grenzen bedrängten – auch im 11. Jahrhundert. Es waren jedoch die islamisierten Türken, die von Osten kommend in Anatolien eindrangen, welche letztlich das Ende des Byzantinischen Reiches herbeiführten. Mit Kleinasien verlor Byzanz den wichtigsten Teil seines Reiches. Die islamische Bedrohung kam der Reichshauptstadt am Bosporus immer näher. Eine erneute byzantinische Niederlage 100 Jahre später bei Myriokephalon (1176) bestätigte die Tendenz: Der Islam unter türkischen Vorzeichen war eindeutig auf dem Vormarsch, Anatolien war für die östlichen Christen endgültig verloren. Die »Rum-Seldschuken«, also die Seldschuken, die das früher von [Ost-]Rom [= Rum] beherrschte Gebiet kontrollierten, hatten nun einen türkisch-islamischen Staat geschaffen, der vom Euphrat bis zum Mittelmeer reichte und dessen Hauptstadt Iconium (Konya) war.

Die Erfolge der Kreuzfahrer gegen die Seldschuken waren von vorübergehender Bedeutung – langfristig schwächten die Kreuzzüge die Lage der orientalischen Christen und auch die von Byzanz, das sie ja 1204 – um den Interessen Venedigs zu dienen, auf dessen Hilfe sie angewiesen waren – eroberten und wo vorübergehend ein »lateinisches« (im Gegensatz zum orthodoxen) Kaiserreich etabliert wurde (bis 1261). In dieser Zeit beginnt sich im asiatischen Grenzraum von Byzanz bereits der Staat zu formieren, der knapp zwei Jahrhunderte später das byzantinische Erbe antreten wird.

6.2 Die Entstehung des Osmanischen Reiches

Das Eindringen der Türken in Kleinasien, ein jahrhundertelanger Prozess, schuf die Voraussetzungen für die Entstehung des Osmanischen Reiches, der führenden islamischen Großmacht an der Schwelle vom Mittelalter zur Neuzeit.

Im Westen der Rum-Seldschuken, im Grenzbereich zum Byzantinischen Reich, entstehen im 13. Jahrhundert einige türkische Kleinstaaten, die ihre Existenz der ständigen Auseinandersetzung mit Byzanz verdanken. Sie ist wirtschaftlich und ideologisch die Grundlage, auf der sich diese Fürstentümer, deren türkische Bevölkerung erst zum Teil sesshaft ist, entwickeln. Osman I. (stirbt 1326) ist der Herr des türkischen Emirates, das sich als das wichtigste herauskristallisiert. Er gibt einer Dynastie seinen Namen, die ein türkisches Reich bis ins 20. Jahrhundert beherrschen wird. Über 600 Jahre orientalischer und europäischer Geschichte werden von den Osmanen wesentlich mitgestaltet.

Die Geschichte des osmanischen Reiches aber, so vielfältig und bunt sie auch gewesen sein mag, interessiert uns im vorliegenden Zusammenhang nicht als solche. Sie ist aber für uns bedeutsam wegen ihrer weltgeschichtlichen Tragweite, wegen der Führungsrolle der Osmanen in der islamischen Welt und vor allem wegen der osmanischen Herrschaft über weite Teile der arabischen Welt. Seit 1300 expandiert der osmanische Staat im Westen Kleinasiens unaufhaltsam, meist auf Kosten von Byzanz. Seit 1345 stehen die Osmanen in Europa.

Aufgehalten wird dieser Expansionsprozess nur vorübergehend – als 1402 Timur (Tamerlan), der Beherrscher eines turkmongolischen Imperiums, die Osmanen von Osten aus angreift, sie bei Ankara schlägt und so beinahe das Ende des Osmanenstaates herbeiführt. Doch das Reich überlebt die Krise, konsolidiert sich und erreicht nach nur einem halben Jahrhundert den ersten Höhepunkt seiner Macht: 1453 erobern die Türken Konstantinopel, das neue osmanische Hauptstadt wird. Kurz darauf geht das Byzantinische Reich unter. Eine Katastrophe für die christliche Welt, ein Triumph für die islamische Welt. Was die Araber seit dem 7. Jahrhundert vergeblich versucht hatten, den Türken gelingt es jetzt im 15. Jahrhundert: die Vernichtung der christlichen Vormacht im Osten; ein weiteres Vordringen in den Mittelmeerraum ist die Folge und ein erneuter Ansturm des Islam gegen Europa. Wenige Jahrzehnte vor dem Fall Granadas und dem vermeintlichen Ende des Islam in Europa ist hier eine neue islamische Offensive, vorgetragen von den türkischen Glaubensbrüdern der Araber, gegen das christliche Europa erfolgreich. Die Osmanen rücken weiter auf dem Balkan vor, bedrängen immer mehr die Stützpunktnetze der italienischen Handelsstaaten im östlichen Mittelmeer und im Schwarzen Meer, werden zur Seemacht im Mittelmeer, runden auch im Osten ihr Territorium ab und geraten damit nun auch in Gegensatz zu den ägyptischen Mamluken und Iran.

Die Zeit um 1500 (bzw. die Jahrzehnte zwischen 1450 und 1517) wird häufig als die Periode des Übergangs vom Mittelalter zur Neuzeit betrachtet. So problematisch Periodisierungsversuche als solche sein mögen – diese Epoche um 1500 ist voller einschneidender Ereignisse und Entwicklungen, die nicht nur für Europa, sondern auch für das Schicksal der islamischen Länder, vor allem auch die arabischen Regionen, sowie für die Weltgeschichte als solche von entscheidender Bedeutung waren.

War die Erfindung des Buchdrucks kurz vor 1450 oder die Proklamation der 95 Thesen durch Martin Luther 1517 zunächst einmal nur in Europa wirksam, während sich ihre universale Bedeutung erst später zeigte, lag die welthistorische Bedeutung anderer Ereignisse oder zumindest ihre Relevanz für die islamische Welt unmittelbar auf der Hand: 1453 der Fall von Byzanz, des »zweiten Roms«, an die Osmanen; 1492 die Eroberung Granadas durch die Katholischen Könige und damit das Ende des spanischen Islam – zusammenfallend mit der Entdeckung Amerikas durch Columbus im selben Jahr; die Entdeckung des Indien-Seewegs durch die Portugiesen 1498 sowie 1516/17 die Eroberung des Irak, Syriens und Ägyptens durch die türkischen Osmanen und dadurch der Untergang des Mamlukenreiches; schließlich 1529 die Belagerung Wiens durch die Osmanen.

Hier zeigt sich zum einen der Konflikt um die Kontrolle des Welthandels, um den künftigen Verlauf der interkontinentalen Handelsstraßen und damit die sich abzeichnende Entscheidung, welcher Kulturkreis künftig dominierend sein würde. Auf der anderen Seite wird hier noch einmal die Offensivkraft des Islam deutlich, auch wenn gleichzeitig schon erste Anzeichen sichtbar werden, dass der Höhepunkt islamischer Macht überschritten und Europa – wenn auch zunächst langsam und mit Rückschlägen – jetzt endgültig auf dem Vormarsch ist. 1571 macht der christliche Sieg über die osmanische Flotte in der Seeschlacht von Lepanto klar, dass die osmanische Seehoheit im Mittelmeer – 1560 hatte es noch einen osmanischen Seesieg über die Spanier bei Djerba gegeben – zumindest außerhalb der osmanischen Gewässer im engeren Sinn im Ostmittelmeer stark relativiert war. Möglicherweise hat der Ausgang der Schlacht von Lepanto die Osmanen bewogen, ihre bislang energische Flotten- und Imperialpolitik im Bereich des Indischen Ozeans aufzugeben und diesen – und damit langfristig den Welthandel! – den Europäern zu überlassen.

Die Osmanen waren weiterhin sowohl im Mittelmeer als auch im Südosten Europas präsent. Im Mittelmeer gründen Korsaren im Namen oder mit Billigung der Sultane »Seeräuber«-Emirate, an der nordafrikanischen Küste entsteht die

Welt der »Barbareskenstaaten« östlich von Ägypten. In der einen oder anderen Form sind jetzt fast alle Gebiete der arabischen Welt unter türkischer Herrschaft. Nur Marokko im äußersten Westen und das Innere der arabischen Halbinsel können sich weitgehend direkter türkischer Kontrolle entziehen.

Obwohl sozusagen im Rücken der Osmanen die Europäer bereits im Vorteil sind, ihre weltumspannenden Kolonialreiche errichten und eine unter ihrer Kontrolle stehende Weltwirtschaft ins Leben rufen, die langfristig die Handelsrouten über den Nahen Osten obsolet werden lässt, geht die osmanische Expansion an der »Vorderfront« noch mit großer Energie weiter: 1571 fällt Zypern an die Osmanen, 1669 ist ganz Kreta in osmanischer Hand und 1683 kommt es zur zweiten osmanischen Belagerung von Wien – 154 Jahre nach der ersten, die aber ebenso wie die zweite erfolglos verlief. Im 18. Jahrhundert ist jedoch der Niedergang der Osmanen nicht mehr zu übersehen; im 19. Jahrhundert spricht man bereits vom »kranken Mann am Bosporus«; das Osmanische Reich sinkt vom Subjekt zum Objekt herab, und die einst in der ganzen Christenheit gefürchteten Türken werden zum Spielball der europäischen Mächte. Als »orientalische Frage« bezeichnet man diese historische Phase, in der nur noch die Konkurrenz der europäischen Großmächte eine Aufteilung des Osmanischen Reiches verhindert und die europäischen Staaten ständig Einfluss auf die inneren Verhältnisse des Türkenstaates ausüben, die osmanische Regierung unter Druck setzen und die Souveränität des Osmanischen Reiches aushöhlen. Auch in dieser Endphase des Osmanischen Reiches sind die östlichen Regionen noch unter – zumindest nomineller – türkischer Kontrolle. Ägypten ist faktisch in britischem Besitz, der Maghreb in französischer Hand. Doch die arabischen Länder »erwachen« gegen Ende des 19. Jahrhunderts.

6.3 Die arabische Welt – eine osmanische Provinz?

Als Sultan Selim 1516/17 nach Syrien und Ägypten vorstieß und diese Länder eroberte, waren es vor allem »negative« Ziele, die ihn leiteten. Es ging ihm nicht primär um die Regionen, die er okkupierte – ehemals Kernländer der islamischen Welt mit Metropolen wie Kairo und Damaskus. Für die Osmanen ging es um die Ausschaltung von zwei gefährlichen Gegnern, Großmächte der islamischen Welt bis dahin: einerseits der schiitische Safawidenstaat, dessen heterodoxe Glaubenswelt auch Anatolien infizieren und in dem sunnitisch-orthodoxen türkischen Zentralstaat gefährliche Strömungen schaffen konnte; andererseits im Süden/Südosten das Mamlukenreich – natürlicher Bundesgenosse der Safawiden – aus geo- und machtpolitischen Gründen, nicht aus ideologisch-religiösen. Nachdem die Safawiden 1514 entscheidend geschlagen worden waren, wandte sich Selim dem Mamlukenstaat zu, den er in kürzester Zeit vernichtete. Nicht vernichtet worden war allerdings mit der Eingliederung der Gebiete des Mamlukenreichs in den Türkenstaat die Elite dieses Reiches, die Kaste der Mamluken selbst, die weiterhin – auch im osmanischen Ägypten – eine wichtige Rolle spielte. Für Sultan Selim war offenbar nur wichtig, dass von Syrien her niemand die osmanische Flanke bedrohen konnte, dass es keinen Angriff von zwei Seiten auf das Osmanenreich geben würde, dass die Safawiden in Syrien und Ägypten keine Alliierten finden würden, wie es zur Zeit des Mamlukenreiches gewesen war. Nur so ist erklärlich, dass er nur kurz in Ägypten und Syrien blieb und sich nicht mit einer Eingliederung der neuen Provinzen ins osmanische System aufhielt, vieles so beließ, wie es gewesen war und die neueroberten Regionen sehr schnell wieder verließ. In der Tat lagen die Schwerpunkte osmanischen Interesses in Europa und im Mittelmeerraum. Dort lag die Hauptstoßrichtung für die weitere osmanische Expansion, dort musste eine islamische Führungsmacht, der die Pflicht zum Dschihad gegen Ungläubige oblag, ihr wichtigstes Aktionsfeld sehen. Herrschaftsausbreitung auf Kosten muslimischer Gegner entsprach eigentlich nicht dem Geist der Osmanen, deren Reich aus dem Grenzkrieg mit christlichen Gegnern hervorgegangen war und das sich im ständigen Eroberungskrieg mit Europa ausgedehnt hatte.

Ein weiteres welthistorisches Szenario, das auch Ägypten, Syrien, den Mittelmeerraum und das Osmanenreich betraf, mag ebenfalls ein Motiv geliefert haben, das zusätzlich die energische Politik Sultan Selims gegenüber dem arabischen Vorderasien und Nordafrika mitveranlasst haben könnte. Keine 20 Jahre vor der türkischen Eroberung des Mamlukenreiches hatten Portugiesen den Seeweg von Europa nach Indien entdeckt und waren in den Indischen Ozean vorgedrungen. Bereits die Mamluken, die Hauptnutznießer des Warenverkehrs über die alten Handelsrouten, hatten sich gegen die portugiesische Präsenz in diesem Raum gestellt, es war zu Konflikten gekommen. Die Portugiesen ihrerseits hatten sich Positionen gesichert zur Kontrolle (und möglichst Unterbindung) der Seewege durch den Persischen Golf und das Rote Meer. Hier ging es um die Frage, ob der europäische Asienhandel weiterhin über die traditionellen Routen fließen oder ob der Nahe Osten sein Monopol verlieren würde und mithin, nicht mehr im Zentrum, sondern an der Peripherie des Welthandels liegen würde; ob also Europa künftig die Handelsströme umleiten und damit die Weltwirtschaft dominieren würde. Wenn auch nicht eindeutig nachgewiesen ist, dass dieser Problemkomplex das Handeln der Osmanen bestimmt hat und die osmanische Flottenpolitik im Indischen Ozean noch nicht endgültig und abschließend erforscht ist, so ist es doch kaum vorstellbar, dass diese welthistorische Weichenstellung den

Osmanen, die im Mittelmeer eine aktive Flottenpolitik betrieben, ihre territoriale Macht ausbauten, in ständigem Konflikt mit der wichtigsten Handelsmacht des ostmediterranen Bereichs (Venedig) lagen und ihrerseits vom Handel abhängig waren bzw. sahen, welche Gewinne sich aus dem Fernhandel ziehen ließen, völlig entging. Eine Blindheit der gesamten osmanischen Elite für diese Entscheidungen von universalhistorischer Dimension, die sich damals im Indischen Ozean anbahnten, darf vernünftigerweise nicht angenommen werden. In der Tat haben die Türken ihre Herrschaft auch systematisch nach Süden ausgeweitet und ihre Präsenz am Bab al-Mandeb, dem Tor zum Roten Meer, stark ausgebaut.

Zwar hatte es schon vor der eigentlichen Zerschlagung des Mamlukenreiches Auseinandersetzungen zwischen Osmanen und Mamluken – etwa 1485 bis 1490 um Kilikien – gegeben, diese aber waren eher halbherzig geführt worden. Noch ziemlich spät, 1515, leisteten die Osmanen den Mamluken Unterstützung im Konflikt mit den Portugiesen im Indischen Ozean, nachdem sie den Mamluken bereits 1511 Feuerwaffen geliefert hatten: Der osmanische Kapitän Selman Reis kommandierte eine mamlukische See-Expedition nach Gujarat. Der Eindruck drängt sich auf, man habe an der Hohen Pforte verstanden, dass es sich hier nicht lediglich um eine mamlukische Auseinandersetzung mit den Portugiesen handelte – die den Türken ja eigentlich als solche eher willkommen hätte sein müssen –, sondern dass es um die höheren Interessen der gesamten islamischen Welt ging, dass dieses Vordringen der Portugiesen nach Asien eine Gefahr für die weltgeschichtliche Rolle des Nahen Osten darstellte.

Die Eroberung von Syrien und Ägypten war keine von langer Hand geplante Unternehmung, sondern ergab sich schließlich aus dem osmanisch-safawidischen Krieg, in dessen Verlauf eine safawidisch-mamlukische Allianz immer deutlicher erkennbar geworden war und es den Osmanen notwendig erschien, nach dem Sieg über Iran auch gegen dessen Bündnispartner vorzugehen, um nicht künftig der Gefahr eines Zweifrontenkrieges im Osten ausgesetzt zu sein – etwa gar, wenn die Türken auf den Kriegsschauplätzen im Mittelmeer und in Südosteuropa gebunden waren. Der Sieg über die Safawiden und die definitive Ausschaltung der Mamluken schaffte den Osmanen Rückenfreiheit für ihren Einsatz auf den für sie wesentlichen Schauplätzen. Dies wird deutlich dadurch, dass die erste osmanische Belagerung Wiens erst erfolgen konnte, als die türkische Herrschaft über Ägypten gesichert war.

Mit der Eroberung Syriens und Ägyptens war die osmanische Ausbreitung in Asien und Afrika keineswegs abgeschlossen. Der Jemen, wo sich am Anfang des 16. Jahrhunderts die Mamluken festgesetzt hatten (in Zusammenhang mit dem Flottenvorstoß nach Gujarat – siehe S. 202), erkennt nun die osmanische Oberhoheit an. In Hinblick auf die Bedeutung des Roten Meeres in dieser historischen Phase lassen die Osmanen Galeeren auf dem Landweg vom Mittelmeer nach Suez bringen. Im Indischen Ozean kommt es in der Tat zu Entwicklungen, die ein osmanisches Eingreifen provozieren. Als die Portugiesen Diu besetzen, bittet der Herrscher von Gujarat um osmanische Hilfe. 1538 bricht eine osmanische Flottenexpedition auf, macht die jemenitischen Küstenstädte Zabid und Aden zu osmanischen Stützpunkten und belagert Diu. Dort jedoch haben die Portugiesen sich definitiv festgesetzt und die ihnen feindlich gesinnten Kreise in Gujarat ausgeschaltet, so dass den Osmanen keine einheimische Hilfe geleistet wird. Unverrichteter Dinge ziehen die osmanischen Marine-Einheiten wieder ab.

Ein im Jemen eingesetzter osmanischer Gouverneur tscherkessischer Herkunft erkennt jedoch die Notwendigkeit, eine aktive Politik im Roten Meer und im Indischen Ozean energisch fortzusetzen. Dieser Özdemir Pascha begibt sich nach Konstantinopel und überzeugt Sultan Süleyman davon, einen Vorstoß in den Süden von Ägypten aus zu unternehmen. Özdemir wird mit der Durchführung der Expedition beauftragt, rückt durch das Niltal nach Süden vor, besetzt Teile des historischen Nubien, stößt dann nach Osten ans Rote Meer vor. 1555 wird Suakin osmanisch, 1557 Massawa. Das Gebiet des heutigen Eritrea wird zur neuen osmanischen Provinz »Abessinien« (Habesch eyaleti), die sich bis nach Somalia (Zayla) und an die Spitze des Horns von Afrika ausdehnt – damit ist der äußerste Punkt osmanischer Ausdehnung nach Süden erreicht. Im Jemen jedoch verlieren die Osmanen den größten Teil ihrer Besitzungen, die ein neuer Gouverneur 1567–68 und 1571–73 wieder zurückerobert. In diesen Jahrzehnten einer konsequenten Politik im Roten Meer und im Indischen Ozean werden Arbeiten an einem Kanal zwischen Mittelmeer und Rotem Meer begonnen. 1569/70 bricht eine osmanische Flotte nach Sumatra auf, um das Sultanat Aceh zu unterstützen – wohl im Sinne einer »islamischen« Handelsroute im Gegensatz zur »christlichen« portugiesischen um das Horn von Afrika.

Auch in Mesopotamien sind die Osmanen in der Offensive: Bagdad erobern sie 1535, in der Jahrhundertmitte ist auch Basra osmanisch, die Provinz Asir auf der arabischen Halbinsel wird ab 1538 für ein Jahrhundert osmanisch. Damit stehen die Türken am Persischen Golf, der jetzt auch zum Schauplatz von Auseinandersetzungen mit den Portugiesen wird. Gegen Ende des 16. Jahrhunderts aber lässt die Energie der Osmanen im Indischen Ozean nach, die Aktivitäten im Indischen Ozean erlahmen, es gibt keine großangelegten Flottenunternehmungen mehr, der türkische Vorgänger des Suezkanals wird nie vollendet. Bis heute ist nicht mit letzter Sicherheit ergründet, warum dies so war. Einige Schlussfolgerungen liegen jedoch nahe: 1571 hatte der christliche Seesieg über die Osmanen bei Lepanto deutlich gemacht, dass das Osmanische Reich selbst auf dem Höhepunkt seiner Macht gerade zur See sehr verwundbar war. Im Indischen Ozean hatte sich gezeigt, dass es wohl unrealistisch war, die Portugiesen von dort wieder zu vertreiben; es wurde deutlich, dass mit der Entdeckung eines Indienseewegs durch das christliche Europa eine neue Situation entstanden war, die sich als irreversibel erwies. Aus der Erkenntnis, dass auch mit größtem Einsatz die Entstehung eines europäischen Stützpunktnetzes im Indischen Ozean sowie die Entstehung »europäischer« Handels- und Verkehrswege im asiatisch-ostafrikanischen Raum nicht verhindert werden konnte, erwuchs die Reduzierung osmanischer Ziele: Es konnte nur noch darum gehen, die »muslimischen« Wasserstraßen – das Rote Meer und den Persischen Golf – vor dem Eindringen Europas zu schützen und somit einen Teil des Reichtums, den der interkontinentale Handel einbrachte, zu retten sowie einen christlichen Vorstoß zu den heiligen Stätten des Islam zu verhindern. Den Portugiesen gelang es nicht, die Routen über den Nahen Osten zu unterbinden, längere Zeit kamen die asiatischen (und afrikanischen) Waren auf konkurrierenden Routen nach Europa (vgl. Kapitel 5, S. 185). Es waren die arabischen Provinzen des Osmanischen Reiches, die hier besonders betroffen waren – als Nutznießer oder als Verlierer. Auf lange Sicht war der Niedergang auf diesen traditionellen Wegen über Ägypten und Syrien nicht aufzuhalten, wenn der Rückgang zeitweise auch durch ein neues Produkt, den Kaffee, ausgeglichen werden konnte. Die Entwicklung hin zu einer europäischen Weltwirtschaft war unaufhaltsam, wozu nicht nur die Entwicklung in Asien beitrug, wo die Portugiesen bald Konkurrenz erhielten und durch Holländer und schließlich Briten abgelöst wurden; auch die Entdeckung Amerikas und die Einbeziehung dortiger Produkte in das europäisch dominierte

Welthandelssystem, das im Entstehen war, relativierte die Bedeutung des Nahen Ostens.

Zu Beginn des 16. Jahrhunderts kamen erstmals arabische Länder unter türkische Kontrolle, erhielt der Sultan in Konstantinopel muslimische Untertanen arabischer Sprache in großer Zahl. Die Hohe Pforte wurde zur Schutzherrin der Heiligen Stätten des Islam, der Scharif von Mekka sandte seinen Sohn zu Sultan Selim nach Kairo, um ihm zu huldigen, was einen beträchtlichen Prestigezuwachs bedeutete. Doch, wie angedeutet, waren die neu eroberten arabischen Regionen an und für sich offenbar für die Osmanen nur von sekundärem Interesse: Eine sorgfältige, systematische Eingliederung ins osmanische Reichssystem erfolgte nicht. Probleme, Konflikte und Instabilität schienen vorprogrammiert. Für die Herrscher im fernen Konstantinopel schien es ausreichend zu sein, dass die muslimischen Länder, die sie erobert hatten, ihnen nicht mehr gefährlich werden konnten. In der Tat sanken die ehemaligen Kernländer der islamischen Welt zu Provinzen herab, wenn sie auch durchaus wirtschaftliche Blütezeiten erlebten und nicht ausschließlich Niedergang und Verfall preisgegeben waren.

Wenn behauptet worden ist, die ersten drei Jahrhunderte osmanischer Herrschaft in der arabischen Welt seien verhältnismäßig ereignislos verlaufen, so muss diese Aussage differenziert betrachtet werden: Bei genauem Hinsehen war diese Epoche sehr bunt, voller abenteuerlicher Episoden, turbulent und wirr. Aber gerade diese abwechslungsreiche Kette von Geschehnissen bleibt ohne tiefere Bedeutung, ist lediglich farbige Szenerie. Keine relevanten Entwicklungslinien werden sichtbar, kein Sinnkontext scheint zu entstehen. Zwar entsandte die osmanische Reichsregierung Beamte und Truppen in die neuen Provinzen, versäumte es aber, das Bestehende zu zerschlagen oder so in die osmanische Reichsordnung einzufügen, dass es kompatibel wurde. So waren die osmanischen Gouverneure und Militärkontingente nur ein Teilelement in dem Machtspiel, in dem die alte Militärkaste der Mamluken, auch wenn sie nicht mehr die Herrscher des Landes nach eigenen Gesetzmäßigkeiten war, eine wesentliche, oft die Hauptrolle schlechthin spielte. Was gedacht war, Kontinuität zu gewährleisten und möglichst viel Bestehendes so zu belassen, wie es gewesen war, führte dazu, dass die ehemalige Machtelite ständig versuchte, ihren Einfluss zu bewahren und das Land im eigenen Interesse zu führen.

Noch während seines Vormarsches in Syrien bot Sultan Selim den Mamluken an, als osmanische Vasallen weiter zu herrschen. Als dies dann aber nicht auf positive Resonanz stieß und Ägypten doch erobert wurde, worauf der Sultan bald wieder die neuen Reichsteile verließ, vertraute er trotz allem Vertretern der Mamluken-Kaste wichtige Funktionen an: Gouverneur von Damaskus wurde ein Mamluke, ebenso wurde in Kairo ein mamlukischer Gouverneur eingesetzt, und auch das prestigeträchtige Amt des Führers der Pilgerkarawane wurde in mamlukische Hände gelegt. Hatte der Sultan damit gerechnet, durch diesen Schritt die Mamluken mit der osmanischen Herrschaft zu versöhnen und sie kooperativ zu stimmen, sie im osmanischen Sinne zu »nützlichen« Trägern türkischer Herrschaft zu funktionalisieren, so war dies eine Fehlkalkulation gewesen: Beim Tode Sultan Selims revoltierte der Mamluken-Gouverneur von Damaskus; osmanische Truppen stellten die osmanische Herrschaft wieder her, ein osmanischer Gouverneur wurde in Damaskus eingesetzt (1521).

Kurz darauf gab es auch eine Mamlukenrevolte in Kairo (1522), die niedergeschlagen wurde. Doch 1523 gab es erneut einen Aufstand, der als von den iranischen Safawiden angezettelt dargestellt wurde. Loyalisten konnten 1524 aber wieder die Macht übernehmen. Nun sah man bei der Hohen Pforte doch die Notwendigkeit, die Verhältnisse in Ägypten und Syrien grundlegend zu ordnen. Großwesir Ibrahim Pascha kam 1525 an den Nil, um die Reorganisation der neuen Provinzen in die Wege zu leiten. Sein Vermächtnis war das Kanun-name von Ägypten, eine Sammlung von Verordnungen zur Regelung der Verwaltung und der militärischen Organisation im Land. Doch waren damit Revolten auf Dauer nicht abgestellt, weiterhin waren die Mamluken-Beys einflussreich und ständig bereit, die Lage zu ihren Gunsten zu verändern, die faktische Kontrolle der Provinz anzustreben. Daneben gab es die anarchischen Stämme in Oberägypten, die erst 1576 wirksam kontrolliert wurden. Der schwerste Aufstand unter vielen Revolten erfolgte 1609, dessen Niederschlagung als »zweite Eroberung Ägyptens« bezeichnet worden ist. Die osmanische Herrschaft wurde künftig für lange Zeit nicht mehr in Frage gestellt; die Träume von der Wiedererrichtung eines unabhängigen Mamlukenstaates waren endgültig ausgeträumt.

Dennoch blieb es unruhig in Ägypten, waren ständige Konflikte unter den verschiedenen Gruppen die Regel. Die Gouverneure wurden häufig abgelöst, ihr Einfluss war entsprechend gering. Die Mamluken regenerierten sich durch die Importe neuer, zunächst meist tscherkessischer Sklaven – später kamen die »Neo-Mamluken« auch aus anderen Regionen, etwa aus Bosnien. Jedenfalls waren die Mamluken besser im Land positioniert als die Gouverneure, zumal die Janitscharen, also die osmanischen Reichstruppen, einen eigenen Machtfaktor darstellten und nicht Werkzeuge in der Hand des Gouverneurs waren. So kam es, dass Gouverneure sich oft nicht lange halten konnten und ihre Amtszeit oft gewaltsam endete. Frappierend ist, wie wenig die Hohe Pforte dies offensichtlich interessierte; denn konsequente Maßnahmen, die Ordnung in den arabischen Provinzen wieder herzustellen und eine echte Kontrolle durch die Zentralregierung zu etablieren, gab es nicht. In Konstantinopel fand man sich ganz offensichtlich mit einem Dauerzustand latenter – oder offener – Anarchie ab. Lediglich die regelmäßigen Tributzahlungen und die für das osmanische Prestige wichtige Durchführung der Pilgerfahrt nach Mekka schien für die Regierung in Konstantinopel von Bedeutung, solange keine Macht, die den Osmanen gefährlich werden konnte, am Nil oder in Syrien entstand. Am Rande des Reiches allerdings bröckelte die osmanische Macht. Im Jemen können sich die Araber der osmanischen Herrschaft entledigen (1635). Dort gründen Holländer (1608) und Engländer (1614) Handelsniederlassungen. Der Kaffee wird immer wichtiger als Handelsware; auch für Ägypten, für das er – nach Rückgang des traditionellen Asienhandels – zum wichtigsten Gut des internationalen Handels wird. Gegen Ende des 18. Jahrhunderts stellt Kaffee die Hälfte aller französischen Einfuhren aus Ägypten dar. Im Kaffee-Geschäft machen Angehörige der herrschenden Gruppen in Ägypten beträchtliche Vermögen. Bei aller Unruhe kann zeitweise die Wirtschaft in Ägypten florieren, Mamluken und Janitscharen engagieren sich hier erfolgreich im Wirtschaftsleben. Al-Azhar, Moschee und Hochschule zugleich, behauptet seine Funktion als überregionales geistiges Zentrum des sunnitischen Islam, kann auch Gelehrte und Studenten aus anderen Teilen der islamischen Welt anziehen. Doch in der breiten Bevölkerung finden weniger orthodoxe Strömungen zunehmend Anklang. Die mystischen Sufiorden gewinnen immer mehr Zulauf. In der Bevölkerung waren Sufis oder Derwische zu verschiedenen Epochen in allen Teilen der islamischen Welt vielfach sehr populär. Sie vermittelten eine Form des Islam, die vielen mehr zusagt als die streng dogmatische Orthodoxie mit Vorschriften, Regeln und Pflichten. Die mystischen »Orden«, die dem Beispiel eines – teilweise legendären – Meisters folgten, versuchten eine gefühlsmäßige, intuitive Erschließung des Glaubens. Höchstes Ziel dabei war das direkte Erlebnis Gottes, das Einswerden mit Gott. Dies versuchten viele Mystiker durch Askese, spezielle Rituale und besondere Übungen (z. B. »tanzende Derwische«) zu erreichen. Herausragende Persönlichkeiten unter den Sufis galten der Bevölkerung als »Heilige«, denen man auch Wunder zuschrieb. Kein Wunder, dass ein solcher »Erlebnis«-Islam die einfachen Schichten mehr ansprach als der trocken-legalistische »Hochislam« – kein Wunder aber auch, dass er orthodoxen Theologen und der Staatsmacht gleichermaßen suspekt war. Betrachteten doch die extremeren Mystiker die religiösen Vorschriften des Islam als Äußerlichkeiten und ebenso die staatliche Ordnung als äußere Form, denen keine tiefere Bedeutung zukam. Deshalb konnte das mystische Umfeld der Sufi- und Derwischorden auch zur Keimzelle von Unruhen und zur Brutstätte von Unzufriedenheit werden.

Katastrophen begleiten den Niedergang gegen Ende des 17. Jahrhunderts: Trockenheit, Hunger und Seuchen treten auf und wiederholen sich in den letzten Jahrzehnten des 18. Jahrhunderts.

In dieser zweiten Hälfte des 18. Jahrhunderts kommt ein Mamlukenführer in Kairo an die Macht, der konkurrierende Mamluken ausschaltet und »seine« Mamluken in wichtigen Positionen einsetzt. Ali Bey setzt sich mit Strenge, Energie und Konsequenz durch, viele seiner Gegner schickt er in die Verbannung. Mehrere Vizekönige setzt er ab und wird de-facto-Herrscher in Ägypten. Einen offenen Bruch mit den Osmanen vermeidet er jedoch. Er gilt als ein Sonderfall unter den zahlreichen Machthabern, die Ägypten zwischen dem Beginn des 16. und dem Ende des 18. Jahrhunderts mehr oder weniger beherrscht und/oder ausgebeutet haben. Ihm halten die Historiker zugute, die Gründung eines wirklichen Reiches angestrebt zu haben. Ali Bey unternahm militärische Expeditionen nach Arabien (1770), entschied dort einen Streit der Scherifenfamilie, wer über die Heiligen Stätten herrschen sollte, und setzte in Dschidda seinen Gouverneur ein. Dann stieß er nach Syrien vor, wo er sich mit Scheich Zahir al-Umar verbündete, der seinerseits von Akka aus einen unabhängigen Kleinstaat gegründet hatte. Gleichzeitig suchte Ali Kontakt zu den Russen, deren Flotte 1770 die osmanische Flotte vernichtend geschlagen hatte. Zeitweise schien es, als würde Ali zusammen mit seinem Alliierten Zahir al-Umar die Kontrolle über ganz Syrien den Osmanen entreißen, nachdem die Ägypter 1771 Damaskus eingenommen hatten. Doch in Alis eigenem Umfeld entstanden Probleme, wurde seine Macht in Frage gestellt. 1772 musste Ali Bey aus Kairo fliehen, zunächst nach Oberägypten und dann zu seinem Bundesgenossen Zahir al-Umar in Palästina. Beim Versuch, seine Herrschaft in Ägypten wiederherzustellen, wurde Ali verwundet und starb an den Folgen seiner Verletzung (1773).

Der neue Machthaber in Ägypten Abu-dh-Dhahab zeigte sich nun demonstrativ loyal gegenüber den Osmanen und unternahm Aktionen gegen Zahir al-Umar in Palästina, der ja zusammen mit Ali Bey gegen Konstantinopel revoltiert hatte. Es setzten wieder die üblichen Auseinandersetzungen ein unter den Mamluken, bis 1786 ein osmanischer Admiral auftauchte und sich in Kairo durchsetzte. Ein heraufziehender türkisch-russischer Krieg jedoch führte zum Abzug der Osmanen, und in Ägypten herrschten weiterhin die Mamluken, bis Bonaparte zum Ende des Jahrhunderts ein neues Kapitel in der Geschichte des Landes am Nil aufschlug.

Syrien

Auf syrischem Boden, in der Schlacht von Mardsch Dabik nahe Aleppo, entscheidet sich im August 1516 das Schicksal des Mamlukenreiches, die faktische Eroberung Syriens und Ägyptens ist nur noch eine Frage von Monaten. Nur Wochen nach der Einnahme von Aleppo fällt auch Damaskus in osmanische Hand. Hier – wie später auch in Ägypten – machen die Osmanen den Fehler, Mamluken, also Vertreter der alten Ordnung, als Gouverneure einzusetzen. Damit gelingt es nicht etwa, sich die Mamluken zu verpflichten und sich ihrer Kooperation zu versichern, vielmehr sind dadurch Krisen bereits vorprogrammiert. Schon bald revoltiert der mamlukische Gouverneur von Damaskus und wird durch einen osmanischen ersetzt (1521). Während Ägypten seit jeher ein einheitliches, zum Nil hin orientiertes Land ist, bleibt Syrien das zerklüftete, in unterschiedliche gegensätzliche Regionen und Bevölkerungsgruppen zerfallende, sich einheitlicher Kontrolle entziehende Land, das es schon immer war. Gegensätze zwischen Beduinen und Sesshaften kennzeichnen auch das osmanische Syrien. Aus dem Inneren der arabischen Halbinsel dringen Migrationswellen in den syrischen Raum: Die Stämme der Anaza im 17. und der Schammar im 18. Jahrhundert – die Schammar werden über den Euphrat nach Osten abgedrängt, die Anaza bleiben die dominierende nomadische Kraft an der Peripherie des »fruchtbaren Halbmonds«. Auch die Art und Weise, nach der die Osmanen ihre Herrschaft in Syrien ausüben, ist nicht geeignet, stabilisierend zu wirken. Die Gouverneure werden nur kurze Zeit in ihrem Amt belassen und schnell wieder abgelöst – was einerseits verhindert, dass sie sich selbständig machen können in Syrien, andererseits aber auch nicht zulässt, dass sie ihre Position so festigen können, dass sie das Land wirksam zu kontrollieren in der Lage sind. Die Einheiten der Janitscharen, der osmanischen Elite-Truppe, die in Syrien stationiert sind, werden mehr und mehr Teil der »normalen« Stadtbevölkerung, d.h., sie werden in lokale Interessengruppen und -gegensätze hineingezogen, die eher für ihr Handeln bestimmend sind als übergeordnetes Reichsinteresse. Umgekehrt erhalten auch einheimische Elemente Zugang zum Janitscharencorps, wodurch dessen Verflechtung mit innersyrischen Rivalitäten, Interessen und Auseinandersetzungen noch verstärkt wird. Im kontrastreichen Syrien – internationale Handelsstädte, Agrarregionen, wüstenhafte Landstriche, Oasen, Gebirge und Flusstäler prägen die Vielfalt dieses Landes zwischen Mittelmeer und arabischer Wüste – sind somit Autonomiebestrebungen und das Auftreten zentrifugaler Tendenzen wenig überraschend und an der Tagesordnung. Bürgerkriege – wobei sich auch osmanische Gouverneure gegenseitig bekriegen und wechselnde Bündnisse mit einheimischen Gruppierungen eingehen – sind eine häufige Erscheinung. Teilweise sind es gerade lokale Machthaber, denen es mit der Errichtung staatenähnlicher Herrschaftsbereiche gelingt, ein gewisses Maß an Stabilität und sogar Prosperität zu schaffen.

Diejenige Region, bei der eine Separatentwicklung und ein erfolgreiches Bemühen um Unabhängigkeit vorgegeben waren durch geographischen Charakter und daraus resultierende demographische Struktur, ist der Libanon. Als ein durch Großmächte schwer zu kontrollierendes Bergland in der Nähe der Mittelmeerküste, die (Handels-)Kontakte nach außen ermöglichte, wurde es früh zu einem typischen Rückzugsgebiet, in dessen Norden (mit Rom unierte) christliche Maroniten und in dessen Süden dem ursprünglich fatimidischen Schiitentum entsprungene Drusen – von den sunnitischen Mächten, die über Syrien herrschten, als heterodox empfunden – siedelten und dem direkten Zugriff der Mamluken, seit dem 16. Jahrhundert dem der Osmanen, weniger ausgeliefert waren. In aller Regel begnügten sich die Hegemonialmächte mit einer Anerkennung ihrer Oberherrschaft, Tributzahlungen und damit, dass von den autonomen Bergregionen keine Unruhe ausging; die Minderheiten des Libanongebirges ihrerseits waren froh, unbehelligt ihre Religion ausüben zu können und durch die

Mächte des umliegenden Landes sowie von den weit entfernten Metropolen nicht behelligt zu werden. Dies war ein prekäres Gleichgewicht, das ständig Gefahr lief, durch Störungen aus der Balance zu geraten. Als beispielsweise 1584 der ägyptische Tribut auf dem Weg in die Reichshauptstadt Konstantinopel auf libanesischem Gebiet geraubt wurde, hatte dies eine Strafexpedition des osmanischen Gouverneurs gegen den Libanon zur Folge, die mit aller Härte durchgriff. Besonders, wenn die Macht der Sultane in Konstantinopel zurückging oder ihre Aufmerksamkeit anderweitig gebunden war, hatten energische, dynamische Führernaturen die Chance, im Libanon eine Art unabhängigen Staat zu errichten. Bestes Beispiel hierfür ist Fachr ad-Din II. aus der drusischen Sippe der Ma'n, die schon seit jeher eine führende Rolle im Libanongebirge gespielt hatte. Ihm gelang es seit 1590, die Macht über das Libanongebirge und angrenzende Regionen zu gewinnen. Dabei machte er sich andere Familien zu Verbündeten – so die sunnitische Schihab-Sippe – und erreichte mit der Zeit allgemeine Anerkennung im Libanongebirge. Er entwickelte die Infrastruktur im Bergland, förderte die wirtschaftliche Entwicklung (Olivenhaine und Maulbeerbäume für die Seidenraupenzucht) und sicherte sich Häfen an der nahe gelegenen Küste, über die er Handel mit Europa, vor allem mit der Toskana und Frankreich trieb. Der dadurch entstehende bescheidene Wohlstand trug dazu bei, seine Stellung zu festigen. Fachr ad-Din förderte die Ausbreitung der Christen im Libanongebirge nach Süden und ermutigte ihre wirtschaftlichen Aktivitäten, die durch Klöstergründungen intensiviert wurden. Aus der Toskana holte er Kunsthandwerker und Architekten ins Land. Im Libanon selbst förderte er Toleranz und ein konfliktfreies Miteinander der Religionsgemeinschaften. Diese Duldsamkeit gegenüber unterschiedlichen Religionsgemeinschaften ist die Formel für das Funktionieren des libanesischen Koexistenzmodells: Das Rückzugsgebiet Libanon kann als Staatskonzept nur erfolgreich sein, wenn die verschiedenen Gruppen, aus denen sich die Bevölkerung zusammensetzt, konfliktfrei koexistieren. Fachr ad-Din erregte das Misstrauen der Osmanen, als er seine Ambitionen immer mehr auf Regionen außerhalb des libanesischen Kernlandes ausdehnte. Unter dem Eindruck einer osmanischen Militäraktion flieht Fachr ad-Din schließlich 1613 nach Livorno. Einige Jahre später aber konnte er eine Rückkehr in den Libanon wagen und dort sogar mit osmanischer Anerkennung die Herrschaft über sein erweitertes »Reich«, das längst über die Grenzen des Libanon hinausgewachsen war und bis südlich von Aleppo und bis nördlich von Jerusalem reichte, ausüben. In dieser Lage wird der Konflikt zwischen dem Osmanischen Reich und dem safawidischen Iran wieder akut. Unter Schah Abbas erlebt der Safawidenstaat eine neue Blüte und expandiert: 1623 wird Bagdad iranisch und eine Konfrontation mit den Osmanen zeichnet sich ab. Die Hohe Pforte sieht in Fachr ad-Din eine Gefahr: In dieser Lage könnte ein quasi-unabhängiger Staat im syrischen Raum eine Bedrohung der osmanischen Flanke darstellen. Noch zu gegenwärtig war die Situation vom Anfang des 16. Jahrhunderts, als die Safawiden sich mit den Mamluken verbündet hatten. So schien es Sultan Murad IV. nötig, vor einem Feldzug gegen die persische Präsenz im Irak den möglichen Gefahrenherd Libanon auszuschalten. Jede Schwäche des Osmanenstaates hatte Fachr ad-Din genutzt zur weiteren Ausdehnung seiner Herrschaft, zum Ausbau seines Besitzes. Bei einem konzentrierten Vorgehen gegen Iran konnte der Regent eines faktisch so gut wie unabhängigen Libanon zu einer ernsten Gefahr werden, zumal er sich ja nicht auf seine maronitischen und drusischen Gebirgskrieger verließ, sondern eine professionelle Söldnerarmee aufgestellt hatte. So ging der Sultan zunächst gegen Fachr ad-Din vor, dessen Staat er auf seine traditionelle Dimension reduzierte und den er 1635 nach Konstantinopel schickte, wo er später hingerichtet wurde. Die Idee eines unabhängigen Staates, der auf dem Nukleus des Libanon, einer natürlichen Festung in Form eines unzugänglichen Gebirges einerseits beruhte, auf Beziehungen zu Mächten außerhalb der Region und des systematischen Fördern wirtschaftlicher Ressourcen andererseits, war zwar nicht prinzipiell unrealistisch gewesen; doch waren die Osmanen immer noch eine Großmacht, die derartigen Sezessionstendenzen wirksam entgegentreten konnte. Nun war der Weg frei zum Krieg gegen Iran, und gegen Ende des Jahres 1638 wurde Bagdad von den Osmanen wieder eingenommen. Auch andere Formen zeitweiliger Unabhängigkeitsbestrebungen waren im osmanischen Syrien zeitweise erfolgreich, ohne auf Dauer die osmanische Herrschaft wirklich gefährden zu können: In Nordpalästina konnte die einheimische Familie Zaydani sich in der Mitte des 18. Jahrhunderts einen Einflussbereich schaffen, dessen Höhepunkt unter Dahir al-Umar erreicht wurde, der das Territorium arrondierte und in Galiläa einen autonomen Kleinstaat schuf. Versuche der bislang in Syrien führenden Familie al-Azm, ihn auszuschalten, misslangen. Dahir al-Umar erkannte die Zeichen der Zeit und sicherte die wirtschaftlichen Grundlagen seiner Unabhängigkeit durch Ausbau der landwirtschaftlichen Produktion und Verkauf von Korn und Baumwolle an europäische Händler. Akka machte er zu seiner Hauptstadt und zu seinem Ausfuhrhafen. Auch Haifa fügte er seinem Besitz hinzu. Die Osmanen wandten sich nicht gegen ihn, sondern bestätigten ihn in seiner Rolle und seinem Besitz – wie sie es oft taten, wenn der Aufstieg lokaler Potentaten nicht ihre Interessen beeinträchtigte. Der Ausbruch des russisch-türkischen Krieges 1768 eröffnete Dahir neue Perspektiven. Er bemühte sich um Kooperation mit den Russen. Gleichzeitig kam es zu einer Annäherung zum Machthaber Ägyptens, Ali Bey, der seinerseits Ambitionen in Syrien entwickelte. Dahir lieferte ihm Munition, Ali nahm Kontakt zu den Russen auf. Kam es zu einer Aufteilung Syriens unter den beiden Regionalfürsten unter dem Patronat Russlands? Dafür war die Zeit noch nicht reif – Ali Bey scheiterte an Rivalen im eigenen Lager, der russisch-türkische Krieg endete 1774 durch den Vertrag von Kücük Kaynarca, und Dahirs Herrschaft endete mit seinem gewaltsamen Tod auf der Flucht, als Akka von der osmanischen Marine belagert wurde.

Ganz anderer Natur war die Herrschaft von Ahmad Pascha al-Dschassar. Er war ein Abenteurer bosnischer Herkunft, der zunächst in die osmanische Hauptstadt Konstantinopel, dann nach Ägypten gegangen war. Dort gelang es ihm, sich dem »starken Mann« des Landes, Ali Bey, nützlich zu machen. Aus Ägypten musste er nach Syrien fliehen (1768), diente sich den Osmanen an und erhielt die Provinz Sayda (Sidon), als Residenz übernahm er aber beim Fall Dahirs Akka. Es gelang ihm, hier einen persönlichen Herrschaftsbereich zu errichten, die Macht der Familie Zaydani zerstörte er. Er intrigierte im Libanon, wo er die Rolle der Familie Schihab schwächen wollte, die inzwischen die Position der Ma'n als wichtigste Sippe der Region übernommen hatte. Auch im restlichen Syrien hatte Ahmad Ambitionen; dabei gelang es ihm mehrmals, Gouverneur der Provinz Damaskus zu werden. Seine Karriere war von Gewalt, Skrupellosigkeit, Intrigen und reiner Machtgier gekennzeichnet. Auch er förderte die wirtschaftliche Prosperität Syriens, aus der er Gewinne zog, die seiner Macht dienten. Ahmad verfolgte keine Sezessionspläne, sondern machte sich zu einer unverzichtbaren Stütze des osmanischen Systems in Syrien, verfolgte seine Machtpolitik als osmanischer Pascha, nicht als Verfechter syrischer Unabhängigkeit. Als Bonaparte von Ägypten nach Syrien kam, belagerte er Ahmad Pascha vergeblich in Akka (1799).

Auffällig ist, dass bei all den Unruhen und Revolten wenig

die Rede ist von Einheimischen. In Ägypten sind Aufstände oder gar Sezessionsbestrebungen meist das Werk von Mamluken – also einer landfremden Militärkaste. In Syrien gewinnen auch einheimische Elemente die Macht, wie der libanesische »Fürst« Fachr ad-Din oder die Zaydani-Familie in Galiläa. Aber Ahmad Pascha al-Dschassar ist Bosnier und dem Land wenig verbunden. Hier finden wir keine echt syrischen Bestrebungen, nichts, was auch nur entfernt an eine Art syrischen Nationalismus denken ließe. In Ägypten sind es fast ausschließlich Mamluken oder Janitscharen, die am Spiel um die Macht teilnehmen. Dabei geht es ihnen selten um »Unabhängigkeit« im eigentlichen Sinn, um Ägypten. Ihnen geht es nur um persönliche Macht; darüber hinausgehende politische Ambitionen haben sie nicht. Auch die syrisch-libanesischen Potentaten sind vielfach überinterpretiert und überschätzt worden. Fachr ad-Din etwa zum Urvater eines Libanon hochzustilisieren, ist anachronistisch. Er nutzte günstige Rahmenbedingungen, um den Libanon zur Keimzelle zur Entfaltung seiner persönlichen Macht zu machen und ihn für seine Familie zu halten – nur insofern verfolgte er auch »dynastische Interessen«. Dass sich aus Bemühungen, im Libanon ein positives drusisch-maronitisches Verhältnis herzustellen und die geographischen Gegebenheiten sowie die hieraus resultierenden demographischen Strukturen zur Festigung seines »Staates« zu nutzen, Anregungen und Verhaltensmuster für den späteren Libanon ergaben, ist etwas anderes. Deutlich ist immer wieder geworden, dass Versuche, auch nur beschränkte Unabhängigkeit herzustellen und eigene Machtbereiche zu schaffen, verbunden waren mit dem Versuch, Verbündete von außen zu finden.

Syrien und Ägypten sind zu dieser Zeit weitgehend arabisiert. Auch wenn arabische bzw. einheimische Kräfte relativ wenig am politischen Leben und den historischen Vorgängen im osmanischen Ägypten beteiligt sind, die arabische Sprache und arabische kulturelle Normen – wie der Konflikt zwischen Kaisiten und Jemeniten – sind allgemein verbreitet. Auch wenn diese Länder zum türkischen Osmanenstaat gehören und auch einheimische Eliten oft landesfremd sind (Mamluken) – sie gehören doch zur arabischen Welt. Zum Tragen kommt dieser arabische Charakter aber erst im 19. Jahrhundert.

6.4 ›Barbareskenstaaten‹ in Nordafrika

Lokale Dynastien im nordwestlichen Afrika – wie die marokkanischen Wattasiden, die (west)algerischen Zayyaniden oder weiter östlich die Hafsiden – können nicht an vergangene Größe – etwa der Almohaden oder Almoraviden – anknüpfen. Angriffe christlicher Staaten können sie oft gerade noch abwehren (wie portugiesische Attacken auf Marokko 1437 und 1458), teilweise aber die Eroberung einzelner Stützpunkte durch die iberischen Mächte nicht mehr verhindern. Diese Situation im westlichen Mittelmeer, wo der Islam mehr und mehr in die Defensive gerät, führte schon vor dem Fall von Granada zu Interventionen türkischer Seefahrer aus dem östlichen Mittelmeer. Die Entsendung von Kemal Re'is beispielsweise ist die osmanische Reaktion auf die Hilferufe der letzten spanischen Muslime im Jahr 1487. Dieser überfällt zwar die spanische Küste mehrfach, doch können solche Einzelaktionen das Schicksal Granadas nicht wenden – 1495 wird der Korsar zurückbeordert. Wenn auch die türkischen Korsaren den spanischen Islam nicht retten können – sie sind seit der Wende vom 15. zum 16. Jahrhundert eine Konstante in der westmediterranen Welt und spielen dort bis zum Beginn des 19. Jahrhunderts eine wichtige Rolle. Im Osmanischen Reich greift man seit dieser Zeit, ebenso wie in europäischen Staaten – man denke an Francis Drake –, auf Korsaren und Freibeuter, also staatlich lizensierte Seeräuber, zurück.

Die griechischstämmigen Gebrüder Barbarossa von der Insel Mytilene kommen an der Spitze einer Korsarengruppe ins westliche Mittelmeer und erhalten von den Hafsiden die Erlaubnis, in ihrem Machtbereich ihre Operationsbasis zu errichten (ab 1505). Doch bald wird deutlich, dass die Korsaren für ihre Operationen gegen Spanien einen Hafen brauchen, der weiter westlich liegt. 1516 wird Algier ihr neuer Stützpunkt an der nordafrikanischen Küste, nachdem Sultan Selim ihre Bitte um Unterstützung erfüllt hat – mit einem allerdings symbolischen Beitrag. Aber seit damals sind osmanische Truppen, Janitscharen, involviert, und die Korsaren agieren sozusagen im Namen des Sultans. 1517 gelingt ihnen die Einnahme von Tlemcen im Westen Algeriens – der erste »Barbareskenstaat« entsteht –, wenn auch weiterhin Häfen an der nordafrikanischen Küste in spanischer Hand verbleiben. Der stark befestigte Peñon, eine Insel vor Algier, die die Spanier 1510 erobert haben, bleibt beispielsweise in spanischer Hand. Erst 1529 müssen die Spanier weichen. Chair ad-Din Barbarossa wird von Sultan Süleyman in die Hauptstadt zitiert (1533), mit neuen Schiffen ausgestattet und als Oberkommandierender der großherrlichen Flotte kehrt er ins westliche Mittelmeer zurück. Die Eroberung von Tunis gelingt ihm, doch 1535 muss er es angesichts der überlegenen Flotte von Karl V. wieder räumen. Tunis wird aber nicht spanisch, sondern den Hafsiden überlassen. Doch einen spanischen Angriff auf Algier können die Korsaren zurückschlagen (1541).

Nordwestafrika wird zum Zankapfel zwischen lokalen Akteuren, Türken (vor allem Korsaren in osmanischen Diensten) und europäischen Mächten.

In Marokko vor allem sind einheimische Kräfte erfolgreich. Scherifen, Nachkommen des Propheten, spielen hier eine zunehmend wichtige Rolle. Die Scherifendynastie der Sa'dier kann das Land von Süden her erobern und die Wattasiden aus

Fes vertreiben. Doch auch die Osmanen greifen nach dem äußersten Westen der arabisch-islamischen Welt. Vorübergehend gelingt ihnen die Eroberung der marokkanischen Metropole Fes (1523), die sie aber bereits im folgenden Jahr wieder aufgeben müssen. Auch Tlemcen – heute im westlichen Algerien gelegen – wechselt mehrfach den Besitzer (vgl. S. 157). Da im Westen die türkischen Operationen vorwiegend in der Hand von Korsaren sind, bleiben Erfolge im Landesinneren – wenn es sie überhaupt gibt – von kurzer Dauer. Marokko wird nie Teil des Osmanischen Reiches. Sehr wohl aber haben die Korsaren weiterhin Erfolge im Seekrieg gegen Spanien: Mustaganem an der algerischen Küste erobern sie, überfallen Menorca und schlagen 1560 eine spanische Flotte unter Andrea Doria vor Djerba. Doch einen türkischen Angriff auf Malta können die Spanier zurückschlagen. Spanien kann sich Positionen am Südufer des Mittelmeeres sichern, und Portugal ist ebenfalls weiterhin an der nordafrikanischen Küste präsent: 1497 fällt Melilla in spanische Hand (und ist bis heute spanisch) und Mars al-Kabir 1505. Im Rif nahe Tetuan entsteht ein Idrisidenstaat, und Tetuan – 1399 durch die Spanier zerstört – wird eine autonome Morisco-Stadt (zahlreiche Moriscos sind aus dem jetzt völlig christlichen Spanien nach Nordafrika geflohen). Noch weitere Klein- und Regionalstaaten schränken die Macht eines marokkanischen Zentralstaates – seien es die Wattasiden oder später die sa'dischen Scherifen – ein. Doch können die Sa'dier 1548 Agadir den Portugiesen abnehmen.

Wenn die Osmanen ganz im Westen nicht dauerhaft erfolgreich waren, so gab es doch einzelne spektakuläre Vorstöße: 1569 erfolgte ein türkischer Überfall auf Lanzarote – was zeigt, dass selbst Ziele im Atlantik prinzipiell innerhalb des osmanischen Aktionsradius lagen. Die türkische Besetzung des hafsidischen Tunis 1569 trug möglicherweise zur Bildung der »Heiligen Liga« bei, welche 1571 die osmanische Flotte bei Lepanto schlug. Es scheint, dass Lepanto in gewissem Sinn ein Wendepunkt war: Die Rolle der Türken als Seemacht sinkt von da ab, wenn auch langsam.

Der Fortbestand der Barbareskenstaaten, die bis Anfang des 19. Jahrhunderts die Seefahrt im Mittelmeer beeinträchtigen, zeigt, dass Europa noch Jahrhunderte nicht die Macht hat, gegen diese Seeräuberstaaten wirksam vorzugehen. Und zunächst sieht es so aus, als sei die türkische Niederlage vor Lepanto schnell ausgewetzt. Nachdem die türkischen Korsaren zwar 1573 aus Tunis vertrieben worden waren, kehren sie doch 1574 zurück, erobern Tunis erneut und bereiten der Hafsidendynastie definitiv ein Ende. Selbst in marokkanische Thronstreitigkeiten mischen sich die Türken ein und verhelfen einem von ihnen favorisierten Prätendenten auf den Thron (1576).

6.5 Marokko

Marokko bleibt im Mittelpunkt internationaler Rivalitäten. 1578 versuchen die Portugiesen noch einmal einen Zugriff auf Marokko. Doch fällt der portugiesische König Sebastian 1578 in der Schlacht von al-Kasr al-Kabir, Portugal wird dadurch für 60 Jahre spanisch. Der Sa'dier al-Mansur (1578–1603) unterstellt zwar sich und damit Marokko der Hohen Pforte und leistet Tributzahlungen an Konstantinopel, doch erkauft er sich damit Schutz vor Korsarenüberfällen, und die osmanische Oberhoheit bleibt weitgehend nominell. Denn Marokko führt eine durchaus eigenständige Außenpolitik und ist fast der einzige Bereich der arabischen Welt, der faktisch seine Unabhängigkeit von den Osmanen behält. Auch wenn ein großer Teil der marokkanischen Bevölkerung nicht nur berberischer Abkunft ist, sondern nach wie vor berberisch spricht und von berberischer Kultur geprägt ist, mit der Dynastie der Sa'dier, die ja Scherifen sind, herrschen echte Araber über das westlichste islamische Land. England richtet sein Augenmerk auf Marokko als möglichen Partner in Nordwestafrika und gegen Spanien. 1584 wird dort eine »Barbary Company« gegründet, die eine Niederlassung in Marrakesch einrichtet. Eine engere Zusammenarbeit – eventuell gegen Spanien gerichtet – hatte sich mit dem Untergang der spanischen Armada 1588 erübrigt. Auch das kühne Projekt einer britisch-marokkanischen Operation gegen spanische Besitzungen in Amerika wird nun nicht in Angriff genommen. Marokko richtet darauf sein Interesse nach Süden, wo immer noch Goldvorkommen locken. In Walata, Timbuktu und Audaghost blüht ein lebhafter Tauschhandel (Salz, Stoffe, Leder, Metallwaren gegen Gold), und die Transsahararouten machen dem portugiesischen Hafen Elmina Konkurrenz. Eine große marokkanische Invasion im Jahr 1591 führt nicht zum Ziel, das Innere Afrikas und seine Ressourcen unter marokkanische Kontrolle zu bringen.

Nach dem Untergang der Armada kommt es zu einer spanischen Annäherung an Marokko: 1589 wird ein Nichtangriffspakt geschlossen, und Philipp II. gibt Positionen an Marokko zurück. Doch dynastische Probleme und innere Wirren in Marokko veranlassen Spanien, 1610 Larache und Ma'mura zu okkupieren. 1609 hatte ein königliches Dekret die Ausweisung der noch in Spanien verbliebenen etwa 300 000 Moriscos verfügt, die um 1614 abgeschlossen ist. Die letzten Spuren des arabisch-islamischen Spanien verschwinden – die meisten Moriscos finden in Marokko eine neue Heimat. Einige dieser Emigranten gründeten am Atlantik in Salé (bei Rabat) eine Art Piraten-Staat. Andere ließen sich in Rabat nieder. Diese vom Seehandel und der Seeräuberei lebenden Morisco-Gruppen lebten ganz für sich und brachten praktisch ein Stück al-Andalus an die marokkanische Atlantikküste. Sie verbündeten sich bei Bedarf mit den islamischen Orden, die eine immer wichtigere Rolle in Marokko spielten. Erst die neue marokkanische

Dynastie der Alawiden, welche die Sa'dier Mitte des 17. Jahrhunderts ablösten und auch die Macht der religiösen Bruderschaften wie der as-Samlali und der Dila'i, die eigene Staaten geschaffen hatten, brechen konnte, gewann Kontrolle über diese Seeräuber am Atlantik, ohne allerdings ihren Fortbestand zu bedrohen. Erst eine Flottenoperation Ludwigs XV. von Frankreich, der ihre Häfen bombardieren und ihre Flotten zerstören ließ, brach ihre Macht. In der zweiten Hälfte des 17. Jahrhunderts ist es wieder eine Scherifendynastie, die in der Anarchie, in welche das Land inzwischen gestürzt ist, zum Ordnungsfaktor wird und in Marokko wieder einen Staat schafft, den sie bis heute regiert. Die Alawiden führen ihre Abkunft auf den Prophetenenkel (und Sohn Alis) Hasan zurück. Zunächst sind sie nur ein Faktor unter vielen – letzte Sa'diersultane, die sich gegenseitig bekriegen, Lokalfürsten und Führer islamischer und religiöser Bruderschaften, die Kleinstaaten bilden können. Aber Mulay ar-Raschid (1664–72) und Mulay Isma'il (1672–1727) stellen vorübergehend einen einheitlichen Staat her, bis Marokko im 18. Jahrhundert wieder ins Chaos stürzt.

Im 18. Jahrhundert wird Europas Rolle in Marokko wieder stärker: Immer hatte es europäische Stützpunkte an der Küste gegeben, auch wenn Mulay Ismail Tanger und andere Orte wieder zurückerobern kann. Die Beziehungen zu europäischen Mächten werden zunehmend unter Sidi Muhammad ibn Abdallah (1757–90), der wieder für Stabilisierung sorgt nach einer längeren Periode des Verfalls, vertraglich geregelt: Ein Frieden mit Spanien wird 1775 geschlossen und ein Handelsabkommen mit Frankreich 1767. Als Frankreich sich Algeriens bemächtigt, will Marokko die Lage nutzen, um – eventuell in der Absicht, Abdelkader zu unterstützen – Tlemcen im Westen Algeriens einzunehmen. Dies führt zu einer Niederlage gegen Frankreich am Isly 1844.

Immer stärker wird die internationale Rivalität um Marokko im Verlauf des 19. Jahrhunderts. Das Land öffnet sich zunehmend dem Handel mit Europa – ein Wirtschaftsabkommen mit England wird 1856 geschlossen, ein Krieg, den Marokko Mitte des 19. Jahrhunderts gegen Spanien verliert, verstärkt die Abhängigkeit von Frankreich. Spanien kann eine Fischereikonzession erzwingen und territoriale Positionen (Ifni) in Marokko gewinnen. Die Konferenz von Madrid 1880 kann vorübergehend den Fortbestand Marokkos garantieren – gerade die internationale Rivalität verhindert eine Okkupation. Doch es gärt im Land, ein Konflikt zwischen Moderne und Traditionalismus droht, die immer stärker werdende Einmischung von außen führt zu Unruhen. Angesichts einer bevorstehenden französischen Besetzung besucht der deutsche Kaiser Wilhelm II. 1905 Tanger, die Lage spitzt sich zu. Die Konferenz von Algeciras im äußersten Süden Spaniens bekräftigt zwar die territoriale Integrität Marokkos, doch erhalten Frankreich und Spanien eine Sonderrolle zuerkannt. Spanische und französische Truppen kommen nach Marokko (im Einklang mit dem marokkanischen Sultan), da entsendet Deutschland 1911 das Kanonenboot »Panther« nach Agadir, um durch diesen »Panthersprung« seine Interessen und Ansprüche zu demonstrieren. Doch Marokkos Schicksal ist besiegelt. Ein französisches und ein spanisches Protektorat werden über das Land errichtet – Deutschland erhält zum Ausgleich Konzessionen im Kongo. Frankreichs Besitz Nordafrikas ist nun abgerundet und erstreckt sich vom Atlantik bis zur Insel Djerba.

Marokko spielt in diesen Jahrhunderten seit dem Ende des Mittelalters (auch für die islamische Welt ein Einschnitt!) eine Sonderrolle in der arabischen Welt: Hier sind schon seit dem 15. Jahrhundert europäische Staaten präsent, bemühen sich um Einfluss und können Häfen besetzen, teilweise auch auf Dauer halten. Aber Marokko selbst gerät später als alle anderen Länder Nordafrikas von Ägypten bis Algerien unter wirkliche europäische Kontrolle, erst im 20. Jahrhundert errichten Frankreich und Spanien ihr Protektorat. Bis dahin kann Marokko gerade aufgrund der europäischen Rivalität eine – wenn auch prekäre und relative – Unabhängigkeit bewahren. Marokko war auch einer der wenigen Bereiche der arabischen Welt, die nie ganz der türkischen Herrschaft, sei es des osmanischen Reiches als solchem oder der von ihm abhängigen Korsaren, unterworfen werden konnten (auch wenn Fes vorübergehend türkisch war und zeitweise Tribut gezahlt wurde). Eine Besonderheit ist auch der berberische Charakter Marokkos: Hier haben sich berberische Sprache und Kultur sicher genauso gehalten wie in Algerien und mehr als in Tunesien, sie sind auch heute noch gerade im ländlichen Bereich deutlich spürbar. Marokko gehört zu den arabischen Ländern, in denen die Arabisierung unvollständig ist. Doch wird das Land seit dem 16. Jahrhundert von arabischen Dynastien beherrscht, sowohl Sa'dier als auch Alawiden stammen von der Familie des Propheten Muhammad ab.

6.6 Algerien, Tunesien und Libyen vom 16. bis 19. Jahrhundert

Algerien wird zum wichtigsten Pfeiler türkischer Herrschaft im Maghreb. Dort entwickelt sich Tlemcen zu einer Art regionaler Hauptstadt, die territoriale Basis der osmanischen Herrschaft wird – in ständiger Auseinandersetzung mit den Spaniern, aber auch mit marokkanischen Gegnern – verbreitert.

Die Spanier können die Hafenstädte Mers al-Kabir und Oran halten, aber Bougie können die Türken den Spaniern entreißen und Mustaganem belagern die Spanier 1558 vergeblich. Ein reiner »Korsarenstaat« war das türkische Algerien nicht – dort stationierte türkische Truppen, Janitscharen, repräsentierten die Regierung in Konstantinopel.

Das politische Leben dieses staatlichen Gebildes, dessen Regenten, die Deys, nominell Konstantinopel unterstanden, war turbulent und von zahlreichen inneren Konflikten – etwa zwischen Janitscharen und Korsaren, gekennzeichnet. Wichtigste »Ware« in den Barbareskenstaaten waren Sklaven. Sie wurden bei den Aktionen der Piraten erbeutet, teilweise als Galeerenruderer eingesetzt, noch lieber aber zur Lösegelderpressung genutzt, was in Nordafrika ein wichtiger Wirtschaftszweig wurde. Christliche Orden in Europa versuchten, Geiseln zurückzukaufen oder ihr Los in Gefangenschaft zu erleichtern. In der Mitte des 17. Jahrhunderts gab es etwa 25 000 Sklaven in Algerien. Die ständigen Störungen des internationalen Seehandels waren wiederholt Anlass für europäische Gegenaktionen. Die englische Marine beschoss Algier 1622, 1655 und 1672. Frankreich griff die Stadt 1661, 1665, 1682 und 1683 an; aber ein französischer Versuch, den Hafen Djidjelli zu okkupieren, misslingt. Auch Pläne, im 17. Jahrhundert noch einmal einen Kreuzzug zustande zu bringen, scheitern. Dies alles zeigt, dass die Seeräuberei, die von Nordafrika ausging, nicht so einfach zu unterbinden war. Einerseits taten die Korsaren nichts anderes als die europäischen Freibeuter – passten also in den Kontext der Zeit. Andererseits wäre wohl der Aufwand unverhältnismäßig gewesen, die Barbareskenstaaten gänzlich zu vernichten und die Piraterie völlig zu unterbinden. Dadurch, dass man die Korsaren als mögliche Vertragspartner sah, wertete man sie auf und anerkannte implizit an, dass sie quasi gleichwertige Staaten waren: 1689 kam es zu einem Handelsabkommen zwischen Paris und Algier, Handelsniederlassungen entstanden am Südufer des Mittelmeers, und Frankreich erhielt eine Konzession, vor der algerischen Küste Korallen zu fischen.

In Frankreich wird eine *Compagnie d'Afrique* gegründet.

Auch andere Länder Europas engagieren sich im Nordafrika-Handel. Doch immer noch liegen Handel, Seeräuberei und Krieg nahe beieinander, sind die Beziehungen ambivalent. Das Korsarentum besteht fort, aber in Algerien ersetzt mehr und mehr ein regelrechter Staat das vorige Chaos. Doch die Seeräuberei bleibt auch im 18. Jahrhundert eine ernstzunehmende Gefahr. Kleinere Staaten leisteten Zahlungen, um vor Piratenüberfällen geschützt zu sein. Aber es kam auch weiterhin zu militärischen Konfrontationen, die deutlich machten, dass man die Deys von Algier nicht einfach als Seeräuber unterschätzen durfte. So scheiterte beispielsweise ein großangelegter spanischer Landungsversuch 1775 völlig und Spanien verlor 1792 den Hafen Oran. Doch die besten Zeiten des Korsarentums waren im 18. Jahrhundert endgültig vorüber. Der Barbareskenstaat von Algier zerfiel zunehmend in Anarchie, mehr und mehr gewannen mystische islamische Bruderschaften in Algerien an Bedeutung (in Marokko hatten sie bereits Jahrhunderte hindurch eine Rolle gespielt). Ausländische Interventionen beeinträchtigten nun Seeräuberei und Sklavenhandel ernstlich. Unter der Drohung amerikanischer und britischer Marineeinheiten wurde 1816 die Sklaverei abgeschafft (in den USA fast ein halbes Jahrhundert später). Die Flotte der Deys umfasst nach ihrer Zerstörung 1816 nur noch zehn Schiffe (1827). Es kam zu einem Konflikt mit französischen Kaufleuten über die Bezahlung von algerischen Getreidelieferungen – daraus ergab sich dann die Entwicklung, die zur französischen Okkupation Algeriens führte.

In Tunesien geht im 16. Jahrhundert die Macht der Hafsiden ihrem Ende entgegen, die das Land seit dem 13. Jahrhundert beherrscht hatten. Schon lange bemühen sich Spanier und Türken um Einfluss und einen territorialen Halt im Hafsidenstaat. Die Türken wehren 1511 erfolgreich einen spanischen Angriff auf Djerba ab, nachdem sie 1505 bereits einen Stützpunkt in La Goulette (an der Lagune von Tunis) und auch einen Stützpunkt auf Djerba erhalten haben.

Algerien ist bereits türkisch, als die Osmanen auch das Land, das in etwa dem heutigen Tunesien entspricht, besetzen. Chair ad-Din Barbarossa nimmt Bizerta und Tunis ein (1534). Doch eine Flotte Karls V. entreißt den Korsaren 1535 noch einmal Tunis. Wieder werden die Hafsiden eingesetzt, La Goulette erhält eine spanische Garnison. Doch die Korsaren bleiben hartnäckig, die tunesische Küste ist für sie wesentlich für die Verbindung zwischen östlichem und westlichem Mittelmeer. Sie nehmen die Insel Djerba ein, das südtunesische Gafsa und 1558 Kairuan, die alte Araberstadt Ifrikiya, eine der ersten islamischen Festungen im Maghreb aus der Frühzeit der arabischen Eroberung. Noch einmal erobert eine maltesisch-neapolitanische Flotte Djerba – doch dieser christliche Erfolg ist vorübergehend; es gelingt nicht, von hier aus nach Tripolis vorzustoßen. Eine osmanische Flotte schlägt die Christen, Djerba wird wieder türkisch und 1569 auch Tunis; nur La Goulette bleibt in spanischer Hand. Doch nach dem entscheidenden Sieg einer christlichen Allianz über die Türken bei Lepanto wechselt Tunis erneut die Herren: Juan de Austria erobert es – aber nicht für lange: 1574 wird Ifrikiya (Tunesien) definitiv Teil des osmanischen Imperiums, die ganze Südküste des Mittelmeers ist jetzt – in der einen oder anderen Form – türkisch, mit Ausnahme des Küstenstreifens westlich von Tlemcen, den die Herren von Marokko kontrollieren, wo aber auch weiterhin europäische Staaten Positionen halten können (z. B. Melilla). Tunis wird zum Korsarenhafen, aber auch zum Anziehungspunkt für Moriscos, die Anfang des 17. Jahrhunderts aus Spanien vertrieben werden und Tunesien jetzt neue wirtschaftliche Impulse geben (Textilproduktion, Fayenceherstellung – eine Tradition, die bis heute besteht). In Tunis wie in anderen Barbareskenstaaten gehen Handel und Piraterie ineinander über, sind zwei Seiten derselben Medaille. Europäische Kaufleute kommen, und europäische Mächte entsenden Konsuln nach Tunis. Die französische *Compagnie d'Afrique* lässt sich im 18. Jahrhundert auch in Tunis nieder, und der Handel zwischen christlicher und islamischer Mittelmeerküste nimmt Fahrt auf. Aber auch unter den Korsaren selbst gibt es Renegaten, Abenteurer und Glücksritter aus Europa.

Im 18. Jahrhundert gelangt eine Dynastie griechisch-türkischen Ursprungs an die Macht in Tunesien, die Husainiden (1705–1957), die dem Land eine gewisse Kontinuität und Stabilität geben, welche auch zu einem Aufschwung im wirtschaftlichen Bereich und zu Bauaktivitäten führen.

Doch kommt es zu Übergriffen der Deys von Algier, die 1756 sogar Tunis plündern. Ein Staat entsteht, der im 19. Jahrhundert mehr und mehr internationalen Standards genügt: 1819 wird unter dem Druck der Mächte des Wiener Kongresses die Piraterie aufgegeben. Die Sklaverei wird 1846 abgeschafft (USA: 1865), die Diskriminierung der Juden wird abgebaut, und christliche Missionsschulen werden zugelassen. Die Infrastruktur Tunesiens wird modernisiert und Ansätze zu einem Rechtsstaat im modernen Sinn werden sichtbar: Abschaffung von Monopolen und Privilegien, Gleichheit, bürgerliche Rechte, Einsetzung eines »Hohen Rates« mit gesetzgeberischen, richterlichen und Kontroll-Vollmachten. Muhammad Bey (1855–59), der auf Vorarbeiten von Ahmed Bey (1837–55) aufbauen konnte, machte damit die ersten Versuche in einem arabischen Land, Reformen in europäischem Stil durchzuführen. Im Jahr 1861 verkündete der Bey Muhammad as-Sadik (1859–83) eine Verfassung (*dustur*) – Jahre vor der Verkündigung einer osmanischen Verfassung, auch wenn die tunesische nicht in Kraft treten konnte. Die Zeit war noch nicht reif für so weitgehende Reformen, Aufstände beeinträchtigen die Entwicklung, und auch die wachsenden wirtschaftlichen Probleme behinderten die Bemühungen der tunesischen Reform-Beys. Mehr und mehr gewinnen ausländische Gläubiger, mit deren Krediten nur noch der tunesische Husainiden-Staat sich über Wasser halten kann, an Einfluss. 1869 wird eine »Internationale Finanzkommission« eingesetzt, welche die tunesischen Finanzen bis zum Beginn des französischen Protektorats kontrolliert und zunehmend die eigentliche Macht im Land übernimmt – ähnlich wie dies in Konstantinopel für das Osmanische Reich insgesamt der Fall war. Schon ist das westliche Nachbarland französisch – für den unabhängigen Staat der Husainiden ist der Anfang vom Ende gekommen.

Spanisch-osmanische Interessenkonflikte bestimmten auch den östlichsten Teil des Maghreb, ungefähr dem Gebiet des heutigen Libyen entsprechend. 1510 besetzten die Spanier Tripolis, das sie aber angesichts osmanischer Erfolge zur See 1530 den Johannitern übergaben, die sich – von den Osmanen aus Rhodos vertrieben – damals auf Malta niederließen. In Tripolis konnten sie sich 20 Jahre halten, bis sie ihren nordafrikanischen Brückenkopf an die Osmanen verloren. 1551 wurde Tripolis türkisch, entwickelte sich zum Korsarenhafen und zum Zentrum der umliegenden Gebiete. Ein Korsarenstaat mit einer gewissen territorialen Basis entstand, der als eine Art Vorläufer des modernen Libyen gelten kann. Hier allerdings war die Hohe Pforte stärker präsent und übte effizienteren Einfluss aus als in Tunesien oder Algerien – das mag durch die Lage des Landes näher am Kernbereich des Osmanenstaates bedingt gewesen sein. Europa hatte auch an Tripolis reges Interesse und pflegte Handelsbeziehungen – es gab bereits seit dem Anfang des 17. Jahrhunderts einen Konsul aus Frankreich in der Stadt. Doch hinderte dies die Korsaren der Stadt keineswegs an häufigen Raubzügen bis an die Küsten Italiens und Spaniens. Und angesichts entstehender Spannungen mit Europa musste der französische Konsul 1632 das Land fluchtartig verlassen. Die territoriale Basis dieser türkischen Provinz wurde verbreitert und nach Osten bis Bengasi ausgedehnt, auch das Landesinnere wird unterworfen. Die osmanische Regierung greift auf die Hilfe der Korsaren von Tripolis zurück, die sie zur Mitwirkung beim osmanischen Angriff auf Kreta heranzieht. Die Haltung Europas ist – wie gegenüber den Korsaren von Tunis und Algier – ambivalent. Wiederholt gibt es Angriffe auf den Piratenhafen. Britische Schiffe belagern Tripolis 1675/76 monatelang, und Frankreich greift die Korsaren an wegen deren Übergriffe gegen einen französischen Konsul in Larnaca (Zypern). Gleichzeitig ist man aber weiterhin am Handel mit Tripolis interessiert – England etabliert einen Konsul dort. Das späte 17. Jahrhundert bringt Unruhen im Land, doch 1711 kann Karamanli Bey seine Herrschaft festigen und damit für Stabilität sorgen. Er wird Begründer einer Dynastie, welche über Tripolitanien, die Kyrenaika und den Fezzan (also praktisch das ganze heutige »Libyen«) herrscht. Libyen ist somit entstanden – auch wenn die Beys von Tripolis weiterhin vorwiegend von der Piraterie leben. Dies führt zu einem regelrechten Krieg mit den jungen USA, die der Bedrohung ihrer Schiffe durch die Korsaren ein Ende setzen wollten (1801–05). Die Piraterie im Mittelmeer konnte aber nicht eingedämmt werden. Es war die Hohe Pforte, die letztlich 1835 die Familie Karamanli absetzte und Libyen direkter osmanischer Verwaltung unterstellte. In der ersten Hälfte des 19. Jahrhunderts entstand eine religiöse Bruderschaft, nach ihrem Begründer Sanusiya genannt, die von der puristischen Lehre der Wahhabiten inspiriert war, welche sie im Inneren der arabischen Halbinsel entwickelt hatte. Bemerkenswert an der Sanusiya war, dass sie in dieser Zeit der Fremdbestimmung Nordafrikas eine Bewegung wurde, die sich vor allem unter den Stämmen der Kyrenaika und des Fezzan verbreitete. Überall entstanden Niederlassungen des Ordens, der positive Einflüsse ausübte durch Förderung der Landwirtschaft und Schlichtung der Stammeskonflikte. Immer mehr griff der Einfluss der Gemeinschaft um sich, so dass die Osmanen misstrauisch wurden und der Orden seinen Hauptsitz immer weiter nach Süden verlegte. Im 20. Jahrhundert entwickelte sich die Sanusiya in der Tat zu einer politischen Bewegung, die Träger eines libyschen Nationalgefühls wurde.

Die Geschichte Nordafrikas zwischen der Eingliederung ins osmanische Machtsystem im 16. Jahrhundert und der europäischen Kolonialherrschaft zeigt, dass die Osmanen hier an die Grenze imperialer Ausdehnung gelangen – nie werden sie eine effektive direkte Kontrolle über diese Küstenregionen südlich des Mittelmeers ausüben. Ansätze dazu bleiben halbherzig und werden nicht konsequent weitergeführt.

Wenn diese Regionen vor allem durch Piraterie in Erscheinung treten, so ist dies einerseits nichts Außergewöhnliches: Seeräuberei und Handel gingen im Mittelmeer wie in allen anderen Gewässern Hand in Hand – sie ergänzten einander, ohne sich auszuschließen. Wirksam kontrolliert oder gar völlig eingedämmt werden konnten sie mit den Mitteln der Zeit nicht. Viele europäische Staaten leisteten an die Barbareskenstaaten Zahlungen, weil dies die einfachste und auch günstigste Art war, die Übergriffe der Piraten zu unterbinden. Militäraktionen waren teurer und nur von begrenzter Wirksamkeit sowie nicht ohne Risiko. Außerdem hatten sich für Europa die Schwerpunkte verlagert. Spätestens seit dem 17. Jahrhundert wird das Mittelmeer zum Nebenschauplatz, nehmen die Haupthandelsströme neue Wege.

Auffallend ist die Abwesenheit der einheimischen Bevölkerung bei den Entwicklungen dieser Zeit. Im Vordergrund stehen Türken und Renegaten, also zum Islam übergetretene Christen, oft Glücksritter und Abenteurer aus Europa. Den teilweise arabisierten Berbern und Arabern Nordafrikas kommt nur eine Nebenrolle zu – sie treten durch Aufstände in Erscheinung, sind in der landwirtschaftlichen Produktion tätig, stellen die Mehrheit der Bevölkerung, auch des städtischen Handwerks, kommen aber kaum in die Eliten.

Im husainidischen Tunesien und im Rahmen der »libyschen« Sanusiya-Bewegung ändert sich das – »arabische« Elemente treten in den Vordergrund und lassen deutlich werden, dass Nordafrika längst Teil der arabischen Welt ist und die arabische Sprache auch im Maghreb dominiert.

Die Piraterie, welche die wirtschaftliche Grundlage aller Barbareskenstaaten bildete, bedeutete für Europa eine ständige Beeinträchtigung, zumal sie von einem besonders unerfreulichen Phänomen, der Sklaverei, begleitet war: Allein die algerischen Korsaren kaperten zwischen 1672 und 1682 über 350 Schiffe. Algerische Korsaren stoßen 1627 bis Island vor und machen dort 400 Gefangene. Auf dem Höhepunkt des Sklavenhandels lebten wohl mehrere Zehntausend Sklaven in Algier. Zwischen 1530 und 1780 haben die Barbareskenstaaten mindestens eine Million Menschen versklavt (R.C. Davis). Doch als Frankreich 1830 Algier erobert, gibt es dort nur noch 122 christliche Sklaven.

Damals treten die USA erstmals im Nahen Osten auf. Als Schiffe des jungen Staates Opfer nordafrikanischer Korsaren werden, schicken die USA an der Wende vom 18. zum 19. Jahrhundert Marineeinheiten ins Mittelmeer und führen regelrechte Kriege – etwa mit dem Bey von Tripolis. Tripolis können sie nicht besetzen, nehmen jedoch Darna (östlich von Bengasi) vorübergehend ein. Der Krieg gegen Tripolis endet mit einem Kompromiss. Für die amerikanische Geschichte gewinnen diese Operationen Bedeutung dadurch, dass es die ersten militärischen Einsätze »out of area« sind. Eine Ironie der Geschichte ist, dass einige Barbareskenstaaten die Sklaverei vor den USA abschafften (wo sie nach dem Bürgerkrieg 1865 faktisch abgeschafft wurde): Beispielsweise durch den Bey von Tunis 1846 (siehe S. 230).

6.7 Der Maschrek unter osmanischer Herrschaft

Schon Anfang des 16. Jahrhunderts hatte der osmanische Sultan Selim in der Auseinandersetzung mit dem safawidischen Iran auch den Norden des Irak mit seinem Zentrum Mossul erobert. Aber das mittlere und südliche Zweistromland war damals unter iranischer Kontrolle geblieben, Basra am Persischen Golf unter einem arabischen Stammeshäuptling. In einer neuen Runde des osmanisch-safawidischen Konflikts, die 1574 ausbrach, wurde auch der Mittel-Irak mit Bagdad osmanischer Herrschaft unterworfen. Basra, das vorübergehend seine Autonomie hatte bewahren können, wurde 1546/47 durch den osmanischen Pascha von Bagdad eingenommen. Damit hatten die Osmanen den Persischen Golf erreicht. Weiter südlich, an der Nordwestküste des Persischen Golfs auf der arabischen Halbinsel wurde ebenfalls die osmanische Herrschaft errichtet, wenn die Stämme in dieser Region auch immer eine gewisse Selbständigkeit behielten. Die Funktion der neuen Reichsteile war es, das Osmanische Reich gegen Safawiden und Portugiesen zu sichern und den Handel mit dem Indischen Ozean durch den Persischen Golf zu schützen. Die osmanische Herrschaft über Basra und seine Region blieb jedoch prekär und musste immer von Neuem behauptet werden. Gegen Ende des 16. Jahrhunderts geriet Basra in die Hand eines lokalen Machthabers, Afrasiyab, der zwar pro forma die Autorität des Sultans anerkannte, jedoch die Region selbständig regierte. Aber auch weiter im Norden war die osmanische Herrschaft nicht mehr sicher: Ein osmanischer Kommandeur machte sich dort Anfang des 17. Jahrhunderts selbständig, wurde jedoch 1607 ermordet. Eine Armee wurde entsandt, um die osmanische Herrschaft wieder herzustellen, was aber nur vorübergehend gelang. Wieder revoltierte ein Bagdader Truppenkommandeur, der, als eine osmanische Armee die Stadt belagerte, iranische Hilfe suchte. Schah Abbas nutzte die Chance nur zu gern, um Bagdad einzunehmen und unter safawidische Kontrolle zu bringen. Eine intensive Verfolgung der Sunniten war die Folge der persischen Herrschaft. Auch der Nordirak wurde von den Safawiden erobert. Während es bald gelang, den Norden wieder in osmanische Hand zu bringen, scheiterten osmanische Einheiten mehrfach vor Bagdad.

Auch nach dem Tod von Schah Abbas (1629) blieb Bagdad safawidisch. 1638 brach jedoch eine große türkische Armee Richtung Bagdad auf, das im November des Jahres eingenommen wurde und nun 280 Jahre lang osmanisch bleiben sollte. Der offene Konflikt zwischen Osmanen und Safawiden war jetzt beendet, führte jedenfalls nicht mehr zu regelrechten Kriegen; die osmanisch-safawidische Grenze blieb relativ stabil. Basra blieb weiterhin autonom in der Zeit osmanisch-safawidischer Konfrontation, konnte persische Angriffe abwehren und unterhielt prosperierende Handelsbeziehungen mit den Portugiesen. Erst Mitte des 17. Jahrhunderts konnte wieder direkte osmanische Kontrolle über Basra hergestellt werden, die allerdings nur kurz dauerte. Die Herrschaft über Basra wechselte mehrfach. Im 18. Jahrhundert etablierte sich eine Dynastie türkischer Paschas in Bagdad, die sich ständig mit kurdischen Stämmen im Norden und mit arabischen Stämmen im Süden auseinandersetzen musste. Von Bagdad aus wurde nun auch Basra kontrolliert. Der Zusammenbruch der Safawiden-Dynastie im Iran rückte auch den Irak wieder mehr in den Fokus der osmanischen Zentralregierung. Denn die Osmanen wollten die Gunst der Stunde nutzen und nun im Iran intervenieren – der Irak wurde dabei eines der Aufmarschgebiete. Der

Angriff auf Iran war zunächst erfolgreich, aber 1733 bedrohten iranische Truppen des Nadir Schah Bagdad und die osmanische Herrschaft im Zweistromland erneut. Im selben Jahr erlitten die Osmanen eine schwere Niederlage bei Kirkuk, aber der Irak blieb osmanisch, obwohl es im Zweistromland noch mehrfach iranisch-türkische Auseinandersetzungen gab, Basra fiel dabei vorübergehend in persische Hand.

Die Paschas von Bagdad hatten Mamluken, also Sklaven, aus Georgien angekauft, die im Chaos wechselnder Machtverhältnisse zu einem weiteren Machtfaktor in Bagdad wurden und zeitweise die Macht an sich reißen konnten.

Im 19. Jahrhundert kommt eine neue Bedrohung aus dem Inneren der arabischen Halbinsel, die ernster war als die wiederholten Übergriffe der arabischen Stämme, die sich auch vorübergehend Basras hatten bemächtigen können: Die Bewegung der Wahhabiten droht auf den Irak und Syrien überzugreifen.

Nur die Peripherie der arabischen Welt – etwa Marokko im äußersten Westen oder das Innere des traditionellen Arabien – hatten sich der osmanischen Herrschaft entziehen können. Auf der arabischen Halbinsel hatten die Osmanen nur in Randgebieten ihre Kontrolle dauerhaft etablieren können. Im 16. Jahrhundert, als die Osmanen die meisten Länder der arabischen Welt ihrem Reich einverleibten, war auch der Jemen, waren auch die Heiligen Stätten des Islam unter türkische Oberhoheit gekommen. Doch war es auf die Dauer nicht gelungen, das schwierige jemenitische Bergland mit seinen freiheitsliebenden Stämmen oder das unwirtliche Innere der arabischen Halbinsel wirksam zu kontrollieren. Meistens beschränkte sich die osmanische Herrschaft auf einige Städte an der Küste des Roten Meeres, die – teilweise nur nominelle – Schutzherrschaft über die heiligen Stätten Mekka und Medina und die Organisation und Sicherung der alljährlichen Pilgerkarawane zu den Heiligen Stätten. Im Osten, am Persischen Golf, stand der äußerste nördliche Rand der arabischen Halbinsel südwestlich von Basra, die Provinz al-Ahsa, unter osmanischer Herrschaft, die aber durch arabische Stämme ständig bedroht und relativiert wurde.

Im Nadschd, der zentralen Region der arabischen Halbinsel, entwickelte im 18. Jahrhundert Muhammad ibn Abd al-Wahhab eine Lehre, die auf der konservativsten hanbalitischen Rechtsschule des Islam beruhte in der von ihrem besonders puritanischen Vertreter und Interpreten Ibn Taymiya (13. Jahrhundert) geprägten Version. Muhammad ibn Abd al-Wahhab fühlte sich berufen, die ursprüngliche Reinheit des Islam wiederherzustellen. Seiner Überzeugung nach hatten sich viele apokryphe Praktiken in die Religionsausübung eingeschlichen, gab es zahlreiche Handlungs- und Verhaltensweisen im Islam, die mit seinem wahren Wesen, seiner Substanz und seiner ursprünglichen Form nichts zu tun hatten und unvereinbar waren mit dem wahren Islam. Allein der Koran und die verlässlich überlieferten Aussprüche des Propheten sollten Gültigkeit haben, alle Neuerungen galten als verwerflich und waren abzuschaffen. Ein strenger, gereinigter (vermeintlicher) Ur-Islam war das Ziel.

Ende der 1730er Jahre begann Abd al-Wahhab aus Anhängern seiner Lehre eine Bewegung zu schaffen, die sich zu einer Art islamischer Sekte entwickelte. Alle späteren Entwicklungen im Islam, alle Interpretationen lehnten die nach ihrem Gründer benannten Wahhabiten ab, vor allem die Heiligenverehrung, die in weiten Teilen der islamischen Welt Teil der Volksfrömmigkeit war, bildliche Darstellungen und Luxus aller Art verurteilten sie. Auch »Neuerungen« wie den Tabak – der logischerweise dem Propheten unbekannt war und erst nach der Entdeckung Amerikas Verbreitung fand, sowohl in Europa als auch im Orient – bekämpften sie vehement. Die

Wahhabiten waren eine durchaus militante Sekte, die ihre Überzeugungen auch allgemein durchgesetzt sehen wollte. Dies wurde ihnen möglich durch Verbindung mit einem arabischen Stammesführer, Muhammad ibn Sa'ud, der sein Herrschaftszentrum in der Oase Dar'iya hatte. Zunächst verbreitete sich der Wahhabismus unter seinen Stammesgenossen und Angehörigen benachbarter Stämme. Erst sein Sohn Abd al-Aziz begann mit der gewaltsamen Ausbreitung des Wahhabismus, der zur Grundideologie eines regelrechten Staates wurde, welcher seine Expansionsdynamik in der religiösen Begeisterung des radikalen Wahhabitentums fand. Wer nicht die wahhabitischen Überzeugungen teilte, wurde als Ungläubiger betrachtet und behandelt. So wurde vom Hause Sa'ud in Verbindung mit dem religiösen Führer ein richtiggehender Glaubenskrieg geführt, nicht gegen Andersgläubige, sondern gegen Muslime. 1788 drangen die Wahhabiten bis nach Kuwait vor, 1801 fielen sie in den Irak ein. Dabei eroberten sie Kerbela und plünderten diese heiligste Stätte der Schiiten, wobei sie das Mausoleum Husains, das zahlreiche schiitische Pilger anzieht, zerstörten. Der Erfolg führte dazu, dass sich fast alle Stämme Innerarabiens dem Wahhabitentum anschlossen. 1803 fiel Mekka – die Stadt des Propheten – in ihre Hand, 1804 Medina. Die arabischen Puritaner fielen in Syrien ein. Die Hauptstadt Damaskus konnten sie zwar nicht erobern, doch weite Territorien gerieten unter ihre Kontrolle. Für die osmanische Regierung schien nun die Zeit zum Eingreifen gekommen, waren doch jetzt wesentliche Reichsteile bedroht. Muhammad Ali, offiziell der osmanische Gouverneur Ägyptens – in Wirklichkeit Regent einer regionalen Großmacht – wurde mit der Mission beauftragt, die wahhabitische Gefahr einzudämmen. Er war einerseits allein dazu in der Lage, hatte andererseits durchaus Interesse, im Rahmen einer solchen Aktion im Namen der Hohen Pforte seinen Machtbereich auszuweiten und zu arrondieren. Unter ägyptischem Druck mussten die Wahhabiten Mekka und Medina wieder räumen und sich in ihr Stammland zurückziehen. Aber auch hierhin drangen die Ägypter vor und zerstörten Dar'iya. Auch Nadschd wurde jetzt einem osmanischen Gouverneur unterstellt. Doch die Bewegung war nicht tot. Es gab eine wahhabitische Renaissance, Zentrum war nun die heutige Hauptstadt Saudi-Arabiens, ar-Riyad. Doch erneut intervenierte Muhammad Ali von Ägypten, der den Führer der Wahhabiten, Faisal, gefangen nahm. Nach Muhammad Alis Tod war zwar die Gefahr einer militärischen Intervention von außen weitgehend gebannt, doch die zweite Hälfte des 19. Jahrhunderts war gekennzeichnet von inneren Konflikten im Hause Saud. Eine Konsolidierung und Stabilisierung saudischer Herrschaft gelang erst zu Beginn des 20. Jahrhunderts.

Die Wahhabiten waren seit Jahrhunderten die erste kraftvolle, dynamische Selbstbehauptung der Araber. Nach langem Schattendasein als osmanische Provinz oder am Rande der islamischen Welt traten Araber, erneut im Zeichen des Islam, in den Vordergrund – wurden gar von der türkischen Regierung in Konstantinopel als Gefahr empfunden. Vom religiös-ideologischen Standpunkt aus war die wahhabitische Bewegung eindeutig rückwärtsgewandt – wie fast alle islamischen Reformströmungen und letztlich der Islam selbst. Der Islam forderte die Rückkehr zur Urreligion des Abraham, also die Wiederherstellung eines früheren Idealzustandes. Die Wahhabiten wollten, wie viele islamische Bewegungen, die Wiederkehr eines (vermeintlichen) goldenen Zeitalters des Islam.

Kapitel 7

Die arabische Welt und der europäische Imperialismus

Zeittafel

1798/1801	Bonapartes Ägypten- und Syrienfeldzug
1801–73	Rifaat at-Tahtawi
1805	Muhammad Ali macht Ägypten zur autonomen Regionalmacht
1830	Frankreich nimmt Algerien ein
1831–39	Ägypten okkupiert Syrien
1839	osmanisches Reformedikt Hatt-i Scherif von Gülhane Die britische East India Company besetzt Aden
1856	Pariser Friede (Ende des Krimkrieges): osmanisches Reformedikt Hatt-i Hümayun
1860	Christenmassaker im Libanon und in Damaskus, gefolgt von französischer Militärexpedition und Autonomieregelung für den Libanon
1869	Eröffnung des Suezkanals
1875	Gründung der Zeitung al-Ahram in Ägypten
1876–78	»Konstitutionelle Phase« im Osmanischen Reich
1881	Frankreichs Herrschaft über Tunesien beginnt Mahdi-Aufstand im Sudan
1882	Briten besetzen Ägypten
1899	britisch-ägyptisches Kondominium über den Sudan
1911/12	Italien erobert Libyen
1912	französisches Protektorat über Marokko
1913	arabischer Kongress in Paris
1916	arabischer Aufstand gegen osmanische Herrschaft
1917	Balfour-Declaration (»nationale Heimstätte« für Juden in Palästina)
1918/19	arabischer Nationalkongress in Damaskus
1920	Nach Auflösung des Osmanisches Reiches werden die arabischen Provinzen als Völkerbundsmandate englischer und französischer Verwaltung unterstellt

7.1 Reformen im Nahen Osten

Ende des 18. Jahrhunderts wird im Osmanischen Reich die Notwendigkeit für Reformen und Erneuerung unübersehbar. Damals ist noch fast die gesamte arabische Welt Teil des Türkenstaates – die großen Linien dieser Entwicklung zu skizzieren, ist deshalb auch für die arabischen Provinzen des Osmanenreiches von Belang.

1791 gibt Sultan Selim III. den Anstoß, über die Schwächen des Reiches zu reflektieren und regt an, darüber nachzudenken, wie diese zu überwinden wären. Dies ist der erste Reformansatz im Nahen Osten – er ergibt sich aus den zunehmenden, vor allem auch militärischen, Misserfolgen gegenüber Europa. Zwar gab es Stimmen, die glaubten, die Probleme des Reiches lösen zu können durch eine Rückwendung ins 16. Jahrhundert, die Blütezeit des Reiches und die Periode höchster Machtentfaltung. Andere waren jedoch der Meinung, rein technische und methodische Übernahmen von Europa würden die Armee – und dies schien vor allem entscheidend – wieder effizienter machen. Eine dritte Variante vertraten diejenigen, die eine grundlegende Umgestaltung des gesamten Staats- und Militärapparates nach europäischem Muster befürworteten. Sultan Selim nahm Erneuerungen sofort in Angriff unter dem Namen *Nizam-i dschedid* – »neue Ordnung«: eine nach europäischen Vorbildern konzipierte Infanterietruppe, die auch von europäischen Offizieren ausgebildet wurde, stellte er auf; Militärschulen richtete er ein und eröffnete Botschaften in wichtigen europäischen Hauptstädten. Doch war die Zeit noch nicht reif für wirkliche Reformen. Die konservativen Kreise im Osmanischen Reich setzten Selim III. im Jahr 1807 ab, die erste Reformphase war gescheitert. Problematisch war, dass die bisherigen Eliten befürchteten, bei einer Reform, die über begrenzte, rein technische Erneuerungen hinausging, sei ihre eigene Position gefährdet – dies trifft für die Janitscharen, die Religionsgelehrten und die Provinzgouverneure gleichermaßen zu. Doch war die Dringlichkeit, Veränderungen zu schaffen, auf lange Sicht letztlich unübersehbar. Erneut begann der Ansatz im Militärbereich: Die bisherige osmanische Kerntruppe der osmanischen Armee, die Janitscharen, Jahrhunderte hindurch Garanten für den militärischen Erfolg der Osmanen, wurden 1826 vollständig vernichtet.

Nun war die Bahn frei für eine konsequente Reformpolitik, die Sultan Mahmud II. nun führte. Europäische Instrukteure, darunter der deutsche General Helmuth von Moltke, begannen eine neue Armee aufzubauen – diese Notwendigkeit war dem Sultan durch die Erfolge Muhammad Alis in den arabischen Provinzen und Griechenland vor Augen geführt worden. Ebenfalls nach ägyptischem Vorbild schickte Istanbul Studenten nach Europa, 1827 wurden eine medizinische Hochschule und 1834 eine Militärakademie am Bosporus gegründet. 1833 wurde ein Sprachendienst der osmanischen Regierung eingerichtet – schließlich waren Kenntnisse europäischer Sprachen Voraussetzung für den Transfer europäischen Wissens.

Die osmanische Reforminitiative war verflochten mit den Rahmenbedingungen der »orientalischen Frage«. So wurde eine internationale Konstellation bezeichnet, in welcher die europäischen Mächte immer stärkeren Einfluss gewannen auf das Osmanische Reich; gerade dies führte jedoch dazu, dass der Türkenstaat vor einer Aufteilung gerettet wurde und noch bis zum Ersten Weltkrieg fortbestand. Das »Konzert der Mächte«, also England, Frankreich, Russland, Österreich-Ungarn und Preußen, übte zwar Druck und Einfluss aus, schützte aber das Osmanenreich – im eigenen Interesse – vor der Intervention einzelner Staaten. Es übte eine Art Kollektivprotektorat aus, das letztlich Alleingänge einzelner Mächte zumindest erschwerte. Um sich den europäischen Mächten als moderner, gleichwertiger Staat zu präsentieren, verkündete Istanbul – sich derart als würdiger Bündnispartner empfehlend – am Vorabend der Vertreibung der Ägypter aus Syrien ein Reformedikt (Hatt-i Scherif vom 3. November 1839), das Ähnlichkeiten mit der Bürgerrechtserklärung der französischen Verfassung von 1791 aufwies. Das Edikt verkündet allgemeine Bürgerrechte und – die Besonderheit für einen islamischen Staat – die Gleichstellung von Muslimen und Nichtmuslimen. Dies war keine rein rechtliche Neuerung, sondern ein Politikum, das die Grundlagen des islamischen Staates berührte. Aber auch hier war Muhammad Ali in Ägypten vorausgegangen, hatte die Lage der Kopten in Ägypten gebessert und diese Angleichung des Status der Nichtmuslime dann auch auf Syrien übertragen, nachdem es unter ägyptische Kontrolle geraten war.

Mit dem Reformedikt war ein Instrument geschaffen, das den diplomatischen und konsularischen Vertretern der europäischen Staaten Anlass zu Einmischung und Kritik bot. Hatte der Sultan das Edikt erlassen, um die Reformfähigkeit und damit die Ebenbürtigkeit des osmanischen Staates zu beweisen, nahmen nun die Vertreter der europäischen Mächte die osmanischen Behörden beim Wort und forderten ständig die Gleichbehandlung der Nichtmuslime ein. »Bis zum Krimkrieg gestaltete sich die osmanische Reformpolitik nur stockend und ihre Resultate blieben prekär.« (Alexander Schölch)

Diese Epoche der *tanzimat* oder Reformen brachte erstmals nicht-religiöse Gerichte und beratende Versammlungen in den Provinzen, die jedoch Reformen nicht immer positiv gegenüberstanden. Der Libanon war die Region, wo wirkliche Reformen durchgeführt wurden – nicht zuletzt auf europäischen Druck. Das traditionelle Emirat wurde 1842 abgeschafft und ein osmanischer Gouverneur eingesetzt, der jedoch weder im Interesse der an Autonomie gewöhnten Bevölkerung noch in dem ihrer europäischen Schutzherren war und auf deren

Druck ersetzt wurde durch eine Zweiteilung des Libanon in eine drusische Süd- und eine maronitische Nordregion. Damit waren Konflikte vorprogrammiert, denn es gab zahlreiche »gemischte« Regionen. Ein Bürgerkrieg auf kleiner Flamme und konstante europäische Einmischung waren die Folge. Versuche, der konfessionellen Vielfalt Rechnung zu tragen, führten jetzt zum System des »Konfessionalismus«, der vermeiden sollte, dass der Angehörige einer Religionsgemeinschaft als staatlicher Funktionsträger Macht über Angehörige einer anderen Konfessionsgruppe ausüben konnte. Öffentliche Ämter wurden nach einem Religionsproporz besetzt.

Ein neuer Ansatz zu Reformen kam mit dem Krimkrieg, als England und Frankreich die Osmanen gegen Russland unterstützten. Das Reformedikt von 1856, das erneut die Gleichbehandlung von Muslimen und Nichtmuslimen zum Thema hatte (und religiös bedingte Sondersteuern für Nichtmuslime abschaffte), wurde – bezeichnend genug – als Präambel dem Vertrag von Paris vorangestellt, der den Krimkrieg beendete. Ein innerosmanisches Reformedikt wurde somit zum Bestandteil eines internationalen völkerrechtlichen Abkommens. Dies hat symbolische Bedeutung: In der Mitte des 19. Jahrhunderts hatte so zwar eine teilweise Erneuerung des Osmanischen Reiches begonnen, gleichzeitig aber und in Verbindung damit hatte der Einfluss der europäischen Mächte – und die osmanische Abhängigkeit von ihnen – stark zugenommen.

Analog zur Entwicklung in Ägypten führten die Modernisierungsbemühungen im Osmanischen Reich zu hoher Staatsverschuldung, denn Reformen und Europäisierung kosteten Geld: So wurden durch die osmanische Regierung zwischen 1854 und 1877 16 Auslandsanleihen aufgenommen. Politisch gab es zwar 1876 bis 1878 eine »konstitutionelle Phase« – erstmals war eine osmanische Verfassung in Kraft, ein modernes

Rechts- und Schulsystem begann zu entstehen (parallel zum traditionellen), und 1877/78 gab es sogar ein Parlament. Doch fällt in diese Zeit der osmanische Staatsbankrott und Sultan Abdülhamid II. (1876–1909) regierte wieder autokratisch. Seit 1881 übernahm eine europäisch geleitete Schuldenverwaltung die wirtschaftspolitische Führung des Osmanischen Reiches.

Während in dieser zweiten Hälfte des 19. Jahrhunderts auf dem Balkan immer mehr osmanische Territorien verlorengingen, hatte in Nordafrika der Niedergang der osmanischen Macht schon im frühen 19. Jahrhundert eingesetzt und ging nun weiter. Die vorderasiatischen arabischen Provinzen des Osmanischen Reiches wollte man in Istanbul aber wieder stärker anbinden. Mit militärischen Mitteln wurde nun die Macht lokaler und regionaler Gruppen gebrochen und mit der Etablierung einer hierarchischen und zentralisierten Verwaltung begonnen; so sollten auch die Ressourcen der Provinzen effektiver für die Zentralregierung erschlossen und nutzbar gemacht werden. Diese Zentralisierungspolitik, zusammen mit zunehmender Einbindung der arabischen Provinzen in die europäischen Wirtschaftskreisläufe führte zu einem wirtschaftlichen Aufschwung, der allerdings stark außenorientiert war.

Die osmanischen Staatseinnahmen flossen entweder in die Armee – die 1904 über eine Million Soldaten umfasste – oder in den Schuldendienst. Die europäisch kontrollierte Schuldenverwaltung nahm mehr und mehr direkten Zugriff auf Einnahmequellen im Osmanischen Reich: Europa beutete die Kohle und das Erz Anatoliens aus, die Einkünfte aus Tabak- und Salzmonopol gingen unmittelbar an die Schuldenverwaltung. Die industrielle Produktion blieb beschränkt auf Nahrungsmittel- und Textilherstellung für den inneren Bedarf.

Auch wenn Sultan Abdülhamid II. autokratisch regierte, setzte er Modernisierungsbemühungen fort, so im Erziehungswesen – 1900 wurde die erste moderne staatliche Hochschule des Nahen Ostens in Istanbul gegründet – und im Verwaltungsbereich. Abdülhamid war vor allem darauf bedacht, das Reich zu erhalten, seinen weiteren Zerfall zu verhindern und auch ideologische Gegengewichte gegen die entstehenden Nationalismen zu schaffen. Mehr Anbindung an die Hauptstadt sollte auch der Bau eines Telegraphennetzes und großer Bahnlinien bringen. Die Anbindung der Hauptstadt an das europäische Schienennetz, die Bagdad-Bahn (die aber nie vollendet wurde) sowie die Heschas-Bahn von Damaskus nach Medina sollten die Reichsteile enger verbinden und die Logistik im Inneren erleichtern. Da im Nordwesten, dem europäischen Reichsteil, immer mehr Terrain verlorenging, konzentrierte sich das Reich mehr und mehr auf die arabischen Teile. Besonders wurde die politische Gemeinschaft von Arabern und Türken in den Vordergrund gestellt. Der Panislamismus sollte als einigendes Band dienen, der islamische Charakter des Osmanenstaates wurde immer stärker betont. Ein greifbares Symbol dieser Politik war die Hedschas-Bahn (1900–08), welche die Heiligen Stätten des Islam näher an Syrien und die Reichshauptstadt heranrückte. Aber in diesem Bereich stießen die Türken sowohl auf den Widerstand der Wahhabiten und der haschemitischen Scherifen als auch auf die englischen Bemühungen, ihr indisches Vorfeld abzusichern.

Doch verhinderte der autokratische Regierungsstil des Sultans die Einbeziehung arabischer Eliten, die Partizipation von Vertretern der arabischen Provinzen an der Regierung. Zensur und ein Verbot öffentlicher politischer Betätigung trieb viele arabische Nationalisten, die es mehr und mehr gab, ins Exil. In Istanbul entstand 1889 die Gruppe der »Jungtürken« als oppositionelle Bewegung gegen den despotischen Sultan. Die osmanische Opposition hatte unterschiedliche Ansätze für die Lösung der existenziellen Probleme des Türkenstaates. Die »Liberalen« stellten sich eine konstitutionelle Monarchie und einen föderalistischen Staatsaufbau vor. Die türkischen Nationalisten traten dagegen für einen autoritären Zentralstaat ein, wodurch sie vor allem die Unterstützung des Militärs gewannen.

Die Forderung nach Wiederherstellung der osmanischen Verfassung und nach Wiedereinberufung des Parlaments wurde von den Oppositionellen erhoben. Am 23. Juli 1908 entsprach der Sultan den Forderungen der Opposition. Nun herrschte im ganzen Reich euphorische Stimmung, man war zuversichtlich, die konträren Standpunkte, die nationalen und religiösen Gegensätze in einem konstitutionellen, dezentralisierten Staat ausgleichen zu können. Doch die »jungtürkische Revolution« konnte die Hoffnungen, die viele in sie gesetzt hatten, nicht erfüllen und führte zu einer regelrechten Militärdiktatur. Das von türkischen Nationalisten bestimmte »Komitee für Einheit und Fortschritt« gewann die Oberhoheit und hielt den Bestand des Reiches nur für möglich durch drastische Maßnahmen. Die fortschreitende Aufteilung des Osmanischen Reiches – 1908 annektierte Österreich Bosnien und die Herzegowina, Italien okkupierte 1911 Tripolitanien, und 1912 brach ein Krieg der Balkanstaaten gegen das Osmanische Reich aus – war nicht geeignet, dezentrale Lösungen mit Autonomieregelungen für verschiedene Bevölkerungsgruppen zu favorisieren. Nationale Bestrebungen der einzelnen Völker wurden vielmehr in den Jahren vor dem Ersten Weltkrieg unterdrückt – dadurch erschien der Fortbestand des Osmanischen Reiches als pluralistischer Vielvölkerstaat, mit dem sich unterschiedliche ethnische und religiöse Gemeinschaften identifizieren konnten, keine realistische Alternative mehr. Die von den Jungtürken betriebene Türkifizierung in den arabischen Provinzen verprellte dort die letzten Anhänger einer »osmanischen« Lösung und stärkte nur die arabischen Nationalisten. Die kritische Opposition wurde ausgeschaltet, das Parlament manipuliert. Gerade hierdurch aber wurde die arabische Nationalbewegung immer einflussreicher, und mit dem Beginn des Ersten Weltkriegs fassten die Araber Hoffnung auf eigene nationale Entfaltung. Dass das Ende des Osmanischen Reiches bevorstand, wurde im Verlauf des Krieges immer deutlicher. Die arabischen Provinzen, dies war absehbar, waren für die Türkei verloren.

Zwar hatte es auch Reformen der osmanischen Provinzverwaltung gegeben, so durch Midhat Pascha in Damaskus und Bagdad, doch blieben diese – wie etwa die Landreform in Mesopotamien – hinter den Erwartungen zurück, sofern sie überhaupt konsequent durchgeführt werden konnten. Die letzten Jahrzehnte des 19. Jahrhunderts waren wieder von der traditionellen Stammes-Anarchie gekennzeichnet. Im Zweistromland war Europa weit weniger präsent als in Syrien oder Ägypten. Seit 1798 gab es zwar – dem britischen Engagement in Indien Rechnung tragend – einen Vertreter Englands in Bagdad, aber zu einer ständig benutzten Route Mittelmeer-Mesopotamien-Persischer Golf-Indien kam es nicht. In den 1830er Jahren wurde der Euphrat erkundet und ein Dampfer fuhr vom Persischen Golf den Euphrat hinauf, doch bevorzugte man für die Indien-Verbindung die Route über das Rote Meer und den verhältnismäßig kurzen Landweg (Isthmus von Suez) durch Ägypten ans Mittelmeer. Aber seit damals verkehrten auf dem Euphrat Dampfschiffe – ein britischer Offizier, den ein großherrliches Dekret (ein sog. *Ferman*) dazu berechtigte, leitete diese Schifffahrtsaktivitäten; das von ihm gegründete Familienunternehmen war bis 1951 im Irak aktiv. In diese Jahre fallen auch weitere britische Bemühungen, die arabische Flanke Indiens zu sichern: Seit 1820 wurden Verträge mit den Scheichs der »Piratenküste« geschlossen, und 1853 kam es zu einem *Perpetual Truce*, wodurch die Region der heutigen Vereinigten Arabischen Emirate zur britischen Einflusssphäre wurde (wir erinnern uns, dass Aden schon seit 1839 unter britischer Kontrolle stand). Auch mit Bahrain wurde 1820 erstmals ein Abkommen geschlossen und 1892 ein regelrechter Protektoratsvertrag.

In den letzten Jahren des 19. und den ersten Jahren des 20. Jahrhunderts wurden die Kleinstaaten an der Südküste der Arabischen Halbinsel mit Verträgen an Großbritannien gebunden, 1894 kam ein Vertrag mit dem Sultan von Maskat und Oman zustande, und schließlich wurde das Werk der britischen Anbindung der Küsten der Arabischen Halbinsel ans Empire gekrönt durch einen Protektoratsvertrag mit dem Scheich von Kuwait im Jahr 1899 – hier ging es darum, die »deutsch-türkische« Bagdad-Bahn bis Kuwait auszubauen. Die Einbindung Katars (Qatars) erfolgte erst im Verlauf des Ersten Weltkriegs, als das Osmanische Reich seine arabischen Provinzen verlor. Dass die Briten in diesem Raum vertragliche Regelungen einer regelrechten Kolonialpolitik vorzogen, zeigt die Art ihres Interesses: Nicht unmittelbare Kontrolle wurde hier angestrebt, sondern die Absicherung Indiens und seines Vorfeldes, in dem die Festsetzung konkurrierender Mächte verhindert werden sollte.

7.2 Napoleon in Ägypten – Schock und Impuls

Lange war die arabische Welt Randgebiet und Nebenschauplatz gewesen, fast vier Jahrhunderte hatte sie keine Bedrohung für die christlichen Länder Europas mehr dargestellt. Und auch die Türken bildeten keine wirkliche Gefahr mehr für Europa, als 1798 erstmals seit den Kreuzzügen ein europäischer Angriff auf ein zentrales Land der arabischen Welt erfolgte. Napoleons Ägyptenfeldzug ist vor allem von symbolischer Bedeutung: Er macht erstmals die Verschiebung der Schwerpunkte und der Macht zugunsten Europas ganz deutlich, ist Höhepunkt einer Entwicklung zugunsten Europas, die schon lange eingesetzt hat. Der »kranke Mann am Bosporus« konnte das europäische Vordringen schon lange nicht mehr verhindern, die islamische Welt insgesamt ist in die Defensive geraten. Die arabischen Länder sind profillos, unmündig und vielfach nur mehr Objekte. Mit dem Ägyptenfeldzug Napoleons beginnt eine Phase der Geschichte der arabischen Welt, die von europäischer Einmischung und Vorherrschaft geprägt ist und zur direkten europäischen Herrschaft über die meisten arabischen Länder führt. Die arabische Welt wird ins universelle europäische Kolonialsystem eingegliedert.

Als Napoleon Bonaparte 1798 Ägypten erobert, ist dies der Höhepunkt britisch-französischer Rivalität um das Land am Nil. Für Frankreich war die Aktion gegen Ägypten gedacht als strategischer Schlag gegen die Briten. Die Übergänge zwischen Mittelmeer und Indischem Ozean sollten in französische Hand kommen, dadurch sollte die britische Position geschwächt werden. Ägypten eignete sich auch als Basis für einen weiteren Vorstoß in Richtung Indien. War die Okkupation Ägyptens noch im Handstreich gelungen, traf der französische Vorstoß nach Syrien bereits auf Schwierigkeiten. Nachdem Jaffa an die Franzosen gefallen war, konnten sie Akka, wo Ahmad al-Dschassar – in Kooperation mit britischen Marineeinheiten – erfolgreich Widerstand leistete, nicht einnehmen. Im Mai 1799 begann der französische Rückzug nach Ägypten.

Doch auch der Plan, wenigstens Ägypten, das wegen seiner Weizenproduktion auch wirtschaftlich interessant war, dauerhaft zu halten, scheiterte.

Napoleons Ägyptenfeldzug blieb Episode. Dennoch darf er als historischer Einschnitt gewertet werden. Er markiert den Beginn direkter europäischer Interventionen in der arabischen Welt (wenn auch in Südosteuropa ständig muslimisch-christliche Konflikte seit dem frühen 14. Jahrhundert die Regel waren). Für die arabische Welt war er ein Schock. Erstmals wurde die Überlegenheit, der Vorsprung Europas ganz unmissverständlich deutlich. Nicht nur die militärische Dominanz Europas zeigte sich, sondern auf vielen Gebieten wurde sichtbar, dass Europa dem Orient inzwischen viel voraus hatte. Europa hatte eine Entwicklung genommen, die der Nahe Osten nicht mitgemacht hatte – das wurde jetzt durch die französische Besetzung ganz klar. Die Verwaltungsmaßnahmen, die die Franzosen durchführten, die Wissenschaftler, die mit den Soldaten kamen, um das gesamte Land zu erfassen, die zahlreichen technischen Neuerungen, die die Fremden einführten, zeigten jedem nüchternen Beobachter, dass hier zwei Welten aufeinander trafen und Europa tatsächlich dem Orient weit voraus war. Damit wurde auch das traditionelle muslimische Selbstverständnis und Selbstbewusstsein erschüttert. Zwar hatte Bonaparte in Ägypten verkünden lassen, er sei kein Gegner der Osmanen, in deren Auftrag er die repressive Mamlukenherrschaft am Nil abschaffen werde, und im übrigen sei er selbst Muslim, doch verfingen solche Propagandaschachzüge bei den Ägyptern nicht; seine Sympathien für den Islam wurden Napoleon nicht abgenommen.

Die wissenschaftliche Expedition, welche die militärische begleitete, schuf in ihrer *Description de l'Égypte* eine umfassende Grundlage für die Kenntnis Ägyptens. Beratende Versammlungen, sogenannte *Diwane* wurden eingesetzt. Eine arabische Satzmaschine und die Druckerpresse kamen ins Land, und erstmals erschien eine Zeitung in Ägypten. All dies verfehlte nicht seinen Eindruck, zumindest auf Teile der gebildeten Schicht.

Auch wenn die französische Herrschaft schon nach wenigen Jahren (1801) durch eine osmanisch-britische Militäraktion beendet wurde, die Voraussetzungen für Erneuerung und Reform unter westlichen Vorzeichen war jetzt im arabischen Orient geschaffen.

7.3 Muhammad Ali, der Gründer des modernen Ägypten

In den Jahren nach dem französischen Intermezzo herrschte Chaos in Ägypten. Diese Situation machte sich Muhammad Ali, ein Offizier der osmanischen Armee, die ins Land gekommen war, zunutze und setzte sich in kurzer Zeit an die Spitze Ägyptens. 1805 hatte er die faktische Kontrolle über das Land und wurde von den Osmanen – in Anerkennung der Tatsachen – zum Vizekönig ernannt. Seine wichtigste Stütze war das albanische Kontingent, mit dem er nach Ägypten gekommen war. Ein britisches Landungscorps (1807) konnte er zum Abzug zwingen und mit den Mamluken, die immer noch die dominierende Gruppe in Ägypten waren, vermied er zunächst jede Konfrontation, um sie bei einer günstigen Gelegenheit völlig zu vernichten (1811). Damit hatte er die größte Gefahr für seine persönliche Macht und damit für eine Erneuerung Ägyptens, wie sie ihm vorschwebte, völlig ausgeschaltet. Letzte Reste der mamlukischen Sklavenkaste zogen sich ins Gebiet des heutigen Sudan zurück. Der Sultan beauftragte nun Muhammad Ali, dessen Macht jetzt gefestigt war, mit der Eindämmung der wahhabitischen Gefahr auf der arabischen Halbinsel, die auch zur Bedrohung für die umliegenden Länder geworden war. Es lag in der osmanischen Tradition, von Ägypten aus Probleme im Bereich der arabischen Halbinsel und des fruchtbaren Halbmonds zu lösen. Möglicherweise war dies für Muhammad Ali eine willkommene Gelegenheit, seine Truppen zu trainieren, ihre Leistungsfähigkeit zu prüfen, seinen Machtbereich auszudehnen und dem Sultan zu demonstrieren, wie sehr er auf den ägyptischen Vizekönig angewiesen war.

Ägyptische Einheiten besetzten zunächst den Hafen Yanbu an der östlichen Küste des Roten Meeres 1811, nahmen 1812 Medina ein und setzten 1813 wieder die haschemitische Scherifenfamilie, die seit jeher Hüterin der Heiligen Stätten gewesen war, in Mekka ein. Muhammad Ali setzte ein besonderes Zeichen, indem er jetzt selbst die Pilgerfahrt nach Mekka antrat. Ein Waffenstillstand mit den Wahhabiten beließ diesen einen Herrschaftsbereich im Landesinneren, während Ägypten die Heiligen Stätten und die Wege der Pilgerkarawanen schützte. Doch bald schon wurden die Angriffe auf die Wahhabiten fortgesetzt, die Hauptstadt der Sa'ud eingenommen und Emir Abdallah als Gefangener nach Istanbul geschickt (1818). Die maximale Ausdehnung seiner Truppen – bis al-Ahsa am Persischen Golf – behielt Muhammad Ali nicht bei, sondern beschränkte sich auf die Kontrolle der Rot-Meer-Küste einschließlich des jemenitischen Küstenstreifens. Nun fühlte sich Muhammad Ali aber in der Lage, größere Unternehmungen in eigener Initiative in Angriff zu nehmen.

Während Bonaparte bereits von Ägypten aus Kontakte aufgenommen hatte mit den Kleinstaaten auf dem Gebiet des heutigen Sudan, stieß Muhammad Ali mit Streitkräften in diese südlichen Regionen vor, die niemals Teil des osmanischen Ägypten gewesen waren. Über die Gründe für diese Unternehmen gab es unterschiedliche Ansichten: Vielleicht sollte verhindert werden, dass die restlichen Mamluken, die sich in den Süden geflüchtet hatten, von dort aus noch einmal versuchen konnten, die Herrschaft in Ägypten zurückzugewinnen. Auch die Erklärung, dass der Vizekönig Sklaven brauchte als Soldaten für seine Armee, ist durchaus plausibel. Die Bedeutung sudanesischer Sklaven hatte zugenommen, seit aufgrund eines persisch-russischen Abkommens 1828 keine Sklaven aus dem Kaukasus, aus dem traditionell die Mamluken ihren Nachwuchs importierten, mehr in den Nahen Osten kamen. In der Tat war das Ergebnis des erfolgreichen Feldzuges in den Sudan (1820/22) der Transfer von Tausenden schwarzen Sklaven nach Ägypten, wo sie eine militärische Ausbildung nach europäischem Vorbild erhielten. Das Experiment scheiterte jedoch: Viele der verpflanzten und kasernierten Zwangsrekrutierten starben. Der französische Generalkonsul in Ägypten empfahl Muhammad Ali einen anderen Weg, seine Armee aufzubauen: Die Rekrutierung ägyptischer Bauern. Dies brach mit allen Traditionen des Landes am Nil. Seit Jahrhunderten waren es immer Ausländer gewesen, die militärische Aufgaben übernommen hatten, allenfalls waren arabische Nomadenstämme in militärische Dienste genommen worden. »Ägypter«, also großenteils Fellachen (Bauern), waren in islamischer Zeit nicht rekrutiert worden. Die Rekrutierungen wurden mit brutaler Gewalt durchgeführt und lösten immer wieder Revolten aus. Dennoch wurde die Aufstellung einer Armee aus Ägyptern beibehalten und immer neue einheimische Soldaten per Zwangsrekrutierung in Muhammad Alis Streitkräfte eingegliedert. Die Offiziere waren allerdings türkischen oder mamlukischen (also tscherkessischen) Ursprungs. Damit waren Keime gesetzt, aus denen später die Anfänge eines ägyptischen Nationalismus erblühten.

Auf den ersten Blick hätte man Muhammad Ali für einen Machthaber traditionellen »orientalischen« Musters halten können, der mit Skrupellosigkeit und Geschick die Macht an sich riss, seine persönliche Position sicherte und eine Dynastie gründete. Doch Muhammad Ali war von ganz anderem Schlag. Für ihn war persönliche Macht kein Selbstzweck, er hatte weit darüber hinausgehende Ziele. Seine gewaltsamen, oft brutalen Methoden führten zu der Fehlinterpretation, alle Maßnahmen Muhammad Alis hätten nur dem Zweck gedient, seine Macht zu sichern und zu erhalten. Dabei wird übersehen, dass grundsätzliche Änderungen, die letztlich auch bestehende Privilegien, Eigentums- und Machtverhältnisse gefährdeten und somit energische, auch gewaltsame Schritte erforderten, die etablierten Interessen beeinträchtigen mussten. Muhammad Ali hatte aus der Okkupation Ägyptens durch Frankreich die Schlussfolgerung gezogen, der Orient müsse vom Okzident lernen, um seine Rückständigkeit zu überwinden und sich behaupten zu können. Er beschloss, in »seinem« Land, das mehr oder wenig zufällig Ägypten geworden war, europäische Methoden und Verfahren einzuführen. Den systematischen Aufbau einer schlagkräftigen Armee, die bald bei weitem die effizienteste im gesamten Nahen Osten war, vertraute er französischen Ausbildern an; sie war die Grundlage für alle weiteren Reformen, die nur unter Ausschaltung bisheriger Eliten erfolgversprechend war. So war die Vernichtung der Mamluken nicht so sehr eine unnötige Grausamkeit, die lediglich die persönliche Macht Muhammad Alis sichern sollte, sondern eine notwendige Voraussetzung für eine umfassende Reform Ägyptens. Planmäßig wurde die staatliche Wirtschaft ausgebaut, die Infrastruktur verbessert, Weizen, Zuckerrohr und Reis angebaut und – als wichtigste Neuerung – der Anbau von langfaseriger Baumwolle eingeführt (1821/22), die zum wesentlichen Wirtschaftsfaktor am Nil wurde. Besonders als die Baumwollproduktion der USA im amerikanischen Bürgerkrieg auf dem Weltmarkt fehlte, erlebt die ägyptische Baumwollwirtschaft einen regelrechten Boom. Zahlreiche Ländereien wurden enteignet, ein Teil der Wirtschaft verstaatlicht, der Handel staatlich monopolisiert unter Missachtung der Privilegien der Europäer, wie sie in den »Kapitulationen« festgelegt worden waren. Europäische Techniker und Experten wurden ins Land geholt, Fachschulen gegründet und staatliche Manufakturen, in denen im Rahmen des »ägyptischen Merkantilismus« auch Frauen und Kinder zwangsverpflichtet wurden. Textil-, Waffen- und Munitionsfabriken entstanden, eine Werft in Alexandria, Zuckerraffinerien und eine Druckerei. Unübersehbar war die Notwendigkeit, eigene Eliten heranzuziehen. Deshalb entsandte Muhammad Ali 1826 eine »Studentenmission« nach Europa: Junge Ägypter sollten ein akademisches Studium an einer europäischen Universität absolvieren und die erworbenen Kenntnisse in der Heimat zur »Europäisierung« ihres Landes einsetzen.

Problematischer als innere Reformen erwies sich die »Außenpolitik« Muhammad Alis. Ihm ging es nicht nur darum, Ägypten zu modernisieren und einen effizienten, gut organisierten Staat aufzubauen, sondern seine Ambition war, eine regionale Großmacht aufzubauen. Dies war eine Gratwanderung: Auf der einen Seite riskierte eine solche Politik, Ägypten, das ja offiziell noch immer osmanische Provinz war, in Gegensatz zum Sultan in Konstantinopel zu bringen, der zwar Muhammad Alis straff organisierte und gut ausgebildete Truppe brauchte und den Vizekönig immer wieder mit militärischen Missionen betraute, der aber auch die zunehmende Macht Ägyptens mit Misstrauen sah und befürchten musste, Ägypten werde formelle Unabhängigkeit anstreben und versuchen, Teile des Osmanischen Reiches unter seine Kontrolle zu bringen. Auf der anderen Seite musste Muhammad Ali bestrebt sein, nicht in Gegensatz zu geraten zum europäischen »Konzert der Mächte«, die im Rahmen der orientalischen Frage die Entwicklung im Nahen Osten nicht nur genau beobachteten, sondern auch kontrollieren wollten. Ein unabhängig agierender Staat am Nil, ein Ägypten, das zur regionalen Großmacht aufstieg und dabei in eigener Regie eventuell die Landkarte und die Machtbalance im Orient veränderte, musste den europäischen Mächten im Rahmen der »orientalischen Frage«, die ja eben darin bestand, dass die konkurrierenden Interessen der beteiligten Staaten einen Fortbestand des Status quo garantierten, suspekt und gefährlich erscheinen. Dies umso mehr, als Muhammad Ali sich Frankreich zuwandte und es nicht nur als Inspiration für seine Modernisierung betrachtete, sondern auch eine Zusammenarbeit mit Frankreich zur

Grundlage seiner Macht machen wollte. Er bot Frankreich an, als sein Alliierter die französische Position und den französischen Einfluss in Ägypten zu sichern, wofür Frankreich – im eigenen Interesse – Muhammad Alis Herrschaft stützte. Großbritannien musste aber gerade ein im Bündnis mit Frankreich stehendes Ägypten suspekt sein – hatte man doch die französischen Ambitionen in Ägypten bei Napoleons Ägyptenfeldzug deutlich gesehen. Im Falle seines Eingreifens in Griechenland war Muhammad Ali klargeworden, dass er seine Großmachtinteressen nicht gegen den Willen Europas durchsetzen konnte, sondern vielmehr die Interessen der europäischen Mächte gegeneinander ausspielen musste, indem er seine Ziele mit denen einer europäischen Macht verbinden musste – es ging also darum, das bisherige »Konzert der Mächte« zu stören und in Disharmonie zu bringen. Nur ein europäischer Interessengegensatz konnte Ägypten erlauben, weiter zu expandieren.

Ägypten hatte seit jeher – dies kann fast als historische Gesetzmäßigkeit betrachtet werden – versucht, Syrien zu kontrollieren: als Vorfeld gegen andere Mächte und als ökonomische Ressource – dort gab es Holz und andere in Ägypten knappe Rohstoffe. Schon seit den 1820er Jahren hatte Muhammad Ali versucht, in den Besitz Syriens zu gelangen. 1831 ergab sich ein Vorwand, Syrien militärisch zu erobern – ägyptische Deserteure waren nach Syrien geflohen. Im Emir des Libanon, Baschir Schihab II., hatte Muhammad Ali einen Alliierten, der aus dem Libanon-Gebirge heraus wertvolle Dienste leisten konnte. Diesmal aber war Muhammad Ali zu weit gegangen: Der Sultan war nicht bereit, die Besetzung Syriens zu tolerieren und erklärte den osmanischen Vizekönig zum Rebellen. Ganz Syrien fiel unterdessen in ägyptische Hand. Osmanische Truppen, die nach Syrien vorrückten, wurden aber vom ägyptischen Heer geschlagen; selbst nach Anatolien drang Ibrahim Pascha – der wie in Griechenland auch diesmal Oberkommandierender war – vor und trug bei Konya im Dezember 1832 einen Sieg über die Armee des osmanischen Großwesirs davon. Sein Vater musste ihn daran hindern, politisch so unklug zu sein, weiter bis nach Istanbul vorzurücken.

Die ägyptischen Erfolge schienen den osmanischen Sultan in die Arme Russlands zu treiben. Eine russisch-türkische Allianz zeichnete sich ab, russische Flottenverbände ankerten vor Istanbul; Briten und Franzosen sahen ihren Einfluss am Bosporus ernstlich in Gefahr. Unter britischem und französischem Druck kommt die Konvention von Kütahya zustande: Die Ägypter ziehen sich aus Anatolien zurück, behalten aber Syrien. Syrien sollte zwar Muhammad Ali auf Lebenszeit gehören, aber er musste Tribut bezahlen und hatte weiterhin den Status eines osmanischen Vasallen. Doch faktisch regierte er eine Großmacht Ägypten, die – wie immer, wenn Ägypten an Macht gewann – auch den syrischen Raum kontrollierte. Innerhalb Syriens genoss Baschir Schihab als Regent des Libanon, der mit Ägypten verbündet war, Autonomie. Wie Ägypten, so wurde auch Syrien von den Ägyptern autokratisch regiert und ausgebeutet. Zwangsrekrutierungen, hohe Steuern, Zwangsarbeit und die Entwaffnung der Bevölkerung machten die ägyptische Herrschaft in Syrien immer unpopulärer. Muhammad Ali hatte in Ägypten – einerseits im Zuge seiner Modernisierungsbemühungen, andererseits als Alliierter Frankreichs (seit jeher Schutzmacht orientalischer Christen) – die Emanzipation der christlichen Kopten eingeleitet; diese Politik übertrug er nun auch auf Syrien, um dort die Christen für sich einzunehmen und auch Europa günstig zu stimmen. Besonders im Libanon war eine pro-christliche Politik – oder zumindest der Verzicht auf die Diskriminierung von Christen – geeignetes Mittel, die Kooperation mit Ägypten zu sichern, denn im Libanon nahm die Bedeutung der christlichen Bevölkerungsgruppen, vor allem der Maroniten, ständig zu. Doch die repressiven Maßnahmen, die Ausbeutung der Bevölkerung, führten zu immer mehr Unzufriedenheit in Syrien, Aufstände brachen aus. Gegen Ende der 1830er Jahre spitzte sich die Lage zu: 1839 erklärte Muhammad Ali seine Absicht, sich offiziell unabhängig zu machen. Osmanische Truppen rückten in Syrien ein; sie wurden im Juni in der Schlacht von Nezib bei Aleppo von Ägypten geschlagen. Daraufhin lief der osmanische Admiral mit der ganzen Flotte zu Muhammad Ali über. Gleichzeitig stiegen die Spannungen zwischen den Großmächten: Frankreich blieb an der Seite Ägyptens, mit dessen Macht auch Frankreichs Einfluss zugenommen hatte. Vor allem Großbritannien und Russland erachteten jetzt die Zeit für reif, dem unberechenbaren Herrscher von Ägypten, der immer wieder den Status quo störte und zu unabhängig agierte, endgültig Grenzen zu setzen. In der Konvention von London vom 15. Juli 1840 beschlossen Großbritannien, Russland, Österreich und Preußen – unter Umgehung Frankreichs – eine Regelung des Problems: Der Sultan erkannte die Dynastie Muhammad Alis in Ägypten an, und die Alliierten landeten in Syrien, um hier die ägyptische Okkupation militärisch zu beenden. Gleichzeitig brach, angefacht durch britische und osmanische Agenten, ein längst vorbereiteter Aufstand im Libanon aus (denn die Ägypter hatten ihr Regime der Zwangsmaßnahmen auch auf das freiheitsliebende Bergland ausgedehnt). Aufständische und europäische Truppen beendeten die ägyptische Herrschaft über Syrien schnell. Muhammad Alis Großmachtträume waren ausgeträumt, die Mechanismen der »Orientalischen Frage« hatten funktioniert; es hatte sich gezeigt, dass ohne die Zustimmung Europas keine grundlegenden Veränderungen im Nahen Osten möglich waren. Ebenso hatte sich erwiesen, dass der Alleingang einer europäischen Nation – in diesem Fall Frankreichs – scheitern musste. Noch war Europa maßgeblich im Vorderen Orient, die Zeit für neue regionale Mächte, die die Region selbständig umgestalten konnten, war noch nicht gekommen.

Wie ist Muhammad Ali einzuschätzen? War er ein früher ägyptischer Nationalist? War er gar der Begründer eines arabischen Nationalismus? Wollte er den Islam zu neuer Größe führen? All dies trifft nicht zu. Muhammad Ali hatte keinerlei nationalistische Ambitionen, war weder ägyptischer Patriot noch Vorreiter eines (später) entstehenden arabischen Nationalismus. Historische Zufälle hatten ihn nach Ägypten geführt und ihm dort die Möglichkeit geboten, die Macht an sich zu reißen, das Land zu reformieren und zu modernisieren. Muhammad Ali war überzeugt, dass der Orient vom Westen lernen müsse, dass er nur durch Übernahme von Methoden und Wissen Europas seine Ohnmacht und Unterentwicklung überwinden könne. Ohne ideologische Scheuklappen und nationale oder religiöse Vorurteile hatte er keinerlei Vorbehalte, europäische Experten und Maschinen ins Land zu holen und Ägypter nach Europa zur Ausbildung zu schicken. Dies mit Nationalstolz oder mit dem Islam für unvereinbar zu halten, wäre ihm nie in den Sinn gekommen. Für ihn war Europa ganz selbstverständlich Vorbild, an das er Anschluss suchen musste. Dass er gerade Ägypten als Aktionsfeld wählte, ergab sich aus seiner Militärkarriere in osmanischen Diensten, auch in jedem anderen Land hätte er seinen Ehrgeiz zu verwirklichen versucht. Doch gerade in Ägypten war, kurz nach der Periode französischer Okkupation unter Napoleon Bonaparte, die europäische Überlegenheit besonders augenfällig. Somit war Ägypten besonders geeignet, eine Persönlichkeit wie Muhammad Ali zur Entfaltung zu bringen und zu einem Vorreiter der Europäisierung zu machen. Bemerkenswert ist, dass Ägypten den ersten Fall darstellt, in dem ein Land des afro-asiatischen Raums in dieser historischen Periode die Überlegenheit

Europas sieht und aus ihr Konsequenzen zieht, indem es Europa bewusst zum Vorbild nimmt und durch Adaption europäischer Methoden und Errungenschaften versucht, Entwicklungsdefizite zu überwinden um Anschluss an die europäisch geprägte Welt zu finden. Erst weit später wird ein zweites afroasiatisches Land denselben Weg gehen, als die erste ägyptische Reformphase längst vorüber ist: das Japan der Meiji-Ära. Als politischer Reformer verstand sich Muhammad Ali keineswegs: Er war reiner Machtpolitiker, ein Despot, der Ägypten als Eigentum seiner Familie betrachtete. Er kann weder als Begründer des ägyptischen Nationalismus noch als früher arabischer Patriot gelten.

7.4 Syrien, der Libanon und der Irak zwischen Konstantinopel und Europa

Im Maschrek, den arabischen Gebieten östlich des Roten Meeres, ist das 19. Jahrhundert zunächst größtenteils eine Zeit des Niedergangs. Nur auf der arabischen Halbinsel kann das Haus der Sa'ud im Zeichen der wahhabitischen Bewegung eine Renaissance erleben. Später nimmt der europäische Einfluss zu, wirkt als wirtschaftlicher Impuls, beeinträchtigt aber auch die lokale Produktion, schränkt die osmanische Herrschaft ein, ermutigt und ermöglicht andererseits aber auch lokale und regionale Autonomiebestrebungen – wie z. B. im Libanon. Prosperität und Gewalt, Autonomie und Repression, Reform und Rückschläge – diese widersprüchlichen Tendenzen sind damals charakteristisch für das arabische Vorderasien. Gegen Ende des 19. Jahrhunderts ist eindeutig ein Erwachen arabischen Nationalbewusstseins festzustellen, das mit Ansätzen zu einer Modernisierung der arabischen Sprache und Kultur einhergeht. Doch gleichzeitig versucht auch das Osmanische System, sich zu reformieren, zu modernisieren und dadurch sein Überleben zu sichern. Eine Erneuerung und Anpassung aller Aspekte osmanischer Regierung und Verwaltung, aber auch osmanischen Selbstverständnisses und der osmanischen Imperialideologie an die neuen Verhältnisse unter europäischem Einfluss waren die Folge. Dass dabei arabische und osmanische Vorstellungen und Bestrebungen, gerade weil sie ähnlich waren und von denselben Quellen inspiriert, kollidierten, ist nur allzu naheliegend.

In Syrien, das von Bonapartes Invasion nur am Rande berührt worden war, ging die Entwicklung zunächst in den traditionellen Bahnen weiter. Die Rivalitäten und der Kleinkrieg zwischen den verschiedenen Gruppen und Parteien, etwa zwischen Janitscharen und Aschraf (Adel, der aus Nachkommen des Propheten bestand), und die lange Reihe der einander ablösenden Paschas kennzeichneten das politische Leben. Lediglich auf den Libanon hatte der französische Vorstoß (1799) gewisse Auswirkungen gehabt, die sich aber erst später in aller Deutlichkeit zeigten. Der Regent des Libanon hatte – wenn auch zurückhaltend und wenig demonstrativ – sowohl den Franzosen als auch Osmanen Lebensmittel geliefert und eine eindeutige Positionierung vermieden, solange der Ausgang der französischen Ägypten- und Syrieninvasion nicht eindeutig war. Napoleon soll in einem Brief an Emir Baschir dem Libanon Unabhängigkeit und einen Zugang zum Mittelmeer versprochen haben. Unter dem Eindruck dieser Entwicklung kam es in Syrien zu muslimisch-christlichen Spannungen. Denn auch wenn Bonaparte in Syrien und Ägypten immer wieder verkünden ließ, er sei ein Freund des Islam und werde diesen im Fall eines Sieges nicht beeinträchtigen, sondern tolerant behandeln – waren generell die orientalischen Christen für ihn, während die Muslime überall mit großer Skepsis reagierten. Damals zeigt sich bereits ein Grundmuster späterer politischer Konstellationen: Europäische Einmischung führt zu konfessionellen Spannungen, weil sie das bestehende Gefüge der Konfessionen zu verändern droht. Im Laufe des 19. Jahrhunderts wird Europa immer stärker präsent in der arabischen Welt wie im gesamten Nahen Osten; die osmanische Regierung ist bemüht, ihre Stellung hier zu festigen und Einflüsse einzudämmen, die ihre Kontrolle dieses Raumes beeinträchtigen. Die Region zwischen Rotem Meer und Kilikien, als das traditionelle Großsyrien, war schon immer ein Land, in dem europäischer Einfluss besonders stark war und eine lange Tradition der Bindungen und Beziehungen zum Abendland bestand. Hier lagen Endpunkte von Handelsstraßen, über die Waren aus Südarabien und dem Indischen Ozean auch in den Mittelmeerraum gelangten. Hier hatten sich Minderheiten angesiedelt, denen Gebirge mit Zugang zur Küste Autonomie sicherten und die Kontakten zu Europa seit jeher besonders aufgeschlossen waren (wie etwa die Maroniten – es gab seit 1584 ein maronitisches Kolleg in Rom, und Ludwig XIV. hatte die Maroniten unter französischen Schutz gestellt); hier lagen auch die heiligen Stätten des Christentums, die seit Jahrhunderten Pilger anzogen, wo zahlreiche Kleriker unterschiedlichster christlicher Kirchen zusammenkamen und an denen die christlichen Staaten Europas zunehmend Interesse entwickelten.

Eine besondere Qualität entwickelten diese Europa-Kontakte, als mit der ägyptischen Okkupation ein neues Kapitel der syrischen Geschichte aufgeschlagen wurde (1831). Syrien wurde zum Schauplatz der Auseinandersetzung zwischen Ägypten, dem neuen »modernen« Staat im Orient, und dem osmanischen Sultan. Europas Interesse konzentrierte sich deshalb besonders auf Syrien. Auch öffnete sich Syrien jetzt stärker europäischer Durchdringung. Missionare, Kaufleute und Konsuln kamen vermehrt ins Land, Schiffe aus verschiedensten europäischen Ländern – nicht wie bisher nur aus Frankreich und Italien – liefen in die Häfen von Beirut, Latakia und Tripolis ein. Die syrische Wirtschaft geriet zunehmend in Abhängigkeit von internationalen Kontexten. Im Libanongebirge drohte die ägyptische Herrschaft, die prekäre Balance der Religionsgemeinschaften aus dem Gleichgewicht zu bringen. Die Beziehungen zwischen Drusen und Maroniten wurden spannungsreicher. Im Interesse der Festigung ihres Zugriffs spielten die Ägypter die beiden wichtigsten Bevölkerungsgruppen, auf deren reibungsloser Koexistenz das Funktionieren des Libanon und seine Autonomie beruhten, gegeneinander aus. Auch trug die Politik der Angleichung der Rechte der nichtmuslimischen Minderheiten, wie Ägypten unter Muhammad Ali sie verfolgte, zu antichristlicher Stimmung bei. Zusätzlich wurde das Land durch ägyptische Zwangsmaßnahmen, die letztlich in ganz Syrien, auch im Libanon, eingeführt wurden, schwer bedrückt. Die Syrer – und am Ende auch die Libanesen – machten ihrer Unzufriedenheit in Aufständen Luft, die dann 1840 mit dazu beitrugen, dass die ägyptische Herrschaft schnell zusammenbrach, als auch noch England mit seinen Alliierten eingriff. Die osmanische Regierung versuchte nun ihrerseits, ihre Herrschaft in Syrien, das wieder unter türkische Kontrolle zurückkehrte, zu stabilisieren und die Ordnung – vor allem auch im unruhigen Libanongebirge – wiederherzustellen. Die europäischen Mächte hatten alles Interesse daran, den gewonnenen Einfluss in Syrien und ganz besonders im Libanon nicht nur zu bewahren, sondern auszuweiten. Frankreichs traditionsreiche enge Verbindungen mit den Maroniten, der größten Gemeinschaft im Libanon, gewannen nun im Rahmen der »Orientalischen Frage« an politischer Bedeutung. Frankreich setzte sein »Maronitenprotektorat«, das oft mehr symbolische Bedeutung gehabt hatte, nun als politischen Hebel ein. Wenn Frankreich zugunsten seiner maronitischen Schützlinge bei den Osmanen intervenierte, wurde von britischer Seite versucht, dem französischen Einfluss auf gleicher

Ebene zu begegnen. Was lag (aufgrund des drusisch-maronitischen Gegensatzes) näher – da nur sehr langsam eine protestantische Gemeinschaft im Osmanischen Reich heranwuchs –, als auf den Schutz der drusischen Gemeinschaft zu setzen, um im Libanon dem französischen Einfluss entgegenzuarbeiten? So verflochten sich europäische Interessen und die – oft gegensätzlichen – Bestrebungen der unterschiedlichen Religionsgemeinschaften enger und enger. Aufgrund der immer stärker als drückend empfundenen ägyptischen Herrschaft wandten sich alle Bevölkerungsgruppen in ganz Syrien gegen die Herrschaft Muhammad Alis. Was anfangs Synergie-Effekte hervorgebracht hatte – die Politik der Christenemanzipation, die Ägypten einführte, sowie die ägyptisch-französische Kooperation –, schloss sich nun aus: Die Christen erhoben sich wie die Muslime gegen die Osmanen, die französische Unterstützung Ägyptens schwächte Frankreichs Position bei den syrischen Christen. Einen Tiefstand erreichte der französische Einfluss, als die anderen europäischen Staaten unter Führung Englands die ägyptische Herrschaft in Syrien im Zusammenwirken mit dem syrischen Volksaufstand beendeten – Frankreich war, wenn auch nur vorübergehend, aus dem »Konzert der Mächte« ausgeschieden: Auch das Kalkül Muhammad Alis, seine Großmachtambitionen an die Interessen Frankreichs zu binden und damit abzusichern, war gescheitert. Die Wiederkehr der osmanischen Herrschaft war jedoch in Syrien von Problemen belastet. Vor allem im an relative Unabhängigkeit gewöhnten Libanon wurde die direkte osmanische Herrschaft nicht akzeptiert. Unter europäischem Druck wurde die Regierungsform des Libanon reformiert. Das Libanongebirge wurde in zwei autonome Regionen aufgegliedert, eine maronitische und eine drusische. Damit waren die bestehenden Schwierigkeiten nicht bereinigt, sondern neue waren geschaffen worden. Die drusisch-maronitische Zweiteilung des Libanon entsprach der polarisierenden und zugleich falschen Wahrnehmung der Großmächtepolitik: In ihr stand ein maronitischer Libanon unter französischer Ägide einem drusischen unter britischem Patronat gegenüber. Faktisch bestanden im Libanon jedoch vor allem gemischte Regionen, in denen sowohl Drusen als auch Maroniten lebten. Die europäischen Mächte konzentrierten sich – der Systematik ihrer Protektoratspolitik und ihrer Einflussnahme entsprechend – auf die Religionsgemeinschaften. Einer solchen Sichtweise entging, dass es im libanesischen Feudalsystem gärte und sich eine Volksbewegung entwickelte, die primär antifeudal war, aber durch konfessionelle Spannungen noch kompliziert wurde.

Dadurch, dass in den gemischten Gebieten alle Ämter und Funktionen unter den Konfessionen aufgeteilt wurden, entstand der typisch libanesische »Konfessionalismus«, der vermeintlich die Koexistenz der verschiedenen Religionsgemeinschaften garantierte, faktisch aber Gegensätze und Unterschiede zwischen den Gemeinschaften zementierte. Die häufigen Interventionen der europäischen Mächte zugunsten ihrer Protegés wirkten als Katalysator. Auf politischer Ebene wurden die Religionsgemeinschaften als solche unterstützt, die Orthodoxen von Russland, die mit Rom unierten Maroniten von Frankreich usw. Im Detail wurden auch Einzelpersonen, Kirchen, Klöster und Firmen von den Konsuln, die jetzt in der Levante vertreten waren, protegiert und oft genug auch dem Zugriff des osmanischen Staates und der Justiz entzogen. Immer mehr Christen suchten die Protektion der europäischen Staaten, strebten den Schutz der Konsulate an, bemühten sich um den quasidiplomatischen Status, den die Verbindung mit einer europäischen »Schutzmacht« verschaffen konnte: Sie wurden so zunehmend zu Privilegierten in der syrischen Gesellschaft – vor allem gegenüber den Muslimen. Die europäische Wirtschaft expandierte im Nahen Osten, der zum Markt für europäische Industrieprodukte wurde; sie stimulierte aber auch die Wirtschaft des Nahen Ostens. Die Seidenproduktion z.B., vielfach in christlicher Hand, nahm aufgrund europäischer Nachfrage einen Aufschwung, von dem der Libanon, wo selbst die Klöster Maulbeerbäume pflanzten, stark profitierte. Andererseits litten in den syrischen Städten Handwerker unter der Konkurrenz europäischer Industrieprodukte.

So waren es zahlreiche Spannungen, die im syrischen Raum in der ersten Hälfte des 19. Jahrhunderts entstanden. Neid und Rivalität zwischen den Religionsgemeinschaften, soziale Spannungen, wirtschaftliche Gegensätze aufgrund von Veränderungen der Märkte – all dies wirkte zusammen, als es in der Jahrhundertmitte zu Gewaltausbrüchen kam. Konfessionelle Unruhen in Dschidda und Nablus, Konflikte im libanesischen Feudalsystem, die zu einem drusisch-maronitischen Bürgerkrieg führten und Christenmassaker, deren schlimmstes in Damaskus stattfand, kennzeichneten die Jahre um 1860, während das Libanongebirge schon in den 1840er Jahren bürgerkriegsähnliche Unruhen erlebt hatte. Der Ausbruch antichristlicher Gewalt war der Höhepunkt einer Reaktion auf Jahrzehnte sozialen, wirtschaftlichen und politischen Aufstiegs der orientalischen Christen in Verbindung mit und beruhend auf zunehmender Intervention europäischer Mächte, die sich nicht nur auf politischer Ebene, sondern auch in allen Bereichen des täglichen Lebens in einer Weise bemerkbar gemacht hatte, welche die wachsende Unzufriedenheit der Muslime schürte, die letztlich in Massakern ein Ventil fand. Frankreich, traditionelle Schutzmacht der orientalischen Christen, intervenierte militärisch, zumal der latente Vorwurf im Raum stand, die osmanischen Truppen gingen nur zögerlich gegen die Gewalttäter vor oder machten sogar gemeinsame Sache mit ihnen. 6000 französische Soldaten landeten an der libanesischen Küste, drangen ins Libanongebirge und bis Damaskus vor. Angesichts dieser Operation griffen die osmanischen Behörden hart durch, richteten Schuldige hin und versuchten zu zeigen, dass sie sowohl Herr der Lage waren als auch Garanten der Sicherheit syrischer Christen. Zwar hatte die französische Militärexpedition ein internationales Mandat, doch bestanden vor allem auf britischer und osmanischer Seite Vorbehalte gegenüber einer militärischen Präsenz Frankreichs – einem Land, dessen öffentliche Meinung die Okkupation Syriens oder zumindest des Libanon forderte. Russland begrüßte die Intervention, wurde so doch ein Präzedenzfall geschaffen, der eines Tages ein russisches Eingreifen nach gleichem Muster legitimieren könnte. Doch 1861 zogen die französischen Einheiten ab, ohne dass sich die schlimmsten Befürchtungen von Briten und Osmanen oder die Hoffnungen vieler Franzosen und Maroniten erfüllt hätten. Kein französisches Syrienprotektorat wurde errichtet, es kam zu keiner Ausgliederung des Libanongebirges aus dem osmanischen Staatsverband. Doch wurde ein autonomer Libanon unter internationaler Ägide geschaffen – die Keimzelle eines künftigen libanesischen Staates, in dem eine christliche Prädominanz sichergestellt war.

Im heutigen Irak war die osmanische Kontrolle nur indirekt – lokale Machthaber spielten hier eine wichtige Rolle; etwa die Familie Dschalili, welche von 1726 bis 1834 Mossul und Umgebung beherrschte; Bagdad war von 1749 bis 1831 unter der Kontrolle georgischer Mamluken, die sich auf weite Teile Mesopotamiens erstreckte. Zwischen den städtischen Zentren waren Stämme tonangebend, kurdische im Norden, arabische im Süden – auch sie entzogen sich weitestgehend staatlicher Kontrolle. Weiter destabilisierend wirkten die wahhabitischen Einfälle im späten 18. und frühen 19. Jahrhundert. Mesopotamien war in dieser Zeit durchaus keine Einheit, die großen Städte hatten unterschiedliche Ausrichtungen (Mossul eher nach Syrien, Bagdad Richtung Iran, Basra zum Persischen Golf hin). 1891 jedoch machten die Osmanen einen energischen Versuch, das Zweistromland wieder unter ihre Kontrolle zu bringen, der erfolgreich war. Lokale Machthaber wurden entmachtet, die Mamluken, die ihr System bereits gefestigt zu haben schienen, wurden vernichtet. Den Osmanen kam zugute, dass damals eine Pestepidemie und ein Tigris-Hochwasser Mesopotamien heimgesucht hatten. Zur Zeit, als Syrien der Hohen Pforte entglitt, konnte die Regierung in Konstantinopel den Irak wieder unter ihre Kontrolle bekommen. Möglicherweise war die energische osmanische Irakpolitik kein Zufall: Es sollte sich in diesem Gebiet in Abwesenheit osmanischer Autorität nicht auch eine Führernatur wie Muhammad Ali entwickeln können.

7.5 Ägypten seit der Mitte des 19. Jahrhunderts – Kolonialismus oder »Ägypten den Ägyptern«?

In der zweiten Hälfte des 19. Jahrhunderts stand »Modernisierung«, meist identisch mit Europäisierung, vielfach in direktem Zusammenhang mit zunehmendem europäischem Einfluss. Beide Faktoren wurden nun dominierend in der Entwicklung des gesamten Nahen Ostens. Dies führte auch zur Notwendigkeit, sich intellektuell mit dem Phänomen der Modernisierung und bald auch mit der sich verändernden eigenen Identität und schließlich mit den politischen Veränderungen und der wachsenden Einflussnahme Europas auseinanderzusetzen. Europas Intervention hatte 1861 dazu geführt, dass eine Autonomieregelung für den Libanon in Kraft trat. Ägypten wurde in seine Schranken gewiesen und gezwungen, osmanisch-europäische Handelsvereinbarungen anzuwenden. Zwar blieb Ägypten in den Händen der Nachkommen von Muhammad Ali, doch waren die Grenzen für Ägyptens Möglichkeiten klar und eindeutig gezogen. Istanbul hatte im Krimkrieg erneut – und diesmal besonders drastisch – seine Abhängigkeit von den europäischen Mächten erfahren. Die europäische Einflussnahme in Ägypten, die unter Sa'id (1854–63) intensiv einsetzte und auch unter Ismail (1863–79) weiterging, stand im Einklang mit dem erklärten Willen dieser Herrscher, Ägypten »zu einem Teil Europas« zu machen, wie wörtlich erklärt wurde. Faktisch bedeutete dies eine Öffnung des Landes für den Handel und eine Verflechtung mit dem Weltmarkt; hierdurch wurden Prozesse ausgelöst, die nicht mehr durch Ägypten gesteuert werden konnten. Europäische Industriewaren flossen ins Land am Nil, die tendenzielle Entwicklung der Landwirtschaft Ägyptens hin zur Baumwollmonokultur wurde durch den amerikanischen Bürgerkrieg, als der Weltmarkt Baumwolle verlangte und hohe Preise gezahlt wurden, gefördert (1863–65). Europäische Spekulanten und Geschäftemacher kamen ins Land, Investoren richteten ihr Augenmerk auf Ägypten, wo jetzt auch zunehmend Infrastrukturverbesserungen erforderlich wurden. Dabei entstand eine wachsende Abhängigkeit von Europa. Im Zentrum dieser Entwicklung stand das Suez-Kanal-Projekt. Schon seit Jahrtausenden waren immer wieder Verbindungen zwischen Rotem Meer und Mittelmeer geplant oder sogar tatsächlich hergestellt worden – erstmals durch die Pharaonen. Jetzt, im Zeitalter des Imperialismus und der Dampfschifffahrt kam einer verkürzten Verbindung zwischen Asien und Europa neue Bedeutung zu. Der Plan, den Kanal durch Aktienverkäufe in Europa zu finanzieren, scheiterte. Der Unternehmer Ferdinand de Lesseps konnte daraufhin den ägyptischen Herrscher Sa'id überzeugen, die Finanzierung des Kanalbaus zu übernehmen – wofür sich Ägypten hoch verschulden musste. Der Bau des Suezkanals begann 1859 – 1869 konnte er endlich eingeweiht werden. Ägypten führte er in immer höhere Verschuldung und Abhängigkeit von Europa. Obwohl der Suezkanal durch ägyptische

Zwangsarbeiter gebaut wurde – bis zu 25 000 Mann waren gleichzeitig im Einsatz, flossen Gewinne der Suezkanalgesellschaft erst nach Jahrzehnten erstmals nach Ägypten. Für Sa'id war der Kanal Symbol eines neuen Ägypten, das sich der Welt geöffnet hatte und ein moderner Staat geworden war. In historischer Sicht und aus nationalägyptischer Perspektive ist der Suezkanal eher ein Symbol der Unterjochung Ägyptens und seiner Ausbeutung durch Europa. Mit gutem Grund hatte Muhammad Ali das Projekt stets abgelehnt. Ein knappes Jahrhundert lang blieb der Suezkanal ein ägyptisches Trauma. Daneben gab es zahlreiche ähnliche Projekte, die die Schuldenlast Ägyptens und damit die Abhängigkeit von ausländischen Gläubigern erhöhten. Im Mai 1876 wurde die *Caisse de la Dette Publique* gegründet, die für Ägypten eine Gesamtschuld von 91 Millionen Pfund festsetzte. Diese sollte in 65 Jahren abgetragen werden. Ein englischer und ein französischer Kontrolleur übernahmen die gemeinsame Finanzaufsicht über Ägypten (*Dual Control*). 1878 richtete man eine Untersuchungskommission ein, die Missstände in der ägyptischen Verwaltung aufdecken und ihre Beseitigung in Angriff nehmen sollte. Der neuen ägyptischen Regierung wurde ein britischer Finanzminister und ein französischer Minister für öffentliche Arbeiten beigegeben. Ismail – seit 1867 »Khedive«, osmanischer Vizekönig – war nun weitestgehend entmachtet, Ägypten befand sich unter europäischer Kontrolle. Ismail wurde 1879 sogar zur Abdankung gezwungen und ins Exil geschickt, sein Sohn Taufik zu seinem Nachfolger ernannt.

Der neue Khedive musste 1880 ein Gesetz unterzeichnen, das die ägyptische Schuld auf 98,4 Mio. Pfund festsetzte. Mehr und mehr zeigte sich in Ägypten Unzufriedenheit mit dieser nicht länger zu übersehenden Gängelung durch Europa. Mit der weitgehenden Europäisierung des Finanzsystems und der

Wirtschaft war eine Bourgeoisie entstanden, die sich in Handel und Finanzwesen engagierte und aus Europäern, Levantinern und Angehörigen von Minderheiten bestand. Auch entstand eine Großgrundbesitzerschicht, nachdem durch das Landgesetz von 1858 die Voraussetzungen dafür geschaffen worden waren. Die Familie des Herrschers eignete sich 20 % des landwirtschaftlich nutzbaren Bodens an. Ein krasses Missverhältnis bestand zwischen den Steuern der Großgrundbesitzer und dem von den Bauern zu zahlenden Steuern. Ein ländliches Proletariat entstand. Neben der Khedivenfamilie und den ausländischen Unternehmern und Kaufleuten waren weiterhin Mitglieder der alten mamlukischen turko-tscherkessischen Elite an der Ausbeutung des Landes beteiligt. Die entstehende Unzufriedenheit war deshalb stark xenophob gefärbt. Denn Ägypter blieben im Grunde von der Macht ausgeschlossen, auch wenn sie wirtschaftlich aufstiegen. 1866 bereits war eine beratende Versammlung geschaffen worden, die Europa die politische Reife Ägyptens demonstrieren und es als gleichwertigen Partner ausweisen sollte. Europäisierung war ein erwünschtes und erstrebtes Ziel. Doch eine Reaktion dagegen bahnte sich an. Als die europäische Einmischung unmittelbar und die europäische Kontrolle direkt wurde, bildete sich 1881 eine Front aus verschiedensten Gruppen, die sich gegen die Fremdbestimmung wandten. »Ägypten den Ägyptern!« lautete ihre Parole – dabei wehrten sie sich nicht nur gegen europäische Einflussnahme, sondern auch gegen die fremden Gruppen innerhalb Ägyptens, etwa die turko-tscherkessische Elite oder die levantinischen Geschäftsleute. Die eigentlichen Ägypter hatten zu lange abseits stehen müssen, selbst ihre Eliten waren nur in ganz geringem Maße an der Macht und an der ökonomischen (Schein-)Blüte beteiligt. Ägyptische Offiziere, Großgrundbesitzer, Kaufleute und Intellektuelle schlossen sich zusammen, um eine Regierung des Landes am Nil durch die eigentlichen Ägypter zu fordern und auch zu erreichen, denn ihnen allen war gemeinsam, dass sie nicht wirklich in Spitzenpositionen gelangen konnten und die Herrschaft durch Fremde besonders stark empfanden. An der Spitze der Bewegung stand der ägyptische Offizier Ahmed Urabi, nach dem sie oft benannt wird. Diese erste ägyptische Nationalbewegung stand im bewussten Gegensatz zum Khediven, der als Erfüllungsgehilfe europäischer Interessen galt und als Vertreter einer Politik, die gegen die wahren Interessen der echten Ägypter gerichtet war. Doch bald zeichnete sich ab, dass Europa nicht gewillt sein würde, eine Reduzierung europäischen Einflusses auf die Geschicke Ägyptens zu akzeptieren. Als eine britische Intervention unmittelbar bevorstand, schieden zahlreiche Gruppen aus der Bewegung aus. Die Nationalisten unter Urabi übernahmen die Regierung des Landes. Nur wenige Monate bildete die Bewegung Urabis die ägyptische Regierung (seit Februar 1882), im September 1882 erfolgte die Okkupation Ägyptens durch die Briten zur Aufrechterhaltung der »legitimen« Herrschaft der Khediven, die gefährdet schien. Lange Zeit war der Suezkanal und seine Sicherung als Hauptziel der britischen Militärintervention betrachtet worden. Neuerdings neigt man – unter Verweis darauf, dass der Suezkanal und der Schifffahrtsweg durch ihn nie gefährdet war und auch die ägyptischen Schulden weiter bezahlt wurden – zu einer anderen Erklärung: Die Urabi-Bewegung wollte die europäische Kontrolle der Finanzen und der Wirtschaft Ägyptens eindämmen, deshalb habe Großbritannien militärisch interveniert. Für Ägypten begannen nun Jahrzehnte unter britischer Herrschaft. Eigentlich hatte England ein Land besetzt, das völkerrechtlich Teil des Osmanischen Reiches war. Eine britisch-osmanische Vereinbarung, welche dieses Dilemma lösen sollte, wurde von der osmanischen Seite nie ratifiziert. Trotz französischer Bedenken geriet Ägypten immer stärker unter britische

Kontrolle. Lord Cromer, eigentlich britischer Generalkonsul in Ägypten, wurde bald zum faktischen Regenten des Landes. Dabei gelang es ihm, die Finanzen in Ordnung zu bringen, eine effiziente Verwaltung zu schaffen, das Bewässerungsnetz und das Schulwesen auszubauen. Die ägyptische Wirtschaft wurde noch mehr als bisher auf die Baumwollmonokultur hin ausgerichtet, so dass schließlich sogar Getreide importiert werden musste. Kurz vor dem Ersten Weltkrieg betrug Baumwolle 92 % der ägyptischen Gesamtexporte. Mehr und mehr flossen nun im Gegenzug Textilien aus britischer Industrieproduktion ins Land. Auch wenn Englands andauernde Besetzung Ägyptens völkerrechtlich in keiner Weise gerechtfertigt war, die britische Präsenz am Nil wurde international bald nicht mehr wirklich in Frage gestellt. Für England selbst war die Kontrolle des Seewegs nach Indien durch den Suezkanal Grund genug, die Herrschaft über Ägypten zu behalten. In Afrika erstreckte sich eine durchgehende Reihe von Ländern unter kolonialer oder quasikolonialer britischer Kontrolle vom Mittelmeer bis zur Südspitze Afrika (»Vom Kap bis Kairo«), nachdem auch der Sudan unterworfen (1899) und zum anglo-ägyptischen Kondominium geworden war. Doch in Ägypten, ähnlich wie in den anderen Regionen der arabischen Welt, entwickelten sich bald nationalistische Strömungen. Schon Rifa'a Tahtawi hatte in der Mitte des 19. Jahrhunderts ägyptischen Patriotismus und Liebe zum Land am Nil gefordert, nun gab die britische Okkupation dieser Tendenz neue Impulse – eine Art ägyptischer Nationalismus entstand in den letzten Jahren des 19. Jahrhunderts. Als spezifisch ägyptisch unterschied er sich deutlich vom arabischen Nationalismus, wie er sich in Syrien entwickelt hatte. Zwei Richtungen kristallisierten sich dabei heraus: Auf der einen Seite entstand die »Nationalpartei« (*al-hisb al watani*) unter Mustafa Kamil, die insbesondere antibritisch war. Ägypten sah sie im nahöstlichen Kontext als

Land der muslimischen Welt – insofern war sie nicht explizit gegen das Osmanische Reich gerichtet. Islam und ägyptische Nation waren für sie Teile eines Ganzen. Auf der anderen Seite vertrat die Volkspartei (*hisb al-umma*) unter Führung des liberalen Lutfi as-Sayyid einen säkularen Nationalismus ohne religiöse Bezüge. Aus diesem Kontext heraus bildete sich nach dem Ersten Weltkrieg der *Wafd*, die ägyptische nationale Massenbewegung, die bis zur Revolution 1952 die wichtigste politische Kraft im Land bildete. Mit dem Ersten Weltkrieg, der zunächst ein europäischer Konflikt war, dann aber auch den Nahen Osten erfasste, entwickelten sich zahlreiche divergierende Erwartungen, Hoffnungen und politische Bestrebungen im Nahen Osten.

7.6 Das arabische Vorderasien zwischen europäischem Imperialismus und arabischem Nationalismus

Nach den Christenmassakern, die ihren Höhepunkt im Libanongebirge erreicht hatten (1860), wurde unter internationalem Druck eine Art autonomes Libanon-Gebiet geschaffen, in dem Christen dominierten. Der Seidenanbau, der hier schon in den Jahrzehnten zuvor an Bedeutung gewonnen hatte, wurde – gerade im Hinblick auf den französischen Markt – zum dominierenden Wirtschaftsfaktor. Zwar hatte es keine Angliederung des Libanon an Frankreich gegeben, aber ein wichtiges gemeinsames Ziel von Franzosen und Maroniten, die libanesische Autonomie, war erreicht; libanesisch-maronitische Frankreichbindungen konnten sich entfalten und so die zukünftige politische Entwicklung, wie sie sich infolge des Ersten Weltkrieges ergeben würde, vorzeichnen. Aus dem eigentlichen Syrien wurde Weizen exportiert, die einheimische Textilproduktion geriet angesichts der Einfuhr europäischer Textilprodukte, die gemäß osmanisch-europäischem Abkommen erleichtert wurde, in die Defensive. Palästina exportierte Getreide, Olivenöl, Seife und Orangen – innerhalb von gut 25 Jahren verdoppelten sich die Ausfuhren über den Hafen Jaffa. Die Infrastruktur blieb lange unterentwickelt: Erst 1892 wurde die Eisenbahnverbindung zwischen Jaffa und Jerusalem, 1905 die Schienenverbindung zwischen Haifa und der Hedschasbahn (Damaskus – Medina) in Dienst gestellt. Auch der Irak wurde mit der Eröffnung des Suezkanals enger an Europa gebunden: 1870 bestand eine direkte Schiffsverbindung zwischen Basra am Persischen Golf und England. Englische Exporte ersetzten in Mesopotamien nun mehr und mehr indische Waren, die bisher dominiert hatten. Eine systematische Erweiterung des Bewässerungssystems im Einzugsgebiet von Euphrat und Tigris vervielfachte in den letzten Jahrzehnten des 19. Jahrhunderts und bis zum Ersten Weltkrieg die landwirtschaftliche Nutzfläche. In weiten Teilen des arabischen Vorderasiens hatte der europäische wirtschaftliche Einfluss anregend gewirkt und auch osmanische Reform- und Modernisierungsbemühungen hatten die ökonomische Entwicklung positiv beeinflusst. Oft waren bereits die Eindämmung lokaler Kriegsherren und die Errichtung einer regelmäßigen Verwaltung stimulierend für wirtschaftliche Entwicklung. Lokale Herrscher wurden in Richtung einer sinnvollen Teilnahme am Wirtschaftsleben gedrängt, sie konnten als Großgrundbesitzer landwirtschaftliche Betriebe bewirtschaften. Unternehmer im modernen Sinn, so der Beiruter Bankier Nikula Sursuq, machte den Norden Palästinas zu einer landwirtschaftlich ertragreichen Region; die landwirtschaftliche Nutzfläche wurde planvoll erweitert. Die Bevölkerung wuchs stark an.

Europa war an Palästina aber nicht so sehr wirtschaftlich interessiert; vielmehr rückte es als »Heiliges Land« ins Interessenvisier der Mächte. Die Heiligen Stätten in und um Jerusalem und der Schutz der verschiedenen Kirchen war für Russland, Frankreich, England und Preußen, in gewisser Weise auch für Österreich-Ungarn und Sardinien, eine Frage von Prestige und politischem Einfluss. Auch verschiedene gesellschaftliche Gruppen in Europa blickten auf die heiligen Orte des frühen Christentums, engagierten sich vor Ort und forderten von ihren Regierungen politischen Einsatz. 1841 wurde das protestantische Bistum Jerusalem gegründet, ein Bischof wurde etabliert – obwohl es kaum Protestanten in Palästina gab. Man hoffte, Juden in Palästina zum Protestantismus bekehren zu können. Als sich dies als wenig erfolgreich erwies, begann man, griechisch-orthodoxe Christen zum Protestantismus zu »bekehren«. Schon in früheren Jahrzehnten und Jahrhunderten hatten katholische Missionare Anhänger unter den orientalischen Christen geworben und sogar »Parallelkirchen« gegründet. Diese Konkurrenz unter den Kirchen und zwischen den religiösen Gemeinschaften verursachte Spannungen, die umso stärker wurden, als es in Palästina auch um den Einfluss der Großmächte ging. 1850 bereits erkannte der Sultan die Protestanten als osmanische Religionsgemeinschaft (*Millet*) an; die Zahl der Protestanten blieb aber auch in den kommenden Jahren in Palästina äußerst gering (unter 100). 1838 kam ein britischer Konsul nach Jerusalem, ihm folgte 1842 ein preußischer und 1843 ein französischer Konsul – dies belegt die Bedeutung, die von den europäischen Regierungen den Heiligen Stätten des Christentums beigemessen wurden. 1847 zog ein lateinischer Patriarch in Jerusalem ein – ihm folgte 1858 ein russischer Bischof; ein russischer Konsul kam im selben Jahr. Selbst der orthodoxe Patriarch, der bisher im alten Konstantinopel residiert hatte, verlegte seinen Sitz jetzt nach Jerusalem. In Europa gab es damals eine Vielzahl von Palästina-Projekten, die sich alle um das »Heilige Land« und die »Heilige Stadt« rankten. Religiös schwärmerische und politische Ziele und Vorstellungen verschmolzen, wollten in irgendeiner Form die Länder der Bibel gewinnen. Gerade aber die besondere Situation der orientalischen Frage verhinderte, dass ein einziger Staat, eine Religionsgemeinschaft oder eine spezifische Gruppierung die Kontrolle über das seit dem frühen 16. Jahrhundert osmanische Palästina erlangte. Im Gegenteil, die Hohe Pforte verlieh Jerusalem einen besonderen Status mit direkter Anbindung an die Regierung in Konstantinopel, da ja dort auch heilige Stätten des Islam lagen. Damaskus entwickelt sich in der zweiten Hälfte des 19. Jahrhunderts zu einem Zentrum osmanischer Reform, in dem die *tanzimat*-Politik besonders zum Tragen kam: Regional- und Stadträte wurden eingerichtet, ein staatliches Schulsystem entstand, die landwirtschaftliche Nutzfläche wurde ausgeweitet und das Beduinentum dabei zurückgedrängt, Infrastrukturmaßnahmen (Telegraphenlinien, Straßen, Eisenbahn) wurden durchgeführt. Spät kam die Auswirkung der Reformen in den Irak, wo zunächst einmal die osmanische Herrschaft gegenüber den regionalen Machthabern durchgesetzt werden musste (vgl. S. 269 f.).

Die Reformen und der direktere Zugriff der Zentralregierung auf die arabischen Provinzen hatten aber durchaus auch negative Effekte für die Regionen Vorderasiens; sie wurden jetzt von den Kriegen, die das Osmanische Reich führte, unmittelbarer in Mitleidenschaft gezogen: 1877/78 wurden mindestens 100 000 Syrer zum Militärdienst eingezogen.

In Palästina setzte 1882 die jüdische Kolonisation verstärkt ein; doch handelte es sich hier um eine religiös motivierte Bewegung, in Motivation und Umfang nicht mit den zionistischen Einwanderungswellen des 20. Jahrhunderts zu vergleichen. Eine jüdische Gemeinde hatte es schon immer in Palästina gegeben, sie umfasste etwa 24 000 Menschen (1882). Unter dem Eindruck osteuropäischer Pogrome setzte in den letzten beiden Jahrzehnten des 19. Jahrhunderts eine zunehmende jüdische Einwanderung ein. Die Gründung des politischen Zionismus gegen Ende des 19. Jahrhunderts gab der jüdischen Immigration nach Palästina neue Impulse und eine neue politische Qualität. Schon früh sah die osmanische Regierung die Probleme, die sich ergeben würden, und machte deshalb die Einwanderung europäischer Juden ins Osmanische Reich von der Bedingung abhängig, dass diese sich nicht in Palästina, sondern in anderen Teilen des Reiches niederlassen würden.

Die letzten Jahrzehnte vor dem Ersten Weltkrieg waren für die arabischen Regionen des osmanischen Reiches eher von wirtschaftlicher Prosperität gekennzeichnet, wenn diese auch eine verstärkte Abhängigkeit von Europa bzw. vom Weltmarkt implizierte: Die libanesische Seidenproduktion ist ein gutes Beispiel hierfür – die Hälfte der Exporte über den Hafen Beirut bestand aus Rohseide, die Hälfte der Libanesen waren vom Seidensektor wirtschaftlich abhängig. Zwischen den 1880er Jahren und 1910 verdoppelte sich die Zahl der Spinnereien im Libanon. Zunehmende Bedeutung gewannen daneben die Transferleistungen emigrierter Auslandslibanesen, die 1915 mehr als die Hälfte des libanesischen Einkommens ausmachten, nachdem der Seidenboom zusammengebrochen war, als billige japanische Produkte die Weltmärkte überschwemmten.

Auch in Palästina nahm die wirtschaftliche Aktivität zu: Der Olivenanbau wurde ausgedehnt, und an der Küste wurden immer mehr Zitrusfrüchte erzeugt. Vor dem Ersten Weltkrieg machten Orangen mehr als 1/3 des Gesamtwertes der Ausfuhren über den Hafen Jaffa aus. Auch die Finanztransfers für jüdische Einwanderer und christliche Institutionen sowie die Gelder, die durch die Pilger ins Land kamen, wirkten wirtschaftlich stimulierend. Im ruralen Syrien wurde die Anbaufläche vor allem für Getreide ausgedehnt, und auch die Textilproduktion konnte sich gegen die englische Konkurrenz behaupten. In Ägypten gelang es immer mehr Europäern, Landeigentum zu erwerben, 1913 verfügten sie schon über ein

Zehntel des bebaubaren Bodens. Die Errichtung des Assuan-Staudammes 1902 verstetigte die Bodenbewässerung am Nil. Die Baumwolle wurde als Exportgut immer wichtiger. Hatte sie 1882 einen Anteil von 75 % am Gesamtexport gehabt, betrug dieser Anteil vor dem Ersten Weltkrieg bereits über 90 %. Die Hälfte der ausgeführten Baumwolle ging nach England. Durch die Baumwollmonokultur wurde Ägypten von einem Getreideausfuhrland zu einem Getreide-Importeur. Die Industrialisierung kam in Ägypten nicht über bescheidene Ansätze hinaus. Insgesamt erlebte der Nahe Osten in dieser Phase zunehmender europäischer Durchdringung und wachsender wirtschaftlicher Prosperität ein starkes Bevölkerungswachstum. Die Exporte stiegen an, die Infrastruktur – von Hafenanlagen über Schulen bis zu Telegraphenverbindungen – verbesserte sich deutlich. So hatte die ökonomische Entwicklung, selbst wenn sie Ungleichheit und soziale Gegensätze verstärkt haben mag, doch auch positive Auswirkungen auf große Teile der Region.

7.7 Der Maghreb unter europäischer Herrschaft

Algerien (1830–1962)

Im Maghreb begann die direkte europäische Kontrolle viel früher als im Osten der arabischen Welt. Erstes Land Nordwestafrikas, das unter europäische Herrschaft geriet, war Algerien. Schon 1816 war hier die Sklaverei unter äußerem Druck abgeschafft worden – wesentlich früher als etwa in den USA; die Staaten Europas empfanden es zunehmend als untragbar, dass dauernde Attacken aus Nordafrika eine Gefahr für die intensiver werdende Schifffahrt auf dem Mittelmeer darstellten. Sie waren inzwischen auch militärisch in der Lage, die nordafrikanischen ›Piraten‹ unter Druck zu setzen und sie zu zwingen, die Versklavung von Schiffsbesatzungen und -passagieren aufzugeben, was eine Umstrukturierung der algerischen Wirtschaft implizierte. 1827 hatte die Flotte der Deys von Algier noch zehn Schiffe. Aber zwischen Algerien und Frankreich hatten sich rege Wirtschaftsbeziehungen seit dem 18. Jahrhundert entwickelt – algerischer Weizen war nach Frankreich geliefert worden und während der napoleonischen Kriege an die französischen Truppen im Mittelmeerraum. Dafür liefen Schulden auf, deren Rückzahlung von betrügerischen Zwischenhändlern veruntreut wurde. So kam es zu französisch-algerischen Spannungen. Diese dienten als Anlass, 1830 eine französische Militärexpedition zu entsenden, ein Prestigeprojekt zur Demonstration der außenpolitischen Kompetenz von König Karl X. von Frankreich, zur Mobilisierung patriotischer Euphorie. 37 000 Soldaten auf 700 Schiffen landeten am 14. Juni bei Algier. Die Stadt wurde schnell eingenommen – und der Anfangserfolg verleitete die Franzosen zu dem Fehlschluss, ganz Algerien lasse sich schnell erobern und besetzen. Doch Widerstand begann sich zu regen, erste Rückschläge hielten den französischen Vormarsch auf: Der erste Versuch der Einnahme von Constantine scheiterte 1836. Die militärische Führung favorisierte eine energische vollständige Eroberung Algeriens. Hartnäckigster Gegner der Franzosen wurde Abd al-Kadir (Abdelkader), der sich der französischen Okkupation von 1830 bis 1847 widersetzte. Als Sohn eines angesehenen Religionsgelehrten stellte er sich an die Spitze des Dschihad gegen die Franzosen. Es schien zu einem Arrangement zu kommen, als beide Seiten 1834 einen Waffenstillstand abschlossen. Doch bald schon setzte Abd al-Kadir seinen nationalen Widerstand fort. Er wurde zu einem Volkshelden, kooperierte mit dem Sultan von Marokko und schuf sich einen eigenen Staat in Westalgerien. Erst 1847 konnte er gefangen genommen werden. Einige Jahre wurde er in Frankreich interniert, dann freigelassen, worauf er sich schließlich in Damaskus niederließ. Dort hat er sich 1860 ausgezeichnet, als er bei den Christenmassakern zahlreichen Christen Schutz bot. In der Folge wurde er zu einem Helden der französischen öffentlichen Meinung. Stimmen kamen auf, die ihn als Herrscher eines an Frankreich gebundenen arabischen Staates sehen wollten. Algerien wurde – trotz Fortsetzung des Widerstands auf lokaler Ebene – jetzt insgesamt französischer Herrschaft unterworfen. Ganz zur Ruhe kam das Land eigentlich nie. Doch war in Frankreich – nach langer interner Diskussion – die Entscheidung gefallen, Algerien als Ganzes dauerhaft in Besitz zu nehmen. Nach und nach kamen Siedler und Klöster ins Land, 1841 erreichte die Zahl der Siedler 37 000. Zunehmend kamen, wegen der günstigen Bedingungen, auch Italiener, Spanier und Griechen ins Land. Die »Pazifizierung« Algeriens wurde langwierig, blutig und brutal. Die Neueinwanderer erhielten die französische Staatsbürgerschaft. Die franko-algerische Bevölkerung (unter Einschluss der naturalisierten Nicht-Franzosen) betrug im Jahr 1851 bereits 152 000 und stieg bis 1901 auf fast 634 000. Bald schon wurde klar, dass der arabisch-berberischen Bevölkerung bestenfalls eine Nebenrolle zufallen würde; »l'Algérie française« war in der Tat das Land der Frankoalgerier. So kam es in einem vermeintlich günstigen Moment (zur Zeit des deutsch-französischen Krieges 1870/1871) zu einem großen einheimischen Volksaufstand. Diese Revolte hatte einen stark religiösen und auch national-berberischen Einschlag. Als jedoch der militärische Führer fiel, brach der Aufstand zusammen. Die Repression war brutal: Die einheimischen Algerier wurden mit so starken Abgaben und Enteignungen belastet, dass Tausende ins damals noch unabhängige Tunesien auswanderten. Viele Algerier verarmten – die europäische Landnahme großen Maßstabs begann mit dieser Phase. Da die berberisch-arabischen Algerier nur noch wenig zu verlieren hatten, folgten nun immer wieder Aufstände, viele davon religiös inspiriert; die wichtige Rolle, die mystische religiöse Gemeinschaften im Maghreb lange Zeit gespielt hatten, entfaltete hier erneut Relevanz. Die Franzosen drangen unaufhaltsam weiter nach Süden vor. Brunnen, Telegraphenlinien, Eisenbahnlinien und Straßen begleiteten die Militärposten, die angelegt wurden, Alfalfagrasvorkommen (zur Papierherstellung) gaben vielen Siedlern eine Lebensgrundlage auch weit entfernt von den städtischen Zentren. Die Landwirtschaft wuchs zwar, hielt aber nicht mit dem Bevölkerungswachstum Algeriens Schritt. Die einheimische Landwirtschaft war zudem weit weniger produktiv als die der Siedler, in die sehr viel mehr investiert werden konnte. Im 20. Jahrhundert begannen Algerier, in die französischen Industriegebiete auszuwandern. Das algerische Handelsvolumen stieg zwar von 79 Millionen Francs im Jahr 1831 auf 259 Millionen Francs im Jahr 1870 und 1913 auf 1,29 Milliarden Francs eindrucksvoll an, die Handelsbilanz blieb aber immer negativ. Im 20. Jahrhundert kam es mit zunehmender Mechanisierung der europäischen Landwirtschaft zur Abwanderung von Siedlern in die Städte Algeriens. Als dann eine Umstrukturierung der Landwirtschaft einsetzte und eine Umstellung auf Obst und Gemüseanbau erfolgte (der arbeitsintensiver war bzw. noch nicht mechanisiert bearbeitet werden konnte), bestand wieder mehr Arbeitskräftebedarf, der jetzt durch berberisch-arabische Algerier gedeckt wurde, da deren Landwirtschaft die Bevölkerung nicht mehr ausreichend beschäftigen und ernähren konnte. Das Wachstum der einheimischen Bevölkerung nahm aufgrund verbesserter Gesundheitsfürsorge zwischen den Weltkriegen zu, eine Abwanderung in die Städte begann auch unter einheimischen Algeriern. Soziale und wirtschaftliche Probleme zeichneten sich ab, da die einheimische Gesamtbevölkerung zwischen 1921 und 1955 von fast 5 auf 8,5 Mio. Menschen wuchs – obwohl Algerien damit ein geringeres Wachstum hatte als die Nachbarländer Marokko und Tunesien. Erst mit der zunehmenden Migration in städtische Räume entstanden Anfänge einer Mittelschicht, in der es Ansätze für einen algerischen Nationalismus gab. 1936 wurde die Algerische Volkspartei gegründet, die sich aber nur auf wenige Tausende Mitglieder stützte. Ein gescheiterter Versuch, einem Teil der Algerier, den sogenannten *évolués* (›Entwickelten‹), das aktive und passive Wahlrecht zu verleihen (1938), gab Anlass zu Demonstrationen – sowohl der einheimischen Algerier dafür als auch der franko-algerischen Bevölkerung dagegen. Deutlich wurde, dass sich algerischer Nationalismus in arabisch-islamischer Richtung entwickelte. Gemäß der französischen Algerien-Ideologie, dass Algerien nicht eine Kolonie wie etwa der Senegal oder Kambodscha war, sondern ein Teil des französischen Mutterlandes, waren nicht-französische, also arabisch-berberisch-muslimische Algerier in allen Bereichen benachteiligt. Für sie gab es keine ausreichenden Schulen und keinen Zugang zu gehobenen Positionen in Wirtschaft und öffentlichem Dienst. Die Forderung der algerischen Nationalisten hatte zunächst nur eine rechtliche Gleichstellung, ja sogar Assimilation zum Ziel. Messali Hadsch, der zum Führer der algerischen Volkspartei geworden war, nachdem er in Frankreich die algerischen Arbeiter organisiert hatte, war exiliert worden. Dagegen wurde in Sétif am Rande der Feiern zum alliierten Sieg am 8. Mai 1945 demonstriert, erstmals wurde die ausdrückliche Forderung nach Unabhängigkeit gestellt. Die grün-weiße Fahne, einst von Abdelkader zum Symbol eines algerischen Staates gemacht, wurde geschwenkt. Eine Straßenschlacht begann, bei der über 100 Frankoalgerier starben. Die Repression, die folgte, war brutal: 6000 Algerier fanden den Tod (dies ist eine Mindestzahl; andere Schätzungen gehen von einem Vielfachen an Toten aus). Nun wurden systematisch nationalalgerische Institutionen, allen voran die Algerische Volkspartei, zerschlagen und verboten. Die algerischen Nationalisten wurden in den Untergrund getrieben. Im Exil wurde 1954 der Entschluss gefasst, einen Unabhängigkeitskrieg zu beginnen. Nach äußerst bescheidenen Anfängen der Untergrund-Guerilla entwickelte sich der Widerstand gegen Frankreich – nicht zuletzt durch die immer völlig unverhältnismäßige militärische Reaktion der französischen Seite – zu einer echten Volksbewegung. Die nationale Befreiungsfront (FLN) wurde Träger des algerischen Widerstandes. Schon 1954 bei ihrer Gründung trat sie mit dem Anspruch an, das gesamte algerische Volk zu vertreten und mit dem erklärten Ziel, die volle Unabhängigkeit Algeriens zu erreichen. Bald schon umfasste sie fast alle nationalistischen Gruppierungen, verbreitete sich über das ganze Land und gewann auch einen großen Teil der algerischen Arbeiter in Frankreich für ihre Sache. Rasch kamen internationale Erfolge: 1955 bereits unterstützte die Vollversammlung der VN – wenn auch mit ganz knapper Mehrheit – den Anspruch der Algerier auf Selbstbestimmung. Die FLN wurde als anerkannte offizielle Vertreterin bei Konferenzen der unabhängigen afrikanischen Staaten zugelassen. Vertretungen unterhielt sie nicht nur in afrikanischen und arabischen Staaten, sondern z. B. in Neu-Delhi, Djakarta und sogar Tokyo. In Algerien selbst entstand eine Art »Parallelstaat« zur französischen Kolonie. Seit 1958 war durch die FLN eine provisorische Regierung der algerischen Republik geschaffen worden. Abgaben wurden erhoben, Zeitungen herausgegeben, eine nationale Befreiungsarmee geschaffen. Die allermeisten Algerier unterstützten die FLN – sei es auch indirekt. Eine Spirale der Gewalt begann sich zu drehen, Bombenattentate, Guerilla-Aktionen, Hinrichtungen ohne Gerichtsverfahren, Folter und Geiselnahmen, eine weite Bandbreite der Gewalt entfaltete sich, beide Seiten machten sich schuldig. Letztlich gab es aber weit mehr arabisch-berberische Opfer als europäische. Über eine Million Algerier wurden umgesiedelt oder in Internierungslager gebracht. Langsam kamen selbst in Frankreich Stimmen auf, die ein Ende des Krieges forderten. 1959 verkündete Präsident de Gaulle erstmals das Recht der Algerier auf Selbstbestimmung. Er sah, dass es auf Dauer unverhältnismäßige Opfer kosten würde, die Mehrheit der algerischen Bevölkerung in Rechtlosigkeit und unter gewaltsamer Beherrschung zu halten. Als ehemaliger General wusste er um die praktische Unmöglichkeit einer militärischen Lösung. Weit kompromissloser und weniger geneigt, die Belange der einheimischen Bevölkerung zu berücksichtigen als die französische Regierung waren die Algerien-Franzosen, die sich in der rechtsradikalen »Front National Français« zusammenschlossen und 1961 in Algier putschten – wenn dieser Putsch auch letztlich zusammenbrach. Aus diesen Krisen ging die terroristische »Organisation de l'Armée Secrète« hervor, die sowohl in Algerien als auch in Frankreich Aktionen gegen Algerier und gegen den französischen Staat durchführte. 1958 wurde erstmals Erdöl in der Sahara gefördert, de Gaulle verkündete den Plan, Algerien zu industrialisieren. Auch ein autonomes oder unabhängiges Algerien konnte zu einem Terrain für französische Investitionen werden. Eine französisch-algerische Wirtschaftspartnerschaft war einem von radikalen und gewalttätigen Algerienfranzosen paralysierten Land vorzuziehen. Seit 1960 gab es Friedensverhandlungen zwischen der FLN-Regierung und Frankreich, die 1962 zum Abkommen von Evian und im selben Jahr, nach einer Volksbefragung, zur völligen algerischen Unabhängigkeit führte. Eine Million Algerier und 20 000 Europäer hatten ihr Leben verloren. Der algerische Unabhängigkeitskrieg war nicht nur ein Gründungsmythos für das junge Algerien, sondern auch ein Symbol für die Befreiung der arabischen und der Dritten Welt aus europäischer Fremdherrschaft, von kolonialistischer Unterdrückung und Ungerechtigkeit – gegen imperialistische Brutalität und Gewalt. Auch in Europa fand der algerische Widerstand Unterstützung, zumal er im Namen der Werte und Ideale antrat, die Europa zu vertreten und zu verteidigen behauptete – die aber gegenüber den unterjochten Völkern in Afrika und Asien immer noch keine konsequente Anwendung fanden. In Europa hat die Bewegung gegen die Unterdrückung Algeriens mitgeholfen, der Studentenbewegung den Weg zu bereiten. Auf der anderen Seite machte der Algerienkrieg auch deutlich, mit welcher sturen Verbissenheit Europäer noch im 20. Jahrhundert an einem irrational-anachronistischen Imperialismus festhielten, der keiner wirtschaftlichen Logik mehr entsprach, sondern ausschließlich einem nationalistischen »Bauchgefühl« und der Überzeugung, auch gegen den erklärten Willen der einheimischen Bevölkerung ein Land in die eigenen imperialen Wunschträume zu zwängen. Die Beziehung zwischen Europa und der arabischen Welt wurde durch die Entwicklung in Algerien auf Jahrzehnte hinaus schwer belastet.

Tunesien (1881–1956)

Algerien war nur das erste nordafrikanische Land gewesen, das unter direkte Kontrolle einer europäischen Kolonialmacht geriet. Der Rest Nordafrikas folgte im Verlauf des 19. Jahrhunderts. Schon lange hatten England, Frankreich und Italien um Einfluss auf den Staat rivalisiert, der sich seit dem 18. Jahrhundert auf dem Gebiet des heutigen Tunesien entwickelte. Dort hatte sich die Husainidendynastie (seit 1705) etabliert, deren Modernisierungs- und Reformbemühungen zwar zu einer Verfassung, zur Abschaffung der Sklaverei und zur Besserstellung nichtmuslimischer Minderheiten, andererseits aber auch – ähnlich wie in Ägypten und im Osmanischen Reich – in eine Schuldenkrise geführt hatten. 1869 wurde das Land nach einem Staatsbankrott einer internationalen Finanzkommission unterstellt. Präsident der Kommission war Chair ad-Din (1822–33), der später vor allem als Reformtheoretiker in Erscheinung trat. Er wurde 1873 Premierminister Tunesiens. 1881 führte ein Grenzzwischenfall zu einer französischen Militäraktion – Tunesien wurde französisches Protektorat. Die Bemühungen des tunesischen Ministers Chair ad-Din, durch Betonung der Zugehörigkeit des Landes zum Osmanischen Reich den zunehmenden ausländischen Einfluss auszubalancieren, war gescheitert. Zwar wurde durch die mit Frankreich geschlossenen Verträge die einheimische Regierung im Amt belassen – doch kam es de facto zu einem kolonialen System. Zahlreiche französische Investitionen kamen ins Land, Europäer kamen in den Besitz großer landwirtschaftlicher Nutzflächen. Zwischen 1890 und 1906 wurde die Infrastruktur ausgebaut, zahlreiche Tunesier wurden zum »Arbeitsdienst« als Ersatz für Steuern herangezogen. Straßen und Bahnlinien wurden gemäß den Interessen Frankreichs und der europäischen Siedler angelegt. Ein Schulsystem entstand, das Einheimische benachteiligte und vor allem den Europäern im Land entgegenkam. Schon relativ früh brachten die Tunesier ihre Unzufriedenheit zum Ausdruck – sogar in organisierter Form. 1907 entsteht der *Parti Jeune Tunisien* – der Begriff erinnert an die »Jungtürken« – und fordert die Gleichheit von Tunesiern und Europäern. Paradoxerweise erschien ihre Zeitung *Le Tunisien* auf Französisch; getragen wurde die Partei von jungen Akademikern, die in Frankreich studiert hatten. Als die relativ gemäßigten Forderungen der Tunesier kein Gehör fanden, wurden die Ziele der nationalen Bewegungen Tunesiens radikaler. War zunächst nur Gleichheit aller gefordert worden, so wollte die Destour-Bewegung, seit 1934 »Neo-Destour«, schon bald die Unabhängigkeit des Landes, zusätzlich Demokratisierung und soziale Reformen. Die »linke« Neo-Destour setzte sich langfristig durch und griff die Europäer im Namen ihrer eigenen Werte und Lehren an. Europa hatte ihnen Ideen und politische Konzepte an die Hand gegeben, die der Behandlung, welche die Tunesier durch ihre Kolonialmacht erfuhren, widersprachen. Schon nach dem Ersten Weltkrieg hatten tunesische Nationalisten auf der Pariser Friedenskonferenz vergeblich versucht, ihren Selbstbestimmungsanspruch zur Geltung zu bringen. Aber auch nach dem Zweiten Weltkrieg gewährte Frankreich die immer dringlicher und nun auf breiter Basis geforderte Unabhängigkeit nicht. Gewalt und Repression waren die Folge – wenn auch in viel kleinerem Maßstab als in Algerien –, und 1955 gewährte Frankreich eine Art Autonomie. 1956 endlich kam die völlige Unabhängigkeit. Die zur Massenbewegung gewordene Neo-Destour erhielt bei den ersten Parlamentswahlen rund 80 % der Stimmen, eine Anerkennung dafür, dass sie das Land in die Unabhängigkeit geführt hatte.

Libyen (1911–51)

Zwischen Tunesien und Ägypten liegt der am wenigsten bevölkerte und in der Vor-Öl-Ära unattraktivste Teil der nordafrikanischen Küste. Hier, im heutigen Libyen, hatten die Osmanen ab 1832 noch spät einen erfolgreichen Versuch unternommen, ihre Macht erneut zu behaupten und das Land bis ins 20. Jahrhundert unter ihrer Kontrolle zu halten. Erst 1911 kam der europäische Zugriff. Damals gründete Muhammad ibn as-Sanusi eine mystische Bruderschaft in der Kyrenaika (östliches Libyen), die dort an Einfluss gewann, für eine Erneuerung des Islam eintrat und zahlreiche religiöse Zentren errichtete. Sie wurde zu einer Art Staat im Staate, kooperierte aber mit den Osmanen. Italien hatte in seinem krampfhaften Bemühen, auch in den Kreis der Kolonialmächte »aufzusteigen«, die Theorie der »Vierten Küste« – nämlich der nordafrikanischen –

entwickelt und berief sich auf eine auf die Antike zurückgehende Tradition, als Nordafrika Teil des Römischen Reiches gewesen war. Schon 1902 hatten Italien und Frankreich ihre Interessenräume abgegrenzt. Während Italien Frankreichs Ansprüche in Marokko akzeptierte, erkannte Frankreich Libyen als Zone italienischen Einflusses an. 1911 begann Italien einen Krieg und entriss den Osmanen Libyen. Doch gelang es den Truppen der Sanusiya-Bewegung, die Italiener wieder zurückzudrängen. Erst nach dem Weltkrieg konnte Italien seine Position in Libyen konsolidieren und Territorien zurückgewinnen. Aber eine Guerrillatruppe unter Omar al-Muchtar konnte sich im Dschebel al-Achdar östlich von Bengasi noch bis 1931 halten.

Italien ermutigte die Auswanderung nach Libyen, und 1940 waren mehr als 10 % der Einwohner des Landes Italiener. Eine Straßenverbindung zwischen Libyen und Ägypten wurde gebaut, der Schwerpunkt der wirtschaftlichen Aktivitäten lag im Bereich der Landwirtschaft. Mit dem Zweiten Weltkrieg kam das Ende der italienischen Kolonialära für Libyen. Zwar wollte Italien seine »afrikanische Küste« auch weiterhin behalten, doch votierten die Vereinten Nationen für ein unabhängiges Libyen. Aber zunächst blieb das Land unter englischer und französischer Verwaltung. Ein Emir aus der Sanusi-Familie (siehe S. 231 f.), kehrte aus dem Exil zurück und wurde zur Symbolfigur der Nationalisten in der Kyrenaika. Ziel war zunächst eine konstitutionelle Monarchie in diesem östlichen Landesteil – anfangs war noch gar nicht sicher, ob dieser projektierte Staat auch das (westliche) Tripolitanien umfassen sollte. Nach Einschaltung der UN kam es dann 1951 zur Gründung eines vereinigten Königreichs Libyen unter König Idris – Gesamtlibyen war unabhängig. Gemeinsam haben Libyen und Algerien, dass sie jeweils Opfer einer bornierten anachronistischen Imperialideologie europäischer Kolonialmächte wurden, die, ohne die Belange der eigentlichen einheimischen Bevölkerung in ernsthafte Erwägung zu ziehen, beschloss, die ihrem Land gegenüberliegende nordafrikanische Küste zum Teil des »Mutterlandes« zu machen. Wirtschaftliche Erwägungen waren dabei sekundär, sowohl das Libyen- als auch das Algerien-Unternehmen blieben wirtschaftlich gesehen Verlustgeschäfte.

Marokko (1912–56)

Länger als alle anderen Länder Nordafrikas konnte Marokko seine Unabhängigkeit bewahren. Gerade die internationale Rivalität um das Land im äußersten Westen der arabisch-islamischen Welt hat – wie in anderen Fällen auch – Marokkos Unabhängigkeit verlängert. Nachdem Deutschland anderweitig abgefunden worden war, kann Frankreich 1912 Marokko in direkte Abhängigkeit bringen. Zwar bleibt die Regierung des Sultans bestehen, doch Frankreich regelt die Außenbeziehungen des Landes. Ein *résident général* wird dem Sultan zur Seite gestellt, der mehr und mehr Einfluss auf die Geschicke des Landes nimmt. Im Norden Marokkos wird gleichzeitig ein spanisches Protektorat etabliert. In beiden Landesteilen regt sich jedoch schon bald Widerstand gegen die europäische Bevormundung. Gerade ein Mann, der Spanien kannte und spanisch sprach, Abd al-Karim (Abdelkrim) al-Chattabi (1882–1963), wurde zur Leitfigur des marokkanischen Widerstands gegen Spanien. Vom Rif-Gebirge aus erfasste der Aufstand bald ganz Nordmarokko, und Spaniens Machtbereich ging zurück, bis sich die Spanier nur noch an der Küste halten konnten. Die Rif-Republik wurde in den 1920er Jahren ein regelrechter Staat. Der Aufstand griff nun auch auf das französische Marokko über, nahm die Dimension eines nationalen Befreiungskrieges an und ließ Abdelkrim als Nationalhelden erscheinen, der selbst in Europa Bewunderer fand. Durch gemeinsame spanisch-französische militärische Anstrengungen konnte der Aufstand unter Kontrolle gebracht werden, Abdelkrim wurde 1926 ins Exil geschickt. Erst 1930 war Marokko ganz unter spanisch-französischer Kontrolle. Die Zahl der Europäer wuchs ständig – von 11 000 im Jahr 1911 über 100 000 im Jahr 1923 auf 295 000 im Jahr 1947. Neben der Landwirtschaft hatte die Phosphatgewinnung Bedeutung. Französische Industrieprodukte kamen zunehmend ins Land und beeinträchtigten das einheimische Handwerk. Schon bald regte sich erneut Unruhe in Marokko, als 1930 das »Berber-Edikt« berberisches Gewohnheitsrecht in weiten Teilen des Landes gegenüber der islamischen Schari'a bevorzugte. Damit sollte nach Auffassung gerade muslimischer Kreise eine Spaltung der Bevölkerung erreicht und ein Keil zwischen die – mehrheitlich berberische – Landbevölkerung und die – weitestgehend arabisierten – Städte getrieben werden. Auch wenn neue Bestimmungen das Berberedikt relativierten, eine marokkanische Opposition gegen europäische Vorherrschaft war nun entstanden, die sich im französischen Landesteil im *Comité d'Action Marocaine*, im spanischen Norden in der »Nationalen Reformpartei« organisierte. Zunächst waren auch in Marokko die Forderungen bescheiden; eine liberalere Form des Protektorats wurde angestrebt. Doch als repressive Maßnahmen die Folge waren, führte dies nur zu verstärkter Opposition, die auch an Breite und allgemeiner Zustimmung gewann. 1943 sprach der marokkanische Sultan das Thema Unabhängigkeit gegenüber dem amerikanischen Präsidenten Roosevelt an – eine Partei entstand, deren Name *Istiklal* Unabhängigkeit bedeutet. Sultan Muhammad solidarisierte sich 1947 mit ihr, doch Frankreich und Spanien waren nur zu geringen Zugeständnissen bereit. Eine Spirale der Gewalt begann, sich auch in Marokko zu drehen – 1956 kam endlich die Unabhängigkeit: Der spanische Norden und der französische Süden schlossen sich zum unabhängigen

Königreich Marokko zusammen. Vor Algerien und etwa gleichzeitig mit Tunesien löste Marokko sich aus der europäischen Beherrschung.

7.8 Die Auflösung des Osmanischen Reiches

Am 30. Oktober 1914 trat das Osmanische Reich an der Seite der Mittelmächte in den Ersten Weltkrieg ein. Damit war auch für die Araber in den südlichen Provinzen eine wichtige Entscheidung gefallen: Ihre nationalen Ziele und ihre Selbstbestimmung würden sie am ehesten durch eine Allianz mit den westlichen Alliierten erreichen. Schon hatten sich – oft im Untergrund und geheim – nationalistische arabische Vereinigungen im Osmanischen Reich gebildet. Jetzt trat der arabische Nationalismus immer offener zutage. Dabei glaubte man zunächst, die bestehenden Interessengegensätze ausgleichen zu können, indem man Gemeinsames, Verbindendes zur Grundlage des Handelns machte. Frankreich und England hatten ein Interesse daran, die arabischen Regionen des Osmanenreichs untereinander aufzuteilen; die Araber hofften, dass eine Auflösung des Osmanischen Reiches die Chance zur Gründung eines arabischen Nationalstaates bringen würde; die Zionisten wollten ein autonomes jüdisches Palästina. In Konstantinopel hatte man immer noch die Hoffnung, wenigstens die arabisch-islamischen Provinzen halten und eventuell mit deutschen Investitionen besser ans Reich anbinden zu können. Noch zu Beginn des 20. Jahrhunderts hatten die Jungtürken den Scherifen Husain (aus der Familie des Propheten Muhammad) als Schirmherren der heiligen Stätten des Islam in Mekka bestätigt, da sie in türkisch-arabischer Solidarität auf der Grundlage des Islam die Voraussetzung für ein Überleben des Osmanischen Reiches sahen (1909). Doch die spätere Abwendung von dieser Politik bei gleichzeitiger Türkisierung und Repression aller arabischen nationalen Bestrebungen trieb die Scherifen von Mekka endgültig in die Arme der Briten. Die Briten waren zunächst sehr zurückhaltend, war doch damals noch nicht sicher, wie die Osmanen sich im herannahenden Konflikt verhalten würden, man wollte sie in keinem Fall den Deutschen, die ja eine immer aktivere Orientpolitik betrieben, in die Arme treiben. Durch den Kriegseintritt der Türken an der Seite Deutschlands aber veränderte sich die Lage grundsätzlich. Den Briten lag nun daran, einen Aufstand der Araber in ihrem Sinne anzufachen – zur Schwächung der deutschen und osmanischen Position in der Levante. Nachdem die Türken an der Schwarzmeerfront Feindseligkeiten gegen Russland eröffnet hatten, erklärten England und Frankreich den Osmanen den Krieg, Ägypten und Kuwait wurden zu britischen Protektoraten erklärt, und ein britisch-indisches Expeditionscorps landete im Südirak. 1916 begann – unterstützt und behutsam gelenkt von britischen Agenten wie z. B. T. E. Lawrence, der als »Lawrence von Arabien« weltberühmt wurde – ein arabischer Guerillakrieg gegen die Türken. Nicht nur England, auch Deutschland entsandte Agenten in den Nahen Osten, die im Sinne der Machtpolitik der Mittelmächte und des Osmanischen Reiches agieren sollten. Eine Ausrufung des Dschihad durch den osmanischen Sultan – der ja auch Kalif war! – verfehlte seine solidarisierende Wirkung auf die Araber. Arabischer Nationalismus war damals konsequenterweise bereits antiosmanisch. Die Türken hatten die Chance vertan, einen »islamischen« Staat zu konzipieren, in welchem die Araber Autonomie und eine Art von Selbstbestimmung erhalten hätten. Die repressive Türkisierungspolitik der letzten Vorweltkriegsjahre trug im arabischen Vorderasien für die Türken bittere Früchte. Frankreich verhandelte indessen mit England über die Aufteilung der arabischen Regionen Vorderasiens zwischen den beiden Alliierten. Aber gleichzeitig sicherte der britische Hochkommissar in Ägypten, McMahon, dem Scherifen von Mekka in einem Brief vom 24. Oktober 1915 zu, dass Großbritannien einen unabhängigen arabischen Staat unter seiner Führung befürwortete als Gegenleistung für die arabische Revolte gegen die osmanische Herrschaft. 1916 jedoch kam es zu einer Absprache zwischen Frankreich und England über die Aufteilung Arabisch-Vorderasiens in eine französische und eine britische Einflusszone. Formalisiert wurde dies im geheimen Sykes-Picot-Abkommen, das für Palästina internationale Kontrolle vorsah. 1917 aber entstand als brisantestes Dokument dieser Phase internationaler Diplomatie die *Balfour-Declaration*, in welcher der britische Außenminister Balfour den Zionisten britische Unterstützung für die Einrichtung einer jüdischen nationalen Heimstätte – nicht ausdrücklich eines Staates – in Palästina versprach. Wie Arthur Köstler es formulierte, hatte damit eine Nation einer anderen Nation das Land einer dritten Nation versprochen. Die getroffenen Absprachen und gegebenen Zusagen widersprachen sich – formallogisch-spitzfindig gesehen – nicht offen. Eine jüdische Heimstätte in Palästina schloss einen arabischen Nationalstaat nicht aus, und eine britische sowie eine französische Einflusszone war nicht unvereinbar mit den Versprechen, die Arabern und Juden gegeben worden waren. Doch das Vertrauensverhältnis war zerstört, die Araber mussten, als sie von Geheimabsprachen erfuhren, annehmen, dass ihre Interessen verraten worden waren und sie Opfer imperialistischer Machenschaften waren. Die weitere historische Entwicklung bestätigte sie in dieser Auffassung.

Der eigentliche Aufstand der Araber beschränkte sich auf den Hedschas, die Region an der Westküste der arabischen Halbinsel, wo auch der Scherif von Mekka, der Führer der antiosmanischen Revolte, seinen Sitz und seinen größten Einfluss hatte, sowie auf das Land östlich des Jordan. Erst als der Krieg zu Ende ging, rückten arabische Einheiten in Richtung Damaskus vor.

Nach dem Ersten Weltkrieg wurde das Osmanische Reich aufgeteilt, die heutige Türkei entstand. Für die arabischen Länder Vorderasiens gingen vier Jahrhunderte osmanischer Herrschaft zu Ende, Hoffnung auf nationale Unabhängigkeit keimte auf. Auf der Friedenskonferenz von Paris versuchte Faisal (1883–1933), Sohn des Scherifen Husain, der arabischen Sache Geltung zu verschaffen. Ihm ging es darum, für das Projekt eines arabischen Nationalstaates internationale Unterstützung zu mobilisieren. Der amerikanische Präsident Wilson war als einziger bereit zur Prüfung der arabischen Ansprüche. Die King-Crane-Kommission sollte näheres eruieren. Doch war für England und Frankreich die Zukunft des arabischen Vorderasiens längst entschieden – den Bericht der Kommission nahmen sie lediglich zur Kenntnis. In Damaskus trat 1919/20 der arabische Nationalkongress zusammen, der eigentlich Gründungsorgan des entstehenden arabischen Nationalstaates werden sollte. Der Kongress erklärte im März 1920 die Unabhängigkeit Syriens. Doch Frankreich war nicht bereit, das ihm im Sykes-Picot Abkommen zuerkannte Einflussgebiet Syrien einem arabischen Nationalstaat zu überlassen – seine Truppen bereiteten dem Ansatz eines Staats des Scherifen Faisal ein militärisches Ende.

7.9 Selbstbehauptung am Nil – Ägyptischer Nationalismus

Ägyptens Schicksal verlief ganz anders. Dort hatte ja bereits 1882 England die faktische Herrschaft übernommen. Lord Cromer, der britischer Generalkonsul in Ägypten war, führte das Land in zunehmende Abhängigkeit von England. Immer mehr wurde es aus dem Osmanischen Reich herausgelöst, der Einfluss anderer europäischer Mächte eingedämmt. Doch regte sich Unzufriedenheit mit der britischen Herrschaft in Ägypten. Dort, wie in anderen Regionen der arabischen Welt, entstanden nationalistische Strömungen, die sich mit der Fremdherrschaft nicht länger abfinden wollten. Doch war am Nil damals weniger ein arabisches Nationalgefühl vorherrschend als vielmehr eine Art spezifisch ägyptischer Patriotismus, wie er zuvor bereits von Rifa'a at-Tahtawi (1801–1875) propagiert worden war (vgl. S. 301). Wichtigstes Ziel dabei war die Beendigung der britischen Herrschaft in Ägypten, über die Ausgestaltung ägyptischer Unabhängigkeit gingen die Meinungen freilich auseinander. Die zwei Hauptströmungen fanden ihren Ausdruck in der Nationalpartei Mustafa Kamils, für den die ägyptische Nation zwar im Vordergrund stand, aber im islamischen Kontext gesehen wurde, sowie in der Volkspartei von Lutfi as-Sayyid, die einen liberal-säkularistischen Nationalismus vertrat. Erst nach dem Ersten Weltkrieg sollte aus Lutfi as-Sayyids Partei eine Massenbewegung werden. Hatten die Briten im Hedschas, wo es in ihr Konzept passte, einen arabischen Nationalismus aktiv gefördert, war für sie die Kontrolle des strategisch gelegenen Ägypten an den Verbindungswegen zwischen den Kontinenten und an der Indienroute gerade im Ersten Weltkrieg vorrangig. Ein britischer Hochkommissar übernahm die auswärtigen Beziehungen des Landes und das Kriegsrecht wurde über Ägypten verhängt. Die Ägypter setzten große Hoffnungen auf die Nachkriegszeit.

7.10 Arabische Intellektuelle und die europäische Herausforderung

Mit dem 19. Jahrhundert begann der Zustrom europäischer Gedanken in die arabische Welt. Neue, unbekannte Ideen kamen in den Orient, und die Ägypten-Expedition Napoleons hatte allen vor Augen geführt, dass Europa weit überlegen war.

Nicht nur auf Muhammad Ali hatte Europa eine starke Faszination auszuüben begonnen. Viele, gerade die Intellektuellen im Orient, sahen auf Europa als Beispiel und Modell. Muhammad Ali hatte europäische Konzepte und Methoden übernommen und in Ägypten zur Anwendung gebracht – der Erfolg hatte ihm recht gegeben. Ägypten wurde durch seine konsequente Europäisierung, allerdings mit rabiaten Zwangsmaßnahmen kombiniert, zur regionalen Großmacht und zur Gefahr für das Osmanische Reich, dessen Bestandteil es eigentlich war. Wie man auch immer zu Europa stand, eine geistige Auseinandersetzung mit dem »Westen« konnten die arabischen Intellektuellen nicht vermeiden. Zu offenkundig war die europäische Überlegenheit, als dass man sie hätte übergehen können. Die Beschäftigung mit europäischem Denken, mit den Beziehungen zwischen Orient und Okzident und der Übernahme westlicher Elemente durch die arabisch-islamische Kultur prägten die geistige Elite damals in der arabischen Welt. Muhammad Ali war es um effiziente Staatsführung und Verwaltung, eine schlagkräftige Armee und eine produktive Wirtschaft gegangen, nicht um Demokratie, Nationalismus und Bürgerrechte. Aber die verschiedenen Aspekte »Europas« ließen sich auf Dauer nicht trennen. Technische Modernisierung ohne gesellschaftlichen Wandel konnte es nicht geben, wollte man nicht ernsthafte Krisen riskieren; wer europäische Effektivität und moderne Methoden wollte, musste auch das Eindringen politischer und gesellschaftlicher Konzepte aus dem Westen akzeptieren. Napoleons Ägyptenfeldzug war ein Schock gewesen und die von Muhammad Ali eingeführten Neuerungen eine Radikalkur von oben, die politisch-philosophische Konzepte Europas noch hatte ausgrenzen können. Aber längst waren geistige Beiträge des Westens in den Orient eingeflossen, hatte es Keime europäischer Kultur in der arabischen Welt gegeben – auch wenn diese nicht spektakulär oder schockierend gewirkt hatten. Durch Missionsschulen waren seit längerer Zeit bereits Zentren entstanden, durch die auch europäische Bildungselemente, zumindest in Auswahl, vermittelt wurden. Vor allem in Syrien und im Libanon lagen Schwerpunkte für derartige Einrichtungen europäischer Orden, und gerade im 19. Jahrhundert kam es zu vielen Neugründungen. In den 1840er Jahren entstand ein Jesuitenkolleg im Libanon, Vorläufer der Université Saint Joseph, die 1875 in Beirut eingerichtet wurde und bis heute existiert. Parallel dazu wurde 1866 das Syrian Protestant College gegründet, Vorläufer der Amerikanischen Universität von Beirut, die es ebenfalls noch heute gibt. Dort wurden viele Orientalen mit verschiedensten Aspekten westlicher Bildung vertraut, die auch über reine Fachkenntnisse hinausgingen. Die große Mehrheit der Schüler und Studenten dieser Einrichtungen waren zwar Christen, doch gab es in einigen Teilen der arabischen Welt, z. B. in Algerien, auch muslimische Schüler und Studenten an europäischen Schulen, die dort als *évolués* bezeichnet wurden und vielfach zum Studium nach Frankreich gingen. In Ägypten erschien unter Napoleon die erste Zeitung überhaupt in der arabischen Welt, der *Courrier de l'Egypte* 1778, ab 1800 erschien dann auch kurzzeitig ein arabisches Organ, und Muhammad Ali gab seit 1828 die erste Zeitung in einheimischer Regie, die mehr ein offizielles Mitteilungsblatt war, heraus. 1875 war das Jahr, in dem die christlichen Gebrüder Takla »al-Ahram«, die seit über einem Jahrhundert führende Zeitung der arabischen Welt in Kairo gründeten. Auch durch diese Zeitungen kam die Vorstellungswelt des Westens in den arabischen Raum; gleichzeitig erneuerte sich die arabische Sprache, in der zahlreiche moderne Begriffe erst neu geprägt werden mussten. Ins 19. Jahrhundert fallen auch die Anfänge eines modernen arabischen Theaters unter westlichem Einfluss, die allerdings noch sehr bescheiden sind und vor allem in Übersetzungen bzw. Bearbeitungen europäischer

Stücke bestehen, sowie erste literarische Übersetzungen aus europäischen Sprachen. Muhammad Ali hatte Studenten nach Europa geschickt, die dort nützliche Kenntnisse direkt an westlichen Universitäten erwerben sollten – doch gehörten zum mentalen Gepäck, das sie mit zurück an den Nil brachten, auch Gedanken der französischen Revolution, Vorstellungen von bürgerlichen Rechten und Ideen von Freiheit. Rifa'a at-Tahtawi (1803–1879) war mit einer solchen Studentendelegation, die er als Imam begleitete, nach Europa gekommen. Er stellte sich ein »ägyptisches Vaterland« vor, das die Loyalität der Bürger gewinnt. »Vaterlandsliebe« soll die Triebfeder für eine positive gesellschaftliche Entwicklung werden. Ziel dieser Entwicklung ist der Fortschritt, der für das Wohlergehen aller sorgt. Dieses ist Voraussetzung für gesellschaftliche Solidarität, die dann auch benötigt wird, um die wirtschaftlichen Ressourcen nutzbar zu machen zum Wohle aller. Der Patriotismus von at-Tahtawi ist nicht religionsspezifisch, sondern umfasst Muslime wie Kopten. Als Grundlage einer solchen positiven gesellschaftlichen Entwicklung sieht er einen breit angelegten Erziehungsprozess. Europa ist für ihn noch nicht der Hort des Imperialismus, sondern Vorbild. Frankreichs und Großbritanniens Bemühen um Herrschaft und Einfluss im Orient sieht er noch nicht – für ihn geht es vor allem darum, von Europäern zu lernen. Dabei ist at-Tahtawi, der ja gewissermaßen als »Studentenpfarrer« nach Europa ging, durchaus nicht religiös indifferent; aber für ihn besteht kein Gegensatz zwischen Islam und Moderne, und sein Patriotismus ist so säkular, dass er Muslime und Kopten einschließt – diese gesellschaftliche Solidarität über Religionsgrenzen hinweg ist für ihn gerade die Voraussetzung für Fortschritt. Ungebrochene Europa- und Fortschrittsgläubigkeit, ganz im Stil des Zeitalters von Muhammad Ali, sind kennzeichnend für das Denken von at-Tahtawi, der befangen ist in der Bewunderung für den hohen Zivilisationsstandard Europas. Widersprüche zwischen Islam und Modernisierung im Sinne von Europäisierung sieht er noch nicht ab. Er will sowohl die Kopten einbeziehen in seinen nationalägyptischen Patriotismus als auch dem vorislamischen-pharaonischen Ägypten eine Rolle im Rahmen des ägyptischen Nationalstolzes zuweisen; er ist nicht auf ein exklusiv islamisches Weltbild fixiert.

Der gleichen Generation gehört Chair ad-Din (1810–1889) an, der zeitweise osmanischer Großwesir war und in Tunis eine führende Rolle spielte. Der Bezugsrahmen seines Denkens ist die »Sunna«, die Gemeinschaft der Gläubigen im traditionellen Sinn. Er stützt sich dabei gerade auf europäische Autoren, die die Größe der arabisch-islamischen Welt zur Zeit der Kalifen hervorgehoben haben. Doch auch Jahre in Frankreich haben seine Überzeugungen beeinflusst: Der Orient solle durchaus Ideen und Institutionen Europas übernehmen, die auf Freiheit und Gerechtigkeit beruhen. Dem Individuum muss die Teilnahme am politischen Prozess ermöglicht werden, Freiheit sieht er als Voraussetzung für wirtschaftlichen Fortschritt. Bewunderung empfindet Chair ad-Din für die europäische Großindustrie, den technischen Fortschritt, die wirtschaftliche Entwicklung. Eine solche Übernahme von »Nützlichem« aus Europa sei durchaus im Sinne des Islam. Die moderne Zivilisation muss nach Chair ad-Din in islamische Kontexte eingebunden werden.

Als Christ sieht der ursprünglich maronitische, später zum Protestantismus übergetretene Libanese Butrus al-Bustani die Überwindung von Glaubensschranken als zentrales Thema. Er gründet eine Art »Nationalschule«, in der junge Menschen in überkonfessionellem Geist erzogen werden sollen, wo ihnen säkularer Nationalismus vermittelt werden soll. Für den Libanesen, der in einem religiös zersplitterten Land mit religiösen Konflikten lebte, schien ein Patriotismus, der den Konfessionspartikularismus überwand, wesentlich zu sein. Dabei hielt er die Entwicklung einer einheitlichen modernen arabischen Sprache für notwendig zur Herausbildung eines arabischen Nationalgefühls.

Der Ägypter Muhammad Abduh (1849–1905) gehört bereits der Periode des beginnenden Widerstandes gegen den europäischen Imperialismus an und war prononciert gegen Englands Herrschaft über Ägypten. Auch er sah die Notwendigkeit eines Neubeginns. Als muslimischer Theologe und Jurist stellte er den Islam keineswegs in Frage; aber es hatte Entwicklungen gegeben, die zur Zeit der Entstehung des Islam noch nicht absehbar gewesen waren und jetzt angemessene Antworten erforderten. Den Kern der islamischen Glaubensbotschaft berührte dies allerdings nicht – er war unabänderlich und von Modernisierung nicht betroffen. Muhammad Abduh sah die Gefahr einer Gesellschaft, die gespalten war in einen traditionell-islamisch orientierten Teil und einen zu säkularem Rationalismus tendierenden Teil. Diese Kluft galt es zu überbrücken, Widersprüche aufzulösen, die beiden Strömungen zu verbinden. Veränderung und Modernisierung sind nötig – aber sie müssen mit den Grundlagen des Islam kompatibel gemacht werden. Erneuerung ist durch den Islam nicht nur erlaubt, sondern er verlangt sie – richtig verstanden – regelrecht. Wir werden an Chair ad-Din und seine Fragestellung erinnert: Kann ein Muslim die Ideen und Methoden der Moderne akzeptieren? Umgekehrt fragt jetzt Abduh, ob ein moderner Mensch noch frommer Muslim bleiben könne. Diese Frage bejaht er ausdrücklich, stellt den Islam als fortschrittsfähig dar. Ihm kommt es darauf an, zwischen Traditionalisten und »Progressiven« zu vermitteln. Der Islam muss nach Abduh verstanden werden als Instrument, das Modernisierung erlaubt und ermöglicht, ihr aber einen Rahmen gibt. Darin sah er vor allem auch eine große pädagogische Aufgabe. Es war aus seiner Sicht ein gesamtgesellschaftliches Desiderat, die Vereinbarkeit von Moderne und Islam nicht nur in der Theorie, sondern vor allem auch in der Praxis zu demonstrieren. Seiner politischen Überzeugung nach war beste Staatsform eine konstitutionelle Monarchie. Der britischen Interventionspolitik in Ägypten stand er kritisch gegenüber.

Wenn hier auch nur die wichtigsten Vertreter der geistigen Renaissance der Araber im 19. Jahrhundert genannt wurden, ein Blick auf ihr Denken und die Veränderungen von der ersten Hälfte bis zum Ende des 19. Jahrhunderts macht deutlich: Anfangs war die Faszination Europas, der Reiz der »westlichen« Moderne und ihrer Errungenschaften ungebrochen. Europa nachzuahmen war unter dem Eindruck der Erfolge Muhammad Alis das Ziel – doch sollte das geistige Fundament dieser Erneuerung immerhin schon eine Art »Patriotismus« sein. Nach dieser ersten Modernisierungs-Euphorie werden die historischen und kulturellen Kontexte stärker reflektiert. Die Frage wird gestellt nach der Vereinbarkeit der eigenen Kultur und des Islam mit der »Moderne«. Auch Europa wird differenzierter gesehen: Modernisierung, in gewisser Weise sogar »Verwestlichung«, werden weiterhin als erwünscht und notwendig betrachtet, abgelehnt aber wird der europäische Imperialismus. Der Versuch wird deutlich, die eigene Kultur und den Islam hinüberzuretten in die »moderne Welt«. So wird zwar der Wille zur Selbstbehauptung schon deutlich im Bemühen, internationale Einflüsse und technischen sowie gesellschaftlichen Fortschritt zu versöhnen mit eigenen Werten und Traditionen; wir sind damals aber noch weit entfernt von einer Abwendung vom Westen, von einem Rückzug ausschließlich auf die eigene Vergangenheit, wie wir sie später erleben, als der islamische Fundamentalismus in den Vordergrund tritt.

7.11 Einheit der Araber? – Arabischer Nationalismus

In den Jahren vor dem Ersten Weltkrieg nimmt ein politischer Nationalismus unter den Arabern Gestalt an, nicht zuletzt unter dem Eindruck der forcierten spätosmanischen Türkisierungsphase. Zunächst hatten viele Araber durchaus im »Osmanismus« eine politische Zukunft gesehen und an die Möglichkeit eines arabisch-türkischen Zusammenlebens in einem Staat auf der Basis von Gleichberechtigung geglaubt. Ein Verbleib in einem liberalisierten Osmanischen Reich auf konstitutioneller Grundlage erschien ihnen durchaus als mögliche Option. Hatten im 19. Jahrhundert Intellektuelle verschiedener arabischer Länder bereits patriotische oder nationalistische Komponenten in ihre Konzepte eingebaut, wurde der Nationalismus im 20. Jahrhundert mehr politisch als philosophisch.

In Beirut bildete sich noch im 19. Jahrhundert eine Geheimgesellschaft, die zunächst aus Christen bestand, zu der dann aber später Muslime stießen. Ihr Ziel war ein unabhängiges Großsyrien (unter Einschluss des Libanon). Doch wurde daraus keine wirklich aktive politische Bewegung. Vor dem Ersten Weltkrieg entstanden zahlreiche unterschiedliche nationalistische arabische Vereinigungen, die in irgendeiner Form mehr Rechte für die Araber anstrebten. 1909 wurde etwa der »Literarische Club« gegründet. Im selben Jahr entstand die »Kahtaniya-Gesellschaft« (nach einem der legendären Ahnherrn der Araber benannt). Daraus entstand 1914 der »Bund«, eine Geheimgesellschaft, der vor allem unzufriedene Offiziere aus Syrien und dem Irak angehörten. Sie strebten eine arabisch-türkische »Doppelmonarchie« nach österreichisch-ungarischem Vorbild an. Auch im Exil entstanden nationale Zusammenschlüsse, so die »Jungarabische Gesellschaft«, die von arabischen Studenten in Paris gegründet wurde (1909). Geheime

Zweigstellen dieser Gesellschaft bildeten sich in Damaskus und Beirut. Ihr Ziel war die Unabhängigkeit der Araber vom Osmanischen Reich. Im Gegensatz dazu verfolgte die von Exil-Syrern 1912 in Kairo gegründete »Osmanische Dezentralisierungspartei« das Ziel eines dezentralisierten osmanischen Staates, in dem die Araber ein großes Maß an Autonomie erhalten würden. Ähnlich waren die Ziele des 1913 in Paris gegründeten »arabischen Kongresses«. Sowohl Christen als auch Muslime waren in diesen Vereinen vertreten, wobei die Christen säkulare, liberale Modelle bevorzugten, in denen Bürgerrechte und -freiheiten eine wichtige Rolle spielten, während den Muslimen vielfach vor allem eine Bewahrung oder Wiederbelebung der kulturellen und islamischen Identität der Araber wichtig war. Damals wurde noch kaum eine übergreifende »arabische Nation« unter Einbeziehung Ägyptens gesehen. In Ägypten entwickelten sich separate politische Bewegungen, unabhängig von den bereits genannten, die im wesentlichen von Syrern getragen wurden. Hier entstand eine nationale Bewegung gegen die britische Besatzung. Sie fand ihren Ausdruck in der Nationalpartei Mustafa Kamils, die sich aus dem städtischen Mittelstand rekrutierte und den Abzug der Engländer forderte, und die Volkspartei des liberalen Lutfi as-Sayyid, der einen säkularen gemäßigten Nationalismus vertrat (siehe S. 298). Mit dem Eintritt des Osmanischen Reiches in den Ersten Weltkrieg an der Seite der Mittelmächte erhielten arabische Unabhängigkeitsbestrebungen einen neuen Impuls. Entsprechende britische Zusagen trugen dazu bei, einen arabischen Aufstand gegen die Osmanen mit auszulösen. Die Aussicht auf einen arabischen Nationalstaat unter dem Scherifen von Mekka zeichnete sich ab. Arabischer Nationalismus wurde unter dieser Entwicklung dezidiert antiosmanisch, zumal die Türken zahlreiche osmanische Nationalisten hinrichteten. Das letzte übernationale islamische Imperium war zum Untergang verurteilt. Viele Araber hofften, dass es durch ein »arabisches Reich«, das alle Araber umfassen und ihre nationalen Bestrebungen verwirklichen würde, ersetzt werde.

7.12 Ernüchterung in der arabischen Welt – Europäische Mandatsherrschaft und die Entstehung Saudi-Arabiens

Die arabischen Hoffnungen auf das Ende des Ersten Weltkriegs waren hoch gewesen – man hatte nicht weniger als die Errichtung eines arabischen Nationalstaates in Vorderasien, der völlig unabhängig sein würde, erwartet. Doch was in der Realität folgte, war bitter enttäuschend. Der Frieden von Sèvres (10. August 1920) legte fest: In der Form von Völkerbundsmandaten fielen die (provisorisch unabhängigen) arabischen Regionen Vorderasiens nach der Zerschlagung des Osmanischen Reiches an die klassischen Kolonialmächte. Ägypten bleibt weiterhin unter faktischer britischer Kontrolle, die osmanische Souveränität wurde beendet. Der arabische Kongress, der von Juni 1919 bis Juli 1920 in Damaskus tagte und sich als Vertretung arabischer nationaler Interessen verstand, erklärte zwar am 7. März 1920 die Unabhängigkeit eines (nie wirklich existenten) arabischen Reiches, aber die Niederlage arabischer Truppen gegen Frankreich am 24. Juli 1920 schuf völlig neue Fakten. Vorderasien wurde zwischen England und Frankreich aufgeteilt, wie geplant. 1922 wurde diese Aufteilung unter britischer und französischer Ägide im Rahmen des Mandatssystems des Völkerbundes rechtskräftig. Nach der Auflösung des arabischen Nationalkongresses waren zahlreiche Vertreter der arabischen Nationalbewegung in die Stadt Irbid im heutigen Nordjordanien geflohen und hatten dort eine provisorische Regierung gebildet. Im Gebiet östlich des Jordan bestand eine Art Machtvakuum, da hier Großbritannien keine unmittelbare Kontrolle ausübte, sondern einige autonome

Kleinstaaten auf lokaler Basis duldete. Der Scherif Husain aber, der zunächst zwar Anerkennung als König des Hedschas fand, dann aber vom saudischen König Abd al-Aziz aus seinem Stammland verdrängt wurde, setzte sich nun mit britischer Unterstützung in der Region östlich des Jordan fest; das Emirat Transjordanien entstand (1921). Im Irak rückten die Briten militärisch vor und eroberten im März 1917 Bagdad. Erst Ende 1918 eroberten die Briten den Nordirak, die ölreiche Region um Mossul. Doch bereits 1920 erfolgte im Irak ein Aufstand, der von den religiösen Führern an den schiitischen heiligen Stätten maßgeblich mitgetragen werde. Erst nach einiger Zeit gelang den Briten die Eindämmung des Aufstandes. Die Briten setzten nun Faysal, Sohn des Scherifen Husain und Bruder des Emirs Abdallah von Transjordanien als König des Irak ein. Mit Irak wurde dann ein typischer Protektoratsvertrag abgeschlossen. Die Haschemiten, also die Familie der mekkanischen Scherifen, hatten sich die Führerschaft eines großarabischen Nationalstaates versprochen von dem Aufstand, den sie 1916 gegen die Osmanen ausgelöst und angeführt hatten. Erhalten hatten sie die abgelegene Region östlich des Jordan und Mesopotamien, wobei sie Verträge akzeptieren mussten, die die britische Stellung festigten und ihre Unabhängigkeit einschränkten. Gegenüber den arabischen Nationalisten waren sie kompromittiert.

In Syrien versuchten die Franzosen planmäßig, die Fragmentierung des Landes in religiöse, geographische und sozioökonomische Komponenten zu betonen und zu intensivieren, indem sie die Verwaltung des Landes entsprechend dezentralisierten. Seit 1925 aber erlaubten sie die Bildung politischer Parteien, und es entstanden einige nationalistisch geprägte Parteien. Eine ernste Gefahr für Frankreich stellte der nationalistische Aufstand von 1935 dar, der eine breite Basis hatte; er konnte erst nach 2 Jahren völlig niedergeschlagen werden. Nationalistische Führer wurden in die Verbannung geschickt.

Auf der arabischen Halbinsel war im Westen der (haschemitische) Scherif von Mekka, dessen Söhne Abdallah und Faysal nach dem Weltkrieg mit Transjordanien und mit dem Irak abgefunden wurden, eine führende Figur der Nationalbewegung, doch erfasste diese nicht die eigentliche arabische Halbinsel. Dort entstand im Nadschd zu Beginn des 20. Jahrhunderts erneut ein Staat unter der Familie Saud in Verbindung mit der puristischen Lehre der Wahhabiya, nachdem dessen erste Version bereits von Muhammad Ali praktisch vernichtet worden war. Ein Staat entwickelt sich, der im Zeichen eines ultrakonservativen Islam bis heute unter der Dynastie der Saud existiert. 1902 nahmen sie ar-Riyad ein, ihre künftige Hauptstadt. Im Zuge der Expansion des Hauses Saud wurden die haschemitischen Scherifen aus Mekka verdrängt. 1932 wurde das Königreich Saudi-Arabien gegründet. Der größte Teil der arabischen Halbinsel wurde diesem Staat eingegliedert. Eine Bewegung wie die nach ihrem Gründer benannte Wahhabiya, deren machtpolitische Ausformung der saudische Staat darstellte, schien sowohl lokalen Elementen wie einzelnen Großmächten ein nützlicher Faktor, der ihren eigenen Interessen dienen konnte. Sowohl Russland als auch Großbritannien versuchten, durch Unterstützung des wahhabitischen Saudi-Staates den osmanischen Einfluss auszugleichen bzw. einzuschränken. Dass Scherif Husain sich kurz nach Beginn des von ihm angefachten Aufstandes zum »König der arabischen Länder«, ausrief, erkannten weder Briten noch Franzosen an, die ihn nun als »König der Hedschas« akzeptierten. Als Husain im März 1924 den Kalifentitel annahm und damit seine Ansprüche auf ein arabisches Reich unterstrich, schien für den saudischen Herrscher Abd al-Aziz die Zeit reif zum Handeln: Nur Monate später vertrieb er Husain aus dem Hedschas und gliederte diesen in seinen entstehenden Staat ein, nachdem der Hedschas (also die Scherifen von Mekka) bei den Friedensverhandlungen von Versailles und dann im Völkerbund vergeblich versucht hatte, die britischen Versprechungen eines arabischen Nationalstaats einzufordern. Die Zeit der haschemitischen Scherifen von Mekka war endgültig vorbei. Die Haschemiten fanden ihre neue – auch politische Heimat – im »fruchtbaren Halbmond«. Auch hier waren sie militärischen Konfrontationen mit den Saudis ausgesetzt. Ein Verschwinden des haschemitisch-scherifischen Hedschas zugunsten des saudischen Staates war durchaus im britischen Interesse: Der haschemitische König, der gesamtarabische Ansprüche stellte, war kurzerhand kein politischer Faktor mehr, seine Söhne mussten dankbar sein, im fruchtbaren Halbmond mit Transjordanien und Irak – wenn auch in Abhängigkeit von den Briten – abgespeist zu werden.

Abd al-Aziz dagegen war klug genug, keine »nationalarabischen« Ansprüche zu stellen, sondern war vor allem bemüht, seine Territorien auf der arabischen Halbinsel auszudehnen und seinen Staat zu konsolidieren. Für die Briten hatte dieser Staat eine Ordnungsfunktion, mit dem saudischen König hatten sie einen Ansprechpartner anstatt sich mit der Vielzahl der Stämme auseinandersetzen zu müssen. Mehr oder weniger enge Bindungen pflegten die Briten zu den Küstenregionen von Aden bis Kuwait, die dortigen Kleinstaaten wurden in ein britisches Bündnis- und Protektoratssystem eingegliedert. In den Jahren nach dem Ersten Weltkrieg leisteten die Briten sogar Zahlungen an Abd al-Aziz, um ihn bei der Stange zu halten. Denn auch andere Großmächte waren an einer Kooperation mit dem König des vereinigten Hedschas und Nadschd interessiert, so die Sowjetunion, die Abd-al-Aziz als eine Art arabischen Freiheitshelden interpretierte. Weitere internationale Verflechtungen veranlassten Abd al-Aziz, nach neuen Partnern Ausschau zu halten. Englisch-italienische Absprachen über beiderseitige Interessensphären gaben ihm den Anstoß, Kontakte mit Deutschland zu knüpfen, mit dem diplomatische Beziehungen aufgenommen wurden und Verhandlungen über Waffenlieferungen begannen. Auch über Wirtschaftsbeziehungen wurde gesprochen, da die saudischen Einkünfte aus dem Pilgerverkehr aufgrund der Weltwirtschaftskrise zurückgegangen waren. Die wirtschaftlichen Schwierigkeiten der 1930er Jahre infolge der Weltwirtschaftskrise führten dann auch dazu, dass das Land amerikanischen Ölfirmen geöffnet wurde (1933) – der Anfang eines außergewöhnlichen Booms. Saudi Arabien und Jemen waren die einzigen arabischen Länder, die nicht europäischer Herrschaft unterstanden oder zumindest in ihrer Souveränität durch Verträge stark eingeschränkt waren. Nach der Errichtung des Völkerbund-Mandatssystems im arabischen Vorderasien waren alle anderen Regionen der arabischen Welt unter europäischer Kontrolle.

7.13 Ägyptens Nationalismus im Widerstand gegen England

Ganz anders verlief die Entwicklung in Ägypten. Der immer intensivere Zugriff Englands hatte dort seit dem 19. Jahrhundert zu einer Verstärkung nationalistischer Strömungen beigetragen. Dabei handelte es sich aber um nationalägyptische Bestrebungen, die (noch) nichts mit dem arabischen Nationalismus zu tun hatten, dem wir im arabischen Vorderasien begegnet sind. Zu Beginn des Ersten Weltkriegs verhängten die Briten den Protektoratsstatus über Ägypten – zeitweise war sogar daran gedacht worden, Ägypten kurzerhand zu annektieren. Die gesetzgebende Versammlung wurde in diesem Kontext aufgelöst. Unter den Bedingungen des Ersten Weltkrieges war die geopolitische Lage Ägyptens am Suezkanal und im Vorfeld Indiens noch wichtiger geworden, und auch seine Rolle als logistischer Stützpunkt für die Kriegsoperationen im Nahen Osten schien eine direktere Kontrolle durch England unvermeidlich zu machen. Die – längst nur mehr theoretische – osmanische Oberhoheit über das Land am Nil wurde abgeschafft, und das Kriegsrecht wurde in Ägypten eingeführt. Dies wurde sogar von vielen Ägyptern akzeptiert, da sie davon ausgingen, es handle sich um vorübergehende kriegsbedingte Maßnahmen, die später wieder rückgängig gemacht würden. Großbritanniens Intervention war wirtschaftlich äußerst schädlich: Die Preise stiegen anlässlich der kriegsbedingten verstärkten Nachfrage, auf britischen Druck wurden die Baumwollpreise – eine wichtige Einkommensquelle Ägyptens – gesenkt. Zwangsarbeiter wurden rekrutiert. Wer aber Produkte liefern konnte, die im Krieg gebraucht wurden, konnte von der Lage profitieren, wie z. B. zahlreiche Kaufleute und die entstehende Klasse der Industriellen. So verschärften sich im Verlauf des Krieges auch die sozialen Spannungen. Ans Ende des Ersten Weltkrieges hatten sich in Ägypten große Hoffnungen geknüpft. Einerseits erwarteten viele ein Ende der britischen Gängelung, andererseits erhofften sich manche eine Verbesserung der wirtschaftlichen Lage. Ein Bauernaufstand, der 1919 ausbrach, war ebenso wie ein Arbeiterstreik primär ein soziales, kein »nationalistisches« Phänomen, gab jedoch der nationalistischen Bewegung Auftrieb – wurden doch die ökonomischen Schwierigkeiten im Zusammenhang mit dem eben zu Ende gegangenen Weltkrieg und der englischen Ägyptenpolitik gesehen. Kurz vor Ende des Weltkrieges kündigte Sa'd Zaghlul, der schon im Vorkriegsägypten politisch aktiv geworden war, die Entsendung einer ägyptischen Delegation nach Europa an, die über die Beendigung des britischen Protektorats verhandeln und das Land bei der Pariser Friedenskonferenz vertreten sollte. Dies wurde von britischer Seite verhindert – dadurch zündete der nationalistische Funke in Ägypten: Es kam zu Aufruhr, Sabotageakten und antibritischen Ausschreitungen, koptische und muslimische Geistliche traten gemeinsam als Repräsentanten nationaler Interessen auf. Die Partei, die sich um die Teilnehmer an der ägyptischen Delegation nach Europa konstituierte, erhielt bezeichnenderweise den Namen *Wafd* (›Delegation‹). Bis zur ägyptischen Revolution von 1952 stellte sie die dominierende politische Kraft in Ägypten dar. Angesichts der immer weiter um sich greifenden Unruhe, die durch Sa'd Zaghlul nicht eingedämmt, sondern verschärft wurde, sahen sich die Briten veranlasst, den ägyptischen Nationalisten entgegenzukommen. Eine Delegation durfte nun doch zu den Friedensverhandlungen nach Paris reisen, erreichte dort aber nichts. Denn die Siegermächte des Ersten Weltkriegs hatten sich bereits arrangiert – der amerikanische Präsident Wilson hatte das britische Protektorat über Ägypten schon anerkannt. Die Situation verschlimmerte sich in Ägypten, ein landesweiter Aufstand drohte. Unter diesen Umständen beendete London das Protektorat und erklärte die Unabhängigkeit der Ägypter – allerdings unter Vorbehalt: Die Verteidigung Ägyptens, der Schutz ausländischer Interessen, die Sudanfrage und die Sicherung der Verbindungswege durch Ägypten sollten unter britischer Kontrolle bleiben. Zaghlul, der sich nicht zur Akzeptanz einer solchen Scheinunabhängigkeit bereitgefunden hätte, war zur Sicherheit erneut exiliert worden. Britische Truppen blieben weiterhin im Niltal und, im Sudan hatte Großbritannien sich bleibenden Einfluss gesichert. Der gesamte »Unabhängigkeitsprozess« war ein einseitiger britischer Akt, an dem die ägyptischen Nationalisten nicht beteiligt waren. Der bisherige Khedive Fu'ad erklärte sich zwar zum König eines pro forma unabhängigen Ägypten, doch die Nationalisten ließen sich nicht für dumm verkaufen. Konträre Ansichten wurden deutlich bei der Entstehung staatlicher Organe und der Definition ihrer Rolle, Rechte und Funktion. Es ging um die Abgrenzung der Zuständigkeiten des Parlaments und des Königs. Es gelang zwar, eine parlamentarische Verfassung durchzusetzen, doch konnte der König sich wichtige Privilegien, wie z.B. die Auflösung des Parlaments, vorbehalten. Als die ersten Wahlen stattfanden (1923/24), honorierten die Ägypter die standhafte Haltung der *Wafd*-Partei, die eine dominierende Stellung im Parlament erhielt. Die politische Entwicklung wurde gestaltet durch die Interaktion von König, *Wafd* und britischer Seite, die in wechselnden taktischen Allianzen mit- und gegeneinander koalierten. 1928 betrat ein neuer politischer Akteur die politische Szene Ägyptens: Hasan al-Banna gründete die Muslimbrüder, die bis heute eine wesentliche Rolle im Nahen Osten spielen.

Vorläufig spielten sich jedoch die großen Konflikte zwischen Nationalisten und Briten ab: Weiterhin verweigerten diese die Akzeptanz der eingeschränkten, einseitig aufoktroyierten Unabhängigkeit nach britischem Gutdünken, es kam zu Anschlägen auf britische Ziele – dabei kam der britische (!) Oberkommandierende der ägyptischen Armee ums Leben. England antwortete mit drastischen Maßnahmen und eine Reihe von ägyptischen Regierungskrisen war die Folge. Die Krise über den Status Ägyptens und seine Beziehungen zu England schwelte weiter, eine Einigung kam weiterhin nicht zustande. Mit dem Tod Zaghluls kam allerdings 1927 mit Mustafa an-Nahhas ein Mann an die Spitze des *Wafd*, der eher einer Kompromisslösung zuneigte. Doch dauerte es noch bis 1936, einen regelrechten ägyptisch-englischen Vertrag abzuschließen, der zwar weiterhin Einschränkungen der ägyptischen Souveränität enthielt und britische Vorrechte festschrieb, aber einen Fortschritt gegenüber der bisherigen Situation bedeutete. Ägypten wurde nun Völkerbundmitglied. Doch in den Augen der weniger kompromissbereiten Nationalisten hatte die *Wafd*-Regierung sich durch den Abschluss des Vertrages kompromittiert – die Briten behielten Militärbasen im Land und Einfluss in der ägyptischen Armee (deren Ausbildung in britischer Hand lag) sowie weitreichende Rechte im Kriegsfall. In der Tat brachte der Zweite Weltkrieg dann eine Verschärfung der Spannungen zwischen Briten und Ägyptern, unter denen sich – als antibritische Tendenz – achsenfreundliche Strömungen entwickelten. An-Nahhas blieb für die Briten Garant eines kooperativen Kurses. Doch konnte die Sicherung Ägyptens als wichtiger britischer Stützpunkt und Eckpfeiler der britischen Position im Mittelmeer und im Nahen Osten nur gewaltsam aufrechterhalten werden. Von Kairo aus wurde praktisch eine »Kriegsbewirtschaftung« des gesamten Nahen Ostens britischerseits koordiniert. Der Mittelmeerhandel brach unter den Kriegshandlungen des Zweiten Weltkrieges praktisch zusammen, es kam in Ägypten zu Getreiderequirierungen, zu einer geplanten Reduzierung des Baumwollanbaus und einer Ausweitung der Getreideproduktion unter den Bedürfnissen des Krieges, die eine Versorgung alliierter Truppen erforderte. Auch die industrielle Produktion wurde jetzt forciert, denn Importe mussten durch eigene Produktion ersetzt werden. Doch durch den starken Bedarf an zahlreichen Gütern – zwischen 1938 und 1947 wuchs die industrielle Produktion um über 50 % – unter den besonderen Umständen des Krieges stiegen die Nachfrage und folglich die Preise drastisch. Gerade aber Arbeiter und Bauern (bzw. Landarbeiter) litten unter dieser Entwicklung. Die Kluft zwischen arm und reich wurde größer. Nach dem Krieg dagegen verloren viele Ägypter, die direkt oder indirekt bei den Alliierten beschäftigt gewesen waren, Arbeit und Einkommen. Gleichzeitig wirkte das starke Bevölkerungswachstum sozial belastend, da es stets höher war als das Wirtschaftswachstum. Soziale Spannungen, das Anwachsen nationaler Bestrebungen und die zunehmende Frustration über das Fortdauern der Gängelung durch die europäischen

Mächte führte zu einem Prozess, der in den Jahren nach dem Zweiten Weltkrieg Revolutionen in der arabischen Welt auslöste und zu einer völligen Neugestaltung der arabischen Welt Anstoß gab.

Seit der Expansion Ägyptens unter Muhammad Ali in der ersten Hälfte des 19. Jahrhunderts war auch der Sudan größtenteils in ägyptischer Hand. 1881 jedoch trat dort ein *Mahdi*, ein »Erlöser«, auf, der als charismatischer Führer eine Bewegung schuf, die mit dem Versprechen, eine echt islamische Gesellschaft zu verwirklichen, die Massen begeisterte. Von Kordofan aus, einem unzugänglichen Bergland, wurde der Sudan erobert, Ägypten verlor die Kontrolle. Eine Art »Gottesstaat« entstand. Ein militärisches Eingreifen der Briten endete in einer Katastrophe – 1885 fiel Khartum in die Hände der Aufständischen. Der *Mahdi* wollte die *umma* rekonstruieren, wie sie zur Zeit des Ur-Islam existiert haben mag. Mit diesem rückwärtsgewandten Konzept, das an die Wahhabiya auf der arabischen Halbinsel erinnert, aber auch an moderne Formen des »Fundamentalismus«, gelang es, Menschen zu mobilisieren und eine bemerkenswerte politische Dynamik zu entfalten. Auch nach dem Tod des *Mahdi* expandierte der Staat, den er geschaffen hatte. Erst ab 1889, als ein Vorstoß nach Ägypten scheiterte, kam die Wende. Lord Kitchener eroberte mit seinen anglo-ägyptischen Truppen den Sudan zurück und vernichtete die Bewegung. Großbritanniens Stellung im Sudan war nun stärker denn je und konnte sich gegen französische Ansprüche, die sich durch eine Expedition in den sudanesischen Raum manifestierten, behaupten. 1899 wurde ein britisch-ägyptisches Abkommen geschlossen, durch das ein britisch-ägyptisches Kondominium über den Sudan errichtet wurde. Als Ägypten mehr und mehr seine Souveränität verlor, wurde der Sudan faktisch eine britische Besitzung. Doch Ägypten war bestrebt, unter dem Schlagwort »Einheit des Niltals« den Sudan zu behalten. Im Sudan aber entwickelte sich ein spezifischer Nationalismus im Laufe des 20. Jahrhunderts. 1953 einigten sich Ägypten und Großbritannien darauf, den Sudan in die Unabhängigkeit zu entlassen, die er 1956 erlangte.

Mit der Niederlage der Truppen Faysals am 24. Juli 1920 bei Maysalun (Syrien) gegen französische Truppen war der Plan eines arabischen Nationalstaates endgültig gescheitert; Faysal musste Syrien verlassen. Nach der Errichtung des Völkerbund-Mandatssystems im arabischen Vorderasien waren – abgesehen von Teilen der arabischen Halbinsel – alle anderen Regionen der arabischen Welt unter europäischer Kontrolle.

Syrien wurde durch die französische Mandatsverwaltung aufgespalten in regionale Einheiten, die alle Einheitsbestrebungen zunichte machen sollten. Partikularinteressen zu stärken war das Rezept der Franzosen. Ein »Groß-Libanon« wurde z. B. als eigene Einheit gegründet, der Gebiete im Norden und Osten des traditionell unabhängigen Libanongebirges sowie Küstenregionen am Mittelmeer angegliedert wurden. Dies kam einigen libanesischen Bevölkerungsgruppen – allen voran den christlichen Maroniten – durchaus gelegen: Allein in einem libanesischen Staat konnten sie hoffen, politisch und sozial tonangebend zu werden. Die Mehrheit der politischen Kräfte in Syrien war für eine großsyrische Lösung und strebte schon früh die Unabhängigkeit von Frankreich an.

Ein französischer Hochkommissar war höchste Instanz in Syrien; in den verschiedenen Provinzen Syriens gab es regionale Verwaltungsorgane, denen aber Vertreter Frankreichs zur Seite gestellt wurden. Doch nationalistische Strömungen machten sich immer stärker bemerkbar, 1935 brach eine regelrechte Revolution in Syrien aus – französische Truppen bombardierten Damaskus. Zwar konnte die syrische Revolution mit Mühe unterdrückt werden, doch die Auseinandersetzungen zwischen Mandatsmacht und syrischen Nationalisten gingen weiter. Die Unabhängigkeit Syriens wurde vom freien Frankreich während des Zweiten Weltkrieges in Aussicht gestellt, aber erst nach weiteren Aufständen und aufgrund britischen Drucks 1946 erreicht. Ein »großsyrischer« Gesamtstaat entstand aber nicht; ein libanesischer Staat, wie es sich bereits angekündigt hatte durch die Separatentwicklung des *Grand Liban*, in dem die christlichen Maroniten die Mehrheit und die Führung hatten, wurde gegründet.

Palästina stand unter britischer Verwaltung und wurde zwischen den Weltkriegen zunehmend Ziel jüdischer Zuwanderer – jüdisch-arabische Spannungen und Konflikte kennzeichnen diese Epoche. In der Region zwischen Mossul im Norden und Basra im Süden am Persischen Golf versuchte Großbritannien, eine einheitlich britische Einflusszone zu organisieren und zu formalisieren. Kurdische und arabische, sunnitische und schiitische Bevölkerungsgruppen, wenige größere Städte und zahlreiche beduinische Stämme kennzeichneten die Heterogenität des Zweistromlandes. Die Briten schufen hier einen »künstlichen« Staat, den Irak. Um eine konstitutionelle Monarchie mit dem Scherifen Faysal als König (1921) konnte sich hier eine Art Nationalgefühl entwickeln. Trotz formaler Unabhängigkeit, die stufenweise gewährt wurde, übten die Briten hier weiter Einfluss aus. Im Zweiten Weltkrieg fanden antibritische Gefühle ihren Ausdruck in Sympathien für das faschistische Deutschland, das seinerseits aber nur verhalten Unterstützung leistete. Eine pro-deutsche Regierung, die vorübergehend an der Macht war, setzten die Briten ab. Die Haschemiten bleiben bis 1958 (Sturz Faysals II.) an der Macht als Garanten einer probritischen Grundlinie irakischer Politik.

Kapitel 8

Nationalismus, Islamismus und eine »Katastrophe«

Zeittafel

1897	erster zionistischer Kongress in Basel
1916	Sykes-Picot-Abkommen (Aufteilung des Nahen Ostens in britische und französische Interessensphären)
1928	Gründung der Muslimbrüder in Ägypten
1933–45	nationalsozialistische Judenverfolgung in Europa führt zu verstärktem jüdischem Einwanderungsdruck in Palästina
1945	Gründung der arabischen Liga
1946	Libanon und Syrien werden unabhängig
1948	Unabhängigkeitskrieg Israels (»Nakba«)
1951	Unabhängigkeit Libyens
1952	Ägyptische Revolution
1956	Unabhängigkeit Marokkos und Tunesiens Suez-Krise
1960	Gründung der OPEC in Bagdad
1962	Unabhängigkeit Algeriens nach erbittertem Befreiungskrieg
1964	Gründung der PLO
1965	Die Bundesrepublik Deutschland nimmt diplomatische Beziehungen zu Israel auf
1967	6-Tage-Krieg
1973	Yom-Kippur- bzw. Ramadan-Krieg – erste Ölkrise
1979	Israelisch-ägyptischer Frieden (Camp David)
1988	Als erster und bisher einziger Autor arabischer Sprache erhält der Ägypter Nagib Mahfus (1911–2006) den Literaturnobelpreis
1994	Jordanisch-israelischer Frieden
1995	israelisch-palästinensisches Abkommen über weiteren Friedensprozess (»Oslo II«)
2005	Israelische Armee räumt Gaza-Streifen, jüdische Siedlungen werden dort aufgelöst

8.1 Arabischer Nationalismus im Spannungsfeld des Ost-West-Gegensatzes

Um die Mitte des 20. Jahrhunderts beginnt die arabische Welt, sich zu emanzipieren. Ein Vierteljahrhundert wird es nach dem Zweiten Weltkrieg dauern, bis sich alle arabischen Länder aus der europäischen Bevormundung gelöst und von der Kontrolle durch Europa befreit haben. In dem vorausgehenden Vierteljahrhundert seit Auflösung des Osmanischen Reichs hatte sich viel verändert in den Ländern arabischer Sprache. War der Norden Afrikas schon im 19. Jahrhundert oder zu Beginn des 20. Jahrhunderts unter europäische Kontrolle geraten, wurden die Länder des Maschrek nach dem Ersten Weltkrieg in ihrer Hoffnung enttäuscht, für ihren Aufstand gegen die Osmanen mit dem – aus ihrer Sicht – von Europa zugesagten Nationalstaat »belohnt« zu werden. Sie hatten nur die Herren gewechselt – von osmanischer waren sie unter europäische Kontrolle geraten. Die Zeit zwischen den Weltkriegen war eine Periode der Ernüchterung und Desillusionierung gewesen. Die Araber hatten verstanden, dass es den einen umfassenden arabischen Nationalstaat nicht geben würde. Nationalismen im regionalen Rahmen begannen sich zu entwickeln, oft genug innerhalb von Europa gezogenen Grenzen. Aber andererseits fängt die arabische Welt jetzt an, sich im internationalen Kontext zu positionieren und zu organisieren – 1945 wird die Arabische Liga gegründet. Gibt es schon keine arabische nationale Einheit, so soll es wenigstens – auch demonstrativ gegenüber der ganzen Welt – eine enge arabische Zusammenarbeit geben. »Die Araber« profilieren sich als solche.

Im geistigen Bereich hat sich Grundlegendes geändert. War zunächst im 19. Jahrhundert die Bewunderung und Begeisterung für Europa dominierend gewesen (vgl. Kapitel 7), wobei vor allem versucht wurde, den Islam als »fortschrittsfähig« zu interpretieren, stand jetzt das Bemühen im Vordergrund, einen eigenen, arabischen Weg zu gehen. Übernahme und Imitation von Europäischem wich dem Streben nach eigener Identität, spezifisch arabischen Lösungen; selbst da, wo europäische Modelle und Konzepte übernommen bzw. adaptiert wurden, stand das »Arabische« im Vordergrund. Europas Stern im Nahen Osten begann zu sinken: Nicht nur waren England und Frankreich als Kolonialmächte diskreditiert, auch die Gründung Israels 1948 war ein Ergebnis britischer Nahostpolitik, eine Folge des europäischen Imperialismus im Orient. Aus arabischer Sicht hatte Europa durch die Balfour-Erklärung (vgl. Kapitel 7) die Gründung eines jüdischen Staates präjudiziert und damit in unrechtmäßiger Weise über arabisches Territorium verfügt. Der Schock der arabischen Niederlage im israelischen Unabhängigkeitskrieg hatte aber auch drastische innerarabische Folgen: Unzufriedenheit kam auf mit den traditionellen arabischen Regimen, denen Korruption und Cliquenwirtschaft vorgeworfen wurde. 1952 fand in Ägypten eine Revolution statt – die Monarchie wurde durch eine Republik ersetzt, deren Ideologie der »arabische Sozialismus« war, in dessen Zeichen Landreform und Verstaatlichung erfolgten und das arabische Selbstbewusstsein einen neuen Aufschwung nahm. Panarabisch und antiimperialistisch war die neue Ideologie, und durch ihren charismatischen Führer Gamal Abd an-Nasser wurde sie zum Vorbild in der gesamten arabischen Welt, teilweise auch darüber hinaus in anderen Ländern der Dritten Welt, z.B. im Rahmen der Blockfreienbewegung. Auch in Syrien, wo die *Baath*-Bewegung, die Partei der arabischen Wiedergeburt, ebenso antikolonialistisch und nationalarabisch, in den 1950er Jahren an die Macht kam, schlug panarabische Begeisterung hohe Wellen. Auch die *Baath*-Bewegung, deren ideologischer Vater ein syrischer Christ war, strebte eine Einheit aller Araber an, religiöse und regionale Unterschiede sollten in den Hintergrund treten, die Gesellschaft und die Wirtschaft der neu entstehenden arabischen Welt sollte unter sozialistischen Vorzeichen reformiert werden. Ägypten und Syrien schlossen sich zur Vereinigten Arabischen Republik zusammen. Die neuen arabischen Ideologien waren keine profunden »Philosophien«, sondern eher Konzepte, um in Phasen nationaler Begeisterung die Massen zu mobilisieren, Emotionen gegen Israel oder den »Westen« zu schüren, Skizzen einer gerechteren, ›besseren‹ arabischen Welt zu entwerfen und charismatische Führer zum Erfolg zu tragen. Bald schon geriet der israelisch-arabische Konflikt in den Kontext der weltweiten Auseinandersetzung zwischen den USA und der Sowjetunion. Da Israel sich mehr dem Westen zuwandte, wurde die Sowjetunion fast automatisch zur Alliierten der progressiven arabischen Mächte, was ihr die Möglichkeit gab, ihre antiimperialistische Orientierung zu demonstrieren. Wenn Nasser sich auch vor allem als arabischer Führer inszenierte und bemüht war, sich in der Blockfreien-Bewegung zu profilieren, näherte sich Ägypten doch faktisch mehr und mehr an die Sowjetunion an, zumal sich die Araber von den Amerikanern vor den Kopf gestoßen fühlten. Als Ägypten und andere arabische Staaten Waffen im Westen kaufen wollten, trafen sie auf Ablehnung. Waffenkäufe tätigten sie folglich in Osteuropa. Damit hatte der Westen dem Ostblock Zugang zur arabischen Welt verschafft. Die USA versuchten nun, die Hinwendung Ägyptens zu sozialistischen Staaten zu »bestrafen«, indem sie eine bereits gegebene Finanzierungszusage für den Neubau des Assuan-Staudammes zurücknahmen. Da es sich hier um ein besonderes Prestigeprojekt Nassers handelte, sah dieser hierin einen weiteren Grund, sich vom Westen abzuwenden; die Sowjetunion finanzierte den Assuan-Staudamm.

Die Suez-Krise 1956 machte verschiedene Tendenzen deutlich. Als Ägypten den Suezkanal verstaatlichte, unternahmen

Israel, England und Frankreich eine gemeinsame Militäraktion gegen Ägypten, mussten sich aber auf internationalen Druck – vor allem der UdSSR und der USA – zurückziehen. Nasser hatte aus einer militärischen Niederlage einen politischen Sieg gemacht. Israel hatte sich als »Aggressor«, England und Frankreich hatten sich als »Imperialisten« erwiesen. Die USA und die UdSSR traten als die neuen Großmächte nun auch in der arabischen Welt in den Vordergrund. Arabische Interessen und Bestrebungen gerieten – wie schon angedeutet – in den Sog des Ost-West-Konflikts und seiner Polarisierung. Beide Großmächte bemühen sich jetzt um Einfluss in der arabischen Welt. Die USA werden zum wichtigsten Alliierten Israels, versuchen aber gleichzeitig, Verbündete unter den arabischen Staaten zu finden. Die Sowjetunion unterstützt sozialrevolutionäre Strömungen in der arabischen Welt und wird zum wichtigsten Alliierten des nasseristischen Ägypten sowie des baathistischen Syrien, macht sich zum Fürsprecher arabischer Interessen gegen Israel, das als »Werkzeug des Imperialismus« gebrandmarkt wird. Die amerikanische *Containment*-Politik, die den sowjetischen Einfluss einzudämmen bestrebt ist, findet ihren Ausdruck zuerst in der Truman-Doktrin (1947) und später der Eisenhower-Doktrin (1957). Die »Eisenhower-Doktrin« war unmittelbare Folge der Suez-Krise, die es dem Präsidenten der USA erlaubte, auf Hilfeersuche von Ländern im Nahen Osten, die sich von sowjetischen Hegemonialansprüchen bedroht fühlten, sofort militärisch zu reagieren, ohne dass die USA direkt angegriffen würden oder gefährdet wären und ohne Vorliegen einer Kriegserklärung durch den US-Kongress. Der Bagdad-Pakt war eine nur zeitlich und regional begrenzte Institutionalisierung des Versuchs, Alliierte des Westens in einem Verbund zusammenzuschließen. Die konservativen arabischen Staaten schließen sich angesichts der zunehmenden Erfolge sozialrevolutionärer Bewegungen unter den Arabern den USA an, die England und Frankreich als westliche Führungsmächte definitiv ablösen und gerne jede Art von Partnerschaft und Zusammenarbeit aufgreifen. Erfolgreiche »progressive« Revolten erschütterten nun die ganze arabische Welt: 1958 im Irak und in Syrien, 1962 im Jemen, 1969 in Libyen.

Im Jahr 1967 kam es nach langen Spannungen und Feindseligkeiten zwischen Israel und seinen arabischen Nachbarn zu einem neuen regelrechten Nahostkrieg, in dem Israel in einem Präventivschlag die Luftwaffen seiner Kriegsgegner ausschalten und große Gebiete seiner Nachbarn in einem schnellen Feldzug okkupieren konnte. Durch den sogenannten 6-Tage-Krieg vom Juni 1967 änderte sich die Lage im Nahen Osten grundlegend. Israel kontrollierte nun ein Territorium, das weit größer war als sein ursprüngliches Staatsgebiet und schien damit weniger verletzlich und bedroht als zuvor: In der arabischen Welt hatte die erneute Niederlage wie ein weiterer Schock gewirkt. Die revolutionären Führer, die im Zeichen einer arabischen Wiedergeburt oder eines arabischen Sozialismus angetreten waren und die arabischen Massen begeistert hatten, hatten ebenso versagt wie die konservativen, traditionellen Herrscher 1948. Alle Versprechungen und Ankündigungen arabischer Einheit und Selbstbehauptung hatten sich als leere Worte erwiesen und zu keinen greifbaren Ergebnissen geführt. Die syrische und ägyptische Verbrüderung mit dem kommunistischen Block hatte keine Erfolge gebracht. Eine arabische Identitätskrise war die Konsequenz. Israels Position war gestärkt, und die arabische Welt empfand die Perspektivlosigkeit und Konzeptionslosigkeit der Phase nach 1967 als besonders schmerzhaft. Die nationalistischen und sozialistischen arabischen Ideologien und Massenbewegungen hatten sich nicht bewährt. Israels Position war besser denn je.

8.2 »Der Islam ist die Lösung«

Angesichts einer Strukturierung des Nahen Ostens in »sowjetische« und »amerikanische« Alliierte wurde übersehen, dass sich hier Strömungen entwickelten, die den Islam in den Vordergrund stellten, wobei die Bindungen an den »Westen« oder den sozialistischen »Osten« zweitrangig wurden. Diese Rückwendung hin zu islamischen Wurzeln war bereits in den 1920er Jahren sichtbar geworden, als Hassan al-Banna in Ägypten die Muslimbrüder gegründet hatte. Diese Organisation hatte vor allem eine Orientierung am Islam gefordert ohne politische Parteien und gegen westlichen Einfluss. Unter Nasser waren die Muslimbrüder zwar verboten worden, doch ihre Ideen hatten nach wie vor zahlreiche Anhänger. Lange Zeit jedoch war der Weltöffentlichkeit nicht bewusst, dass es ein ernstzunehmendes muslimisches Potenzial gab, dass der Islam nach wie vor hohe politische Signifikanz besaß. In Europa herrschte – in direkter Tradition ins 19. Jahrhundert zurückreichende – eurozentrische Fortschrittsgläubigkeit, die annahm, dass alle Kulturen der Welt sich europäisieren würden und sich an Europa – bzw. Amerika – also an westliche Denk- und Lebensformen annähern würden. Eine Höherentwicklung, die automatisch Europäisierung bedeutete, wurde antizipiert. Dem Islam wurde allenfalls folkloristisch-touristische Bedeutung zugebilligt. Eine tatsächlich politisch-gesellschaftliche Relevanz des Islam sah man nicht. Ähnliche Sichtweisen dominierten in den USA und in der Sowjetunion – allenfalls schien diskutabel, ob sich der Nahe Osten eher in Richtung der westlichen Welt entwickeln würde oder ob sich sozialistisch inspirierte Modelle durchsetzen würden. Dies war verständlich: Die herrschenden Ideologien in der arabischen Welt – der arabische Sozialismus oder die syrische bzw. die irakische Variante der *Baath*-Ideologie – waren letztlich europäisch geprägte

Doktrinen, selbst wenn sie sich gegen den »Westen« richteten. So wandte sich die algerische Befreiungsbewegung gerade im Namen europäischer Ideale gegen imperialistische europäische Repression. Doch verstärkte sich mehr und mehr im gesamten Nahen Osten eine Stimmung, der Überdruss an Europa und Amerika zugrunde lag. Einerseits hatten Europa und die USA immer wieder die Hoffnungen der Araber getäuscht, Versprechungen nicht eingehalten und ihre eigenen Werte und Grundsätze im Umgang mit den islamischen Ländern nicht beherzigt. Sie hatten, so erschien es den Arabern, die Gründung Israels verschuldet und die Rechte der Araber dabei missachtet. Andererseits hatte die Übernahme westlicher Konzepte und die Adaptierung europäischer Modelle in den Staaten im Nahen Osten zu wenig positiven Resultaten geführt, die darauf gesetzten Hoffnungen und Erwartungen hatten sich nicht erfüllt. Nicht nur in den arabischen Ländern, in der gesamten islamischen Welt provozierte geplante und bewusste Verwestlichung eine Gegenreaktion: Die kemalistische Türkei hatte die Ent-Orientalisierung und die Ausrichtung nach Europa nach dem Ersten Weltkrieg besonders konsequent und programmatisch als einzig erfolgversprechenden Weg zum Fortschritt betrieben. Aber auch der Schah des Iran hatte sich zum Ziel gesetzt, sein Land zu modernisieren.

Iran, wo der Schah neben Modernisierung auch eine Re-Iranisierung auf Kosten des islamischen Erbes eingeleitet hatte, wird – für die Weltöffentlichkeit überraschend – zum Schauplatz der ersten islamischen Revolution. Innerhalb kurzer Zeit wird der Schah gestürzt und ein streng islamischer Staat geschaffen, der viele Iraner für sich gewann und sich gewaltsam gegen seine inneren Gegner durchsetzte. Iran wird 1979 von einem Eckpfeiler des amerikanischen Einflusses in Nahost zum schärfsten Gegner der USA in der gesamten islamischen Welt. Drastisch und schockierend hatte sich gezeigt, dass die

Wiederkehr des Islam politisch war und machtpolitische Relevanz besaß. Waren bisher die konservativ-islamischen Länder im Orient in der Regel Partner der USA und des Westens gewesen – wie etwa Saudi-Arabien, so hatte sich das mit der iranischen Revolution völlig geändert. Ein aggressiver, xenophober, antiamerikanischer und antiwestlicher Islam trat uns hier entgegen. Dies lehrt uns viel über seine wahre Natur: Die Re-Islamisierung, der islamische Fundamentalismus, waren vor allem auch Reaktionen auf Enttäuschung über den »Westen«, Unzufriedenheit mit europäischen Doktrinen und Modellen, Antwort auf gescheiterte Versuche, durch Übernahme westlicher Methoden und Konzepte die Unterentwicklung zu überwinden. Frustration herrschte nicht zuletzt auch darüber, dass moralische Grundsätze und von Europa gepredigte Werte wie Demokratie und Selbstbestimmungsrecht für den Orient, die islamische Welt, die Araber oder gar die ganze Dritte Welt keine Gültigkeit zu haben schienen. Der Westen hatte – so eine im Orient verbreitete Auffassung – gezeigt, dass er die eigenen Normen und Werte im Umgang mit der islamischen Welt nicht anzuwenden bereit war. Zunächst konnte mancher Beobachter der Vorgänge in Iran, der gewisse Symptome nicht sah oder nicht interpretieren konnte, sich der Illusion hingeben, man habe es mit einem rein schiitischen oder typisch iranischen Phänomen zu tun – bis erneut ein Schock die Weltöffentlichkeit erschütterte: 1981 wurde bei einer Militärparade der ägyptische Präsident as-Sadat von islamistischen Attentätern ermordet. In Ägypten war 1970 plötzlich und unerwartet der legendäre Präsident Abd an-Nasser – dessen Stern allerdings seit dem für die Araber katastrophalen Ausgang des 6-Tage-Krieges 1967 im Sinken war – verstorben. Sein Nachfolger Anwar as-Sadat hatte einen politischen Kurswechsel vollzogen. Vom arabischen Sozialismus hatte er sich abgewandt, mit der Sowjetunion hatte er gebrochen und mit Israel hatte er – als erster arabischer Führer – Frieden geschlossen. Die Zügel für die unter Nasser systematisch unterdrückten islamischen Gruppen hatte er gelockert, benötigte er doch eine Art Gegengewicht gegen die noch immer zahlreichen Anhänger des arabisch-sozialistischen Nasserismus, die es vor allem im Staatsapparat weiterhin gab. Aber die muslimischen Strömungen waren bald nicht mehr auf der Seite von Sadat, da sie – wie die Mehrheit der Araber – seine Israel-Politik als zu kompromissbereit und zu wenig ertragreich für die arabische Seite, besonders für die Palästinenser, empfanden. Stand die freiwillige Aufgabe muslimischer Rechte und Territorien an Nicht-Muslime (Israel) nicht in eklatantem Widerspruch zum Islam? War Sadats Entgegenkommen gegenüber den USA und Israel nicht Verrat an der gerechten Sache der arabischen und islamischen Welt, an den Rechten der Palästinenser?

Terrorakte wie die Ermordung Sadats oder kleinere Anschläge, die nur kurzzeitig die Öffentlichkeit aufschreckten, waren Einzelerscheinungen. Doch die Islamisierung der Gesellschaft islamischer Länder war durchaus ein Breitenphänomen: Die Zahl verschleierter Frauen im Straßenbild nahm zu, Alkohol verschwand mehr und mehr aus der Öffentlichkeit und islamische Organisationen, die sich geschickt auch im sozialen Bereich engagierten, gewannen Zulauf. Unter den libanesischen Schiiten konnte die islamistische *Hizbullah* gegenüber der eher »bürgerlichen« *Amal*-Bewegung an Boden gewinnen, in Syrien versuchten Islamisten einen – wenn auch vom Regime des Präsidenten Assad blutig niedergeschlagenen – Aufstand, unter den Palästinensern wurde die islamistische *Hamas*, ursprünglich als Gegengewicht gegen die PLO von Israel geradezu großgezogen, immer einflussreicher und radikaler. Auch in Afghanistan wurde der Westen die Geister, die er gerufen hatte, nicht mehr los. Die gegen die Russen unterstützten *Taliban* waren längst eine nicht mehr zu kontrollierende Macht, die Afghanistan zu einem Gottesstaat radikaler Prägung machten, der auch zum Anziehungspunkt für radikale Muslime aus der arabischen Welt wurde und zum Ausgangspunkt für terroristische Aktionen überall in der Welt. Islamischer Fundamentalismus trat immer mehr in den Vordergrund, verstellte den Blick auf gemäßigte, reflektierte, gesprächsbereite Muslime. Besonders das Trauma der Terroranschläge vom 11. September 2001, die das Kernland der Weltmacht USA trafen, führte zu einem Aufwallen von Emotionen und zu starker Polarisierung. Die Rufe nach Vergeltung, militärischer Reaktion und Gegengewalt aus dem Westen waren nicht verhallt, da gab es schon Ansätze zu einer eher bedächtigen, ausgleichenden und versöhnlichen Antwortstrategie. Sollte man nicht öfter miteinander reden, sich besser kennenlernen, Austausch statt Auseinandersetzung versuchen? Der ›Dialog der Kulturen‹ war geboren – gerade auf dem Höhepunkt des Konflikts. Doch blieb die Lage angespannt – Streit über dänische Muhammad-Karikaturen, der zu Gewalt führte, eine missverstandene Papstrede; immer neue Anschläge des Terrornetzes *al-Ka'ida* – in London und Madrid, aber auch in Casablanca und Amman oder in Ostafrika. Volksfestartige Freude im Westen über die Liquidierung Usama bin Ladins durch die USA 2011 kann nicht darüber hinwegtäuschen, dass mit dem Tod eines Mannes nicht die Probleme gelöst sind, deren Ausdruck der islamische Terrorismus ist.

8.3 Israel und/oder Palästina?

An-Nakba, die »Katastrophe«, nennen die Araber die Gründung des Staates Israel auf dem Boden Palästinas – auf arabischem Boden, wie sie überzeugt waren. Die kleinen Gruppen religiöser Juden, die schon immer, verstärkt aber im 19. Jahrhundert, nach Jerusalem und zu anderen biblischen Stätten kamen und jüdisches Leben am historischen Ursprung Israels weiter pflegten, hatten wenig oder nichts mit dem politischen Zionismus zu tun, der gegen Ende des 19. Jahrhunderts vor dem Hintergrund des europäischen Antisemitismus entstand. Sie wurden auch durchaus von der nichtjüdischen arabischen Mehrheit in Palästina geduldet – wie ganz allgemein die islamische Welt für die europäischen Juden jahrhundertelang *terre d'accueil* gewesen war. Im 16. Jahrhundert beispielsweise flüchteten zahlreiche spanische Juden vor der Inquisition in die Länder unter dem Halbmond, wo sie ihre altertümlich anmutende spaniolische Sprache (»Judenspanisch«) bis in die Gegenwart bewahrten.

Der von Theodor Herzl 1897 einberufene zionistische Kongress forderte – auf der Grundlage von Herzls Buch *Der Judenstaat* – eine Heimstatt für die Juden in Palästina. Aber erst im Verlauf des Ersten Weltkriegs, als eine Aufteilung des Osmanischen Reiches absehbar wurde und von britischer Seite in der Balfour-Deklaration Unterstützung versprochen wurde für die Gründung einer jüdischen Heimstatt, entwickelten Herzls Gedanken echte politische Relevanz. Wenn auch viele Juden aus Osteuropa auswanderten gegen Ende des 19. und anfangs des 20. Jahrhunderts, so zog es sie weniger in das eher unwirtliche Palästina, sondern mehr nach Westeuropa und die USA. Zahlreiche Juden – besonders in Westeuropa – erstrebten gerade das Gegenteil von einem jüdischen Staat: Sie wünschten sich Assimilierung, Eingliederung in die Gesellschaften ihrer jeweiligen Länder und den Abbau der Unterschiede zwischen Juden und Nichtjuden. So gab es zwar jüdische Zuwanderung ins mehrheitlich arabische Palästina, doch blieb diese zu Beginn des 20. Jahrhunderts noch verhältnismäßig begrenzt. 1882 gab es in ganz Palästina 24 000 Juden, im Ersten Weltkrieg – also über 30 Jahre später – gab es 85 000 Juden dort, die damit über 10 % der Gesamtbevölkerung stellten. Die im Kontext des Ersten Weltkriegs erfolgte Balfour-Erklärung (siehe Kapitel 7,

S. 296) gab dem politischen Zionismus neuen Auftrieb. Doch erst gegen Mitte des 20. Jahrhunderts fand auf tragische Weise eine These Herzls ihre Bestätigung: »Die Kraft, die wir brauchen, wird uns vom Antisemitismus geliefert.« Mit anderen Worten: Durch die Vernichtungspolitik des deutschen Nationalsozialismus wurden viele europäische Juden zur Auswanderung oder Flucht nach Palästina veranlasst. Die Lage in Palästina spitzte sich im Zeichen dieser jetzt schon intensiven Zuwanderung zu.

Zwischen 1932 und 1938 wanderten rund 200 000 Juden nach Palästina ein. Gerade die nunmehr schnell anwachsende Zahl von Juden wurde zum Katalysator für einen (arabisch-) palästinensischen Nationalismus, der sich zunehmend artikulierte. Großbritannien sah als Mandatsmacht die steigende Zahl von Juden in Palästina mit Sorge: Unruhen und Konflikte waren abzusehen. In der Tat wurden die Interessengegensätze immer öfter gewaltsam ausgetragen. 1936 brach ein regelrechter arabischer Aufstand aus, der sich aus einem Streik entwickelt hatte. Terror von arabischer und jüdischer Seite gehörte bald zum Alltag in Palästina – immer weniger schien ein gedeihliches, einvernehmliches Mit- und Nebeneinander denkbar. Im Zweiten Weltkrieg, als der nationalsozialistische Genozid in Europa immer mehr Länder in Mitleidenschaft zog, wurde naturgemäß der jüdische Einwanderungsdruck auf Palästina noch einmal stärker, wodurch die Briten sich veranlasst sahen, die jüdische Zuwanderung einzuschränken bzw. weitestgehend zu unterbinden. Die Lage eskalierte dadurch weiter. Längst hatte man jüdischerseits begonnen, sich auf die Gründung eines jüdischen Staates vorzubereiten, Organisationen und Strukturen zu schaffen, die zu staatlichen Institutionen werden konnten. Großbritannien begann, sich nach einer Möglichkeit zum Rückzug umzusehen, denn die Gewaltspirale kostete – mitten im Zweiten Weltkrieg – zusätzliche Anstrengungen, band Mittel und Menschen, die anderwärts dringend gebraucht wurden.

Auch auf arabischer Seite wurde mit eskalierender Gewalt die Forderung nach einem arabischen Staat Palästina immer lauter und drängender. Zwei unvereinbare Forderungen trafen hier aufeinander. Nach dem Ende des Zweiten Weltkriegs versuchten die neu gegründeten Vereinten Nationen, diesen unvereinbaren Widerspruch und Gegensatz aufzulösen durch die Idee, zwei Staaten – einen jüdischen und einen arabischen – auf dem Territorium des historischen Palästina zu gründen. Doch die historische Realität wollte es anders.

Beim Abzug der Briten brach im Mai 1948 ein Krieg aus, als die arabischen Nachbarstaaten Ägypten, Syrien und Jordanien militärisch die Gründung des Staates Israel verhindern wollten. Doch Israel ging aus dieser Feuertaufe, seinem Unabhängigkeitskrieg, als lebensfähiger Staat hervor, der sich Jahrzehnte in feindlichem Umfeld behauptete. Der arabische Versuch, diese Gründung militärisch zu verhindern, scheiterte. Auch zur Gründung eines arabischen Staates in Palästina – neben dem jüdischen, wie ihn die Vereinten Nationen gefordert hatten, kam es nie: Diejenigen Teile Palästinas, die nach dem Krieg von 1948 nicht unter israelischer Kontrolle waren, kamen, wie der Gaza-Streifen, unter ägyptische Verwaltung oder, wie Gebiete westlich des Jordan (»West Bank«), zu Jordanien (dessen Staatsgebiet sich bis 1948 ausschließlich östlich des Jordan erstreckt hatte – daher auch der alte Name »Transjordanien«). Die Waffenstillstandslinien von 1948 wurden für knapp zwei Jahrzehnte zu den faktischen Grenzen Israels. Im Zuge des Krieges von 1948 verließen über 700 000 Araber den entstehenden jüdischen Staat. Bis heute ist umstritten, ob sie »freiwillig« flohen oder ob sie planmäßig und bewusst vertrieben wurden, um die Zahlenbalance zwischen Juden und Arabern in Israel zugunsten der Juden zu verändern.

Angesichts des Völkermordes, den die Nazis an den europäischen Juden begangen hatten, war die internationale Gemeinschaft überwiegend davon überzeugt, dass die Schaffung eines jüdischen Staates gerechtfertigt und nötig war. Auch die Sowjetunion, die auf eine Zusammenarbeit mit einem »sozialistisch« orientierten jüdischen Staat setzte, erkannte Israel sofort an.

Doch eine israelisch-sowjetische Freundschaft entstand nicht. Auf Dauer ergab sich auch in Nahost eine Polarisierung zwischen dem Westen, dessen Staaten auf der Seite Israels standen, und dem Ostblock, der zunehmend dazu überging, die arabische Position im Nahostkonflikt zu unterstützen, sah sich doch die UdSSR mit ihren Verbündeten so in die Lage versetzt, ihre Haltung als Alliierte der vom Kolonialismus bedrängten Länder der Dritten Welt unter Beweis zu stellen. Dies umso mehr, als Großbritannien, Frankreich und Israel einen offensichtlich rein machtpolitisch motivierten Krieg gegen Ägypten begannen, nachdem der Suezkanal 1956 verstaatlicht worden war (vgl. S. 322 f.). Nicht nur die Sowjetunion, sondern auch die USA forderten den Rückzug der Aggressoren – mussten die USA doch fürchten, derartige Kriege in »bester« imperialistischer Tradition würden die Araber noch weiter in die Arme des Ostblocks treiben. Nasser ging aus der Suezkrise gestärkt hervor, und die israelisch-arabischen Beziehungen hatten sich weiter verschlechtert.

Mit der Eisenhower-Doktrin war eine indirekte Warnung der USA an Ägypten verbunden, seine »Revolution« nicht in andere Länder im Nahen Osten zu tragen, doch führten zahlreiche Revolten »nasseristischer« Tendenz in den folgenden Jahren zum Erfolg und zu Regimewechseln. War bisher der Nahostkonflikt vorwiegend als eine Auseinandersetzung zwischen Israel und seinen arabischen Nachbarn wahrgenommen worden, so begannen sich jetzt die Palästinenser zu organisieren: 1964 wurde die PLO, die palästinensische Befreiungsorganisation, gegründet. Mitte der 1960er Jahre spitzten sich die arabisch-israelischen Spannungen zu, Ägypten sperrte 1967 die Zufahrt zum israelischen Hafen Eilat und damit Israels Seeverbindung zum Roten Meer und Indischen Ozean, worauf Israel umfangreiche arabische Gebiete besetzte: Die Sinai-Halbinsel, der Gazastreifen, die syrischen Golanhöhen und alle bisher jordanischen Gebiete westlich des Jordans gerieten nun unter israelische Kontrolle.

Der 6-Tage-Krieg vom Juni 1967 war in gewisser Weise ein Wendepunkt – auch wenn dies damals noch nicht in vollem Umfang zu sehen war. Zunächst hatte sich gezeigt, dass auch Nasser und sein ideologischer Partner Syrien nicht die Versprechungen einlösen konnten, die sie lauthals gemacht hatten. Der revolutionär-arabische Verbalradikalismus war im Nichts verpufft. Die dadurch ausgelöste Enttäuschung unter den Arabern bahnte den Weg für ganz neue Entwicklungen. Einerseits wurde nach neuen Lösungsansätzen für den Nahostkonflikt gesucht (siehe S. 327 f.), andererseits entschlossen sich die Palästinenser, ihre Sache in die eigene Hand zu nehmen und traten in den Vordergrund des Nahostkonflikts. Auch die Haltung gegenüber Israel änderte sich in der Weltöffentlichkeit: Bis dahin hatten die USA und Westeuropa Israel weitgehend bedingungslos unterstützt: zu verletzlich schien der kleine Staat mit dem problematischen Grenzverlauf und der schmalen territorialen Basis (vor Juni 1967 hatte das israelische Territorium die Größe von Hessen). Jetzt, da Israel ein sehr viel größeres Gebiet kontrollierte und sich seine militärische Überlegenheit deutlich gezeigt hatte, waren Mitleid mit dem jüdischen Staat und Verständnis für all seine Aktionen nicht mehr automatisch gegeben. So veränderte sich die Lage Ende der 1960er, Anfang der 1970er Jahre entscheidend: Israel galt nicht mehr als das kleine, schutzbedürftige Land, das von hochgerüsteten Gegnern umgeben war, die – im Bunde mit Moskau – seine Existenz bedrohten, sondern war definitiv zur regionalen Großmacht geworden. Die Palästinenser ihrerseits hatten verstanden, dass sie selbst in Aktion treten mussten und ihre Interessen weniger denn je von den arabischen Staaten wirksam vertreten wurden: Seit Juni 1967 war das gesamte Territorium Palästinas unter israelischer Kontrolle. In ihrer ausweglosen Situation radikalisierten sich die Palästinenser und griffen zum Mittel des Terrors. Damit traten sie erstmals in den Vordergrund und erregten die Aufmerksamkeit der Weltöffentlichkeit. So sehr beispielsweise Flugzeugentführungen oder das palästinensische Attentat auf die israelische Mannschaft bei den Olympischen Spielen 1972 in München durch die internationale Gemeinschaft verurteilt wurden, sie machten auch deutlich, dass hier ein Volk zu Verzweiflungstaten getrieben worden war, die aus Perspektivlosigkeit und Ohnmacht entstanden. Durch die PLO rückten erstmals die Palästinenser als solche in den Fokus des Interesses. War lange Zeit der Nahostkonflikt als Auseinandersetzung zwischen Israel und seinen Nachbarn wahrgenommen worden (und die Palästinenser allenfalls als Flüchtlingsproblem), wurde jetzt sichtbar, dass es hier um ein Volk, seine nationale Identität und seine politische Selbstbestimmung ging. Konnte man den Palästinensern die Rechte vorenthalten, die man den Israelis zubilligte? War dieses Land zwischen Jordan und Mittelmeer nicht auch das ihre? Gab es neben Israel nicht auch »Palästina«? Solche Fragen, die seit dem Scheitern des Teilungsplans der UN in den Hintergrund gerückt waren, drängten sich jetzt wieder auf. Waren Rechte der Palästinenser als Volk bisher vor allem vom sozialistischen Lager und durch Staaten der Dritten Welt anerkannt worden, so sahen jetzt zunehmend auch die USA und Westeuropa ein nationales Selbstbestimmungsrecht der Palästinenser, das aber in keiner Weise das Existenzrecht

Israels in Frage stellen durfte. Dieser Tendenz förderlich war die linksorientierte Bewegung von 1968, die in Europa junge Menschen erfasste und u. a. auch die Emanzipation und Befreiung von Völkern Asiens und Afrikas forderte, zumal die Palästinenser sich auf linke Gewährsleute und Denker beriefen. Als dann infolge des Nahostkrieges von 1973 erste Ansätze für einen eventuellen arabisch-israelischen Frieden möglich schienen, war dies ein Anzeichen dafür, dass im Zuge einer Friedensregelung eine Lösung auch für die Palästinenser theoretisch in den Bereich des Denkbaren rückte. Der Krieg von 1973 hatte zudem die Gefahr eines Öl-Embargos der arabischen Staaten aufgezeigt – eine weitere Anregung für Europa, auch lange vernachlässigte arabische Positionen und Forderungen in seine Überlegungen einzubeziehen.

Die Europäische Gemeinschaft war es, die Geschichte machte, als sie 1980 in der Erklärung von Venedig erstmals ausdrücklich das Selbstbestimmungsrecht für das palästinensische Volk forderte und eine Beteiligung der PLO an einem Nahostfriedensprozess. Israel wurde aufgefordert, die 1967 besetzten arabischen Gebiete zu räumen. Die Erklärung von Venedig wurde damals von vielen Seiten scharf kritisiert, doch die weitere Geschichte hat gezeigt, dass sie vorausschauend und richtungsweisend war. Die Annäherung der eigentlichen Kontrahenten aber, Israelis und Palästinenser, war ein schwieriger und langwieriger Prozess – hatten doch beide Seiten Ausgangspunkte, wie sie konträrer nicht sein konnten. Die Ansprüche beider Seiten schlossen sich gegenseitig aus. Die Palästinenser erkannten ursprünglich ein Existenzrecht Israels nicht an, und Israel sah in der PLO ausschließlich eine Terrororganisation, die keine Gesprächspartnerin werden konnte. Erst 1990 konnte dieser unauflösliche Gegensatz überbrückt werden. Wieder kamen Impulse aus Europa. Als »Oslo-Prozess« ist eine ursprünglich halbprivate Initiative in die Geschichte eingegangen, durch die erstmals überhaupt Vertreter Israels und der PLO zu Geheimverhandlungen in Norwegen zusammenkamen. Ergebnis war, dass beide Seiten ihre Bereitschaft erklärten, sich auf einen Friedensprozess einzulassen (1993). Zwar ist es bis heute nicht zu einer abschließenden Friedensregelung gekommen und vielfach wurde deshalb vom Scheitern des Oslo-Prozesses gesprochen. Dabei wird jedoch übersehen, dass »Oslo« ein wichtiger Durchbruch war und die Voraussetzungen schuf für alle weiteren Verhandlungen seither. 1994 kam es zu einem jordanisch-israelischen Friedensschluss – dem zweiten zwischen Israel und einem arabischen Land seit dem Frieden mit Ägypten 1979. 1995 folgte dann ein israelisch-palästinensisches Abkommen, das als »Oslo II« bezeichnet wird und deshalb von Bedeutung ist, weil es konkrete Schritte hin zu palästinensischer Autonomie festlegt sowie die (seit 1967) besetzten palästinensischen Gebiete (Gaza und West Bank) aufteilt in solche unter ausschließlicher palästinensischer Kontrolle (A-Gebiete), solche unter ausschließlich israelischer Kontrolle (C-Gebiete) und Gebiete, in denen Israel militärische Kontrolle behält, während die Zivilverwaltung in palästinensischen Händen liegt (B-Gebiete). Hier wurden Weichenstellungen vorgenommen, die bis heute Gültigkeit haben.

Seither wurden weitere Schritte unternommen, deren Ziel eine »Zwei-Staaten-Lösung« war. Neben Israel sollte ein palästinensischer Staat entstehen, in welchem die Palästinenser ihr Selbstbestimmungsrecht verwirklichen würden. Dieser ist aber nach wie vor nicht absehbar und schien immer wieder in noch weitere Ferne gerückt als bisher. An wiederholten Ansätzen und Bemühungen auch der internationalen Gemeinschaft, vor allem der USA, fehlte es nicht: Beim Camp-David-Gipfel von 2000 versuchte US-Präsident Bill Clinton persönlich, zwischen PLO-Chef Jassir Arafat und dem israelischen Ministerpräsidenten Ehud Barak einen Frieden zustande zu bringen. Es schien, als sei man einem endgültigen Friedensschluss ganz nahe. Doch das, was Barak als »Friedenspaket« anzubieten hatte, konnte Arafat – auch und nicht zuletzt aus innenpolitischen Gründen – nicht als abschließende Lösung, durch die weitere arabische Ansprüche gänzlich ausgeschlossen wären, akzeptieren. Barak wollte unter allen Umständen ein abschließendes umfassendes Abkommen in Camp David erzielen, wohl nicht zuletzt, um mit diesem Erfolg die Wahlen in Israel zu gewinnen. Doch Arafat konnte dem nicht zustimmen, ohne seine Position als Führer der Palästinenser zu gefährden. Die *al-Aksa-Intifada*, die ausgelöst wurde durch ein Erscheinen des damaligen Oppositionspolitikers Sharon in der Altstadt von Jerusalem im September 2000, schwächte dann das Lager der Friedensbefürworter in Israel weiter und führte zu einem Rechtsruck bei den Wahlen in Israel im Februar 2001.

Im unmittelbaren Vorfeld dieser Wahlen konnten auch Verhandlungen, die Ende Januar 2001 im ägyptisch-israelischen Grenzort Taba stattfanden, nicht zu Ergebnissen führen. Eine Verbreiterung der internationalen Basis, die die Friedensbemühungen im Nahen Osten voranbringen sollte, stellte das »Nahostquartett« dar, das – bestehend aus den USA, der EU, den UN und Russland – 2003 eine *Road Map* auf den Weg brachte. Diese schlug drei Phasen vor, die zu einem unabhängigen Palästinenserstaat bis 2005 führen sollten. Im Rahmen dieses Prozesses gelang es dem israelischen Ministerpräsidenten Sharon, Präsident Bush jr. zur Annahme eines Plans zu veranlassen, der zum Scheitern des Road-Map-Prozesses führen musste, da er für die palästinensische Seite unakzeptabel war. Die israelischen Siedler sollten vollständig aus dem Gazastreifen abgezogen werden, dafür sollten die Siedlungen im Westjordanland (mit über zwölfmal so vielen Siedlern!) erhalten bleiben. Den palästinensischen Flüchtlingen sollte die Rückkehr in ihre Heimatorte definitiv nicht erlaubt werden.

US-Präsident Barack Obama hat sich seit 2008 bemüht, auch im Nahen Osten Friedensverhandlungen wieder auf den Weg zu bringen. Doch es hat den Anschein, als wollten einige der Beteiligten einen Friedensprozess eher verzögern. Die Frage stellt sich, warum zahlreiche Friedensinitiativen letztlich nicht zu Ergebnissen führten. Die Antwort liegt in den inneren Verhältnissen der palästinensischen und der israelischen Gesellschaft. Die Kompromisse und Zugeständnisse, die im Rahmen des Prozesses erforderlich wurden als Preis für Fortschritte in der Sache, waren oft der eigenen Seite nicht vermittelbar; sie riskierten, im eigenen Lager radikale Kräfte zu stärken; dies gilt gleichermaßen für Israelis wie für Palästinenser. Gab die PLO Rechte auf (Ost-)Jerusalem, bezüglich der Rückkehrberechtigung für palästinensische Flüchtlinge oder hinsichtlich der militärischen Präsenz im Westjordanland auf, kam dies der *Hamas* zugute (die einst von Israel planvoll unterstützt worden war, um die PLO zu schwächen). Diese konnte der palästinensischen Bevölkerung vermitteln, dass durch die Nachgiebigkeit der PLO Israels Intransigenz nur größer wurde. Die *Hamas* gewann dadurch schließlich auch palästinensische Wahlen. Ähnlich auf israelischer Seite: Zugeständnisse an die arabisch-palästinensische Seite wurden als Einschränkung historischer Rechte Israels oder Gefährdung der israelischen Sicherheitsinteressen gewertet. Aufgabe von Siedlungen führten bei israelischen Wahlen regelmäßig zu einem Rechtsruck. So wurde der Friedensprozess begleitet von einer Spirale der Radikalisierung auf beiden Seiten. Dies drückte sich auch in zunehmender Gewalt aus, die wiederum zu einer Abnahme der Kompromissbereitschaft führte. Israelische Militäraktionen, *Intifada*, Selbstmordattentate, Einschränkungen der Bewegungsfreiheit im Westjordanland und Schikanen aller Art, Überfälle auf israelische Siedler und Übergriffe israelischer Siedler auf Palästinenser oder ihr Eigentum – dies waren die Elemente einer fortschreitenden Verschärfung der Lage.

Erst wenn dieser Teufelskreislauf durchbrochen werden kann, werden realistische Friedenschancen entstehen. Zwar hat Israel Friedensabkommen mit seinen zwei wichtigsten Nachbarn – Ägypten und Jordanien –, doch stehen entsprechende Vereinbarungen mit Syrien und Libanon weiter aus. Israel wird von seinen arabischen Nachbarn auch nach über 60 Jahren noch als Fremdkörper empfunden. Wenn es gelingt, eine umfassende nachhaltige Friedensordnung für die gesamte Region zu schaffen, wird auch eine Entfaltung der ökonomischen Potenziale dieser Länder erfolgen können und werden ihre Ressourcen besser genutzt werden. Erst ein Ende des Nahostkonflikts wird ein Ende von Armut und Unterentwicklung in den palästinensischen Gebieten bringen.

8.4 Zwischen Unterentwicklung und Ölboom

In den Jahren, in denen die modernen arabischen Staaten entstanden, lag die Zeit wirtschaftlicher Blüte und florierenden Handels im Orient bereits Jahrhunderte zurück. Längst war der Nahe Osten wirtschaftlich in die Defensive geraten, erfuhr Zwänge und Abhängigkeiten von der Weltwirtschaft, ohne diese Auswirkungen der Globalisierung entscheidend beeinflussen zu können. Auch wenn neben traditionellen Wirtschaftszweigen wie Landwirtschaft und Handwerk eine bescheidene Industrialisierung erfolgte und auch ein moderner Dienstleistungssektor zu entstehen begann, blieb der Nahe Osten wirtschaftlich wenig entwickelt. Im 2. Drittel des 20. Jahrhunderts aber begann die Entdeckung und Förderung des Erdöls in der arabischen Welt – der einzigen Ressource von Bedeutung im gesamten Nahen Osten. Auch wenn der Irak den Weltmarkt für Datteln beherrscht und Marokko über große Phosphatvorkommen verfügt, handelt es sich dabei – im Vergleich zum Erdöl – um Produkte von untergeordneter Bedeutung. In den 1930er Jahren kam es in Saudi-Arabien infolge der Weltwirtschaftskrise, die zu sinkenden Pilgerzahlen an den Heiligen Stätten des Islam führte (damals wichtigste Einkommensquelle des Landes), zu ersten Erdölexplorationen. Schon vor dem Zweiten Weltkrieg wurden dann bescheidene Mengen Öl gefördert, aber erst im Krieg selbst und um die Jahrhundertmitte setzte ein regelrechter Ölboom ein, der einigen arabischen Staaten zu märchenhaftem Reichtum verhalf – denn es waren gerade die eher marginalen und dünnbesiedelten arabischen Staaten, die vom Ölreichtum profitierten. Folglich wurde das Öl nicht so sehr zu einem Motor für Entwicklung und »Fortschritt«, sondern half vielmehr, konservative Regime zu stützen und zu bewahren. Zwar kam es einerseits zu rein technischer Modernisierung – aber nicht zu einer entsprechenden Reform von Regierung und Gesellschaft. Das Öl führte auch zu einer Allianz zwischen konservativen, reichen arabischen Staaten und der westlichen Welt. Für (West-) Europa und die USA war die Freundschaft und Kooperation mit den ölreichen Scheichs und Königen Garant für Energielieferungen, die konservativen Regime boten Sicherheit vor sozialrevolutionären Tendenzen, die in Ägypten, dem Irak, Syrien und anderen Staaten zu Regimewechseln geführt hatten. Hohe Öleinkünfte bei relativ geringer Bevölkerungszahl ermöglichten es autoritären Regimen, soziale und politische Forderungen abzufedern und durch Wohlstand für alle Stabilität in ihrem Sinn zu schaffen. Ihre Ölkunden, die westlichen Industrienationen, leisteten dazu ihren Beitrag. Ihnen schwebten als Schreckensbild linksorientierte nationalarabische Regime vor, die Ölquellen und der Welt größte Ölreserven kontrollieren.

Zwar gab es neben einer Gruppe von ölreichen arabischen Ländern eine andere Gruppe der armen arabischen Staaten.

Doch kamen sie – direkt oder indirekt – auch in den Genuss des Ölsegens. Einerseits gab es einen Strom von Arbeitsmigranten aus den ärmeren in die reicheren arabischen Länder, wodurch Transferzahlungen in beträchtlicher Höhe einsetzten. Andererseits gab es auch einen innerarabischen Solidaritätsdruck: Die »Ölscheichs« fühlten sich verpflichtet, etwa die Palästinenser in vielfältiger Form zu unterstützen, um einen Beitrag zur gesamtarabischen Sache zu leisten. Aber auch die armen Bruderstaaten erhielten Zuwendungen unterschiedlichster Art: So trug das »Öl-Geld« allgemein zu einer Verbesserung der wirtschaftlichen Lage der arabischen Welt bei. Anfangs waren die Öleinkünfte weitgehend in amerikanischer und europäischer Hand gewesen, doch mit zunehmender politischer Bewusstwerdung hatten die arabischen Staaten mehr und mehr die Macht der Ölkonzerne eingeschränkt und die Kontrolle über ihre Ressourcen stärker in die eigenen Hände genommen. Auch eine Zusammenarbeit und koordinierte Abstimmung der Ölländer untereinander wurde als erforderlich betrachtet und führte 1960 in Bagdad zur Gründung der Organisation erdölexportierender Länder (OPEC). Mit dem Bewusstsein einer wachsenden Abhängigkeit Europas vom Erdöl im Zuge immer stärkerer Industrialisierung und Motorisierung wuchs bei den Ölstaaten ein Gefühl politischer Macht, das im Zusammenhang mit dem Nahostkrieg von 1973 erstmals unmittelbare Relevanz entfaltete. Das »Erdölkartell« setzte die »Erdölwaffe« ein und verhängte einen Ölboykott gegen israelfreundliche Länder. Zwar kam es nur zu kurzzeitigen Reduktionen und eher als eine wirkliche Erdölverknappung waren Preiserhöhungen die Folge, aber der Schock saß – vor allem in Westeuropa – tief. Von da an war der Weltenergiemarkt gestört. Parallel zu Kriegen und Krisen in Nahost gingen die Ölpreise auf und ab. Die iranische Revolution führte zur Absetzung des prowestlichen Schahs und zur Errichtung einer islamischen Republik (1979), ein Jahr später brach der irakisch-iranische Krieg aus – eine erneute Ölkrise war die Folge mit drastischen Ölpreissteigerungen. 1982 kam es dann, da die Ölstaaten die (ursprünglich vereinbarte) Produktions- und Preisdisziplin nicht mehr wahrten, zu einem Preisverfall beim Erdöl. Erst angesichts der Krise von Kuwait 1990/91 (irakische Invasion und Intervention einer US-geführten Koalition) stiegen die Ölpreise erneut stark an. Aufgrund der Asienkrise von 1998 jedoch fielen die Ölpreise wieder drastisch. Dagegen gab der Irak-Krieg von 2003 den Ölpreisen erneut Auftrieb, der – mit Schwankungen – anhält. Der arabische Frühling von 2011 sorgte, als die NATO Libyen angriff, für einen neuen Ölpreisanstieg. Zwar gab es immer wieder ein Auf und Ab, doch langfristig entwickelten sich die Ölpreise nach oben. Man begann seit den 1970er Jahren, über Energie zu reflektieren, die nicht mehr unbegrenzt immer und überall verfügbar schien. »Energiesparen« hieß die neue Devise, nicht zuletzt zum Schutz der Umwelt, und zahlreiche Initiativen setzten damals ein, die bis heute fortwirken. Europa begann, neue Quellen der Energieversorgung zu erschließen. Durch die starken Ölpreiserhöhungen wurde es auch rentabel, Erdölressourcen zu nutzen, deren Ausbeutung bislang zu teuer gewesen war. Die Industrieländer bemühten sich, ihre Energielieferanten zu diversifizieren: Wichtigste Öl-Lieferländer für Deutschland beispielsweise sind heute Russland, Großbritannien und Norwegen. Von einer einseitigen Abhängigkeit von arabischen Ölstaaten kann längst keine Rede mehr sein – wenn auch die größten Erdölreserven der Welt unter dem Sand des Nahen Osten liegen. Das 21. Jahrhundert wird die Erschöpfung der Welterdölreserven erleben, auch wenn diese vielleicht später eintreten wird als vielfach befürchtet. Aufgabe der Ölländer ist es, Alternativen für die Zeit nach dem Öl zu entwickeln. Das heißt, die Öl-Gewinne müssen so investiert werden, dass wirtschaftlich tragfähige Strukturen, die vom Öl unabhängig sind, im arabischen Orient entstehen. Nur so können die Araber verhindern, in die völlige wirtschaftliche Bedeutungslosigkeit abzusinken. Denn trotz ihres Ölreichtums hat die arabische Welt über die Jahre Anteile am Welthandel verloren (1980: 9 %, um 2000: 1,5 %). Mit anderen Schwellenländern können die arabischen Staaten kaum konkurrieren. Ihnen ist es nicht gelungen, sich Nischen zu schaffen, in denen sie originäre und substanzielle Beiträge zur Weltwirtschaft leisten könnten, um dauerhaft konkurrenzfähig zu werden.

Kapitel 9

Die arabische Welt heute – Konflikte, Interventionen und ein Frühling

Zeittafel

1970	»Schwarzer September« – PLO wird aus Jordanien vertrieben, weicht auf den Libanon aus
1975–89/90	Libanonkonflikt, beendet durch Abkommen von Taif
1976	syrische Militärintervention im Libanon
1980–88	Irakisch-iranischer Krieg
1982	israelische Libanon-Invasion – Vertreibung der PLO aus dem Libanon
1990/91	Irak besetzt Kuwait – Erster Golfkrieg
2001	Anschläge arabischer Terroristen (*al-Ka'ida*) auf Ziele in den USA (»Nine Eleven«)
2003	zweiter Golfkrieg (US-geführte Koalition greift Irak an)
2003–11	Darfur-Konflikt
2005	»Zedernrevolution« im Libanon – Abzug der Syrer aus dem Libanon
2006	Hamas gewinnt Wahlen in Palästina
2011/12	»Arabischer Frühling« – Demonstrationen in allen arabischen Staaten für mehr Demokratie und Reformen – Regierungswechsel in Tunesien und Ägypten Bürgerkrieg in Libyen, Sturz und Ermordung Gaddafis schwere Unruhen in Syrien Südsudan löst sich vom Sudan ab und wird unabhängig (Juli 2011)

Zwar hat der letzte »Nahostkrieg« im klassischen Sinn 1973 stattgefunden, doch hat es seither zahlreiche Konflikte in der arabischen Welt gegeben, die im Kontext unterschiedlicher Konstellationen stattfanden. Israelisch-arabische Auseinandersetzungen waren keine Kriege mehr zwischen regelrechten Armeen, sondern Konflikte zwischen Israels Streitkräften und Milizen oder Guerilla-Gruppen in den Palästinensergebieten und im Libanon. Dabei kam es noch zu kriegsähnlichen Auseinandersetzungen mit Staaten (z. B. Syrien), ohne dass diese zu wirklichen eigenständigen Konflikten eskalierten. Eine Krise eigener Art erschütterte den Libanon, wo aus einem Bürgerkrieg ein internationaler Konflikt wurde, der Syrien, Israel, die USA und europäische Länder involvierte (1975–90). Zwischen dem arabischen Irak und seinem Nachbarn und Rivalen Iran entstand ein Krieg, der die Region am Persischen Golf für viele Jahre zum Spannungsgebiet machte und zahlreiche Opfer kostete. Dieser trug indirekt zu weiteren Kriegen bei, beispielsweise: Die irakische Besetzung Kuwaits (1990) stand in Abhängigkeit vom irakisch-iranischen Krieg und führte zu einer internationalen Intervention unter Führung der USA. Letztlich ging aus diesem Krieg dann auch der zweite Krieg zwischen den USA und Irak hervor (2003).

Daneben gab es zahlreiche kleinere Auseinandersetzungen sowie bürgerkriegsähnliche Unruhen der unterschiedlichsten Art – vom »Schwarzen September«, als 1970 die jordanische Armee die immer stärker werdende palästinensische Präsenz im Lande ausschaltete, bis zum Bürgerkrieg auf kleiner Flamme in Algerien. Einen Sonderfall stellen die ethnischen Konflikte im Sudan dar, die ein weiteres Mal deutlich machen, wie fragwürdig und instabil die Gründung »künstlicher« Staaten ist, die zur Herausbildung von Systemen und Eliten führen muss, die mit Mitteln der Gewalt den innerstaatlichen Zusammenhalt zu garantieren versuchen. Die Gründung des neuen Staates Südsudan im Juli 2011 nach einem 20jährigen Bürgerkrieg illustriert einmal mehr das Scheitern solcher Konzepte. Im westsudanesischen Darfur haben ethnische Konflikte zu einem der größten Genozide des 20./21. Jahrhunderts geführt – in Abwesenheit von Kameras von der Weltöffentlichkeit erst spät wahrgenommen.

Unterdessen wurden die Probleme der arabischen Gesellschaften nicht kleiner: Zwar gab es Ansätze zu Modernisierung und zur Entstehung von Zivilgesellschaften; auch erschlossen sich manchen arabischen Ländern neue Einkommensquellen wie der Tourismus (Ägypten, Tunesien), doch gab es wegen des raschen Bevölkerungswachstums und des rasanten Entwicklungstempos in anderen Weltregionen (z.B. Südostasien) kaum materielle Fortschritte. Dennoch erweiterten neue Informationstechnologien den politischen Horizont weiter Kreise. Dem aber trugen die Regime der Region nicht ausreichend Rechnung. Praktisch alle Staaten der arabischen Welt werden von mehr oder weniger autoritären Regierungen geführt. In vielen besteht seit Jahrzehnten der Ausnahmezustand, andere haben nie rechtsstaatlich-demokratische Strukturen entwickelt. Auch zunehmende islamistische Strömungen haben die Entwicklung in der arabischen Welt behindert. Hilflose Forderungen nach »Demokratie« haben bisher kaum eine Verbesserung der Lage bewirkt. Sie haben im Gegenteil oft dazu geführt, dass Kräfte und Strömungen an die Macht kamen – und demokratisch legitimiert wurden –, welche die Befürworter der Demokratie gerade fernhalten und eindämmen wollten (Beispiel: Algerien). Auch den reichen arabischen Ländern ist es nicht gelungen, den Reichtum für die gesamte Gesellschaft nutzbar zu machen und allgemeinen Wohlstand zu schaffen. Durch größeren Reichtum ist auch mehr Korruption entstanden, wurden Machthaber zu riskanten Abenteuern angeregt (Libyen). So ist insgesamt die Lage der arabischen Welt nicht besser geworden – ermutigende Entwicklungen haben sich nur punktuell in Einzelfällen gezeigt.

9.1 Regionalkonflikte

Libanon

Nachdem die im Haschemiten-Königreich praktisch zum Staat im Staat gewordene PLO 1970 militärisch aus Jordanien vertrieben worden war, etablierte sie sich im Libanon, der im Süden an Israel grenzt. Dort verschärfte die PLO-Präsenz die bestehenden internen Spannungen. Die Kompromissformel »Libanon« konnte nur funktionieren, solange die gemeinsamen Interessen der Religionsgemeinschaften stärker waren als Divergenzen und zentrifugale Kräfte. Doch längst hatten sich die Verhältnisse im Libanon so verändert, dass die bestehenden Regelungen immer weniger den Vorstellungen der Bevölkerungsmehrheit entsprachen. Die Schiiten, seit jeher marginalisiert und am libanesischen Wirtschaftswunder wenig beteiligt, forderten endlich, eine ihrer Zahl entsprechende Rolle im Land zu spielen. Die Sunniten und Drusen forderten, der PLO Spielraum im Land zu geben. Die Christen, die ihre einstige Bevölkerungsmehrheit inzwischen verloren hatten, wollten den Libanon als ihr Reservat, das westlich orientiert war und im Einvernehmen mit Israel existierte, behalten, weiterhin ihre dominierende Rolle behaupten und den Libanon nicht zu einem Aufmarschgebiet für die PLO werden lassen.

Die PLO wurde in dieser Konstellation zum Katalysator für den Ausbruch eines Konflikts, der nur vorübergehend den Charakter eines Bürgerkriegs hatte. 1975 brach der Krieg offen aus, der Staat Libanon zerfiel und an die Stelle der libanesischen Armee traten die Milizen der Konfessionsgruppen. Die maronitische *Phalange* stand einer Koalition muslimischer Milizen und der PLO gegenüber, die in dieser Situation zusehends an Macht gewann. Interventionen von außen waren vorprogrammiert. Israel wollte den Machtzuwachs der PLO eindämmen und vor allem deren Übergriffe von libanesischem auf israelisches Territorium unterbinden. Die erste israelische Libanon-Offensive, die »Operation Litani« (benannt nach einem Fluss nahe der israelisch-libanesischen Grenze), fand 1978 statt, doch die eigentlich wesentliche Offensive begann 1982, als Israel weite Teile des Libanon besetzte und die PLO zum Abzug zwang. Seither wurde der Libanon nicht mehr zum palästinensischen Aufmarschgebiet. Kurzzeitig zog sich die PLO-Führung ins nordlibanesische Tripolis zurück, bevor sie ihren Sitz nach Tunis verlegte. Militärisch war sie kein wichtiger Faktor mehr im Libanon. Doch zu den traditionellen libanesischen Gemeinschaften, den Drusen und Maroniten, waren die Sunniten gekommen, deren Zahl im Staat Libanon weitaus größer war als im traditionell autonomen zentralen Libanongebirge sowie vor allem die Schiiten, die lange eine Randexistenz geführt hatten – jetzt aber mit Nachdruck ihre Rechte als inzwischen vermutlich zahlenstärkste Gemeinschaft im Libanon einforderte. Zunächst stand bei den Schiiten im Vordergrund die eher »bürgerliche« *Amal*-Bewegung mit ihrer Miliz, die sich dafür einsetzte, dass die ärmste der libanesischen Gemeinschaften, die Schiiten, ein Stück vom libanesischen Kuchen bekamen. Doch schon bald gewannen radikalere Kräfte unter den Schiiten an Einfluss. Die *Hizbullah* (*Hizb Allah*) wurde zum bestimmenden Faktor in einer sich radikalisierenden schiitischen Bevölkerung. Sie war es auch, die nach Neutralisierung der Palästinenser Angriffe auf Israel zu ihrer Sache machte, immer wieder Israel von libanesischem Boden aus beschoss und Kommandos über die Grenze ins Nachbarland zur Durchführung von Gewalttaten schickte. Die Auseinandersetzungen zwischen Israel und der *Hizbullah* wurden zu einer Konstante des Konfliktszenarios in der Region. Israel zog sich in den Süden des Libanon zurück und verließ das Land endgültig im Jahr 2000 – doch die Grenze blieb konfliktträchtig und

Israel unternahm wiederholt aufwendige Operationen im Libanon, die allerdings die *Hizbullah* nicht so schwächen konnten, dass sie nicht weiterhin zu Schlägen gegen Israel in der Lage gewesen wäre. Unterstützt wurde die *Hizbullah* durch Syrien, wo eine schiitische Gruppe (die Alawiten), aus der die Präsidentenfamilie Assad stammt, ein mehrheitlich sunnitisches Land beherrscht und durch Iran – seinerseits mit Syrien verbündet. Die Achse Teheran-Damaskus-Beirut hat die Bedrohung Israels durch die libanesischen Schiiten perpetuiert. Neben Israel ist Syrien die Macht, die vor allem Einfluss im Libanon hat und im Bürgerkrieg von Anfang an präsent war. Nach syrischer Auffassung ist der Libanon eigentlich ein Teil Großsyriens und hat kein Recht auf eine eigenstaatliche unabhängige Existenz. Ein Teil der Bevölkerung des Libanon – vor allem Muslime der erst später angegliederten Gebiete – teilte zunächst diese großsyrische Ideologie. Doch entwickelten sie im Libanon ihre Eigeninteressen und gerieten auch in Gegensatz zum alawitischen (schiitischen) Regime in Damaskus. Als Syrien dann 1976 militärisch intervenierte – offiziell als arabische Friedenstruppe – geschah es zum Schutz der Christen. Syrien war an einem eindeutigen Sieg der muslimischen Koalition (einschließlich PLO), der damals bevorstand, nicht gelegen; vielmehr sollten die libanesischen Gruppen gegeneinander ausgespielt werden. Seither war Syrien im Libanon militärisch präsent. Alle anderen Mächte, die militärisch im Libanon intervenierten, hielten nicht so lange durch. Als die PLO Beirut verlassen hatte, rückte dort eine multinationale Truppe ein, die Voraussetzungen für eine Normalisierung, für das Wiederentstehen eines libanesischen Staates schaffen sollte (1982). Doch zog diese multinationale Truppe nach schweren Anschlägen, die zahlreiche Todesopfer kostete, wieder ab, als dann 1984 erneut schwere Konflikte unter den Bürgerkriegsparteien, gerade auch in der Hauptstadt Beirut, ausbrachen. Israel beschränkte seine Präsenz auf den südlichsten Teil des Libanon, wo es mehr und mehr die Vertretung seiner Interessen einem einheimischen Verbündeten, der christlichen ›Südlibanesischen Armee‹, überließ. Später, als die *Hizbullah* den Südlibanon weitestgehend beherrschte, kam es zwar immer wieder – bis in die Gegenwart – zu teilweise umfangreichen Operationen der israelischen Armee im Libanon, aber zu keiner dauerhaften Okkupation mehr.

Eine Beendigung des Libanon-Konflikts gelang erst durch das Abkommen von Taif (in Saudi-Arabien) von 1989. Es sah eine Einschränkung der starken Position des (christlichen) Präsidenten und eine Stärkung des Amtes des (schiitischen) Parlamentssprechers vor. Eine Überwindung des konfessionalistischen Systems gelang nicht, wurde aber im Rahmen des Abkommens gefordert. Die Verteilung der staatlichen Ämter wurde auf die Formel 5 : 5 (früher 6 : 5 zugunsten der Christen) festgelegt. Vereinbart wurde, dass der Libanon besondere Beziehungen zu Syrien unterhalten werde. Die syrische Armee sollte sich aus dem Libanon zurückziehen.

Syrien verschob aber den Abzug seiner Truppen auf einen Zeitpunkt nach einer umfassenden Friedensregelung und übte weiter starken Einfluss im Libanon aus, gegen den sich der mehrfache (sunnitische) Ministerpräsident Hariri wandte, der 2005 bei einem Bombenanschlag den Tod fand. Internationale Untersuchungskommissionen kamen zu dem Schluss, dass syrische Geheimdienste an der Ermordung Hariris (zusammen mit libanesischen) beteiligt waren. Diese Überzeugung teilten große Teile der libanesischen Öffentlichkeit. Die wiederholten Massendemonstrationen, bei denen dies zum Ausdruck gebracht wurde und in denen ein Ende der syrischen Einmischung sowie ein Neuanfang im Libanon gefordert wurde, gingen als »Zedernrevolution« in die Geschichte ein (nach der Zeder, dem Nationalsymbol des Libanon). Sie führte dazu, dass Syrien 2005 seine Truppen dann doch schließlich aus dem Libanon abzog. Indirekter syrischer Einfluss wird aber auch künftig das Schicksal des Libanon mitbestimmen, nicht zuletzt durch die syrische Unterstützung für die schiitische *Hizbullah*.

Irakisch-iranischer Krieg und Golf-Kriege

Durch die iranische Revolution von 1979 wurden nicht nur die USA und Europa sowie die Sowjetunion überrascht, sondern sie bedeutete auch eine Verunsicherung für die Staaten im Nahen Osten. Insbesondere die Nachbarn Irans machten sich Sorgen bezüglich der weiteren Entwicklung – würde die fundamentalistische Revolution im größten, mächtigsten und bevölkerungsreichsten Land der Golf-Region, das in den Jahren vor der Revolution planmäßig aufgerüstet worden war, auf den gesamten Golf ausstrahlen und einen Flächenbrand auslösen? Der Irak mit seinem starken schiitischen Bevölkerungsanteil hatte besonderen Anlass zur Sorge, dass die islamische Revolution, die ja eine schiitische war, übergreifen würde. Gleichzeitig sah man in Bagdad, dass die schiitische Revolution zu einer vorübergehenden Schwächung Irans als Staat geführt hatte, dessen erfahrene Führungsriege größtenteils ausgetauscht wurde. So weckte der Irak einen Jahrhunderte alten Konflikt zu neuem Leben, den Grenzstreit zwischen schiitischem Iran und dem sunnitischen Irak – die Grenze verlief durch das Zweistromland. Dort, wo die beiden Flüsse Euphrat und Tigris sich zum Schatt al-Arab vereinen, der dann in den Persischen Golf mündet, ist die Grenzfrage besonders akut; sie wurde 1980 vom Irak – trotz einer seit einigen Jahren bestehenden Regelung – erneut aufgeworfen. In dieser Situation kamen auch irredentistische Strömungen in der iranischen Provinz Chuzestan, die eine arabische Bevölkerungsmehrheit hat, gelegen. Der Irak unterstützte die Bestrebungen dortiger arabischer Nationalisten. Eine Zuspitzung der Lage nutzte der Irak zu einem Angriff auf Iran, wodurch der längste Krieg der Geschichte des Nahen Ostens des 20. Jahrhunderts ausgelöst wurde. Er gehörte zweifellos auch zu den brutalsten und verlustreichsten Konflikten. Beide Seiten hatten extrem hohe Schäden und Verluste an Menschenleben zu beklagen. Der Irak genoss internationale Unterstützung durch Waffenlieferungen und Kredite seiner reichen arabischen Nachbarn – vor allem Saudi-Arabiens und Kuwaits. Zwar endete der Krieg mit einem Patt – keine Seite hatte substanzielle Territorialgewinne machen oder die Macht des Gegners brechen können; doch machte der Irak geltend, die arabische Welt vor der islamischen Revolution gerettet zu haben. Jetzt entstanden Konflikte mit den arabischen Gläubigern. Vor allem von Kuwait erwartete der Irak weitestgehendes Entgegenkommen in Richtung auf einen Schuldenerlass. Gleichzeitig erhob der Irak Vorwürfe gegen Kuwait, den Krieg genutzt zu haben, um Positionen im umstrittenen irakisch-kuwaitischen Grenzgebiet zu besetzen. Der Irak, der sich bisher als Lieblingskind der Großmächte gefühlt hatte, deren Unterstützung er sich tatsächlich erfreut hatte, schätzte die Lage falsch ein – nicht zuletzt auch durch ungeschicktes Agieren der amerikanischen Diplomatie. Bei der irakischen Führung entstand der subjektive Eindruck, die internationale Gemeinschaft inklusive der USA würde eine Okkupation Kuwaits tolerieren. Die alte, zweifelhafte These wurde wieder bemüht, Kuwait sei historisch ein Teil des Irak. Als im Sommer 1990 dann eine Invasion Kuwaits erfolgte, bildeten die USA eine Koalition gegen den Irak, welche eine militärische Gegenaktion startete, die schnell die irakische Besetzung Kuwaits beendete. Im Zuge der Auseinandersetzungen landeten auch irakische Raketen in Israel, deren psychologische Wirkung stärker war als ihre militärische. Für den Irak hatte dies jedoch schwerwiegende Folgen: Durch ein Sanktions-, Embargo – und Kontrollregime verlor er einen großen Teil seiner Souveränität und Handlungsfähigkeit. Insbesondere über seine Ölreserven konnte der Irak nicht mehr nach Gutdünken, sondern nur noch im Rahmen des *Oil-for-Food*-Programms verfügen. Die USA und Großbritannien blieben gegenüber dem Regime in Bagdad misstrauisch, vermuteten – teilweise nicht zu Unrecht – Versuche des Irak, sich den Kontrollen entziehen zu wollen und die internationalen Kontrolleure zu behindern. Zunehmend entstand eine Atmosphäre der Verdächtigungen und Befürchtungen, die in der Annahme gipfelte, der Irak habe sich in den Besitz von Massenvernichtungswaffen gebracht. Die Terror-Anschläge vom 11. September 2001 trugen zur Entstehung einer regelrechten Psychose bei, durch welche ein Bild entstand, in dem *al-Ka'ida*-Terrorismus und Saddam Hussains vermeintliche Kontrolle über Massenvernichtungswaffen zusammenflossen. Dabei wurde die Regierung Bush von einem Fachwissenschaftler bestärkt, der in jüngeren Jahren zwar als führender Kenner des Nahen Ostens gegolten hatte, nun aber als über 80jähriger Verschwörungstheorien über die arabische Welt entwickelte, welche die Regierung Bush überzeugten. 2003 erfolgte ein weiterer Angriff auf den Irak vor diesem Hintergrund. Wieder war es eine Koalition, die – ohne UN-Beschluss – unter US-Führung den Irak angriff. Die Motivationen der arabischen Koalitionspartner, die an diesem Irak-Krieg teilnahmen, waren ganz unterschiedlich: Abhängigkeit von amerikanischer Unterstützung und das Bedürfnis, frühere ›Fehlleistungen‹ gutzumachen – wie Jordanien, das beim ersten Golfkrieg auf irakischer Seite gestanden hatte – oder eine traditionelle Rivalität mit dem irakischen Regime, die momentan wichtiger war als die Feindschaft gegen die USA, wie im Falle Syriens. Israel musste erleben, wie für die USA – zumindest vorübergehend – die Notwendigkeit, arabische Partner zu binden und bei der Stange zu halten, in den Vordergrund trat. So wurde Israel zum Stillhalten verpflichtet – obwohl eine gewisse, wenn auch geringe, Gefahr bestand, Israel würde erneut zum Ziel irakischer Raketen oder gar von Giftgasangriffen. Doch stellte sich heraus, dass der Irak (längst) über keine Massenvernichtungswaffen (mehr) verfügte – dieser Vorwand für den Koalitionskrieg also gegenstandslos war. Ebenso unsinnig war die Annahme, das Regime in Bagdad stehe hinter *al-Ka'ida*. Ganz und gar abwegig war die Vorstellung, der Sturz des Diktators Saddam Hussain würde automatisch zu einer Demokratisierung des Irak führen – so, wie sie nach dem Zweiten Weltkrieg in Deutschland und Japan gelungen war.

Nach dem Sturz des Regimes brachen Konflikte aus zwischen Sunniten und Schiiten sowie zwischen Kurden und Arabern; ehemalige Träger des *Baath*-Systems widersetzten sich einer Stabilisierung der Lage mit Gewalt; *al-Ka'ida*-Elemente drangen in ein Land ein, in dem Anarchie herrschte. Ethnische und ideologische Konflikte brachen nun mit aller Härte aus, Religionen prallten aufeinander, radikale Kräfte fanden ein Aktionsfeld. Der vom *Baath*-Regime Saddam Hussains befreite Irak verfiel in Anarchie, anstatt zum Musterland einer künftig demokratischen arabischen Welt zu werden. Die USA wurden zu einem verstärkten Engagement gezwungen, mussten versuchen, eine neue demokratische Regierung ins Amt zu bringen und dort zu halten sowie eine Stabilisierung mit militärischen Mitteln zu erreichen. Eine Lage, die durch zunehmende Anschläge und Gewaltausbrüche gekennzeichnet war, hatte die US-Regierung nicht erwartet. Als Anfang 2012 die letzten amerikanischen Truppen aus dem Irak abzogen, hinterließen sie kein gefestigtes Land.

In der arabischen Welt hatte der amerikanische Irak-Krieg bei vielen zu antiwestlicher Stimmung beigetragen. Die Atmosphäre war seither so gespannt, dass immer wieder kleinere

Anlässe zu antiwestlichen Ausschreitungen Anlass gaben. Auf der anderen Seite fanden auch neue *al-Ka'ida*-Anschläge auf europäische Ziele (in London und Madrid) statt, die das europäisch-arabische Verhältnis weiter verschlechterten und alle Bemühungen, zu einem besseren gegenseitigen Verständnis zu gelangen, belasteten. Doch neben den emotionalisierten Reaktionen in Europa (wo sich Rechtspopulisten antiislamische Stimmungen zunutze machten) und der arabischen Welt (wo aufgrund dänischer Muhammad-Karikaturen Vertretungen europäischer Länder angegriffen wurden) gab es auch besonnene Reaktionen. Von Europa aus setzte man einen Dialog der Kulturen in Gang, der Austausch statt Konfrontation, gegenseitiges Kennenlernen statt Vorurteile und Diskussion statt Konflikt anstrebte (vgl. S. 329).

Einen ganz realen Hintergrund hatte die europäisch-arabische Verständigung darin, dass man im Grunde gemeinsame Gegner hatte. Nahöstliche Staaten waren faktisch von radikalislamischen Strömungen und insbesondere vom *al-Ka'ida*-Terrorismus stärker bedroht als die Länder Europas. In Europa gelangen Attentate, die tragisch und aufsehenerregend waren – im Nahen Osten aber bestand die Gefahr eines Umsturzes (der zeitweise weder in Ägypten noch in Jordanien oder Algerien ausgeschlossen werden konnte). Europa war seit den 1970er Jahren zunehmend bemüht, die arabische Welt einzubinden; deutlich zu machen, dass in einer globalisierten Welt Nord- und Südufer des Mittelmeeres eine Schicksalsgemeinschaft bildeten, vom euro-arabischen Dialog über den Barcelona-Prozess bis hin zur Mittelmeer-Union. Die arabische Welt und Europa vernetzten sich immer stärker: Freihandelszonen, Annäherung der Standards, Technologietransfer, Förderung der Zivilgesellschaft, Umweltbewusstsein – zahlreich waren und sind die Felder, auf denen eine Kooperation zwischen dem arabischen und dem europäischen Ufer des Mittelmeeres sich entfaltete. Europäische Exporte in den Nahen Osten nahmen zu, europäischer Tourismus in arabischen Ländern florierte – wenn auch immer wieder Einbrüche kamen bei Krisen und Anschlägen; arabische Studenten kamen an Europas Universitäten, arabische Patienten in europäische Arztpraxen und Krankenhäuser, arabische Investoren drängten auf europäische Märkte. Trotz aller Spannungen und Rückschläge ist ein euro-arabischer Raum entstanden.

9.2 Arabischer Frühling

Praktisch alle arabischen Staaten werden seit jeher von autoritären Regimen regiert. Demokratie in unserem Sinn gab es bisher nirgendwo in der arabischen Welt. Dabei treten auch Erscheinungen auf, die für wenig demokratische Gesellschaften typisch sind: Korruption, Behördenwillkür, mangelnde Transparenz und fehlende Rechtssicherheit. Dies führte zunehmend zu einer latenten Unzufriedenheit in weiten Kreisen der arabischen Welt – dies umso mehr, als dort auch chronische Arbeitslosigkeit, geringe Löhne bei steigenden Preisen, starke Gegensätze zwischen arm und reich sowie Chancenlosigkeit selbst für gut ausgebildete junge Menschen die Regel und für die Mehrheit der Bevölkerung eine starke Belastung sind (durchweg bleibt das Wirtschafts- hinter dem Bevölkerungswachstum zurück). Dies führte zum Ausbruch einer spontanen Revolte in Tunesien im Dezember 2010, nachdem sich ein Gemüsehändler aus Verzweiflung über ständige Schikanen der Behörden selbst verbrannt hatte. Die tunesische Regierung wurde von den Protesten, die sich bald zum Flächenbrand ausweiteten, offenbar völlig überrascht – Präsident Ben Ali trat Mitte Januar 2011 zurück und verließ das Land. Bald kam es auch in allen anderen arabischen Staaten zu Unruhen. Überall machte die Bevölkerung ihrem Zorn durch Demonstrationen

Luft. Die Weltöffentlichkeit schaute zunächst vor allem auf Ägypten, das bevölkerungsreichste Land der arabischen Welt, wo die Protestbewegung am 25. Januar 2011, am »Tag des Zornes«, ausbrach. Auch in Ägypten waren die Demonstranten schnell erfolgreich. Am 11. Februar bereits wurde Präsident Mubarak nach 30jähriger Herrschaft vom Militär (dem er entstammte) zum Rücktritt gezwungen. Interessant ist die Wahrnehmung der Entwicklung in Ägypten durch die Weltöffentlichkeit: Innerhalb weniger Tage wandelte sich der ägyptische Präsident Mubarak von einem verlässlichen Partner, der Kontinuität und Stabilität in Ägypten verkörpert und den Bestand des Friedens mit Israel garantiert hatte, zu einem finsteren Diktator, der den demokratischen Reformprozess in seinem Land blockierte. Auf einmal fiel auf, dass er sein Land drei Jahrzehnte im Ausnahmezustand gehalten hatte. Der Militärputsch, der Mubarak dann schließlich zu Fall brachte (und nichts anderes als ein Putsch war der Sturz Mubaraks), war nicht zuletzt auch als Signal ans Ausland zu verstehen, dass Ägypten ohne Unterstützung von außen nicht lebensfähig ist, sich also Sanktionen der USA und Europas – im Gegensetz etwa zum ölreichen Libyen – nicht aussetzen konnte. Dass sich dadurch die Lage im Land rasch bessern würde, war eine trügerische Hoffnung. Im Sommer 2011 setzten erneut Demonstrationen auf dem *Tahrir*-(»Befreiungs«-)Platz in Kairo ein, die einen beschleunigten Reformprozess forderten und die im November und Dezember 2011 zu harten Konfrontationen mit Sicherheitskräften führten, wobei Todesopfer zu beklagen waren. Diese Forderung beruhte auf einer gewissen Naivität – wie sie ja auch in Europa und den USA dem Optimismus der Ahnungslosen Vorschub leistete: Wie sollten über Nacht aus gegängelten Untertanen mündige Bürger werden, woher sollten so schnell neue Programme, Ideen und Konzepte kommen, wie sollten sich in kürzester Zeit Parteien organisieren? Von inhaltlichen Vorstellungen über die Zukunft Ägyptens war vom *Tahrir*-Platz wenig zu hören. Im Sommer 2011 kam es dann allerdings zur Entwicklung einer Parteienlandschaft; die politische Reife und Fähigkeit zu politischer Gestaltung der sich jetzt formierenden Parteien wird sich allerdings erst erweisen müssen. Auch wird man abwarten müssen, ob im Rahmen eines demokratischen Prozesses – vorausgesetzt, dass sich ein solcher verstetigen kann – nicht etwa Kräfte politisch legitimiert werden, die für das Land problematisch sind. Dazu, dass sich jetzt auch die Muslimbrüder an der Gestaltung eines künftigen Ägypten beteiligen können, sagte der (Übergangs-) Außenminister Ägyptens, Orabi: »Ich bin froh, dass die Muslimbruderschaft aus der Halblegalität hervortritt und sich nun im politischen Wettbewerb beweisen muss. Selbst wenn sie [...] bei den Wahlen die meisten Stimmen holen sollte: Auch damit könnten wir leben. Dann muss die Organisation die nächsten vier Jahre zeigen, was sie will und was sie kann.« Bei den Wahlen, die dann in Ägypten stattfanden, trat erstmals eine neue islamistische Bewegung in den Vordergrund, die »Partei des Lichts«, die weit strengere Forderungen aufstellt als die eher gemäßigten Muslimbrüder. Es wird sich zeigen, in welchem Licht sie die Gestaltung der Zukunft Ägyptens beeinflussen wird.

Schnell waren praktisch alle Länder der arabischen Welt in irgendeiner Form von der Welle des Missbehagens und der Unruhen erfasst: Marokko, wo der König sich veranlasst sah, konkrete Schritte zur Umwandlung seiner fast noch absoluten in eine konstitutionelle Monarchie zu verkünden. In Jordanien, wo immer wieder Demonstrationen stattfanden, gelang es dem König, sich als über den Konflikten stehend zu inszenieren und mit Regierungsumbildungen zu lavieren. Jordaniens Sicherheit ist deshalb prekär, weil Spannungen zwischen der palästinensischen Mehrheit und dem »ostjordanischen« Establishment latent immer vorhanden waren; als arabischer Staat mit der längsten Grenze zu Israel ist die Stabilität Jordaniens wesentlich für die Stabilität im Nahen Osten. Im Jemen ließ die Unzufriedenheit mit der jahrzehntelangen Regierung von Präsident Saleh die Stammesgegensätze wieder aufbrechen. Die zunehmende Armut und die Agitation von *al-Ka'ida* hatten das Klima aufgeheizt. In Bahrain ließen Unruhen den sunnitisch-schiitischen Gegensatz wieder zum Tragen kommen. In Saudi-Arabien sollen hohe Sozialleistungen das Land ruhig gehalten haben.

Sonderfälle waren Syrien und Libyen: Beide Länder sind seit Jahrzehnten von militanten Diktaturen beherrscht, die weit weniger Pluralismus und Partizipation zulassen als etwa Ägypten oder gar Jordanien. Diese Regime sind auch weit weniger auf die Haltung der Weltöffentlichkeit angewiesen als z.B. Ägypten, das am Tropf der Gebergemeinschaft hängt. Beide Länder sind Diktaturen, die bereits weitgehend isoliert waren; Libyen darüber hinaus war wegen seines Ölreichtums, durch den es sich autark und unangreifbar fühlte, wenig sensibel gegen Druck von außen. In beiden Ländern brach sich die Unzufriedenheit mit Überwachungsstaat, Repression und Zwang besonders gewaltsam Bahn und führte zu entsprechend harten Gegenschlägen der Regime. Libyen versank im Bürgerkrieg. Es stellt den einzigen Fall dar, in dem Europa und die USA militärisch zugunsten der Aufständischen eingriffen. Nach der Zerschlagung der Herrschaft des Gaddafi-Clans und der Tötung des langjährigen Revolutionsführers im Herbst 2011 hat sich aber noch keine zukunftsorientierte Entwicklung abgezeichnet.

Die syrische Opposition blieb zunächst praktisch auf sich selbst gestellt; bemerkenswert ist, wie lange sie dennoch dem Druck der Sicherheitskräfte, die Syrien anfangs fest im Griff hatten, standhält. Der Druck der Arabischen Liga auf das Regime in Damaskus sowie westliche Sanktionen und Hilfe für die Opposition haben bisher die erwünschte Wirkung noch nicht erzielt. Die syrische Führung wird ihrerseits durch Iran unterstützt, kann also lange durchhalten. Noch funktioniert die Achse Iran-Syrien-*Hizbullah*.

Bemerkenswert ist, dass in praktisch allen arabischen Staaten die Unruhen echte Volksbewegungen waren – keine planmäßig von radikalen Gruppen inszenierten Revolten, in denen etwa islamistische Organisationen sich an die Macht tragen lassen wollen. In Ägypten entstand sogar der Eindruck, die Muslimbrüder, die oppositionelle Gruppe mit der längsten Tradition, stünden ratlos neben den Ereignissen. So ist auch erklärlich, warum es kaum gelang, Ziele oder Perspektiven der Demonstranten herauszufiltern. Keine spezifischen Absichten oder politischen Programme bestimmter Organisationen und Parteien standen hinter den Unruhen, sondern eine breite Malaise und Unzufriedenheit mit bestehenden Verhältnissen. Bei der schnellen Ausbreitung der Revolte spielten elektronische Medien – darunter auch »Arabizi« (Arabeasy), eine vereinfachte Schrift für arabische SMS – eine Rolle, deren Bedeutung aber nicht überschätzt werden sollte, da sie ausschließlich informationstechnisch-logistisch relevant waren. Weil Libyen das einzige Land blieb, in dem die USA und ihre Verbündeten militärisch eingriffen, war hier die Revolution zum Erfolg verdammt. Die NATO konnte es sich nicht leisten, nach mehrmonatigem militärischem Engagement das Gaddafi-Regime über die Aufständischen triumphieren zu lassen. Hier war der Weg seit dem Februar 2011 vorgezeichnet – erster Schritt in Richtung auf einen Machtwechsel in Libyen war die Anerkennung der neuen aus »Rebellen« gebildeten »Übergangsregierung« anlässlich einer Libyen-Konferenz, die Mitte Juli 2011 in der Türkei stattfand. Die eigentliche Machübernahme des »Übergangsrates« fand dann im Spätsommer statt – sie wurde sofort von den meisten westlichen Regierungen anerkannt, nur zögerlich von den afrikanischen Staaten, die es für geraten hielten, zunächst einmal abzuwarten. Die finanziellen Mittel für einen Neuanfang hat Libyen jedenfalls aufgrund seiner Ölreserven. In allen anderen Ländern ist der Ausgang offen. Möglich ist etwa in Syrien sowohl ein Überleben des Regimes (bereits 1982 war in Syrien ein Aufstand der Muslimbrüder brutal erstickt worden) als auch ein (immer wahrscheinlicher werdender) Machtwechsel, der aber beim heterogenen Charakter des Landes riskiert, einen Zerfall des Staates oder einen längeren Bürgerkrieg zur Folge zu haben (weshalb hier auch die internationale Gemeinschaft nicht unmittelbar eingreift).

Die wesentliche Frage ist: Wird der »Arabische Frühling« seinem Namen gerecht werden und eine Welle wirklicher Reformen in der arabischen Welt auslösen oder als Sturm im Wasserglas enden, der kaum Konsequenzen hat oder nur halbherzige Formelkompromisse und punktuell-kosmetische Veränderungen? Eine internationale Konferenz hat Anfang September 2011 Hunderte von Millionen an Mitteln für die Begleitung und Unterstützung des Reformprozesses in ausgewählten Ländern bereitgestellt – auch um (wie im Fall Jordaniens) stabilisierend zu wirken. Doch weder in Libyen noch in Ägypten ist Anfang 2012 abzusehen, dass der Machtwechsel zu den erhofften Verbesserungen führen wird. Gezeigt hat sich bisher lediglich, dass es nicht ausreicht, einen verhassten Machthaber zu stürzen, um mehr Gerechtigkeit, bessere Chancen für alle und eine nachhaltige Entwicklung, die der Gesamtgesellschaft zugute kommt, anzustoßen. Stabilität wird es in der arabischen Welt erst geben, wenn es gelingt, wirtschaftliches Wachstum und Bevölkerungswachstum in Einklang zu bringen – wenn Willkür, Korruption und Cliquenwirtschaft abgelöst werden durch mehr Transparenz und Rechtsstaatlichkeit.

Die Vereinten Nationen haben in den vergangenen Jahren

Human Development Reports zu den Entwicklungsperspektiven der arabischen Welt herausgebracht. Die Warnung dieser *Human Development Reports* an die arabische Welt sollte nicht ignoriert oder verdrängt werden: Die Hinweise auf Entwicklungsdefizite und -hindernisse, wie sie die Berichte praktisch für alle arabischen Staaten geben, stellen gesamtgesellschaftliche Herausforderungen für die ganze arabische Welt dar. Vielleicht stehen die Araber im »Arabischen Frühling« 2011 an einem historischen Scheideweg – sie sollten diese Herausforderung als Chance nutzen, sonst könnte auch dieser arabische »Aufbruch« – wieder einmal – als irrelevante Dritte-Welt-Revolte verebben oder, noch schlimmer, zu Enttäuschungen und Rückschritten führen.

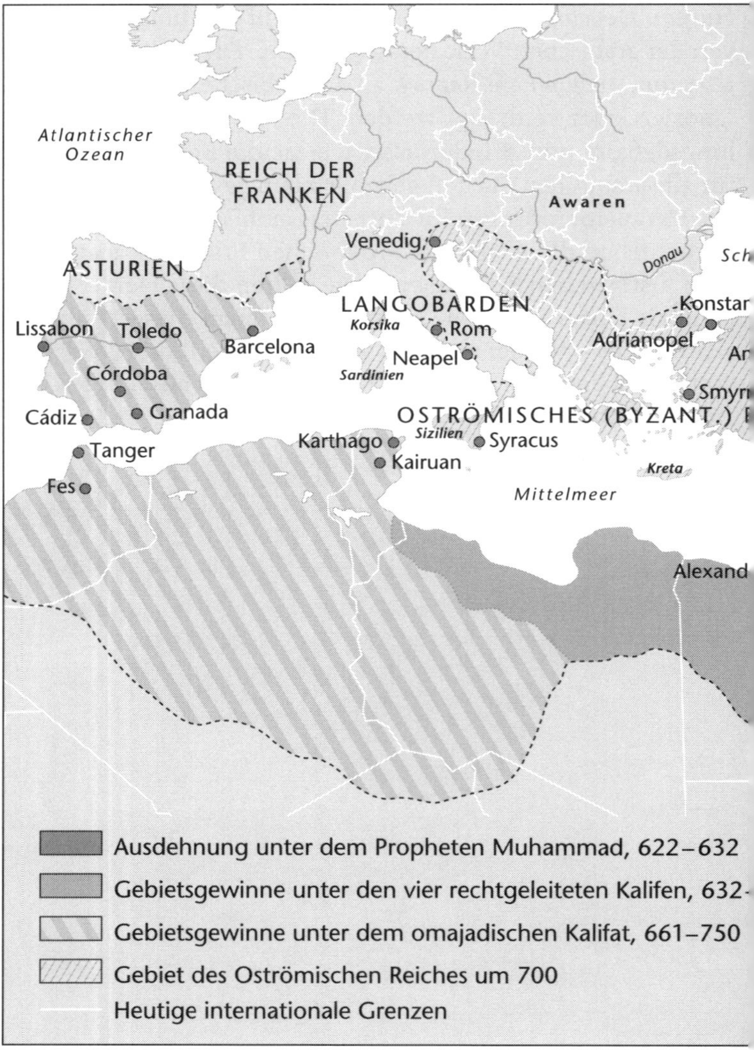

Die Ausdehnung des islamischen Reiches bis zum Jahr 750

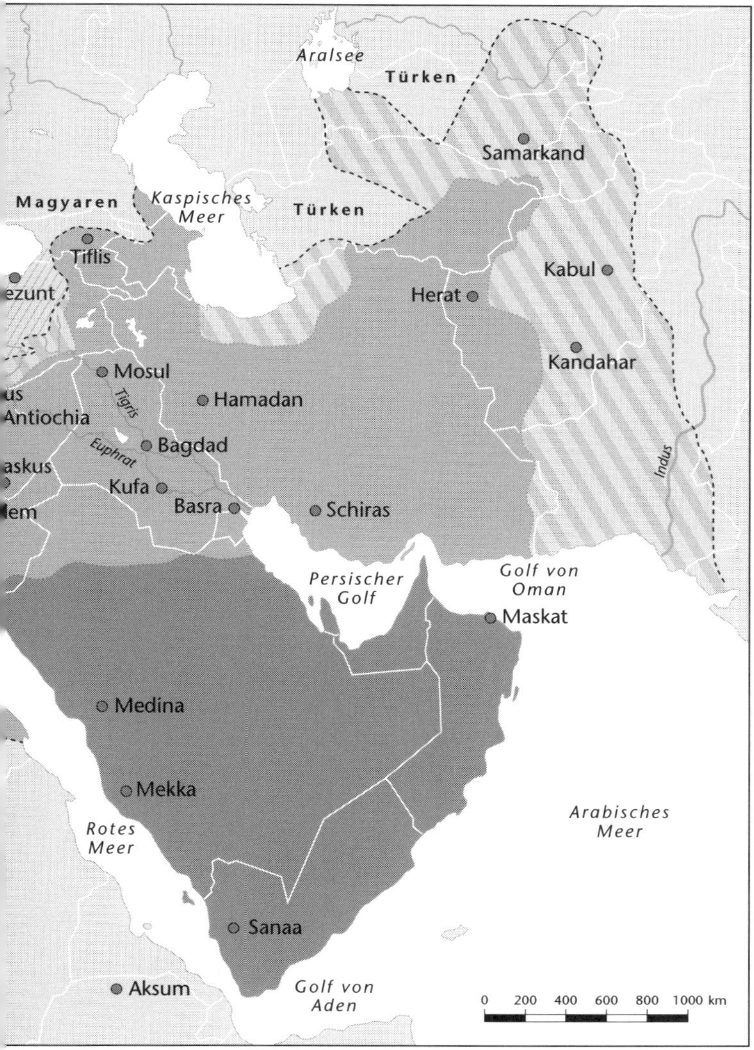

Aralsee
Türken
Samarkand
Magyaren
Kaspisches Meer
Türken
Tiflis
ezunt
Kabul
Herat
Mosul
Kandahar
us
Hamadan
Antiochia
Tigris
Bagdad
Euphrat
askus
Kufa
Indus
Basra
Schiras
em
Persischer Golf
Golf von Oman
Maskat
Medina
Mekka
Rotes Meer
Arabisches Meer
Sanaa
Aksum
Golf von Aden
0 200 400 600 800 1000 km

Die Kreuzfahrerstaaten Mitte des 13. Jahrhunderts

SELDSCHUKEN
Kaisareia
Philomelion
Laodikeia
Ikonion
Germanikeia
BYZANTINISCHES
REICH
Herakleia
Armenische
Herrschaften
Edessa
Gft. Edessa
Tarsos
Mamistra
Attaleia
Seleukeia
Antiochia
Aleppo
Fsm.
Antiochia
Laodikeia
(Latakia)
Zypern
Famagusta
Limassol
Chastel Blanc
Crac des Chevaliers
Gft.
Tripolis
Tripolis
Homs
Sidon
(Saida)
Damaskus
Mittelmeer
Tyrus
MUSLIMISCHE
HERRSCHAFTEN
Montfort
Akkon
Hattin
Nazareth
Ain Dschalut
Kgr.
Jerusalem
Jaffa
Magna Mahumeria
Jerusalem
Askalon
Rosette
Damiette
Alexandria
Totes Meer
La Forbie
Krak
Pelusium
ÄGYPTEN
Montréal
Kairo
Aila (Akaba)
Golf von
Akaba
ARABIEN
Patriarchensitz
Burg
Schlacht
Katharinenkloster
Kreuzfahrerherrschaften kurz vor 1187
Gebiet um 1230
Rotes Meer
N
S
0 50 100 150 km

Das Osmanische Reich zur Zeit seiner größten Ausdehnung

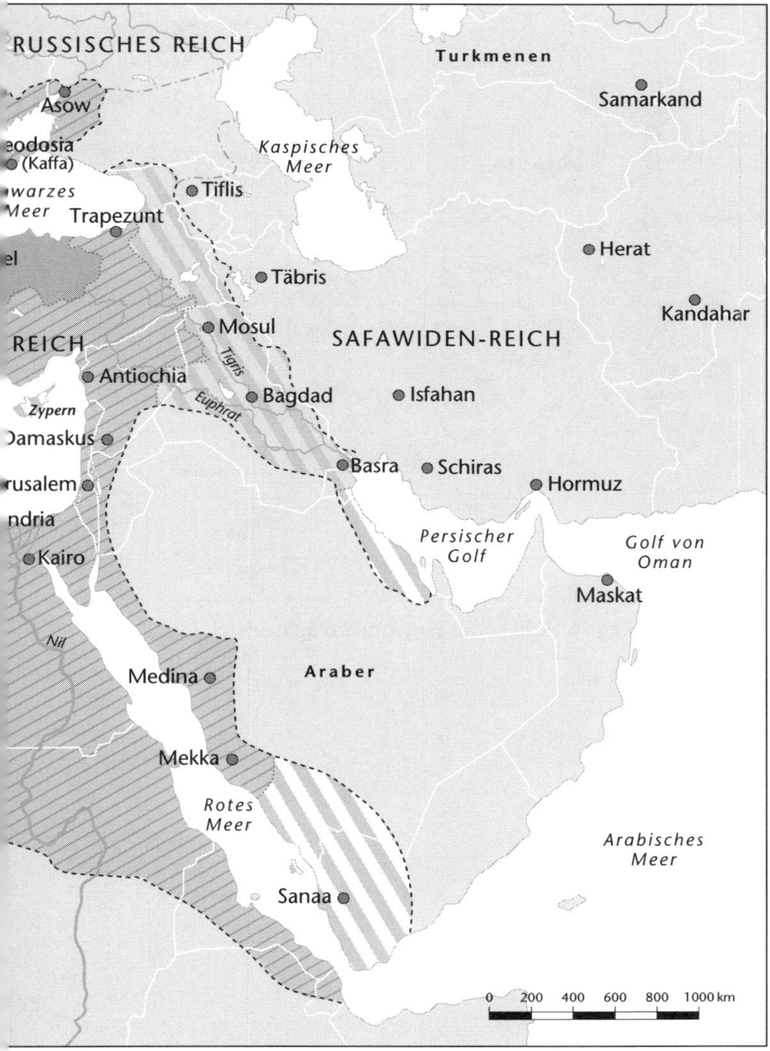

RUSSISCHES REICH
Turkmenen
Samarkand
Asow
eodosia
(Kaffa)
Kaspisches Meer
warzes Meer
Tiflis
Trapezunt
Herat
el
Täbris
Kandahar
Mosul
REICH
SAFAWIDEN-REICH
Tigris
Antiochia
Euphrat
Bagdad
Isfahan
Zypern
Damaskus
Basra
Schiras
rusalem
Hormuz
ndria
Persischer Golf
Golf von Oman
Kairo
Maskat
Nil
Medina
Araber
Mekka
Rotes Meer
Arabisches Meer
Sanaa
0 200 400 600 800 1000 km

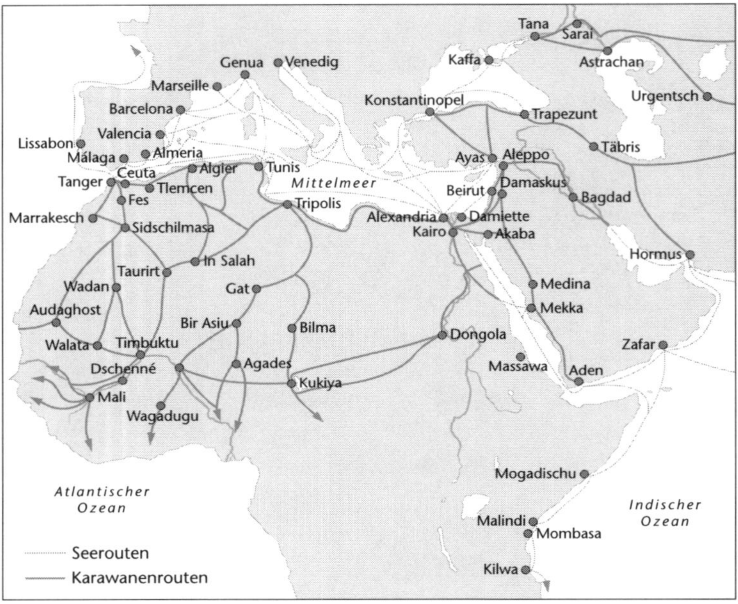

Die Handelswege westlich von Hormus im Spätmittelalter

rechte Seite: Israel/Palästina: Der Teilungsplan der Vereinten Nationen vom 29. November 1947

Der vorgeschlagene arabische Staat
Der vorgeschlagene jüdische Staat
Zone der Vereinten Nationen
Britisches Mandatsgebiet 1923
Saida
Damaskus
LIBANON
Sur
SYRIEN
Akko
Safad
See Genezareth
Haifa
Nazareth
Irbid
Jordan
Jenin
Mittelmeer
Nablus
Tel Aviv
Jaffa
Serka
Ramallah
Amman
PALÄSTINA
(bis 1948 brit. Mandat)
Jerusalem
Gaza
Hebron
Totes Meer
Rafah
El Arisch
Beersheba
ISRAEL
El Kuseima
TRANSJORDANIEN
Wüste Negev
Sinai
Maan
El Kuntilla
ÄGYPTEN
N
S
Elath
El Akaba
Golf von Akaba
0 20 40 60 80 100 km

Die arabische Welt heute

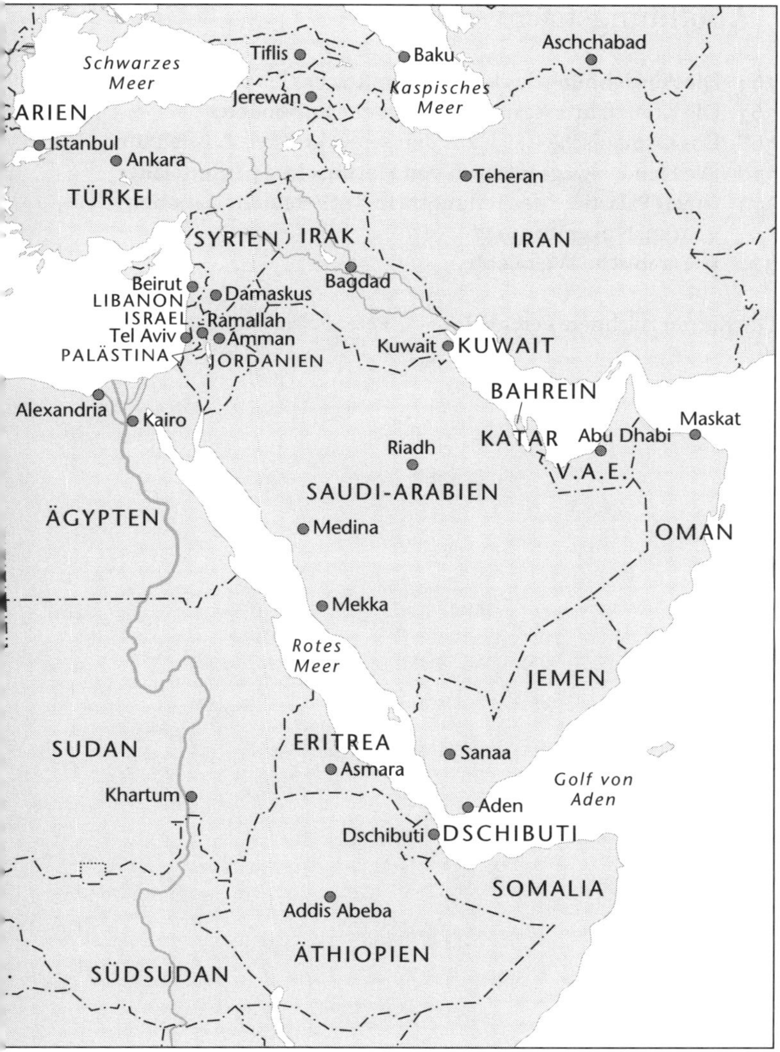
Schwarzes Meer
Tiflis
Baku
Aschchabad
Jerewan
Kaspisches Meer
ARIEN
Istanbul
Ankara
Teheran
TÜRKEI
SYRIEN
IRAK
IRAN
Bagdad
Beirut
LIBANON
Damaskus
ISRAEL
Ramallah
Tel Aviv
Amman
PALÄSTINA
JORDANIEN
Kuwait
KUWAIT
BAHREIN
Alexandria
Kairo
Maskat
KATAR
Abu Dhabi
Riadh
V.A.E.
SAUDI-ARABIEN
ÄGYPTEN
Medina
OMAN
Mekka
Rotes Meer
JEMEN
SUDAN
ERITREA
Sanaa
Asmara
Golf von Aden
Khartum
Aden
Dschibuti
DSCHIBUTI
SOMALIA
Addis Abeba
ÄTHIOPIEN
SÜDSUDAN

Abbildungsnachweis

Die Karten zeichnete Peter Palm. –

Literaturhinweise

1. Sekundärliteratur

Abun-Nasr, Jamil: A history of the Maghreb in the Islamic period. Cambridge 1987.
Ammann, Ludwig: Die Geburt des Islam. Historische Innovation durch Offenbarung. Göttingen 2001.
Antonius, George: The Arab Awakening. New York 1965.
Ben Jelloun, Tahar: Arabischer Frühling. Berlin 2011.
Bobzin, Hartmut: Mohammed. München 2000.
– Der Koran. Eine Einführung. München 2007.
Cook, Michael: Der Koran. Eine kurze Einführung. Stuttgart 2002.
Daniel, Norman: The Arabs and Medieval Europe. London 1975.
Dunlop, Douglas Morton: Arab Civilization to A. D. 1500. London/Beirut 1971.
Encyclopaedia of Islam. New Edition (12 Bände). Leiden 1986–2004.
Ende, Werner / Steinbach, Udo: Der Islam in der Gegenwart. München 2005.
Endress, Gerhard: Einführung in die islamische Geschichte. München 1982.
Feldbauer, Peter: Die islamische Welt 600–1250. Ein Frühfall von Unterentwicklung? Wien 1995.
Flores, Alexander: Die arabische Welt. Ein kleines Sachlexikon. Stuttgart 2003.
Haarmann, Ulrich (Hrsg.): Geschichte der arabischen Welt. München 1992.
Halm, Heinz: Die Araber. Von der vorislamischen Zeit bis zur Gegenwart. München 2004.
– Die Schiiten. München 2005.
Hillenbrand, Carole: The Crusades. Islamic Perspectives. Edinburgh 1999.
Holt, Peter M.: Egypt and the Fertile Crescent 1516–1922. A political history. Ithaca 1966.
Hourani, Albert: Arabic Thought in the Liberal Age. 1798–1939. Oxford 1962.

Hourani, Albert: Die Geschichte der arabischen Völker. Frankfurt a. M. 1995.
Hoyland, Robert G.: Arabia and the Arabs. From the Bronze Age to the Coming of Islam. London / New York 2001.
Kennedy, Hugh: The Great Arab Conquests. Philadelphia 2007.
Kettermann, Günter: Atlas zur Geschichte des Islam. Darmstadt 2001.
Krämer, Gudrun: Geschichte des Islam. München 2005.
Laoust, Henri: Les schismes dans l'Islam. Paris 1965.
Lewis, Bernhard: Die Araber. München 2002.
Lombard, Maurice: L'Islam dans sa première grandeur (VIIIe – XIe siècle). Paris 1971.
Mayer, Hans-Eberhard: Geschichte der Kreuzzüge. Stuttgart 1976.
Nagel, Tilman: Der Koran – Einführung. Texte, Erläuterungen. München 2002.
– Mohammed – Leben und Legende. München 2008.
Noth, Albrecht / Paul, Jürgen (Hrsg.): Der islamische Orient. Grundzüge seiner Geschichte. Würzburg 1998.
Paret, Rudi: Mohammed und der Koran. Stuttgart 1957.
Perthes, Volker: Geheime Gärten. Die neue arabische Welt. München 2004.
– Der Aufstand. Die arabische Revolution und ihre Folgen. München 2011.
Rogan, Eugene L.: Die Araber. Berlin 2012.
Schippmann, Klaus: Die altsüdarabischen Reiche. Darmstadt 1998.
Schlicht, Alfred: Die Araber und Europa. Stuttgart 2008.
Schulze, Reinhard: Geschichte der islamischen Welt im 20. Jahrhundert. München 2002.
Shlaim, Avi: The Iron Wall. Israel and the Arab World. New York 1999.
Vernet, Juan: Die spanisch-arabische Kultur in Orient und Okzident. Zürich/München 1984.
Wild, Stefan (Hrsg.): The Qur'an as text. Leiden 1996.
Yapp, Malcolm E.: The making of the Middle East 1792–1923, London / New York 1987.

2. Quellen

Abū'l-Fidā Ismā'īl Ibn'Alī: The Memoirs of a Syrian Prince. Übers. von Peter M. Holt (Freiburger Islamstudien, Bd. 9). Wiesbaden 1983.

Bobzin, Hartmut: KoranLeseBuch. Wichtige Texte neu übers. und kommentiert. Freiburg 2008.

al-Buhari: Die Sammlung der Hadithe. Übers. und hrsg. von D. Feichl. Stuttgart 1991.

Caetani, Leone (Hrsg.): Annali dell'Islam. Mailand 1905–26.

Al-Ǧabartī, 'Abd-ar-Raḥmān Ibn-Ḥasan: Bonaparte in Ägypten. Aus der Chronik des Abdarrahman al-Ǧabartī (1754–1829). Übers. und hrsg. von Arnold Hottinger. (Bibl. des Morgenlandes, Bd. 21) Zürich/München 1983.

Gabrieli, Francesco: Die Kreuzzüge aus arabischer Sicht. Zürich/München 1973.

Hurewitz, Jakob (Hrsg.): Diplomacy in the Near and Middle East. A Documentary Record 1914–1956. Princeton/London 1956.

– The Middle East and North Africa in World Politics. A Documentary Record. New Haven 1975.

Ibn Ḫaldūn: The Muqaddimah. An Introduction to History. Englisch von Franz Rosenthal. Princeton 1967.

Ibn Isḥāq, Muḥammad: Das Leben des Propheten. Übers. und hrsg. von Gernot Rotter (Bibliothek arabischer Klassiker, Bd. 1). Tübingen 1976.

Laqueur, Walter / Rubin, Barry: Israel-Arab Reader. New York 2008.

Paret, Rudi (Hrsg.): Der Koran. Stuttgart 1966.

Pernoud, Régine: Die Kreuzzüge in Augenzeugenberichten. München 1981.

Schimmel, Annemarie (Hrsg.): Ibn Iyâs – Alltagsnotizen eines ägyptischen Bürgers (Bibliothek arabischer Klassiker). Stuttgart 1985.

Tahtawi Rifa'a Rafi at: Ein Muslim entdeckt Europa. Übers. von Karl Stowasser. München 1989.

Register